Ästhetische Bildung
der Differenz

Pierangelo Maset

Ästhetische Bildung der Differenz

Wiederholung 2012

*edition*HYDE

Alle Rechte vorbehalten. Das Werk einschließlich aller seiner Teile ist urheberrechtlich geschützt. Jede Verwertung außerhalb der engen Grenzen des Urheberrechtsgesetzes ist ohne Zustimmung des Verlags unzulässig und strafbar.

Bibliografische Information der Deutschen Nationalbibliothek
Die Deutsche Nationalbibliothek verzeichnet diese Publikation in der Deutschen Nationalbibliografie; detaillierte bibliografische Daten sind im Internet über http://dnb.d-nb. de abrufbar.

Die Deutsche Bibliothek – CIP-Einheitsaufnahme
Maset, Pierangelo:
Ästhetische Bildung der Differenz: Wiederholung 2012/ Pierangelo Maset.-
©edition HYDE, Lüneburg 2012. Erstausgabe Radius-Verlag, Stuttgart 1995.
Satz, Umschlaggestaltung, Herstellung und Verlag: BoD – Books on Demand
Printed in Germany
ISBN 978-3-8448-9515-5

Inhalt

Vorworte	11
Christina Griebel	11
Zur Wiederholung der Ästhetischen Bildung der Differenz	11
Florian Schaper	13
Kunstpädagogische Zeitgenossenschaft	13
Inga Eremjan	15
Impulse für eine Transkulturelle Kunstvermittlung	15
Ulrich Schötker	16
Du hast mir mein Referendariat versaut. Danke.	16
Pierangelo Maset	19
Vorwort Wiederholung 2012	19
1. Vorwort (1995)	24
2. Einleitung	28
1. Kunstpädagogische Zeitgenossenschaft	28
2. Die Faktizität des ästhetischen Objekts	34
3. Wahrnehmung und Differenz	36
Wahrnehmung und Lernen	38
Wahrnehmung und Schule	41
4. Kunstpädagogische Strategien	42
5. Zur transversalen Methodenorientierung	44
Transversale Vernunft und Ästhetische Bildung	47
Inkompatibilitäten	49
Ästhetisches Urteil, Distinktion und Transversalität	51
6. Anmerkungen zur Arbeitsmethode	53
Kapitel I	
Zur Vermittlungsproblematik des Ästhetischen	59
1. Einem zeitgenössischen Subjektverständnis entgegen	59
Zeitlichkeit und „innerer Sinn" des Subjektes in Kants Kritik der reinen Vernunft	60
Kritik des Cartesischen Cogito: Deleuzes Kant-Auslegung	62

		Einheit des Subjektes und Entdifferenzierung	64
		Subjekt und Ausdifferenzierung	66
		Das dividuelle Subjekt	68
		Subjekt und Identität	69
		Identität und Selbstkonstruktion	72
		Aktuelle Tendenzen der Subjekttheorie	77
	2.	Ästhetische Bildung und Jugend 2000	80
		Die Bildung und das Fremde	82
		Grenzziehungen der Ästhetik	84
		Zum Bildungsgehalt paralleler ästhetischer Praxen	86
	3.	Die Kontiguität von Kunstpraxis, Ästhetik und Ästhetischer Bildung	88
	4.	Zur Entfaltung ästhetischen Wissens	92

Kapitel II
Zur Legitimation einer zeitgenössischen Ästhetischen Bildung 95

1.	Was heißt Legitimation des Kunstunterrichts?	95
2.	Ein Streitgespräch zur Legitimation der Ästhetischen Erziehung aus dem Jahre 1977	98
3.	Zeitgenössische Legitimationselemente	101
	Computertechnologie	102
	Hybride Objekte	103
	Film	106
4.	Wahrnehmung und Legitimation	109
	Die implizite Thematisierung von Wahrnehmung bei Pfennig	110
	Der explizite Bezug auf Wahrnehmung bei Staguhn	113
	Ottos Erweiterung des Wahrnehmungsbegriffs für die Theorie der Ästhetischen Erziehung	115
	Selles sensualistische Wahrnehmungskonzeption	117
	Fazit: Ästhetische Bildung und Wahrnehmung	119
5.	Ästhetisches Urteil und Legitimation: Zur Transparenz der Distinktion	122

Kapitel III
Ästhetische Bildung der Differenz 129

1.	Bildung als Entfaltung von Differenz	129

2.	Jacques Derrida und die différance	137
	Die Einflechtung des kleinen „a"	139
	Die differierende Präsenz	141
	Das Zeichen und die différance als Temporisation und Verräumlichung	143
	Die Spur	145
	Der Fang der Ästhetischen Bildung der Differenz	148
3.	Gilles Deleuze: Différence et Répétition	150
	Die „Differenz an sich selbst"	152
	Das Simulakrum	158
	Die Wiederholung für sich selbst	159
	Zweiter Fang für die Ästhetische Bildung der Differenz	164

Kapitel IV
Elemente einer Ästhetischen Bildung der Differenz — 168

1.	Der Sinn, der den Sinn macht	170
2.	Vom Exemplarischen zur signifikanten Referenz	174
3.	Artem und Didaktem	177
4.	Mikroästhetik	183
	Praxis des Mikrologischen	186
5.	Differenzielle Lernprozesse	189
	Computertechnologie und Lernen	192
	Verfahren der Techno-Kultur	196
	Didaktische Komponenten, Tools und Module	198

Kapitel V
Transversale Vermittlungsspraxis — 204

1.	Dividuelle Linien und Flecken	204
2.	Sinn-Produktion: Alltagsgegenstand und Kunstobjekt	208
	Zur Wechselwirkung von Kunstobjekt und Alltagsgegenstand im Kunstunterricht	212
	Auf den Spuren von R. Mutt	214
3.	Strategien der Wiederholung	219
	Bilderfluten	222
	Foto-Recycling	223

4.	Semiotische Produktion und Neue Medien		225
	Das LED-Display als Zeichen-Quelle		227
	Digitales Potenzial		230
5.	Ästhetische Operationen		231

Schlusswort	235
Register	239
Literaturverzeichnis	288
Abbildungen	308
Editorische Notizen	309

Um sich auf das Wetter zu verstehen, studierten sie die Wolken nach der Einteilung von Luke-Howard. Sie beobachteten Wolken, die sich wie Mähnen hinziehen, andere, die wie Inseln aussahen, wieder andere, die an Schneeberge erinnerten, und versuchten, die Nimbus- von den Cirruswolken, die Stratus- von den Cumuluswolken zu unterscheiden. Aber bevor sie die richtigen Namen fanden, hatten die Wolken ihre Form schon wieder geändert.

Flaubert, *Bouvard und Pécuchet*

Vorworte

Christina Griebel

Zur Wiederholung der Ästhetischen Bildung der Differenz

Die Ästhetische Bildung der Differenz ist ein Buch vom Ende des letzten Jahrhunderts. 1995 erschienen, geriet sie Anfang 1999 in meine Hände, ohne Empfehlung, Literaturliste oder Lektüreauftrag; ich hatte zum Begriff *Alterität* recherchiert. In der Badischen Landesbibliothek war sie analog verschlagwortet. Der Erstkontakt erfolgte über eine maschinenbeschriebene Karteikarte, die unten mittig gelocht auf einer langen Stange in ihrer Schublade saß. Ich notierte die Signatur; hierfür lag makuliertes Papier in Plexiglasboxen bereit, liebevoll zurechtgeschnitten von Menschen, die dafür bezahlt wurden. Hatte man alle Signaturen von den Karteikarten in den Schubladen beisammen, begab man sich in das offene Magazin und suchte selbst. Die Bücher stehen dort nach dem Zeitpunkt ihrer Katalogisierung geordnet im Dämmerlicht, *Unterwelt* von Don DeLillo, *Streichelmassagen für Fortgeschrittene* und eine Ausgabe von *Sein und Zeit*, alles Haut an Haut. Und wen man dort nicht alles traf. – Die Leihfrist war noch nicht abgelaufen, da besaß ich schon ein eigenes Exemplar, persönlich bestellt beim Buchhändler, und aus Bosheit (dieser erste Buchhändler am Platz war noch lange nicht der freundlichste) ließ ich es mir als Geschenk einpacken. Die Ästhetische Bildung der Differenz bleibt neu. Beim ersten Lesen war ich eine andere, beim Lesen hatte ich Zeit, anders zu werden, beim nächsten Lesen sah ich den Text als einen anderen, weil ich mich verändert hatte. Jetzt bin ich wieder eine andere und sehe den Text verändert. – Der Text muss verändert worden sein, ich hatte ihn anders im Kopf, in meinem Kopf stimmt alles, und stand da nicht geschrieben, dass ... ?, folglich kann die Veränderung nur (t)extern passiert sein, der Teufel hat den Schnaps gemacht. Wer den Augenschein nicht braucht, weil er sich beim Wahrnehmen nicht teilt, weil er alles im Kopf hat, unverrückbar, der braucht auch dieses Buch nicht. – Noch einmal. Ich sehe den Text verändert, weil ich verändert sehe; ich sehe das Wort *verändert*, ohne dass sich der Wortlaut verändert. Ich sehe verändert, weil meine Augen anders geworden sind und ich sehe besser, weil ich mehr Begriffe für das Gesehene zur Verfügung habe (wer weiß, was beim Begreifen

alles verloren ging). Was ich sah, werde ich nie wieder so sehen; was der Text enthielt, wird er nie wieder enthalten. Einiges hat er zunächst vor-enthalten, er war einfach schneller. Ich auch. Aber anders. Er war (wie der Igel) immer schon dort, wo ich Hase hinkam. Der Igel war bekanntlich zu mehreren. Wir auch. *Da jeder von uns mehrere war, ergab das schon eine ganze Menge* Dividuen (Gilles Deleuze/Félix Guattari: Tausend Plateaus. Kapitalismus und Schizophrenie, Berlin 1992, S. 12).
Ich hielt zunächst beide Exemplare vorrätig und las in dem, das mir nicht gehörte, vielleicht, um das andere, das eigene zu schonen. Sie waren gleich und waren es doch nicht, und das lag nicht nur daran, dass das Bibliotheksexemplar eine Signatur auf dem Rücken trug. (Und der Hase, das ist eine andere Geschichte, wäre entspannter gewesen, hätte er an den Igeln seines Weges einen Unterschied wahrgenommen). Zwei Exemplare reichten gerade noch aus; ich habe dieses Buch *gebraucht*. Als Skalpell für Operationen, als guten Freund, den ich zu meinen und seinen Freunden stellen konnte, als Speicher von Verweisen für eine Zukunft, die Gegenwart wurde und als *respirateur* für einen Alltag, der Vergangenheit ist, *quelle fortune,* denn so, wie sie waren, müssen die Verhältnisse wirklich nicht sein. Ihre Enge nicht abzubilden, sondern ihnen das Differentielle zu entlocken, war eine Strategie, die ich den beiden grünen Büchern entnahm, ohne dass sie dadurch weniger geworden wären. Es dauerte nicht lang, bis ein Kollege aus der Geographie mich bei einer Begehung der Herrentoilette aufstöberte. Ich habe nicht die Signatur *R. Mutt* neben einem der dort aufgehängten Gegenstände angebracht. Der Kollege fand fortan eine seiner Bestimmungen darin, im Lehrerzimmer zu verbreiten, die Referendarin gehe *immer* oder auch *lieber* für Herren. *Wegen der Form*, habe sie gesagt. Hat sie das? Was immer in ihm vorgegangen sein mag, auf seine Art hat er sich als Denker der Differenz erwiesen, angetrieben von der Sorge um den Signifikanten.
Die Ästhetische Bildung der Differenz erscheint jetzt in neuem Umschlag. Der Kollege aus der Geographie genießt bald seinen Ruhestand. Die ästhetischen Objekte sind nicht ausgegangen, die Kinder auch nicht. Referendare haben es jetzt schneller hinter sich, und manche haben später geborene Aus-Bilder. Studenten sind allen Unkenrufen zum Trotz noch immer im besten und ungefähr dem gleichen Alter; den Nestern entwachsen und zur Teilung fähig. Ließe man sie nur. Der ästhetische Widerstand braucht Ideen. Eine Neuauflage ist die Wiederholung eines dringend nötigen Textes, der dem Warenstrom

vorübergehend abhanden gekommen ist. Er geisterte in anderen Ökonomien. Jetzt wird er zum Wiedergänger. Wer ihn nicht unverrückbar behalten hat, wer ihn wiedersehen will, ohne das Buch zu kopieren (der Mensch angeschlossen an eine Maschine, in der es aufleuchtet, vorübergehend eins mit ihrem Rhythmus, eigentlich wäre das eine seiner Anwendungen) oder Digitales mit ihm zu treiben, der kann sich nun wieder in seine materielle Zirkulation einschalten. Der *finder* im Versandlager kann schonmal losfahren, und der analoge Buchhändler soll sein wild gemustertes Geschenkpapier anmessen. Die Ästhetische Bildung der Differenz ist ein Text der Wiederholung. Er aktiviert Konzeptionen, die den Lernbegriff an die Zeichentheorie koppeln (nicht zuletzt zum Schutze der beteiligten Subjekte), es gab sie bereits, der Aktivierung steht ein Re- vor. *Die Wiederholung wird zum Vermögen der Einbildungskraft, die Differenz rezeptiv zu entlocken, dies hat aber zur Voraussetzung, dass die Einbildungskraft kontrahieren kann* (S. 154 in der alten, grünen Ausgabe). Und das kann sie nur in der Zeit. Das Spiel mit der (Un)Zeitigkeit einer jeden Wiederholung entlockt dem Wiederholten seine nächste Teilung in aktuellen und aufgeschobenen Sinn. Es kann nicht oft genug gespielt werden. Die Ästhetische Bildung der Differenz war vergriffen, um wiederholt werden zu können. In der Wiederholung geht sie sich noch lange nicht auf. Wäre das so, es wäre ihr Ende.

Florian Schaper

Kunstpädagogische Zeitgenossenschaft

Mein Exemplar der *Ästhetischen Bildung der Differenz* ist voll von Unterstreichungen und kleinen eingeklebten Zetteln, welche wichtige Stellen im Buch markieren. Einige Zettel sind stark abgewetzt und eingerissen. Seiten sind abgestoßen und haben Flecken.
Wenn ich das Buch aufschlage, fällt auf, dass die verschiedenen Unterstreichungen im Buch aus unterschiedlichen Stadien meines Studiums stammen. Ich habe im Buch, während des Lesens, manche Stellen mit Fragezeichen versehen. Einige Anmerkungen, welche ich an den Rand geschrieben habe, stammen vom Beginn meines Studiums. Ich kann behaupten, dass das Buch bei mir tatsächlich „in Gebrauch" ist. Kunstpädagogik ist ein wunderbares Betätigungsfeld. Sowohl das Studium der

Kunstpädagogik als auch das Unterrichten von Kunst in der Schule macht, neben viel Arbeit, sehr viel Spaß.3

Für meinen Kunstunterricht und mein Verständnis von Kunstpädagogik ist die *Ästhetische Bildung der Differenz* ein zentrales Buch. In dem Buch geht es nämlich darum, was Kunstunterricht sein kann. Es wird nicht nur ein Ausschnitt des Faches behandelt, sondern das Fach als Gesamtheit. Ein Schwerpunkt liegt dabei auf dem, was man gemeinhin als *neue Medien* bezeichnet.

Ich kann nicht genau sagen, wie viele Bilder ein Schüler der siebten Klasse heute an einem Tag anschaut. Es sind sicher sehr viele. Weiterhin darf vermutet werden, dass die wenigsten dieser Bilder dem Feld der Kunst entspringen. Trotzdem schaut eben dieser Schüler sich viele Bilder an und produziert diese auch: In sozialen Netzwerken, im Internet, durch mobile Computer und „natürlich" auch durch das Fernsehprogramm angetrieben, läuft die Wahrnehmung auf Hochtouren.

Unter dem Kernbegriff „kunstpädagogische Zeitgenossenschaft" stellt Maset die Verbindung her, welches kunstpädagogisches Tun mit aktueller Ästhetik koppelt. Diese Kopplung geschieht über die Wahrnehmung. Wahrnehmung wird von Maset als eine soziale Kompetenz beschrieben, welche bestimmt, wie wir die Dinge sehen, zu welcher Weltsicht wir gelangen und welche Deutung wir den Dingen zuschreiben. Die Arbeit als Kunstpädagoge ist die Arbeit an und über Wahrnehmung. Natürlich kann diese nicht direkt erfolgen, sondern nur über die Arbeit an ästhetischen Objekten und im Austausch darüber. Es geht darum, auf beschleunigte gesellschaftliche Entwicklungen zu reagieren. Die Kunstpädagogik muss sich demnach laufend verändern, um mit diesen gesellschaftlichen Entwicklungen Schritt zu halten. Hier liegt der Fang der *Ästhetischen Bildung der Differenz*. Sie bezeugt Zeitgenossenschaft, indem auf gesellschaftliche Entwicklungen reagiert wird. Sie ist die Basis für einen Kunstunterricht, welcher relevant und damit legitim ist. Ein Kunstunterricht, welcher zwar in der Schule stattfindet, aber sich nicht nur auf die Schule bezieht, sondern in die Gesellschaft hineinwirkt. Vor allem solchen Kunstunterricht brauchen wir: Kunstunterricht, welcher, räumlich gesehen, über die Grenzen des Schulgeländes hinaus wirkt und, zeitlich betrachtet, im Jetzt stattfindet.

Die bunten Klebezettel in meinem Band werden bleiben und auch die Unterstreichungen. Sie zeugen davon, wie das Buch gelesen wurde, machen es lebendig. Ich freue mich darüber, dass es eine Wiederholung der *Ästhetischen Bildung der Differenz* gibt. In dieser wird es neue Klebezettel geben, neue Unterstreichungen und Anmerkungen am Rand.

Inga Eremjan

Impulse für eine Transkulturelle Kunstvermittlung

Um den Lesern eine weitere Rezension und damit eine weitere Darstellung der Errungenschaften und wenig prägnanten Stellen des Konzeptes der *Ästhetischen Bildung der Differenz. Kunst und Pädagogik im technischen Zeitalter* zu ersparen, wage ich – aus der Perspektive der *Transkulturellen Kunstvermittlung* – den Versuch einer Synopse der zentralen Thesen, die auch nach fast zwei Jahrzehnten der Erstveröffentlichung aktuell sind. Sie geben Anregungen für eine Umorientierung in der Kunstpädagogik, weg vom Einheits- und hin zum Differenzdenken in Richtung transkultureller Konzepte. Besonders die Verzahnung des Eigenen mit dem Fremden gibt Anstöße für neue Denkrichtungen, die noch heute in den meist oberflächlichen Auseinandersetzungen im kunstpädagogischen Diskurs um die Bildung und ihrem Verhältnis zum Eigenen und Fremden (leider meist bezogen auf das *kulturell* Fremde) verloren geht.

- „Aufmerksamkeit für das Offene und für das Außen unter der Bedingung von Reflexivität".
- Der durch Entfremdung Gekennzeichnete wird nicht zur Einheit zurückgeführt, sondern seine inneren konstitutiven Differenzen und Widersprüche als Bildungspotenzial verstanden.
- Der ins Exil geschickte Fremde, Andere ist ein Teil des *Geschehens* und damit ein Teil des Ichs.
- Die Auseinandersetzung mit dem Subjekt durchkreuzt jeden Vermittlungsprozess.
- Bildung ist ein unabgeschlossener Prozess der Entfaltung von Differenzen.
- Bildung ereignet sich im Verhältnis zum Fremden: Wir müssen Fremdartiges erzeugen und uns Fremdem nähern, um uns zu bilden, zu erhalten und weiterzuentwickeln.
- „Die *Ästhetische Bildung der Differenz* ist ein Werkzeug zur Entfaltung der Potenziale differierender Subjekte."
- Zeitgenössische Kunst ist eine Bildungsquelle sowie Orientierungs- und Verständigungsmittel in einer ausdifferenzierten Gesellschaft.
- Die technologischen Entwicklungen bergen Potenziale für Bildung in

sich, da sie neue Wahrnehmungsweisen, Wissensformationen und ästhetische Dimensionen eröffnen.
- Kunstvermittlung agiert in einer variablen Diskursvernetzung.
- Der Kunstunterricht ist ein Raum, in dem die grundlegende *Andersheit des Subjekts* nachhaltig eingebracht werden kann und sollte.
- „Ästhetische Bildung entfaltet das im Prozess zu entwickelnde Mögliche": Der Kunstunterricht legitimiert sich nicht durch die Eindeutigkeit des gesetzten Sinns, sondern durch die Vielfältigkeit der entfalteten Sinnmöglichkeiten.
- Zeitgenössischer Unterricht dekonstruiert Kategorien, Hierarchien sowie die „Diktatur des schon entschiedenen Sinns" (Kamper).
- Ästhetische Bildung ist nur durch ästhetisch gebildete Vermittlungsformen möglich.
- *Ästhetische Bildung der Differenz* zielt auf die Befähigung zur Einbringung, Ausübung und Wahrnehmung des unendlich Differenten.
- Differenzerfahrungen sind verbunden mit Wahrnehmung und Erkenntnis: „Als dynamisches Metasystem produziert [die Wahrnehmung] Differenzen, die ihrerseits wieder differierende Elemente hervorbringen."
- Die Vermittlerin/ der Vermittler muss eine „Zeitgenossin" bzw. ein „Zeitgenosse" sein.

„Die Differenz konstituiert das, was sowohl an der Fremdheit als fremd als auch an der Andersartigkeit als andersartig wahrgenommen werden kann und was diese erst hervorbringt. Sie bringt Fremdes und Anderes hervor, und das *Ästhetische* konstituiert sich aus der *Mannigfaltigkeit des Differenten*."

Ulrich Schötker

Du hast mir mein Referendariat versaut. Danke.

Es war 1996 in der Lolita-Bar in Kassel. Ich bat Pierangelo Maset um ein Autogramm in seinem Buch „Ästhetische Bildung der Differenz". Als ich nach dem Eintrag das Buch in der Hand hielt, sah ich Masets Unterschrift in einer kinderkrakeligen Schrift auf der Innenseite. Als Rechtshänder hatte er mit der

Linken unterschrieben, und mir war nicht klar, ob ich lachen oder den Umständen entsprechend empört sein sollte. Es blieb beim Lachen. Denn nach einem Autogramm für eine philosophische Auslassung über die Kunstpädagogik (falsch: es ging darüber hinaus!) zu fragen, hatte sicher etwas Lächerliches. Als jemand, der gerade sein Studium beendete und einen Heroen erwartete, der als Vorbild dienen könnte, war ich jedoch zunächst verunsichert.

Mir war noch nicht gewahr, dass Pierangelo Maset mit diesem Text ein postheroisches Zeitalter der Kunstpädagogik einläutete, und zwar in einer Zeit, die sehr von vorgeblichen Heroen bestimmt wurde. Irgendwie wusste in diesem Diskurs jeder besser, wie es ging. Maset belegte, dass man davon nicht ausgehen kann. Dass die Umwelt der Kunstpädagogik, die sich seit den 50er Jahren als eine durchaus normative Theorieform behauptete, sich derart verändert hatte, ist der Theorieproduktion nicht vorzuwerfen. Dass jedoch wenig Chancen aufgegriffen wurden, ihr das Fundament zu entziehen, um neue Ausrichtungen zu ermöglichen, und vor allem, sich den gesellschaftlichen Veränderungen anzupassen, jedoch wohl.

Ich mochte dieses Buch – welches ich nach erster Lektüre nur zu einem Drittel verstand – vielleicht wegen seines grünen Umschlags. Sehr gewagt. Diese Farbe war in der Literatur stets Sonderlingen vorbehalten. Es las sich Passage für Passage trotz meiner vielen Fragen verständlich – ein- und weiterführend. Es war ein Studienbuch, welches versuchte, verschiedene Theorieansätze parallel zu lesen, um sowohl Gemeinsamkeiten wie Widersprüche und Brüche herauszustellen. „Sampling" nannte Maset die Methode und griff Formen eigener ästhetischer Erfahrung aus seinem gelebten Pop-Diskurs auf. Besonders herauszustellen ist die schon im Titel angegebene Ausrichtung, den Begriff der Differenz als Ausgangspunkt zu betrachten.

Es mag sein, dass wir miteinander kommunizieren, nicht weil wir uns verstehen, sondern gerade weil wir uns nicht verstehen. Mir war Differenztheorie als Gegenentwurf zur Hermeneutik noch nicht bekannt! Meine Studienzeit war, was neue Denkanstöße ausmachte, von einem postmodernen *anything goes* geprägt. Heute wissen wir, dass von diesem manierierten Begriff keiner mehr spricht, weil er in der Mode-Falle steckte. Dem folgte Masets Buch nicht im Geringsten. Hier wurde versucht, einer vielleicht außerrational funktionierenden Kunst eine rationale Vergewisserung beizustellen. Dieser aus der frühen Moderne abgeleitete Umstand ließ sich nicht nur philosophisch gut nachvollziehen, sondern machte ihn für gesellschaftliche Wandlungsprozesse produktiv. Den Hinweis auf diese Prozesse gab der Untertitel der Lektüre: Kunst und Pädagogik im technischen Zeitalter.

Nebenbei sei bemerkt, dass Masets Ergebnisse mein Gedankengebäude gehörig auf den Kopf stellten . Übrigens auch die Gebäude vieler mir bekannter Theorieansätze, die zunächst schuldidaktisch auf Kunst zugriffen. Über die Reichweite seiner Vorlage kann ich mich erst heute vergewissern. Hinter uns liegen einige Jahre an Auseinandersetzung mit dem Begriff „Kunstvermittlung", der im Bereich der ästhetischen Theorie und der kulturellen Bildung Fuß gefasst hat. Ebenso ist in der zeitgenössischen deutschsprachigen Schullandschaft zu beobachten, wie neue Verfahrensweisen der Vermittlung von Kunst – Maset sprach in seinem Buch von *ästhetischen Operationen* – ausprobiert und qualitativ evaluiert werden. Es ist vielleicht zu weit gegriffen, allein Masets Text dafür verantwortlich zu machen. Aber er hat aber wichtige Vorarbeit geleistet, mit der sich prognostizieren lässt.

Sein Theorieansatz gewinnt durch zunächst offen gehaltene Begriffe Raffinesse. Die *ästhetische Operation* wäre einer davon. Hier wird weder Material noch Methode vorgegeben. Daran schwächeln noch heute viele Entwürfe, denke man nur an die Adaptation von Begriffen innerhalb kunstdidaktischer Theoriebildung, wie die so genannten „Neuen Medien". Hier wurden Didaktikvorstellungen erarbeitet, die sowohl das Neue (der Kunst) als auch das Mediale (der Technik) didaktisch funktionalisierten, ohne jedoch den Medienbegriff (der Kunst) selbstreflexiv aufzugreifen und darin auch entsprechend kritische Impulse – sowohl für die Theoriebildung als auch für die Entwicklung von Unterricht und Schulkultur – produktiv zu machen. So rennt man den Neuerungen hinterher, und die Disziplin läuft Gefahr, zukünftig ihre Eigenständigkeit zu verlieren.

Maset hingegen macht auf die paradoxen Verhältnisse aufmerksam. Sie sind unlösbar und deswegen ja auch Paradoxien. Hier zeigen sich die stets fortlaufenden Zusammenhänge zwischen der Differenz von KünstlerIn und RezipientIn, LehrerIn und SchülerIn, Subjekt und Objekt, von Gast und Wirt. Gerade weil man diese Dualismen, die die kunstpädagogische und kunstvermittlerische Arbeit bestimmen, nicht auflösen kann, ist an diesem Punkt ein schöpferischer Geist unumgänglich. Lösungen entstehen aus der Situation heraus. Ein kluger Geist weiß dies mit Tiefgang – nicht mit Höhenflug – zu begegnen.

Der Begriff eines dividuellen Subjektes, den Maset aus seiner Theorie ableitete, ist für mich noch heute streitbar. Er klingt mir zu sehr nach der Lösung einer Gleichung. Vielleicht habe ich ihn nie richtig verstanden. Vielleicht ist er mit meinem eigenen Lebensgefühl nicht vereinbar. Ich kann ihn weder auf die lineare Strecke einer sich stets verändernden Biografie anwenden, noch pflege ich die Auffassung, dass ich *viele* bin. Vielleicht ist es aber der Tatsache geschuldet, dass ich mich nicht mit meinem gestrigen Ich unterhalten kann. Auch hier also ein offener Punkt. Vielleicht ein Konflikt. Letzterer gehört zur Natur eines Differenzdenkens dazu.

Pierangelo Maset

Vorwort Wiederholung 2012

Es gibt einige Gründe dafür, dieses Buch, das mittlerweile fast zwanzig Jahre alt und seit fünfzehn Jahren vergriffen ist, zu wiederholen. In den vergangenen Jahren gab es immer wieder Nachfragen von Interessierten, ob es eine Neuauflage von *Ästhetische Bildung der Differenz* geben würde, die ich längere Zeit – vielleicht zu hartnäckig – verneint hatte. Nun, in Zeiten der dominierenden Kompetenz-Orientierung, möchte ich, dass dieser Text wieder gelesen werden kann und zugänglich ist. *Kompetenz*, so scheint es, ist der Name des letzten kunstpädagogischen Rettungsbootes von der Titanic, mit dem sich viele erhoffen, vom havarierten Schiff gerettet werden zu können.
Die Kunstpädagogik war wohl noch nie so vielfältig und in unterschiedliche Richtungen forschend wie heute, doch ist sie gleichzeitig ins Räderwerk der Hochschul- und Schulbürokratie und ihrer politischen Taktgeber geraten, die das Fach mehr einschränken, ausdörren und sein institutionelles Überleben in Frage stellen. *PISA-Studie* und *Bologna-Prozess* haben eine Überbietung aller Bürokratie-Alpträume realisiert. Die europaweiten Eingriffe in das Bildungssystem können vor allem dadurch charakterisiert werden, dass eine zentralistische politische Steuerung nun die Geschicke der Studieranstalten leiten soll. Das Fach Kunst ist bei *PISA* gar nicht wirklich gefragt gewesen, sie war viel zu unwichtig für die Technokraten der OECD, die für diese so genannte „Studie" verantwortlich sind; aber die Ergebnisse haben große Auswirkungen auf die

Lage des Faches, das sich nun verstärkt mit der Messbarkeit seines *Outputs* befassen muss, was absolut unmöglich ist, wenn man das, was wichtig für das Fach ist, ernst nimmt. Denn während die deutsche Kunst international ein außerordentlich hohes Ansehen genießt, wurde das Fach Kunst in vielen Bundesländern weiter gekürzt und was noch schwerer wiegt: inhaltlich ausgehöhlt. Die Output-Orientierung von Hochschulen und Schulen führte zwangsläufig dazu, dass irreduzible Bestandteile des Künstlerischen mehr und mehr aus den Bildungsinstitutionen verschwinden: In der Post-Pisa-Ära zählt vor allem das Zählbare und weder der „Gebrauch der Sinne" noch die „Rationalität des Ästhetischen". Es kann heute aber nicht nur um eine rein reaktive Kommentierung dieser Entwicklungen gehen, vielmehr müssen gerade die Kunstpädagogik bzw. die Kunstvermittlung Wege aus dem Bildungsdilemma weisen. Die Lage hierfür ist insofern gar nicht so schlecht, als es wohl nie eine solch vielfältige und gleichzeitig publizistisch aktive Kunstpädagogik-Szene gab wie heute. Diese sollte stark genug sein, sich der technokratischen Macht zu widersetzen. Der Einsatz für den Erhalt des Faches Kunst geht nicht ohne einen Einsatz für die Kunst und ihre Bildungsrelevanz. Das Künstlerische kann davon nicht abgezogen und etwa auf die Herstellung unwahrscheinlicher Gegenstände beschränkt werden. Die Kunstpädagogik in eine allgemeine Medien- oder Bildpädagogik zu überführen ist ein Zug der Zeit. Ein Zug, auf den man aber nicht aufspringen muss. Es gibt immer Alternativen. Allein den Begriff der Gestaltung im Sinne Beuys' auf die Gesellschaft insgesamt zu beziehen, beinhaltet nach wie vor ein gewichtiges Programm, das immer noch seiner Verwirklichung harrt. Die aktuelle gesellschaftliche Lage sieht sicherlich anders aus, da ist wenig Raum für das Andere: In nahezu allen gesellschaftlichen Bereichen hat sich in unserer Zeit ein besonders durch die Massenmedien gesteuerter Mainstream festgesetzt, der es selbst heute, in Zeiten der extremen Legitimations- und Finanzkrise, mit seinen Befriedungsformeln vermag, die Kontrolle auszuüben, der es bedarf, um die fragwürdige Veranstaltung, die ich mit Deleuze „Kontrollgesellschaft" nennen möchte, am Laufen zu halten: „Das griechische kybernesis bedeutet im eigentlichen Sinne die Fähigkeit ‚ein Schiff zu steuern' und im übertragenen Sinne ‚etwas leiten, regieren'. In seiner Vorlesung von 1981-1982 beharrt Foucault auf der Bedeutung dieser Kategorie des ‚Steuerns' in der griechischen und römischen Welt und legte nahe, dass sie eine ganz aktuelle Reichweite haben könnte […] Der kybernetische Gestus wird deutlich erkennbar durch

eine Ablehnung all dessen, was der Regulierung entgeht, also aller Fluchtlinien, welche die Existenz in den Zwischenräumen der Normen und der Dispositive bereithält […]" (Tiqqun: *Kybernetik und Revolte*, Berlin 2007, S. 15f.).
Die heutige Schule produziert mit ihrer einseitigen Effizienz- und Multiplikationsorientierung eine Einstimmung in die *Kultur des Groben*, in der eine am subjektiven Konsum- und Leistungserlebnis orientierte Mentalität erzeugt wird. Konsum und Leistung sind die entscheidenden Faktoren der Kontrollgesellschaft. Wir erleben gerade Auswüchse der *Kultur der Kontrolle*, für die die messbaren, zählbaren und konsumierbaren Einheiten wichtiger sind als beispielsweise soziales Verhalten und ästhetische Wahrnehmungen. Da es heute in den Institutionen kaum noch um Inhalte, sondern vielmehr um so genannte „Exzellenz", „Innovation", „Benchmarks" und „Marketing" geht, werden entscheidende Dimensionen ausgeblendet, da sie innerhalb der konstruierten System-Welten keine oder eine zu geringe funktionale Relevanz aufweisen. Für die Bildung wie für die Kunst ist es fatal, dass die Techniken des Controllings mehr und mehr die Institutionen und die in ihnen Tätigen übernehmen. Es handelt sich dabei wesentlich um *Psychotechniken,* die die Aufmerksamkeit und das Denken mit einer jeweils zugeschnittenen Matrix besetzen. Gleichzeitig wird auch die äußere Hülle der Institutionen mittels Corporate Design umgebaut. Das Ergebnis ist das, was wir heute überall beobachten können: Output- und Kompetenzorientierung, totale Messbarkeit und totales Kontrollbegehren, und vor allem: Normierung und Standardisierung, Einheitsproduktion und Identitätsdenken. Ein Beispiel: In dem Film „Frisch auf den Müll – Die globale Lebensmittelverschwendung" von Valentin Thurn wird die Vernichtung und Standardisierung von Lebensmitteln thematisiert. Es kommt eine Szene vor, in der Möhren auf einem Band von Fotosensoren gescannt und nach „ästhetischen" Kriterien wie denen der regelmäßigen Form und der schadlosen Hülle sortiert werden. Hier ist eindrücklich dargestellt: Der automatisierte Maschinenblick ist in der Regel ein Kontrollblick. Die Normierung mittels automatischer Erkennung durch Bildmaschinen ist bereits Realität, doch das Ästhetische im künstlerischen Sinn ist ihr genaues Gegenteil, nämlich die Produktion von Differenz und die Perforation normierter Einstellungen. Mit diesem Beispiel wird auch deutlich, dass eine rein formal ausgerichtete Bildkompetenz nicht ausreicht, um sinnvoll Kunstpädagogik zu betreiben. Denn es geht immer auch um die ethische Dimension des Ästhetischen, von der das Künstlerische überhaupt nicht zu trennen ist.

Es hat durchaus etwas mit Kunst und ihrer Vermittlung zu tun, wenn wir die industrialisierte Lebensmittelkultur und ihre obszönen Verschwendungen ins Bild nehmen und brandmarken. Als Kunstvermittlerinnen und Kunstvermittler, als Künstlerinnen und Künstler sind wir zuständig für die Vielfältigkeit der Welt, (in leichter Abwandlung eines Wortes des Dichters Peter Kurzeck).
Mitte der neunziger Jahre, als *Ästhetische Bildung der Differenz* publiziert wurde, gab es einen breiten Diskurs über Ästhetische Bildung. Es war eine andere Zeit, Mobiltelefone kamen erst auf, und vom Cloud-Computing war noch lange nicht die Rede. Ein gewisser Technik-Optimismus, der an manchen Stellen des vorliegenden Buches zum Ausdruck kommt, sollte heute weitaus kritischer gesehen werden, auch was die Praxis der Kunstpädagogik betrifft. Selbstkritisch muss ich heute sagen: Selbst in rein mimetischen Aneignungen der Zeichnung oder Malerei passiert meistens mehr, als wenn irgendwo ein Handy oder eine Kamera auf ein Objekt gerichtet und einfach ausgelöst wird. Das Analoge verändert sich unter dem Einfluss des Digitalen, doch es ist nicht aus der Welt. Die existenziellsten Ereignisse sind immer noch außerhalb der Berechnung.
Die *Kybernetik* ist mittlerweile kennzeichnend für unsere Gesellschaft geworden. Einige haben das vorausgesehen. Martin Heidegger hat 1967 in „Die Herkunft der Kunst und die Bestimmung des Denkens" bereits folgendes ausgeführt: „Die Kybernetik sieht sich allerdings zu dem Eingeständnis genötigt, daß sich zur Zeit eine durchgängige Steuerung des menschlichen Daseins noch nicht durchführen lasse. Deshalb gilt der Mensch im universalen Bezirk der kybernetischen Wissenschaft vorläufig noch als ‚Störfaktor'. Störend wirkt das anscheinend freie Planen und Handeln des Menschen. Aber neuerdings hat die Wissenschaft sich auch dieses Feldes der menschlichen Existenz bemächtigt. Sie unternimmt die streng methodische Erforschung und Planung der möglichen Zukunft des handelnden Menschen. Sie verrechnet die Information über das, was als Planbares auf den Menschen zukommt". Jeder kann am eigenen Leib erfahren, wie sehr diese gedankliche Antizipation zutrifft. Alle gesellschaftlichen Bereiche sind von Steuerungs-, Optimierungs- und Kontrollmechanismen durchdrungen, unentrinnbar und flächendeckend. Trotzdem gehen die Berechnungen nicht auf, wir wanken von Krise zu Krise, und es gibt offenbar noch andere Dynamiken, die nicht oder noch nicht zu steuern sind. Diese gilt es zu stärken, und hier finden Kunstpädagogik und Kunstvermittlung ihre wichtigsten Anwendungsgebiete. Überhaupt ist es die drängendste

Aufgabe, Kunstpädagogik und Kunstvermittlung in diesem Sinne einzusetzen. Die *Ästhetische Bildung der Differenz* kann hierfür als eine Vorstudie verstanden werden, die eben auch die Bedingungen der Entwicklung einer gespaltenen (post)modernen Subjektivität untersucht hat. Die Pädagogik kann von solchen Befunden nicht verschont werden, insbesondere deshalb nicht, weil sie per se eine Kontroll- und Steuerungswissenschaft ist, die in den letzten zwei Jahrzehnten mit ihrer innigen Hinwendung zur empirischen Forschung erneut ihren eigentlichen Charakter offenbart hat.

Das Buch hatte die größtmögliche Anerkennung erfahren: Eine deutliche Wirkung auf den Nachwuchs und eine ziemliche Herausforderung für seine Gegner, die auch heute noch besteht. Als sein früherer Autor, stelle ich fest, dass ich heute manches anders sehe und auch lese, doch den Text im Kern vertreten und ihn auch wiederholen kann. Selbst die Praxisbeispiele sind haltbar geblieben, ganz anders als ihre zahlreichen Kritiker es behauptet hatten.

Dieses Buch ist nicht mit der Ausgabe von 1995 identisch. Der Text ist leicht ergänzt und an manchen Stellen auch reduziert worden. Bewusst verzichtet wurde auf nahezu alle Abbildungen, die in der Erstausgabe publiziert waren. Außerdem wird hier der Prozess der Entstehung des Buches durch die Faksimiles der Korrekturen von Gunter Otto dokumentiert.

Ich danke allen, die für die Kunstpädagogik und die Kunstvermittlung einen bleibenden Satz oder intensive Dinge und Situationen hinterlassen haben, und vor allem auch denen, die etwas mit all dem anfangen konnten.

1. Vorwort (1995)

Die Kunst war. Sie ist. Sie wird sein. – Seit unvordenklichen Zeiten wird das Kaleidoskop der menschlichen Kultur durch immer neue Hervorbringungen erweitert und differenziert. Bereiche, die ehedem noch nicht zur Kunst gehörten, wurden von ihr eingenommen, besetzt und aufgeteilt, und unser Jahrhundert wurde Zeuge der Massen- und Überproduktion des Ästhetischen. Und doch gibt es wesentliche Grenzen und Einschränkungen, die das Ästhetische wie Schatten verfolgen. Sie resultieren aus der Unsagbarkeit eines wirklich allgemeinen *Wir* auf der Grundlage des ästhetischen Urteils. Auf jeder Ebene, in jedem Feld der gesellschaftlichen Produktion, Distribution und Rezeption von Kunst existieren offene und verdeckte Universalisierungen eines jeweils zur Anwendung gelangenden Kunstbegriffes, der parallel existierende ästhetische Manifestationen in die Unsichtbarkeit drängt. Für die Ästhetik ist aber das Prinzip *esse percipi* konstitutiv; – was in ihr hervorgebracht wird, muss in Wahrnehmungen von Rezipienten erscheinen können.

Der Logenplatz der allgemeinen Anerkennung legitimierter Werke und Konzepte ist nicht das Ergebnis einer ästhetischen Gnade, sondern eines von diskursiver Selbstbehauptung. Was eine solche Allgemeinheit konstituiert, sind die wiederum offenen oder verdeckten Praxen von Urteilen, Strategien, Zirkulationen und Zuschreibungen. So können im Schulunterricht unter der Hegemonie spezifischer Perspektiven Wahrnehmungsweisen erzeugt und bevorzugt werden, die – obwohl sie historisch geformt sind – ihren Blick auf die Welt als den *natürlichen* verbreiten; und in der ästhetischen Theorie können Werke, die außerhalb der Erfassung von Theorietraditionen liegen, hartnäckig ignoriert werden, da sie nicht als zum Diskurs zugehörig betrachtet werden.

Zudem hat die Ausdifferenzierung der verschiedenen Disziplinen die Geister nicht nur gespalten, sondern auch auf sich selbst zurückgeworfen. In der Einsamkeit spezialisierter Professionen mit unterschiedlichsten Schulen und Anhängern beobachtet und kommentiert man die Produkte der anderen aufmerksam bis misstrauisch. Doch wir sprechen trotzdem von *unserer* Kultur, so sehr sie sich auch in die verschiedenartigsten Verzweigungen aufzuspalten und zu verstreuen vermag.

Es gibt Markierungen, Grenzpfähle, Masten, Schilder und Wegweiser; abgesehen davon sind Wege, Orte, Gelände und Gebäude unübersichtlich. Die im

Wortsinne *notwendige* Anmaßung besteht darin, mit traditionell auf Universalität ausgerichteten Begriffen die mannigfaltigen ästhetischen Manifestationen beurteilen und kategorisieren zu wollen. Jede authentische ästhetische Innovation erweitert den Kanon, ohne dass sofort ein neuer Begriff bereitstünde. So wächst die Mannigfaltigkeit der Hervorbringungen asynchron zu der der Begriffe und Kategorien. Die Mikro-Welten, die sich in jedem Kopf aktualisieren und die je nach Bildung, Erfahrung und psychophysischer Konstitution wiederum einen Strudel perzeptiver Modifikationen erzeugen, bilden sich ihre Systeme der Wahrnehmung ohne Rücksicht auf Festigkeit und Angemessenheit der Begriffe, wodurch letztere umso mehr einem verzerrenden, vereinheitlichenden Denken anheimfallen können; einem Denken, dass die Einheit mit Gewalt will, sich aber immer schon in den Modi vorfindet. Ein Grundsatz Spinozas erfasst diese Lage: „Wir empfinden keine anderen Einzeldinge und nehmen keine anderen wahr als Körper und Modi des Denkens."[1] Diese Körper und Modi des Denkens bringen unzählige Mannigfaltigkeiten hervor: So differiert die Welt eines Kindes – in die wir uns einzugreifen anschicken – fundamental von der des Erwachsenen, sie entzieht sich nachgerade dem erwachsenen Erfahrungshorizont und kann nur als Spur nachvollzogen werden.

Angesichts der unübersichtlichen Mannigfaltigkeiten ist es nicht verwunderlich, dass die Zivilisation ihr Heil in der aufwendigen Installation fixer Entitäten und Identitäten gesucht hat. Inmitten einer sich in permanenter Mutation befindlichen Welt einen sicheren Standort zu finden, war das historische Projekt der Bewusstseinsphilosophie. Dass die dabei vermeintlich vertriebenen Ungeheuer durch die Hintertüren der Vernunft wiederkehrten und auf den blankgeputzten Parketten der Rationalität tiefe Schrammen hinterließen, ist hinlänglich diskutiert worden: Allenthalben konstatieren wir den Ruf nach dem *Anderen*. Es ist dies auch und in besonderem Maße ein Ruf nach dem Ästhetischen.

Doch auch die ästhetische Theorie hat sich nicht gemäß der Vielfältigkeit ästhetischer Objekte und Manifestationen entwickelt. Sie folgte einem inneren Zug zur Komplexitätsreduktion und Immanenzkonstitution, indem sie periodisch bestimmte historische Theoreme immer wieder neu aufgriff, ohne diese in jedem Fall auf ihre Stimmigkeit angesichts neuer ästhetischer Phänomene überprüft zu haben.

Mit jedem Rekurs auf Theorieaspekte der klassischen Ästhetik werden implizite Geltungsansprüche in eine andere Zeit und auf andere Objekte verlagert, die dort nicht immer adäquat sind, insbesondere, wenn man die permanente Unabgeschlossenheit des Ästhetischen als Konstituens seiner Eigenrhythmik in Rechnung stellt. Kant hat bereits deutlich auf die Diskrepanz von Begriff und ästhetischer Idee hingewiesen und dabei die differenziellen Elemente innerhalb der Einbildungskraft hervorgehoben: „Mit einem Worte, die ästhetische Idee ist eine, einem gegebenen Begriffe beigesellte Vorstellung der Einbildungskraft, welche mit einer solchen Mannigfaltigkeit von Teilvorstellungen in dem freien Gebrauche derselben verbunden ist, daß für sie kein Ausdruck, der einen bestimmten Begriff bezeichnet, gefunden werden kann, die also zu einem Begriffe viel Unnennbares hinzudenken läßt, dessen Gefühl die Erkenntnisvermögen belebt und mit der Sprache, als bloßem Buchstaben, Geist verbindet."[2]

Die Differenz arbeitet in der ästhetischen Idee ohne Unterlass, und wir werden niemals eine *universell* gültige Ästhetik formulieren können. Trotzdem braucht die Theorie der Praxis nicht hinterherzulaufen. Insofern sie in ihrer ursprünglichen Bedeutung *Betrachtung*, *Anschauung* ist, stellt sie einen Modus von Praxis dar, und die aktuelle Kunst zeigt, wie theoretische Positionen unverzichtbare Impulse für die ästhetische Praxis liefern bzw. selbst zur Praxis werden.

Für Kunstpädagoginnen und Kunstpädagogen spaltet sich das Feld in noch mehr problematische Böden. Sie müssen nicht nur den Gang der ästhetischen Theorie und der Kunstpraxis verfolgen, sondern zusätzlich noch praktikable Vermittlungsmöglichkeiten ersinnen, die den spezifischen anthropologischen, historischen, sozialen und kommunikativen Determinanten von Unterricht entsprechen. Dabei tappen sie automatisch in die Fallen derer, die ihnen entweder Theoriedefizite oder Praxisferne attestieren möchten. Die unbeliebte Mittlerposition kann leicht zur Zielscheibe werden, und in dieser Schrift soll es unter anderem darum gehen, die ausgesetzte Lage des *Targets* zu stärken und kunstpädagogische Verfahren und Ergebnisse für andere Disziplinen fruchtbar zu machen.

Um diese Herausforderung anzugehen, ist es nötig, sich in allen drei Feldern bewegen zu können: Kunstpraxis, Kunsttheorie und Kunstpädagogik können nicht unabhängig voneinander existieren. – Dieses Dreieck skizziert den Ausgangsrahmen der vorliegenden Arbeit, in der es darum gehen wird, die *Ästhetische Bildung der Differenz* zu projektieren. Dabei werden bekannte Plädoyers *wiederholt* werden, durch deren Wiederholung für die heutige Zeit relevante Differenzen entlockt werden sollen.

Der Kunstunterricht ist ein Schulfach, in dem die grundlegende *Andersheit des Subjektes* nachhaltig eingebracht werden kann, weil all das, was sich in Körperspuren und Wahrnehmungen als ästhetische Erfahrung sedimentiert hat, immer auch Gegenstand von Kunstunterricht ist, selbst in seinen missglückten Ausprägungen. Der hier vorgestellte Ansatz will die *vorgängigen* und *gebildeten* Differenzen in das Blickfeld rücken und in Verbindung mit einer Vernetzung von Diskursen für die Kunstpädagogik und die mit ihr verknüpften Vermittlungsfelder produktiv werden lassen. Die wesentliche Frage ist dabei: *Wie lässt sich Ästhetische Bildung von der Differenz her aussagen?* – Zu ihrer Beantwortung sind verschiedene Argumentationslinien vonnöten, die *Ästhetik, Bildung* und *Differenz* in ihrer Interdependenz reflektieren. Das Ergebnis der Antwort soll für Vermittlungssituationen innerhalb und außerhalb von Institutionen relevant sein. Die Kontamination anderer Disziplinen und Fachgebiete ist erwünscht.

2. Einleitung

I. Kunstpädagogische Zeitgenossenschaft

Menschen, die Kunst vermitteln wollen, sind gegenüber Künstlern und Kunsttheoretikern in einem diskreten Vorteil: Sie brauchen – insofern sie sich auf pädagogische Kontexte und Intentionen konzentrieren – keine Zweifel hinsichtlich der Fortdauer von Kunst zu hegen. Nicht die Progression der Gegenwartsästhetik ist ihre vordringliche Aufgabe, sondern die Bearbeitung ästhetischer Objekte für Planung, Gestaltung und Auswertung von Unterricht. Das entlastet von bohrenden Zweifeln, die die ausdifferenzierte, autonome Kunst in unserem heutigen Verständnis auf Schritt und Tritt begleiten. Adornos Diktum zu diesem Verhältnis wurde berühmt: „Ungewiß, ob Kunst überhaupt noch möglich sei; ob sie, nach ihrer vollkommenen Emanzipation, nicht ihre Voraussetzungen sich abgegraben und verloren habe."[3]

Angesichts der quantitativen Expansion des Ästhetischen in den hochindustrialisierten Ländern verstummen die mahnenden Stimmen nicht, so spricht z.B. Jean Baudrillard in einem Artikel mit dem bezeichnenden Titel *Towards the vanishing point of art* vom mittlerweile erreichten „Xeroxpunkt der Kultur"[4] . Solche Prognosen kann man aufmerksam, aber ohne jedes Entsetzen verfolgen, denn ob es sich bei den für die Ästhetische Bildung ausgewählten Objekten realiter um Kunstwerke handelt, ist letztlich von zweitrangiger Bedeutung, denn die pädagogischen Absichten gehen der Zuschreibung zum Kunstwerk voraus: Es soll etwas anhand von und mit ästhetischen Objekten gelernt werden, wozu die Kunst unter Umständen auch vom Olymp geholt werden kann. Wir befinden uns in der Situation, die Niklas Luhmann lapidar wie folgt kennzeichnet: „Die Stoffe gehen nicht aus, die Kinder auch nicht."[5]

Dabei besteht das spezifische Problem des Kunstunterrichts in seiner mehrseitigen Überforderung. Einerseits erwartet man die Erziehung von Kindern und Jugendlichen in einer zeitlich berechenbaren Perspektive, die mit der jeweils geltenden Faktizität des Schulsystems korrespondieren soll, andererseits werden Anforderungen gestellt, die Zugänge zu aktuellen Theorien und Technologien, sowie zur zeitgenössischen Ästhetik verlangen, und all das möglichst auf der Grundlage eines erfahrungsorientierten Lernens.[6] Dieses Bündel von Anforderungen ist Ausdruck dafür, dass man sich vom ästhetischen Lernen eine

Langzeitwirkung verspricht, die der spezifischen Kultur, in der dieses Lernen stattfindet, Zusammenhalt geben soll. Diese kaum überprüfbare Dimension der Ästhetischen Erziehung – ihre empirisch gerade aufgrund der Ubiquität des Ästhetischen nur schwer nachweisbare Erfüllung eines gesellschaftlichen Auftrags – wird praktisch in allen kunstpädagogischen Ansätzen vorausgesetzt. Eine applizierbare Technik wie die der rechnergestützten Bilderzeugung oder eine Methode der Bildanalyse lernt man ebenso für das Leben wie die Fähigkeit zur Dekodierung eines Bauwerkes von Charles Moore oder die Fertigkeit, Objekte aus Ton herzustellen. Wenn aber der Kunstunterricht konstitutiv mit diesen über das rein Schulische hinausgehenden Perspektiven verknüpft ist, dann ist auch seine Legitimation nicht nur innerhalb des Systems Schule anzulegen und zu beschreiben. Dasselbe gilt auch für andere Fächer, nur befindet sich der Kunstunterricht in der besonderen Situation, dass seine Existenz in der Institution Schule durch Stundenkürzungen und Umstrukturierungen randständiger wird, obwohl zur gleichen Zeit die gesellschaftlichen Produktions- und Kommunikationsformen immer ästhetischer werden.

Aufgrund dieser asynchronen Entwicklung muss der Kunstunterricht heute eine Osmose bewerkstelligen, die andere Fächer nicht zwingend leisten müssen; – zumindest können diese auch nicht durch äußere Entwicklungen und Einflüsse so schnell und tiefgreifend in Frage gestellt werden, wie das beim Kunstunterricht der Fall ist: Die Entwicklung der Fotokopiertechnik verändert instamatisch grafische Techniken, das Computer Aided Design (CAD) und die digitale Bildspeicherung beeinflussen den Blick auf die Gegenwartskunst ebenso wie den auf die Geschichte der Kunst, und sie verändern auch die Berufsfelder nachhaltig. Sicherlich ist auch der naturwissenschaftliche Unterricht, so z.B. der Physikunterricht, durch neue Entdeckungen subatomarer Teilchen und ihrer Bewegungen, sowie durch den frischen Wind der Chaostheorie gewissen Turbulenzen ausgesetzt; das Atommodell Bohrs behält aber trotz wissenschaftlicher Antiquiertheit als propädeutische Maßgabe seine didaktische Halbwertszeit. Für die Kunstpädagogik stellt sich dagegen das Verhältnis der Fachdidaktik zur Fachwissenschaft völlig anders dar, da es für sie zum einen keine messbaren Verifikationen gibt und zum anderen die Ästhetik als Fachwissenschaft in der Moderne die Tendenz hat, ihre Kategorien permanent in Frage zu stellen und zu erschüttern.

So sehr die Entwicklung der modernen Technologien den Gedanken an ein

Verschwinden der Kunst als absurd erscheinen lässt, so deutlich macht sie deren Dynamik, die den Vermittlern die Anstrengung der permanenten Offenheit und Empfänglichkeit für das Neue abverlangt. Die rasante Geschwindigkeit, mit der sich neue Formen und Techniken in den Lebenswelten durchsetzen, stellt hohe Anforderungen an die *Zeitgenossenschaft*. Es ist unmöglich, diese Entwicklungen aus der Schule fernzuhalten: Die Kinder und Jugendlichen bringen sie ein und verschieben damit die Grenzen von Unterricht. Zeitgenosse zu sein, heißt dabei nicht, dem *Zeitgeist* anheimzufallen, sondern die vielfältigen *Zeitströmungen* wahrzunehmen, sich in ihnen zu verorten und aus den *Zeitdiagnosen* Projekte zu entwickeln, die pädagogischen und ästhetischen Ansprüchen gerecht werden können. Die Gegenwartsästhetik ist, so wenig das zuweilen in der Schulpraxis durchzuschimmern vermag, die wichtigste Gradmesserin für die Zeitgenossenschaft des Kunstunterrichts. Es sei daran erinnert, dass die Aufgabe, Schüler an Werke der jeweils zeitgenössischen Kunst heranzuführen, eine Konstante fachdidaktischer Überlegungen ist. Bereits 1887 hat Alfred Lichtwark hierzu dezidiert Stellung bezogen: „Es fragt sich, was sollen die Schüler bis zum Alter von fünfzehn Jahren anschauen? Ich glaube, im Wesentlichen nur moderne Kunst. Wir wollen, soweit es angeht, das kommende Geschlecht dazu erziehen, dass es in seiner Zeit lebt und nicht durch die Gedanken an die Vergangenheit sich von der Gegenwart abziehen läßt."[7]

Diese Position klingt immer noch radikal, in einer Zeit, in der wir es gewohnt sind, historische Rückführungen zum Nutzen des Gegenwärtigen vorzunehmen. Die Hemmnisse und Hindernisse, die heute in der kunstpädagogischen Praxis gegenüber der Gegenwartsästhetik bestehen, sind sowohl inhaltlicher als auch struktureller Natur, im Wesentlichen sind es folgende:

- Die Ungleichzeitigkeit von curricularer und ästhetischer
- Entwicklung;
- Informations- und Verständnisdefizite seitens der Vermittler;
- schulorganisatorische Hindernisse;
- die ungesicherte Legitimität zeitgenössischer Kunst.

Es verwundert nicht, dass Lehrende angesichts dieser schwierigen Rahmenbedingungen die Vermittlung und Entwicklung von Wissensformationen bevorzugen, die sich bereits bewährt haben und von der Unterrichtstheorie abgesichert sind. Doch allein darauf zu setzen, wäre angesichts der außerhalb von Schule sich ereignenden ästhetischen Umwälzungen eine Reduktion: Die Schülerinnen und Schüler eignen sich außerschulisch Wissen und Techniken an, die auf den Schulalltag einwirken und ihn beeinflussen. Dadurch können ästhetische Probleme aufgeworfen werden, die an die Substanz gehen, wie z.B. die Fragen, ob es im Zeitalter der Sampling-Technologie überhaupt noch einen Unterschied zwischen Original und Kopie gibt, warum ein *Tag* im Gegensatz zu einem *Graffiti* noch nicht als Kunst gilt, oder warum man überhaupt noch mit Pinseln oder Stiften auf Papier zeichnen bzw. malen soll, wenn man das mit Grafikprogrammen bereits wesentlich besser kann.

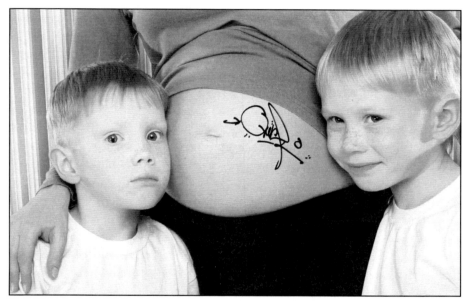

Abb. 1: Tag, Reykjavik, Island, August 2011

Der Erfahrungshorizont von Jugendlichen spiegelt oft aktuellste ästhetische Entwicklungen präzise wider, in ihm werden ästhetische Techniken und Objekte jugendspezifisch angewendet und verarbeitet. Dies geschieht in all den wandelbaren Ausprägungen der *Pop-Kultur*, die heute keineswegs mehr auf die Musik beschränkt ist, sondern synästhetisch operiert und den kreativen Bedürfnissen von Jugendlichen entgegenkommt. Damit ist eine kulturelle Dynamik impliziert, die subkutan mit der Gegenwartsästhetik, die zwischen Pop und Hermetik oszilliert, verknüpft ist und jeder Fixierung des Kunstbegriffs im traditionellen Sinne widerspricht. Letzterer erwirkt dadurch einen transitorischen oder metaphorischen Charakter, was Gunter Otto früh für die Kunstpädagogik herausgestellt hat: „Nach jahrelanger Unklarheit wird nun radikal deutlich, dass ›Kunst‹ immer nur eine vereinbarte *Metapher* zur Bezeichnung des vielschichtigen Inhalts dieses Faches sein kann. Gerade wenn man den Begriff in seiner ganzen und wechselnden Bedeutungsbreite nimmt, wird rasch erkennbar, wieviel darauf ankommt, nicht in jeweiligen Fixierungen zu erstarren."[8]

Der Begriff der Kunst kann keinesfalls mehr als statisch und unveränderlich aufgefasst werden, im Gegenteil: In unserer Kultur sind wir es gewohnt, dass sich ästhetische Begriffe wandeln, verändern, ablösen und aufheben. Die dafür stehende Kategorie des *Neuen* umfasst die unabschließbare Dynamik des Kunstbegriffs. Was dabei innerhalb einer Kultur als *neu* bewertet wird oder nicht, hängt vom spezifischen Kontext ihrer strategisch-symbolischen Wertbildung ab.[9]
Dynamik des Ästhetischen bedeutet auch, dass etwas, das vormals als ästhetisch wertlos galt, durch neue Interpretationen und Zuschreibungen wertvoll werden kann, und umgekehrt kann ein Objekt, das ehedem als Kunst angesehen worden war, durch die kulturelle Dynamik „entkunstet" werden. Adorno prägte den Begriff *Enkunstung* und münzte ihn hauptsächlich auf die Depravierung des künstlerischen Gehalts durch kulturindustrielle Produkte[10]. Ihm war klar, dass Entkunstung ein zwangsläufiger Effekt der kulturellen Dynamik ist, die in einem Regelsystem mit den polaren Faktoren Legitimierung und Delegetimierung funktioniert. Sie ist Resultat des gesellschaftlichen Gebrauchs von Kunst. Anerkannte Werke werden dabei z.B. durch mediale Präsentation bzw. durch Massenreproduktion in ihrem Gehalt verbraucht. Das prominenteste Beispiel dafür ist sicherlich die *Mona Lisa*, die als originäres *Kunstwerk* nur noch durch einen Filter zu betrachten ist, seitdem sie im Louvre zwecks Schutz vor den schädlichen Ausatmungen der Kunstbetrachter unter Glas gesetzt worden ist: Die zeitgenössische Mona Lisa spiegelt das Blitzlicht ihrer Fotografen wider. Der ästhetische Wertewandel, der sich zwischen den Polen Zuschreibung zum Kunstwerk und Entkunstung bewegt, beeinflusst den Kunstunterricht zutiefst. Um diesen Wertewandel zu verstehen, muss die Mobilität des Kunstbegriffs

nachvollzogen werden, muss eruiert werden, wie sich die Kunst *in der Zeit* expliziert. Da sich der Kunstunterricht wesentlich mit Fragen der Wahrnehmung auseinandersetzt, ist er von technologischen und sozialen Veränderungen, die die Wahrnehmung betreffen, besonders tangiert: Die Legitimation des Faches steht und fällt mit den sich verändernden Wahrnehmungsweisen und -techniken. Das Schaffen von Zugängen zur Gegenwartskunst, die theoretisch und material mit Wahrnehmung experimentiert, ist deshalb eine vordringliche curriculare Aufgabe. Wer Einblicke in die Gegenwartsästhetik gewonnen hat, versteht wesentliche Elemente unserer Welt besser, und gerade für unsere zunehmend medial organisierte Gesellschaft können Jugendliche sich im Unterrichtsfach Kunst wesentliche Orientierungs- und Verständigungsmittel aneignen. So ist zum Beispiel die Ausbildung der Dekodierfähigkeit von ästhetischen Objekten ein signifikanter Bestandteil des Kunstunterrichts, der durch die Alphabetisierung lokaler Bildsprachen die Verbindung zu global operierenden Zeichensystemen leisten kann, die dann wiederum in die lokalen Systeme hineinwirkt. Die Dynamik des Kunstbegriffs wirkt aber nicht automatisch oder unmittelbar in andere Systeme hinein, vielmehr sollte sie als komplexer, vernetzter Austausch von Prozessen verstanden werden, die Elemente und Partikel resorbieren und absorbieren bzw. akkumulieren und reflektieren. Stets ist aber – mit Verzögerungseffekten – das Einsickern zeichenhafter Korrespondenzen in andere soziale Systeme zu beobachten.[11] Insofern ist es besonders hilfreich, Konzeptionen zu aktivieren, die den Lernbegriff mit der Zeichentheorie zu koppeln versuchen: „A. Moles hat Lernen im ästhetischen Bereich – mit Blick auf die *Produktion* – als *Veränderung des Zeichenvorrats* erklärt. Man könnte daraus im Blick auf die notwendige *Reflexion* ableiten, Lernen sei die Ausbildung der Fähigkeit, immer kompliziertere Zeichensysteme *abzulesen*."[12]

Dieser Hinweis Gunter Ottos legt nahe, die Legitimation des Kunstunterrichts auf der Grundlage der Vernetzung seiner Bezugswissenschaften anzulegen, und hierbei die Semiotik als *lingua franca* einzusetzen. Dabei bildet nicht nur etwa die traditionelle Verbindung von Kunstgeschichte, Kunstpraxis und Pädagogik das wissenschaftliche Gerüst der Kunstpädagogik, sondern letztere benötigt all diejenigen Disziplinen, die ästhetische Fragen im weitesten Sinne zu bearbeiten vermögen, was bedeutet, dass für dasjenige Problem, das im Kunstunterricht behandelt und entwickelt werden soll, die zur Exposition des Problems adäquaten Wissenschaftsdisziplinen abgerufen werden.

2. Die Faktizität des ästhetischen Objekts

Es gilt, einen Vorteil auszuspielen, den die ästhetischen Disziplinen gegenüber anderen haben: Die Faktizität des ästhetischen Objekts ist durch seine zumindest gedoppelte Phänomenalität als dinglich-materiales und als zugeschriebenes, kommunikativ-ästhetisches Objekt *biunivok*. Man kann die Existenz eines ästhetischen Objekts nicht absolut negieren, es wird ontologisch in unterschiedlichen Modi bestätigt, und selbst die Negation affirmiert seinen Seins-Modus. *Das ästhetische Objekt ist, wenn es wahrgenommen wird*. Um im Sinne einer ästhetischen Erfahrung wahrgenommen werden zu können, muss es so positioniert werden, dass es perzeptive Kontexte affizieren kann, die miteinander vernetzt sind. Diese *Positionierung* und *Konfiguration der Vernetzung* sind vordringliche Aufgaben der zeitgenössischen Kunstpädagogik, und beide können nur in engem Kontakt mit der Entwicklung der aktuellen Ästhetik in allen ihren Spielarten erfolgen.

Angesichts der „Permanenz der Kunst"[13] ist die Dynamik der Entwicklung ästhetischer Objekte und Manifestationen auf den unterschiedlichsten Ebenen und in den verschiedenartigsten kulturellen Feldern und Fraktionen irreversibel, und sie bestätigt sich selbst rekursiv. Permanenz der Kunst heißt: *Es ist nicht vorstellbar, dass es einmal keine ästhetischen Objekte mehr geben könnte*. – Der ästhetische Blick ist zur vitalen Ressource geworden.

In einem Kunstwerk sind unterschiedliche Wahrnehmungsweisen und Erkenntnismöglichkeiten eingehüllt: Bereits der Raum, in dem es erscheint, kann seine Perzeption wesentlich beeinflussen oder seinen Charakter verändern. Es erfordert Aufmerksamkeit für seine Details und auch für diejenigen seiner Umgebung. Im Vermittlungsprozess wird jedes Detail entscheidend wichtig, und die Details changieren zwischen verschiedenen Modi (z.B. materiales oder ideelles Objekt). Das ästhetische Objekt ist *Ding* und *ästhetisches Ding*. Es tritt aus dem Horizont des dinghaften Seins in die ästhetische Dimension, und in der ästhetischen Dimension hüllt es Wahrnehmungs- und Erkenntnispotenziale ein. Das ästhetische Objekt wird als Manifestation des Seienden wahrgenommen und als solche affirmiert, eine Affirmation, die Heidegger umrahmt hat: „Worauf es ankommt, ist eine erste Öffnung des Blickes dafür, dass das Werkhafte des Werkes, das Zeughafte des Zeuges, das Dinghafte des Dinges uns erst näher kommen, wenn wir das Sein des Seienden denken."[14]

Ästhetische Objekte manifestieren in diesem Sinne das Seiende durch ihren Doppelstatus als *Ding* und *Noumenon*. Beide sind eindeutig, beweisen sich gegenseitig. Noch die vernichtendste Kritik an einem ästhetischen Objekt bestätigt dasselbe und erweitert seinen Raum durch ein durch es hervorgerufenes negatives Supplement, die Faktizität des ästhetischen Objekts als Manifestation des Seienden ist nicht zerstörbar. Dem Kunstwerk haftet aufgrund dieser Manifestation[15] eine *Dauer* an, auf die Ernst Tugendhat in seiner Abschiedsvorlesung an der Freien Universität Berlin einging und die er von philosophischen Hervorbringungen abgrenzte: „Wenn man die Geschichte der Philosophie mit der Geschichte der Kunst vergleicht, wirkt sie jämmerlich. Nichts, was einen Anschein von Vollkommenheit bietet, nur ganz wenige Texte, die einigermaßen standhalten."[16]

Der Werk- und Dingcharakter des Kunstwerks und – in Ausdehnung auf *alle* kulturellen Praxen – des ästhetischen Objekts zwingt zu einer *vorgängigen* Affirmation, einer Affirmation, die vor dem Werturteil und vor jeder Analyse angesiedelt ist und die die Qualität und die Chancen der kunstpädagogischen Arbeit bestimmt. Ist das Objekt im Horizont von Wahrnehmung, transzendiert es als Werk oder Ding den reinen Werk- oder Dingcharakter, um die Phänomenalität seines eingehüllten Anderen zu entfalten, eine andere Dimension zu eröffnen. In jeder Vermittlungspraxis des Ästhetischen wird gerade dieses Faktum implizit oder explizit genutzt, denn in diesen Praxen und Prozessen geht es weder ausschließlich um das Objekt als Ding noch ausschließlich um das Objekt als Werk, sondern stets auch um das Andere, das im Objekt eingehüllt und unsichtbar ist. Dabei sind die Fachgegenstände im Kunstunterricht stets sinnlich-konkret, theoretische Betrachtungen werden in der Regel anhand von und mit Objekten und Materialien vorgenommen. Aber auch die Theoreme selbst sind Werkzeuge, Vehikel, Brücken und Relationen, mit denen die Objekte ausgestattet und bearbeitet werden können. Konzepte, Ideen, Ausdrucksformen und Techniken gehen in die Materialien und Objekte ein, sie sind geronnene Empirie, die wiederum in die Dimension des Sinnlichen ausstrahlt. Damit hat es jede Form der Vermittlung von Ästhetischem zu tun. Die Rufe nach einem „Gebrauch der Sinne"[17] verkennen zwei wichtige Faktoren: Zum einen weist die Neurophysiologie heute unzweifelhaft nach, dass die Sinne lediglich Reizintensitäten aufnehmen, die erst durch die neuronale Vernetzung zur eigentlichen Sinneswahrnehmung werden, denn jede sinnliche Erfahrung und Kreation kommt erst durch die gewissermaßen „hinter den Sinnen" befindlichen kognitiven Netzwerkprozesse- und -strukturen zustande[18], und zum anderen stellt der Kunstunterricht anhand seiner Materialien und Objekte innerhalb des schulischen Fächerkanons bereits eine Praxis des Sinnlichen dar. – Die Potenziale sind vorhanden, es kommt darauf an, ihre Ressourcen freizusetzen.

3. Wahrnehmung und Differenz

„Innerhalb großer geschichtlicher Zeiträume verändert sich mit der gesamten Daseinsweise der menschlichen Kollektiva auch die Art und Weise ihrer Sinneswahrnehmung."[19] Dieses berühmte Zitat Walter Benjamins beschreibt die Verschränkung von Sinneswahrnehmung und gesellschaftlicher Produktionsweise: Die Konstitution der Sinneswahrnehmung korrespondiert mit den Wissenskonstitutionen, die in einer Gesellschaft vorherrschen. Jede anthropologische Entwicklungsstufe bringt die ihr spezifischen Wahrnehmungsformen hervor.[20] So ist beispielsweise die Fähigkeit zur Differenzierung von Bildern in den letzten drei Jahrzehnten aufgrund medialer Innovationen und Extensionen enorm erweitert worden. Man kann das anhand der immer schneller gewordenen Filmbilder ausmachen, die heute im Highspeed-Videoclip gipfeln, bei dem mehrere Schnitte in einer Echtzeit-Sekunde (25 Filmbilder) vorgenommen werden. Diese Veränderungen von Bildsequenzen sind nur für Augen wahrnehmbar, die über ein entsprechendes Bildschirmtraining verfügen: Es hat ein *implizites ästhetisches Lernen* stattgefunden.
Aus anderen Kulturen ist uns bekannt, dass sie für Dinge, die in ihren Umwelten präsent und existentiell bedeutsam sind, wesentlich genauere und differenziertere Begriffe haben als wir. Bekannte Beispiele dafür sind u.a. die Tuaregs, die *Sand* in für uns nicht mehr nachvollziehbare Unterscheidungen einordnen können oder die Eskimos, die die verschiedenartigsten Bezeichnungen für die Farbe *Weiß* haben. Die menschliche Sinneswahrnehmung unterliegt historischen und kulturellen Kodierungen, wenn auch die physiologische Grundausstattung im planetarischen Maßstab vorhanden ist. Doch das komplexe Netzwerk, dass die eingehenden Sinnesdaten verarbeitet und enkodiert bzw. dekodiert, ist hochgradig differenziert und unterscheidet sich von Gehirn zu Gehirn. Diese Tatsache lässt Dietmar Kamper vom inszenatorischen Charakter

der Sinneswahrnehmung sprechen: „Wir können nicht mehr davon ausgehen, dass es eine Wirklichkeit von sich her gibt, weil Wirklichkeit wahrgenommen, ausgedrückt, in Verständigungsprozessen angeeignet, in künstlerischen Darbietungen aufgegriffen und geformt wird. Im Grunde der menschlichen Sinne wird permanent inszeniert."[21]

Die Wandelbarkeit der Sinneswahrnehmung bezeugt deren ständige Bereitschaft zum Lernen und zur Anpassung an Umwelten. Die dynamische Ausdifferenzierung kommt nicht zum Stillstand, da auch die Daten in der Umwelt sich permanent verändern und immer wieder neu verarbeitet werden müssen. Innerhalb der Sinneswahrnehmung operieren *Differenzen*, und wir nehmen etwas wahr, indem wir differenzieren. Im Perzeptionsprozess sind in jeder Phase Aufspaltungen, Verzweigungen, Streuungen vorhanden, die die wahrgenommenen Daten mit dem vorhandenen Netzwerk verbinden und zu neuen Differenzierungen drängen. *Die Wahrnehmung befindet sich in permanenter Evolution*. Als dynamisches Metasystem produziert sie Differenzen, die ihrerseits wieder differierende Elemente hervorbringen. Diese sind so verschachtelt, dass es entscheidend darauf ankommt, welche Stellung man während des Wahrnehmens einnimmt, welche Umwelteinflüsse herrschen, welches Wissen den Blick formt oder in welcher Verfassung sich der Körper befindet, denn unter dem Einfluss heftiger Zahnschmerzen nehme ich Monets *Seerosen* anders wahr als im entspannten Zustand. Diesen Aspekt von Wahrnehmung hat Henri Bergson hervorgehoben: „Da ist einmal ein System von Bildern, das nenne ich meine Wahrnehmung des Universums; in ihm ändert sich alles von Grund auf, wenn sich an einem bevorzugten Bilde, meinem Leib, leichte Veränderungen vollziehen. Dieses Bild befindet sich im Mittelpunkte, nach ihm richten sich alle anderen, bei jeder seiner Bewegungen verändert sich alles, wie wenn man ein Kaleidoskop dreht."[22]

Was die unterschiedlichen leiblichen Positionen so effektiv Wahrnehmungsdifferenzen erzeugen lässt, ist nicht ihre Ähnlichkeit in einem System von Vermögen, sondern ihre Verschiedenheit. Ich nehme wahr, indem ich unterscheide, und unterscheide, indem ich wahrnehme. Wahrnehmung und Differenz sind untrennbar miteinander verschränkt. Das Spiel „Stille Post" erzeugt aus dieser Verschränkung seinen Witz: Die Wahrnehmungsdifferenz wird bei dem Versuch, dieselbe Nachricht durch verschiedene Subjekte hindurch weiter zu flüstern, aber identisch zu halten, ausgereizt. In der Regel ist am Ende des Spiels eine völlig von der ursprünglichen Nachricht abweichende Verzerrung das Ergebnis. In jedem Ereignis sind Performanzvirtualitäten eingehüllt, die von den differierenden Wahrnehmungssystemen so verarbeitet werden, dass spezifische Segmente des Ereignisses mit dem perzeptiven Rahmen kombiniert werden. Es sind die Segmente, die das wahrnehmende Subjekt im Prozess der Wahrnehmung affiziert haben und die es selbst explizieren kann. Und auch das Medium der Übertragung – in unserem Beispiel die Sprache – produziert zusätzliche Differenzierungen, da z.B. Phoneme, Sememe und Lexeme ihrerseits spaltbares Material beinhalten, das das zu beschreibende Ereignis einfärbt, was darauf hinweist, dass die Erscheinungen den Wahrnehmungen mit einem Widerstand begegnen. Merleau-Ponty stellte darüber die folgende Überlegung an: „Wahrnehmend muss das Subjekt, ohne seinen Ort und seinen Gesichtspunkt zu verlassen, sich in der Verschlossenheit des Empfindens Dingen zuwenden, zu denen es nicht im Voraus den Schlüssel besitzt, deren Entwurf es aber gleichwohl in sich trägt; es muss also einem absolut Anderen sich eröffnen, für welches es doch in seinem tiefsten Inneren bereit ist. Das Ding ist nicht einfach ein Block, seine perzeptiven Aspekte, der Fluß seiner Erscheinungen, wenn sie schon nicht explizit gesetzte sind, sind zum wenigsten bereit, wahrgenommen zu werden, und einem vorthetischen Bewußtsein gerade so weit gegeben, dass ich ihnen auf das Ding selbst zu entfliehen kann."[23]

Nur durch die inneren Differenzen sind wir in der Lage, im Wahrnehmungsprozess von den Phänomenen affiziert zu werden; die Öffnung zum „absolut Anderen" ist gleichzeitig eine Begegnung mit der eigenen Differenz.

Wahrnehmung und Lernen

Wahrnehmung ist in der Kunstpädagogik nachhaltig thematisiert worden. Gunter Otto konstatierte im Jahre 1974: „Kunstwerke sind – ebenso unter zeichen- wie unter wahrnehmungstheoretischen Gesichtspunkten – primär aufgrund von Wahrnehmung und auf Wahrnehmung hin konzipierte Realisationen."[24]
1976 fasste derselbe Autor in einem systematisierenden Artikel folgende Aspekte von Wahrnehmung zusammen:

- „Wahrnehmung ist für Bewußtseins-, Erkenntnis-, Erfahrungsprozesse zugänglich und durch Lernen zu beeinflussen;
- Wahrnehmung ist funktional mit Handeln verbunden;
- Wahrnehmung ist Interaktion bzw. ›Transaktion‹ zwischen Organismus und Umwelt;
- Wahrnehmung ist sowohl rezeptiv-hinnehmend als auch aktiv-gestaltend."[25]

In diesem Extrakt hat der Autor wesentliche Aspekte von Wahrnehmung herausdestilliert, die auch in der aktuellen Diskussion noch Gültigkeit beanspruchen können. So vollzieht und differenziert sich Wahrnehmung in funktionalen Zusammenhängen wie z.B. im *Lernen*. Als Gewährsmann führt Otto den Lernpsychologen Rudolf Bergius an: „Lernen und Wahrnehmen wirken in beiden Richtungen aufeinander. Einerseits gibt es Veränderungen des Wahrnehmungsverhaltens durch Erfahrung, andererseits bestimmt die Art des Wahrnehmens das Lernen."[26]

Nach Viktor Sarris[27] verschränken Wahrnehmung und Lernen Komplexitätsstrukturen durch Differenzierungsprozesse ineinander. Das Lernen ist ein Prozess, der durch Wahrnehmung in Gang gesetzt wird, im Lernprozess wird Wahrnehmung geschult und entwickelt, gleichzeitig führt die differenziertere Wahrnehmung zu einem produktiveren Lernen: Die Bewegung des Prozesses endet nicht. Ein Zeuge dessen in der aktuellen Diskussion ist Heinz von Foerster, ein Mitbegründer des *Radikalen Konstruktivismus*: „Diese Einsicht gibt dem Problem der Wahrnehmung eine völlig neue Perspektive: Es sind die durch Bewegung hervorgebrachten *Veränderungen* des Wahrgenommenen, die wir wahrnehmen."[28]

Immanuel Kant definierte den Begriff *Veränderung* als den „Übergang eines Dinges aus einem Zustande in den anderen".[29] Wenn man diese Definition mit Heinz von Foersters Bestimmung der Wahrnehmung verbindet, lässt sich folgern, dass 1. Wahrnehmung die Dinge in ihrem Gehalt und Charakter verändert, und dass 2. die Dinge durch Wahrnehmung mit sich selbst differieren. Dabei ist der erste Punkt seit längerem in der Diskussion, neben der „Phänomenologie der Wahrnehmung" von Merleau-Ponty kann z.B. auf Ronald D. Laings „Phänomenologie der Erfahrung"[30] verwiesen werden. Der zweite Punkt – den die genannten Autoren auch berühren – ist im Hinblick auf die vorliegende Arbeit besonders relevant, da er die Differenz beschreibt, die die Wahrnehmung den Dingen entlockt: Ein Ding differiert mit sich selbst durch die ein wahrnehmendes Subjekt voraussetzende Wahrnehmung. Die wahrgenommenen Veränderungen bringen Differenzen hervor und bezeugen das Wirken der Differenz an jedem Punkt des Wahrnehmungsprozesses, und in der Kommunikation kommen zusätzliche, interpersonale Differenzen hinzu, die die Kommunikation von Wahrnehmungen zu immer komplexeren Ebenen verschachtelt. Die Differentiation arbeitet im Perzeptionsprozess auf allen Ebenen und in jedem Abschnitt: Deshalb ist es so interessant, einen Gesprächsgegenstand zu *wiederholen* oder sich dasselbe Gemälde immer wieder anzusehen. Die Dinge bleiben nicht dieselben, in jeder perzeptiven Wiederholung wird eine Differenz produziert, und es gibt kein Zurück zur „ursprünglichen" Wahrnehmung. Das Gespräch, das Bild erlangen durch die raumzeitlich neue Position für das wahrnehmende Subjekt eine neue Qualität. So wenig man zweimal in denselben Fluss steigen kann, so unmöglich ist es, dasselbe Gespräch zweimal zu führen oder dasselbe Bild zweimal identisch wahrzunehmen. Heraklits *panta rhei* verwirklicht sich in jedem Perzeptionsprozess aufs Neue.

Man lernt, indem man die differierenden Wahrnehmungen aktualisiert und mit der erworbenen Perzeptionskompetenz differenziert. Ein Lernbegriff, der die Verschränkung von Wahrnehmung und Differenz als konstitutiv versteht, muss ästhetische Objekte kontemporär verorten können und gleichzeitig zu historischen Rekursen fähig sein, denn diese Verschränkung beinhaltet das Problem, dass die Wahrnehmungsdifferenzen zu permanenten *Temporalisierungen* führen. So sehen wir eine *Saint-Victoire* von Cézanne mit Augen, die der Künstler nicht für seine Bilder *vorgesehen* hatte, nämlich mit Augen, deren Blicke durch die Zeichenwelten des elektronischen Zeitalters erzogen worden sind. Damit bekommt jede anscheinend unproblematische Bildbetrachtung einen komplizierten Hintergrund. Es müssen Annäherungen an objektiv und subjektiv differierende Perzeptionsmodi geleistet werden; im Einzelfall kann gerade die Verdeutlichung dieses Problems der Sinn einer Bildbetrachtung sein.

Peter Handke hat in seinem Prosatext *Die Lehre der Saint-Victoire* eine perzeptive Strategie thematisiert, die einerseits eine *Recherche* darstellt, andererseits aber versucht, Wahrnehmungen situativ zu temporalisieren. Handkes Versuch resultiert in der ästhetischen Erfahrung durch Wahrnehmungsdifferenzierung, die er in der doppelten Bewegung von historischer Einfühlung/ Einfindung und vergegenwärtigender Reflexion aus verschiedenen, während einer Wanderung eingenommenen Positionen vornimmt.[31] Die Wanderungen, die der Autor unternimmt, vermitteln das Bild der Positionsveränderungen, die vollzogen werden müssen, um zu lernen, sich differierenden Wahrnehmungen auszusetzen.

Wahrnehmung und Schule

Die Veränderungen der gesellschaftlichen Produktionsweise, die vehement auf Wahrnehmung einwirken, setzen eine Anpassungsdynamik in Gang, der sich die Subjekte nicht entziehen können, ohne schwerwiegende Orientierungsverluste zu erleiden. Die Katalyse dieser Vorgänge in den letzten Jahrzehnten ist so dramatisch erfolgt, dass ihre Reflexion selten zeitgleich vonstattenging: „Seit etwa vier Jahrzehnten haben die Prothesen des Menschen mit den außergewöhnlichen Fortschritten auf den Gebieten der Biologie, der Physik und der Elektronik Schritt gehalten. Während dieser kurzen Periode sind wir von gleichsam trägen anthropomorphen Apparaten zu Systemen aktiver Unterstützung gelangt; *besonders auf dem Gebiet der Sinneswahrnehmungen* ist ein unterschwelliger Komfort entstanden, der eine Krise der Dimensionen und der Vorstellungen mit sich bringt."[32]
Von diesen von Paul Virilio beschriebenen Veränderungen ist die Institution Schule in besonderem Maß betroffen, und zwar in einer paradox anmutenden Konstellation: Einerseits liegen technologische und mediale Beeinflussungen und Formungen der Kinder und Jugendlichen außerhalb des Wirkungsrahmens der Bildungsanstalten und wirken gerade durch letzteren *entgegengesetzte* Identifikationselemente besonders nachhaltig, andererseits soll Schule vermittels ihres Bildungsauftrages Negativfolgen z.B. der Mediatisierung auffangen und korrigieren. Die Neuen Technologien wirken selbst erzieherisch in dem Sinne, dass sie Wahrnehmungsweisen durch die Simulation von Realität verändern oder neu hervorbringen.[33] Solche Entwicklungen können in einer Gesellschaft, die ihren Wohlstand auf den technischen Fortschritt gründet, nicht nur im Sinne eines Verlustes von Erfahrungswirklichkeit interpretiert werden – wie es etwa Günther Anders getan hat[34] –, sondern es müssen auch die Chancen geortet werden, die von den Neuen Technologien eröffnet werden.
Diese Technologien werfen hinsichtlich der Konstitution, Explikation und

Artikulation von Wahrnehmungssystemen Fragen auf. So wird z.B. durch die *Virtuelle Realität* die Frage nach der Fiktionalität von Wirklichkeit radikal neu gestellt, weil in ihr die *simulierte Welt* zur *Lebenswelt* wird. Der Standort der Realität und die Potenziale der Sinneswahrnehmung müssen durch das Aufkommen einer solchen Technik neu reflektiert und diskutiert werden, die Pädagogik ist dabei in besonderem Maße gefordert.

Stets handelt es sich bei den angesprochenen Entwicklungen aber um Formen von Technologie, die entweder neue Zeichensysteme hervorbringen, oder bereits vorhandene einsetzen bzw. verarbeiten. Im Kunstunterricht können Schülerinnen und Schüler lernen und erfahren, wie sich solche Zeichensysteme aufbauen, wie man Bilder und Objekte dekodieren kann oder wie mediale Kommunikation produziert wird. Die Orientierung an der aktuellen Kunst und an aktuellen Technologien ist für den Kunstunterricht eine *conditio sine qua non*, hier besteht ein direkter Zusammenhang zwischen Ästhetischer Bildung und der Erhaltung und Verbesserung unserer Lebensgrundlagen, denn die aktive Nutzung und Veränderung von Zeichensystemen ist für die Informationsgesellschaft der Zukunft eine Schlüsselqualifikation.

4. Kunstpädagogische Strategien

Das Bemühen, der sich ständig verändernden Situation Rechnung zu tragen, zeichnet sich im zeitgenössischen kunstpädagogischen Diskurs deutlich ab, so schreibt z.B. Michael Lingner, es sei naiv, heute noch zu hoffen, durch rationale Analyse den manipulativen Einflüssen der optischen Waren- und Erscheinungswelt entkommen zu können, die tatsächlich gemachten Erfahrungen sowie die postmoderne Vernunftkritik des vergangenen Jahrzehnts hätten das Vertrauen in die Wirksamkeit von Aufklärung praktisch und theoretisch zu sehr erschüttert.[35] Demgemäß sollte es heute darum gehen, kunstpädagogische Vorgehensweisen zu entwickeln, die in der Lage sind, auf die sich beschleunigenden gesellschaftlichen Entwicklungen zu reagieren, und zwar unter Einbeziehung von in der Fachdisziplin bereits bewährten Ansätzen. Durch *offene Wiederholungen* in einer anderen Zeit können auch bereits vergessene oder verworfene Ansätze wieder interessant werden. Das beste Beispiel dafür ist der zeichentheoretische Ansatz, der nach ernüchternden Praxiserfahrungen gegen Ende der siebziger und Anfang der achtziger Jahre zurückgedrängt worden ist, heute aber dringend benötigt wird. So kann der objektivistische Ansatz der Semiotik heute gerade in Verbindung mit einer eher vom Subjekt ausgehenden Methode wie z.B. der *Perceptbildung*, sehr produktive Ergebnisse hervorbringen.

Unterrichtsmethoden können in Lehr- und Lernsituationen ähnlich dramatisch *gesamplet* und vernetzt werden wie Gesangslinien in einem DAD-Recorder. Techniken der Wahrnehmung und ihrer Verarbeitung sind nicht in einem Feld isoliert, sondern sie strahlen in alle umliegenden Gebiete ab. So wie die Operationalisierung von Lernzielen ihre Analogie zur Computerprogrammierung hatte, so bahnt sich heute das *vernetzte Lernen* in Anlehnung an konnektionistisches Denken an. Vernetzungen zu ermöglichen, heißt auch, im Hier und Jetzt sich realiter ereignender Vermittlungssituationen und Diskurse mit all ihren einschränkenden Rahmenbedingungen und Schwächen *Konstellationen und Formationen des Lernens, Wahrnehmens und Erfahrens* zu vermitteln und auszulösen, die nicht die Enge der Verhältnisse abbilden, sondern das Differenzielle zu entfalten vermögen.

Die in immer schnelleren Zyklen verlaufenden Veränderungen der Wahrnehmung schlagen sich in der ästhetischen Praxis besonders rasch nieder, da künstlerische Innovationen nur selten ohne die Zuhilfenahme neuer Technologien auskommen. Auch in der ästhetischen Alltagspraxis ist in den letzten Jahren zu beobachten, wie z.B. durch die Verwendung von immer handlicheren und bedienungsfreundlicheren Videokameras weite Bevölkerungskreise zu Filmern werden, die ihre Wahrnehmungen per Blick durch den Kamerasucher modifizieren. Es gibt ein äußerst großes Bedürfnis nach der Abbildung der Welt, dessen reale oder scheinhafte Befriedigung ein maßgeblicher Wirtschaftsfaktor geworden ist, und Filme stellen mittlerweile für alle Bereiche des Lebens technische Formen des Sehens und Wahrnehmens bereit. In unserer Zeit werden Selbstverständnis und Subjektivität maßgeblich von Medien mitgebildet. So konstatiert z.B. der Medienpädagoge Ben Bachmair, dass das Verhältnis des Menschen als Subjekt zu seiner Realität seit etwa zweihundert Jahren der jeweils gängigen Medien bedarf, um die Subjektentwicklung zu ermöglichen[36]. Dabei sickern die von den Medien verbreiteten Wahrnehmungs- und Ausdrucksformen unaufhaltsam in alle gesellschaftlichen Sektoren ein: Subjekte *intensivieren* sich mit Technologien.

Die Mediatisierung unserer Welt hat ohne Zweifel zu neuen künstlerischen Sehweisen geführt. Künstler und Künstlerinnen wie Bill Viola, Cindy Sherman,

Matt Mullican oder Allan McCullum wenden Methoden und Techniken der medialen Objektgestaltung an, um unsere mannigfaltigen Wirklichkeiten zu befragen und darzustellen. In seinem wegweisenden Aufsatz *Die Kunst und ihre Wiederholung*[37] hat der amerikanische Kunstkritiker Dan Cameron darauf aufmerksam gemacht, dass sich in den achtziger Jahren die künstlerischen Darstellungsweisen grundlegend verändert haben und von Programmen der *Kritik* und des *Arrangements* zu solchen der *Angleichung* und *Zurschaustellung* übergegangen sind. Dazu nötigt die hochindustrialisierte Produktionsweise die Künstler, denn die zunehmende Immaterialisierung lässt sich nicht mehr allein mit den Programmen der „Kritik" – etwa der Relation Basis-Überbau – beschreiben, sondern erfordert ästhetische Strategien, die dem Standard der Technologien angemessen sind.

Veränderungen der Wahrnehmung ästhetisch zu verarbeiten, ist spätestens seit der Renaissance und dem tiefgreifenden Wandel des menschlichen Perzeptionssystems durch die Zentralperspektive[38] eine vorrangige und gesellschaftlich produktive Aufgabe von Künstlern gewesen. Die Kunstpädagogik muss diese Veränderungen nachvollziehen, wenn sie *Zeitgenossenschaft* bezeugen will. Sie kann Instrumentarien, Methoden, Kodes und Szenarien vermitteln und zur Verfügung stellen, mit deren Hilfe und durch deren Anwendung mannigfaltige Realitätssegmente perzipiert, interpretiert und produziert werden können. Ein kunstpädagogischer Ansatz, der eine solche Zielrichtung verfolgen will, kann nicht von einer eindimensionalen theoretischen Konstruktion leben. Er muss aus vielfältigen Disziplinen und Bezugswissenschaften gespeist sein und differierende, ja heterogene Elemente aufweisen, die es durch ihre Vernetzung vollbringen können, die komplexen Zusammenhänge des gesellschaftlichen Gebrauchs des Ästhetischen fruchtbar zu vermitteln.

5. Zur transversalen Methodenorientierung

Félix Guattari definiert in einem 1964 gehaltenen Vortrag den Begriff *Transversalität* als im Gegensatz stehend zu „ – einer Vertikalität, wie man sie etwa im Schaubild der Struktur einer Pyramide [...] findet".[39] Von der kritischen Psychoanalyse geprägt, strebt Guattari Transversalität zur Überwindung von Herrschaftsstrukturen an: „Die Transversalität soll beide Sackgassen überwinden:

die der reinen Vertikalität und die der einfachen Horizontalität."[40] Dabei bezieht er den Begriff auf Gruppenstrukturen, in denen die verschiedenen Positionen von den Akteuren in der wörtlichen Bedeutung von *transversal*, also *quer durchlaufend* oder *gewunden* eingenommen werden können. Er skizziert damit eine programmatische Strategie, die durch eine nichtlineare Osmose von Prozessen die Möglichkeit zur Aufweichung verfestigter Verhältnisse eröffnen soll. Hier besteht in der Intention eine deutliche Berührung zu Wolfgang Welschs Begriff von Transversalität, den dieser in dem Konzept der *transversalen Vernunft* unterbreitet hat. Welsch geht es darum, den Totalitätsanspruch universalistisch verfasster Rationalitätskonzeptionen zu relativieren, gleichzeitig aber an der interrationalen Verbindungskraft von Vernunft festzuhalten. Unter den Bedingungen technologisch hochentwickelter Zivilisationen haben sich differente Rationalitätsformen entwickelt, die in jeweils unterschiedlichen Feldern Geltungsansprüche anmelden. Der Vernunft kommt dabei die Rolle der Vermittlerin zu: „Gerade durch die Vervielfältigung und Spezialisierung von Rationalitätstypen hat sich die Aufgabe von Vernunft verschoben und deren Begriff verändert: Als Vernunft gilt uns heute – pluralitätsbezogen – gerade ein Vermögen der Verbindung und des Übergangs zwischen den Rationalitätsformen."[41]

Für Welsch leistet der Transversalitätsbegriff – ähnlich wie für Guattari – Strukturierungen in differierende Richtungen, die sich untereinander austauschen, ohne dass eine die Oberhand gewinnt; damit wird versucht, die Totalisierung *eines* dominierenden, gleichzeitig aber verkürzten Vernunftbegriffs zu verhindern: „Vernunft ist nicht ein begreifendes Vermögen auf höherer oder integraler Ebene gegenüber Verstand. Sie ist auf Totalität zwar bezogen, aber allein im Modus von Verbindungen und Übergängen. Daher – als solcherart in Verbindungen und Übergängen sich vollziehende Vernunft – wird sie hier als *transversale Vernunft* bezeichnet. Diese ist grundlegend unterschieden von allen prinzipialistischen, hierarchischen oder formalen Vernunftkonzeptionen, die allesamt ein Ganzes zu begreifen oder zu strukturieren suchen und darin Vernunft an Verstand assimilieren. Transversale Vernunft ist beschränkter und offener zugleich. Sie geht von einer Rationalitätskonfiguration zu einer anderen über, artikuliert Unterscheidungen, knüpft Verbindungen und betreibt Auseinandersetzungen und Veränderungen."[42] Man könnte einwenden, dass Welsch die Kantische Unterscheidung der Vermögen von Vernunft und Verstand beibehalten, gleichzeitig aber jedes prinzipialistische Moment der Vernunft auflösen will.⁴³ Dieser scheinbare Widerspruch muss jedoch zu Gunsten des Versuchs eines Neuverständnisses von Vernunft gewagt werden, das z.B. gerade für die Kunstpädagogik sinnvoll sein kann, um z.B. Konzepte, die „hinter" Werken stehen, als *Prinzipien* zu erklären, die nicht immer gelten *müssen*, aber im spezifischen Werk diese Gültigkeit auch *prinzipiell* haben. Ein Werk vollzieht seine Prinzipien in der Differenz zu anderen Werken, kann diese Prinzipien indessen nicht universalisieren. Damit wird der Wirkungsrahmen der *differenten* Rationalitätstypen berücksichtigt, denn die komplexe Konfiguration von Rationalitäten ist nur dann gegeben, wenn die jeweiligen Rationalitätstypen ihren Erkenntnisanspruch in spezifischen Segmenten artikulieren können. Auch hier geht die Differenz dem totalisierenden Vernunftbegriff voraus. Die Einheit, die sich verallgemeinert, ist im Gegensatz zu einem solchen Verständnis eine Reduktion von Komplexität, da sie die Differenzen dem Begriff unterwirft: Diese Operation durchzieht die Geschichte des abendländischen Denkens spätestens seit Platons *Politeia*.⁴⁴

Die transversale Orientierung will hingegen genau diese Bewegungen und Differenzen evozieren, und zwar auf der Basis einer sektoriellen Gültigkeit von Rationalitätstypen. Damit wird aber auch ein Nexus möglich, denn die einzelnen Segmente oder Sektoren können nicht autonom bestehen: „Eine jede sektorielle Definition ist tragfähig nur in der Konstellation mit kompossiblen Definitionen anderer Sektoren. Wer die Rationalitätstypen für schlechthin autonom hält, ist einer sektoriellen Illusion verfallen.[…] Die einzelnen Rationalitätstypen sind bei aller hochgradigen Ausdifferenzierung und Spezialisierung nicht nur binnensektoriell definiert, sondern auch (was für die Frage materialer Übergänge besonders wichtig ist) transsektoriell konstelliert."⁴⁵

Bereits in den spezifischen Manifestationen eines Sektors treten Überschneidungen und Übergänge von Rationalitätstypen auf. Welsch macht dies am Beispiel des Begriffs der „Autonomie der Kunst" deutlich. Diese sei „eo ipso schon ein Programm gegen moralische Restriktion, was bedeutet: Es definiert Ethisches mit."⁴⁶ Wenn man diese Eigenschaft von sektoriell gültigen, jedoch andere Sektoren implizierenden Rationalitätstypen bewußt einsetzt, kann man einerseits den totalisierenden Geltungsanspruch eines spezifischen Vernunftbegriffs vermeiden und andererseits die verbindende Dimension potentiell zuträglicher Vernunftbegriffe fördern. Transversalität, die durch diese Vernunftbegriffe hindurchwirkt, spiegelt interrationale Konstellationen wider, die differierende Rationalitätsformen vernetzen. Interrationalität wiederum ist nur durch die

vorgängige Differentiation des Vernunftbegriffs möglich, die die Vernunft immer schon spaltet; so schreibt Martina Koch: „Die Vernunft einer Vernunfttheorie umfaßt jeweils mehrere Diskurse, die in ein spezifisches Vermittlungsverhältnis gesetzt werden. In jeder Vernunfttheorie findet außerdem ein eigenes, von anderen unterscheidbares Strukturprinzip Anwendung."[47]
Der Begriff der Vernunft stellt keine petrifizierte Einheit dar, sondern er ist dynamisch und lebt von seinen internen Differenzen. Ihn transversal zu verstehen, heißt, seiner Dynamik zu folgen und seinen vielfältigen Ausprägungen auf die Spur zu kommen.

Transversale Vernunft und Ästhetische Bildung

Die quer verlaufende Welle, die Transversalwelle, arbeitet in der Oberflächenstruktur von Wasser und bringt komplexe Strömungsverhältnisse hervor. – Gemäß ihrer Bewegung wird in dieser Arbeit eine quer durch die Diskurse verlaufende Auseinandersetzung stattfinden. Heute noch den Vernunftbegriff als feste und unveränderliche Größe anzusehen, die sich in der Weltgeschichte eingenistet hat, ist auch angesichts der Fortschritte, die in den Naturwissenschaften der letzten Jahrzehnte durch Theorien der Autopoiesis prozessual-emergenter Systeme entwickelt worden sind, anachronistisch. Von diesen Ansätzen geht mittlerweile ein erheblicher Innovationsschub für die Geisteswissenschaften aus.[48] Ein transversaler Vernunftbegriff ermöglicht Verbindungen zu diesen Ansätzen, da er Rationalitätstypen prozessual-funktional beschreibt und sie nicht von ihrer begrifflichen Entität her definiert: „Die Rationalitätstypen stehen in Wahrheit nicht nebeneinander, sondern sind in anderer Weise unterschieden: als differente Bezugsformen, welche Rationalität realisieren kann. [...] Vernunft ist mit Sachbegriffen und Topologien nicht zu bestimmen. Die ersteren verfehlen ihre Eigenart, und den letzteren liegen ihre Funktionen immer schon voraus. Vernunft ist nicht, Vernunft geschieht. Und sie geschieht nicht andernorts, sondern in ihren eigenen Prozessen."[49]
Dieses von Welsch charakterisierte Verständnis transversaler Vernunft ist für die Ästhetische Bildung anschlussfähig. Tertium comparationis ist dabei der Prozessbegriff, der in Ottos 1964 erschienenem Werk *Kunst als Prozess im Unterricht* für die Kunstpädagogik zur systematischen Kategorie wurde:

„Zur Charakteristik des Unterrichts im Bereich der Kunst verwenden wir den Begriff *Prozeß*. Darin liegt kein Hinweis auf ältere pädagogische Modelle; vielmehr legen uns sowohl die *zeitgenössische* Kunst als auch die *gegenwärtige* Bildungssituation Vorstellungen prozeßhaften Geschehens nahe. Der hier verwendete Prozeßbegriff verweist auf die Wandelbarkeit der Kunst, auf die Veränderlichkeit des Unterrichts und seiner Verfahren und auf die Notwendigkeit, die Unterrichtsgegenstände des Fachs immer wieder neu zu bestimmen."[50]
Implizit wird hier mit der Nähe zur Kunst eine prozesshafte Rationalitätskonzeption verbunden. In der Kunst ist man stets mit materialen Vielfältigkeiten konfrontiert, die auch ihre Reflexion maßgeblich bestimmen. Tritt der Vermittlungsaspekt noch hinzu, dann ist der Prozessgedanke unausweichlich: Lernen, Bildung, Wissen geschehen in dynamischen Prozessen: „Mit Prozeß meinen wir auch das stets Unabgeschlossene – in die Zukunft Offene – allen Bildungsbemühens der Gegenwart. Weil wir in einer – in diesem Sinne – offenen Welt leben, lassen sich die Unterrichtsgegenstände der Schule von keinem normativen System her bestimmen. Sie müssen immer wieder neu aus dem Bewußtsein der jeweiligen Situation gewählt und gerechtfertigt werden. Dem entspricht die Hinwendung zu unterrichtlichen Verfahren, die in gleicher Weise situationsangepaßt, offen, unabgeschlossen, nicht ohne weiteres formalisierbar sind. Bildung geschieht immer wieder ad infinitum. Nur wenn wir die Dynamik des Unterrichtsprozesses zulassen, können wir dem Schüler jenen offenen Horizont schaffen, der sich in eine sich wandelnde Welt hinein auszuweiten vermag."[51]
Diese dynamische Auffassung des Lernens impliziert einen sektoriellen Rationalitätstypus, der über den Prozessbegriff an die zeitgenössische Diskussion anschlussfähig ist. Dass der Bildungsbegriff hier dynamisch gedacht wird und das kontextuelle, situationsabhängige Moment von Wissen betont wird, rückt diese Reflexion in die Nähe eines transversalen Verständnisses. Diese Ausführungen denken weiter, was Paul Heimann in seinem 1962er Aufsatz zum Prozessbegriff antizipierte: „Das heißt aber, dass die Theorienbildung sich dem prozeßhaften Seins-Charakter der Grundvorgänge anzupassen und selbst Prozeß-Form anzunehmen hat. Es gibt in solcher Sicht keine *statischen Theorien*, sondern nur *theoretische Prozesse*. Das Grundverhalten des theoretisch gesteuerten Didaktikers muss also prinzipiell ein *experimentelles* sein."[52] Aus der Prozeßorientierung ergibt sich eine grundsätzlich experimentelle didaktische Haltung. Wissen und Bildung werden zu unabgeschlossenen, dynamischen Kategorien.

Konsequent folgert Heimann: „Es sind nicht so sehr die Theorien, es ist das *Theoretisieren* zu lehren."[53]

Inkompatibilitäten

Problematisch ist die Übertragung philosophischer Theoreme auf Ästhetik und Kunstpädagogik, wenn ihre begrifflichen Setzungen das besondere ästhetische Phänomen, das z.B. in einer anderen Zeit und in anderen Kontexten entstanden ist, nicht mehr hinreichend beschreiben. Ähnlich problematisch verhält es sich mit Begriffen, die eine transsektorielle Geltung beanspruchen, die die anderen Sektoren jedoch bei ihrer Konstitution nicht berücksichtigen konnten. Inkompatibilitäten tauchen dort auf, wo ästhetische Phänomene durch totalisierende Begriffe nicht mehr adäquat beschrieben werden können, wobei vorauszusetzen ist, dass auch die adäquate Beschreibung letztlich einen Annäherungswert darstellt. Insbesondere die klassische Ästhetik kann sich zu einem kategorialen Hemmschuh entwickeln, zumal, wenn sie zusätzlich noch auf den allgemeinen pädagogischen Diskurs appliziert wird, so wie das z.B. bei Klaus Mollenhauer festzustellen ist.[54] Wolfgang Legler hat das Problem wie folgt dargestellt: „Im Blick auf das aus fachdidaktischer Sicht zentrale Interesse am *Ästhetischen* der ästhetischen Bildung wäre darüber hinaus auch genauer zu untersuchen, was der erziehungswissenschaftliche Diskurs dort, wo er die ästhetische Dimension im Allgemeinen und die Kunst im Besonderen überhaupt ernst nimmt, eigentlich zur Spezifik des Ästhetischen leisten kann.
Ein erster Problemkreis bezieht sich dabei auf die enge Beziehung zur philosophischen Ästhetik, die besonders für die Argumentation Mollenhauers kennzeichnend ist. Zu fragen wäre hier z.B., wie sich die daraus abgeleitete Maßstäblichkeit des Kunstschönen zu den anderen ästhetischen Produkten unserer Kultur verhält und ob sich die primäre Zuständigkeit der klassischen ästhetischen Theorie für die Künste u.U. als Hindernis für einen produktiven Dialog mit den neueren Versuchen, die Ästhetik auch anthropologisch oder naturphilosophisch zu begründen (vgl. Zur Lippe 1987, Böhme 1989) erweisen könnte."[55] Wenn man die zum Teil gewaltsame Applikation des ästhetischen Diskurses auf die Kunstpraxis in Rechnung stellt, kann man abschätzen, um wie viel schwerwiegender sich diese Applikation auf die Kunstpädagogik auswirkt,

da die Differenzbildung heterogener Praxen durch fixierende Begriffssysteme behindert wird. Die Kunstpädagogik kann diese mannigfaltigen Praxen offener angehen, wenn es ihr zunächst auf *ästhetische Phänomene* und nicht auf *Kunstwerke* ankommt. Im Gegensatz dazu betreibt der ästhetische Diskurs notwendigerweise durch seine Kategorienbildung ein Programm der Distinktion: Es ist ihm wesentlich, zu definieren, was Kunst sei und was nicht, er handelt von der Legitimität ästhetischer Urteile. Dagegen hat die Kunstpädagogik einen anderen Zugriff, nämlich die Kommunikation, Produktion und Reflexion ästhetischer Praxen und Objekte. Ein Beispiel aus einer gängigen Ästhetik soll die Problematik verdeutlichen. In Martin Seels *Die Kunst der Entzweiung* gibt es im Kapitel „Ästhetische Vernunft?" einen Abschnitt mit dem Titel „Der Ästhet und der Banause". Seel skizziert zwei ästhetische Haltungen typenspezifisch: „Ein Ästhet ist der, der in seinem Handeln keine anderen Gründe zuläßt als die schließlich ästhetischen (der die anderen Gründe nur duldet als solche, die den ästhetischen Grund, das begnadete Werk, zur Geltung bringen). Ein Banause ist der, der sich alles Mögliche gefallen läßt – nur kein ästhetisches Argument."[56] Diese holzschnittartige Typisierung wäre nützlich, wenn sie dazu geeignet wäre, unterschiedliche Erfahrungen des Ästhetischen, so wie sie bei verschiedenen Individuen vorkommen, zu beschreiben. Das ist jedoch zweifelhaft, denn es ist schlechthin undenkbar, dass es jemandem gelingen könnte, *in jedem Handeln* nur ästhetische Gründe zuzulassen. Andererseits ist denkbar, dass auch der „kulturloseste" Mensch gelegentlich aufgrund ästhetischer Einflüsse handelt. Deutlich an dieser Typisierung wird, dass sie ein Problem des philosophischen Diskurses vergegenständlicht, nämlich die Identifikation von Begriff und Erscheinung, aber die Beschreibung der real vorfindlichen „Typen" verfehlt. An einer anderen Stelle wird das noch klarer: „Vernunft, die nicht ästhetisch ist, ist noch nicht recht eine; Vernunft, die ästhetisch wird, ist keine mehr. Der Banause und der Ästhet mussten dazu herhalten, die beiden Pole dieses Grundsatzes erneut zu verdeutlichen."[57]
Das Problem solcher Grundsätze ist, dass sie das spezifische Phänomen verfehlen. Die grundsätzliche Frage ist vielmehr, ob diese Trennung in Ästheten und Banausen überhaupt sinnvoll ist. Seel kann diese in der Realität nicht vorkommende Trennung nur über einen fixierenden Rationalitätstypus entwerfen, wodurch er die beiden Prototypen distinktiv setzt. Die Ergebnisse der Argumentation stehen dadurch aber im Vorhinein fest: Die Prototypen illustrieren lediglich

eine Position, über die im Verlauf der Argumentation nicht hinausgegangen wird. Für den philosophischen Diskurs mag eine solche Simplifizierung – in der die Figuren von der Anlage des Paradigmas her ihre Eingrenzung nicht überschreiten können – zur Verdeutlichung der begrifflichen Position dienlich sein, für die Kunstpädagogik wäre sie nicht praktikabel und sogar kontraproduktiv, weil diese stets mit dem *gleichzeitigen Auftreten des Ästheten und Banausen in einem Körper* rechnen muss.

Ästhetisches Urteil, Distinktion und Transversalität

Jede kunstpädagogische Situation, sei sie im Museum, einer Fernsehsendung oder auf der Rolltreppe eines Warenhauses angesiedelt, scheitert, wenn sie vorgängige Distinktionen betreibt und nicht das differenzielle Wesen der Subjekte berücksichtigt. Ein „reiner" Wahrnehmungstypus kommt nicht vor, Selbsttäuschungen sind die Regel, gerade auch bei Lehrenden. Die Neigung von Kunstpädagogen und -pädagoginnen, „gute Schüler" heranzuziehen, die als verständig hinsichtlich einer bestimmten Form von Ästhetik gelten, ist eine solche Selbsttäuschung, die durch die Universalisierung eines nur sektoriell gültigen Kunstbegriffes entsteht. Auffassungen über Werke, die gesellschaftlich festgeschrieben werden, führen zu kaum mehr aufzulösenden Verfestigungen, und Urteile über Kunst und Künstler gehen unterschwellig und wirkungsvoll in das Schulfach ein. Das einzige, was einen daran hindert, durch solche Voraus-Setzungen die mentale Hemisphäre zu zementieren, ist die *permanente Reflexion ästhetischer Kategorien*.

Die Distinktionen, denen man ausgesetzt ist und die man selbst erzeugt bzw. reproduziert, markieren Grenzen, die immer auch die Grenzen von Diskursen sind, die sich selbstreferentiell begründen. Diese Begründungen sind keinesfalls interesselos. Mit großem empirischen Aufwand hat Pierre Bourdieu die gesellschaftliche Urteilskraft untersucht: „Das Erfassen und Bewerten eines Werkes hängt jedoch auch von der Intention des Betrachters ab, die selbst wiederum sich grundlegend richtet zum einen nach den Normen, die das Verhältnis zum Kunstwerk in einer bestimmten historisch-gesellschaftlichen Situation bestimmen, zum anderen nach der Fähigkeit des Betrachters, sich diesen Normen konform zu verhalten, folglich abhängig ist von seiner künstlerischen Bildung.

Der Aporie entkommt, wer erkennt, dass das Ideal der ›reinen‹ Wahrnehmung des Kunstwerks als solches ein Resultat der Explikation und Systematisierung der Prinzipien der genuin künstlerischen Legitimität darstellt, die mit der Herausbildung eines relativ autonomen künstlerischen Feldes einhergeht."[58]
Dieses überaus komplexe Verhältnis von determinierten Einstellungen, präformierten Wahrnehmungen und explizierten Urteilen soll der transversal ausgerichtete Ansatz der *Ästhetischen Bildung der Differenz* in produktive Bahnen lenken. Das distinktive Moment der Diskurse wird in ihm berücksichtigt, und neben heterogenen Rationalitätstypen sollen auch unterschiedliche Wahrnehmungs-, Urteils-, und Explikationstypen Verwendung finden. Dies ist nicht im Sinne einer *Integration* zu verstehen, die die Differenzen wieder zu Gunsten einer Einheit aufhebt, sondern im Sinne von prozessualen Konnexionen, die situativ generiert werden können. Die Geltungsansprüche vorhandener Ansätze und Fragestellungen werden dabei nicht durch einen distinktiven Diskurs zu legitimieren versucht, sondern nach funktional wirksamen Anschlussmöglichkeiten befragt. Leitorientierungen sind dabei die Spezifität der Rationalitätstypen und die Kommunikabilität der Methoden.
Die Bedeutung des Transversalitätsbegriffs für die pädagogische Diskussion zeichnet sich heute deutlich ab. Karl Helmer fragt, ob die transversale Vernunft nicht eine zeitgemäße Auslegung des Bildungsbegriffes sein könnte.[59] Zu dieser Frage gelangt er durch folgende Einschätzung: „Die Binnenstruktur von Wissenschaft stellt sich heute als eine Pluralität von Methoden und Ergebnissen dar, die gesetzesartige, das heißt hier, logisch stringente Aussagen nicht als Grundgesetz erkennen lassen. Methoden haben Spielcharakter, und Inhalte werden nach Sprachmustern zusammengedacht. Man entwirft Theorien und Methoden, probiert, zu welchen Aussagen sie im Forschungsprozeß führen. Wenn das Verfahren keine weiteren Aussagen mehr erwarten läßt, setzt man mit einer anderen Theorie und anderen Methoden erneut an."[60]
Die transversale Methodenausrichtung steht in dieser Arbeit für eine *viable* Vernetzung von Diskursen auch insofern, als sie Verbindungen mit anderen Wissenschaftsdisziplinen ermöglichen und perspektivieren soll. Die von der Differenz ausgesagte Ästhetische Bildung versteht sich als Teil einer Entwicklung, die von der heute beobachtbaren Wieder-Annäherung von Natur- und Geisteswissenschaften gekennzeichnet ist. Eine überfällige Entwicklung, deren Hintergrund Botho Strauß wie folgt umreißt: „Hatte man

nicht erst vor kurzem den Augenaufschlag der Welt bis in sein allerfrühstes Zittern nachgewiesen? Nirgends in den Wissenschaften scheint noch eine Alternative zum Werden zugelassen. Der Zeitpfeil durchbohrt das Kleinste wie das Größte.
Wozu dann die philosophische Plage des Seins? Der Geist bildet offenbar eine abgeschlossene, zierliche, zusätzliche Geheimwelt heraus, Raum für einen unbändigen Sinn. Er wäre vielleicht nicht nötig gewesen. Er schafft einen Trotz-Kosmos zur Werde-Welt."[61]

6. Anmerkungen zur Arbeitsmethode

Transversale Methodenorientierung bedeutet für die vorliegende Schrift, dass die Erarbeitung der *Ästhetischen Bildung der Differenz* quer durch die Diskurse hindurch erfolgen wird, wobei problemorientiert auf lineare Deduktionen zu Gunsten horizontaler Referenzen verzichtet wird. Dadurch sollen Dokumente und Materialien autonomer betrachtet werden können, die im Zusammenhang mit ästhetischen und pädagogischen Problemen diskutiert werden. Sie sollen nicht der Illustration von Meta-Diskursen dienen, sondern stehen für ästhetische Manifestationen spezifischer Praxen. Diese Materialien werden in der vorliegenden Arbeit nicht hinsichtlich ihrer Legitimität differenziert, sondern funktional in den Text eingebunden. Zahlreiche Wechsel kunstpädagogischer Paradigmen allein in den letzten zwanzig Jahren signalisieren die Historizität pädagogischer Theoriebildung. Die Temporalisierung solcher Theorien ist nur mit Hilfe der Bezugswissenschaften am konkreten theoretischen Problem zu leisten, wozu Theoriemodule konstelliert werden müssen. Neben den klassischen geistes- und sozialwissenschaftlichen Disziplinen sollten deshalb auch zunehmend Disziplinen wie die Neurobiologie, die Informationstheorie oder z.B. auch die Nationalökonomie im Diskurs der Ästhetischen Bildung vernetzt werden. Die hieraus resultierenden Verbindungen können historisch-hermeneutisch fundiert werden, um die Genese von Theoremen auf der Basis methodologischer Traditionen nachzuzeichnen. Dieses Verfahren *gewährt* Diskursvarietät. Es soll hier aber nicht nur auf Ansätze zurückgegriffen werden, die diskursiv abgesichert sind. Gerade wenn man die schnell produzierende und distribuierende Kunstpraxis als wesentliche Referenz hat, ist es ebenso erforderlich, Prognosen und Hypothesen formulieren zu können. Folglich gehen verschiedene Geschwindigkeiten der Theoriebildung und unterschiedliche Distributionsebenen in diese Arbeit ein.

Einengenden und ausgrenzenden bewusstseinsphilosophischen Setzungen die Vielfältigkeit differenzieller Manifestationen entgegenzusetzen, ist ein Ziel dieser Arbeit; – ein Ziel, für das *die Ästhetische Bildung der Differenz* einstehen soll. Als Wegzehrung dorthin findet sich im Werk Michel Foucaults eine überaus nützliche methodische Fokussierung. Es geht dabei darum, den von der klassischen Bewusstseinsphilosophie stammenden Begriffen *Bedeutung, Ursprünglichkeit, Einheit und Schöpfung* programmatisch vier andere Begriffe entgegenzusetzen, die eine Diskursanalyse im Sinne einer Untersuchung realiter ausgeübter Praxen ermöglichen soll. Diese „regulativen" Prinzipien indizieren andere Schwerpunkte des wissenschaftlichen Denkens, und sie befinden sich heute – mehr als ein Jahrzehnt nach dem Tode Foucaults – in bester Gesellschaft mit aktuellen Entwicklungen in den Wissenschaften. Für den Diskurs der Ästhetischen Bildung sind die vier klassischen Begriffe grundlegend, mit ihnen konstituieren sich Arbeitsgebiete des Diskurses, was deutlich wird, wenn man diesen Begriffen wiederum andere zuordnet, die ihren Zusammenhang mit Praxen indizieren, so z.B.: *Bedeutung* – Sinnproduktion/Auslegung; *Ursprünglichkeit* – Original/ Kopie; *Einheit* – Serie/Fragment; *Schöpfung* – Kreativität/Prozess. Foucault definierte die regulativen Prinzipien wie folgt: „Vier Begriffe müssen demnach der Analyse als regulative Prinzipien dienen: die Begriffe des Ereignisses, der Serie, der Regelhaftigkeit, der Möglichkeitsbedingung. Jeder dieser Begriffe setzt sich jeweils einem anderen genau entgegen: das Ereignis der Schöpfung, die Serie der Einheit, die Regelhaftigkeit der Ursprünglichkeit, die Möglichkeitsbedingung der Bedeutung. Diese vier anderen Begriffe (Bedeutung, Ursprünglichkeit, Einheit, Schöpfung) haben die traditionelle Geschichte der Ideen weitgehend beherrscht, in der man übereinstimmend den Augenblick der Schöpfung, die Einheit eines Werks, einer Epoche oder eines Gedankens, das Siegel einer individuellen Originalität und den unendlichen Schatz verborgener Bedeutungen suchte."[62]

Die Brauchbarkeit dieser Entgegensetzung Foucaults für die Ästhetische Bildung wird transparent, wenn man sich vor Augen hält, wie sehr die gegenwärtige Kunst das Ereignis, die Serie, die Regelhaftigkeit und die Möglichkeitsbedingung thematisiert.[63] Die großen geisteswissenschaftlichen Paradigmen von Einheit, Ursprung, Schöpfung haben sowohl in der Kunst als auch in der Wissenschaftspraxis ihre hegemoniale Position verloren. Der transversale Ansatz greift diesen Wechsel regulativer Kategorien als Mittel zur Produktion von Diskursvarietäten auf, schließt das traditionelle Deskriptionsmodell aber nicht aus, sondern behält es als parallel existierende Folie bei; es existieren ästhetische Manifestationen, bei denen es produktiv funktioniert (so kann z.B. die Ikonenmalerei ohne einen Begriff von Ursprung nicht verstanden werden). Grundsätzlich unternimmt der transversale Ansatz die Anwendung verschiedenartiger Deskriptionsmethoden.

Die von I.M. Bochenski dargestellten *geisteswissenschaftlichen Denkmethoden*[64] sind besonders hinsichtlich semiologischer, phänomenologischer, hermeneutischer und soziologischer Zugriffe für diese Arbeit relevant. Das Stichwort heißt hier abermals *Diskursvernetzung*. Dabei ist die Methodenkonstellation perspektivisch stets mit der kunstpädagogischen Praxis und mit der Kunstpraxis abgestimmt. Die kunstpädagogische Praxis in diesem Sinne berücksichtigt Wahrnehmungs-, Äußerungs- und Erfahrungsweisen von Subjekten, die Wirklichkeiten konstruieren. Je vernetzter die Methoden angelegt sind, desto mehr Wahrnehmungs-, Äußerungs- und Erfahrungsmöglichkeiten eröffnen sich den Subjekten und desto präziser kann in der spezifischen Vermittlungssituation auf perzeptive Dispositionen eingegangen werden. Methoden transportieren und evozieren Inhalte, und sie spiegeln diese wider: Die Pluralität der Kunstpraxis, die Mannigfaltigkeit ästhetischer Manifestationen und die vielfältigen Beschreibungsformen des ästhetischen Diskurses verpflichten die *Ästhetische Bildung der Differenz* zu einer methodisch unabgeschlossenen Theoriebildung. In dieser Arbeit wird es nicht darum gehen, Theoreme mit anderen so zu kreuzen, dass sie homogen zu einer Einheit verschmelzen könnten. Vielmehr sollen die besonderen Kräfte und Wirkungen heterogener Theorien und Praxen dergestalt entwickelt werden, dass sie in spezifischen Situationen ihre Produktivität zur Evokation von Bildungsprozessen entfalten können.

Um die Frage; *Wie lässt sich Ästhetische Bildung von der Differenz her aussagen?* hinreichend beantworten zu können, werden verschiedene miteinander vernetzte Argumentationslinien verfolgt, für die jeweils ein Kapitel beansprucht wird. Die einzelnen Kapitel sind *modular* angelegt. Jedes will für sich stehen können und behandelt einen größeren Themenkomplex, der eine dieser Linien darstellt. Die Module sind: *Subjekttheorie, Legitimation, Differenzphilosophie, Konstitution der Differenzpädagogik* und *Vermittlungspraxis*.

Die Perspektive einer *Allgemeinen Pädagogik der Differenz* wird von der Ästhetischen Bildung aus eröffnet, da in ihr die differenziellen semiotischen Dimensionen der Subjekte in einem *Hier und Jetzt* realisiert werden können.

Gunter Otto
Prof. Dr. h.c.

Universität Hamburg
FB Erziehungswissenschaft
Inst. Ästhetische Erziehung

20146 Hamburg
Von Melle Park 8
Tel. (040) 41 23/31 98 + 41 23/63 15
fax (040) 44 66 94

privat:
20149 Hamburg
Hochallee 27
Tel. (040) 44 78 69

Hamburg,
14. 7. 94

Lieber Kollege Pierangelo Maset,

mir gefällt Ihr Text sehr.

Vor diesem Hintergrund noch einige Anmerkungen zu meinen Randnotizen:

o Am Anfang sollten Sie copiös schärfen: Der Vorzug der Vermittler ist nicht, daß sie keine Zweifel am Fortbestehen der Kunst zu haben brauchen. Das können sie tun oder lassen, wie sie wollen. Es ist unerheblich für Ihre Aufgabe. Deren Problem ist, daß Ihr Bezugspunkt nicht Kunst i.e.S. ist, sondern: ästhetische Prozesse, ästhetische Objekte, ästhetische Erfahrung, ästhetische Wirkung, ästhetische Rezeption.... Das sollten Sie gleich am Anfang ganz stark machen. Ihr Text belegt es ja argumentativ. Und darauf beziehen sich, wie Sie sagen, Planung, Gestaltung und Auswertung von Unterricht.

o Sie müssen aufpassen, daß Sie nicht, was Sie schon oft gedacht haben, nun zu knapp und zu abstrakt formulieren. Wenn Sie meine Hinweise zur Konkretisierung aufgreifen wollen, wird der Text ca 10 Seiten länger. Das macht nichts. Für den Rest der Arbeit fällt Ihnen auch noch 'was ein.

o Wo immer Sie sich auf Kunst beziehen, sollten Sie prüfen, was man abbilden kann, damit Ihre Rede auf Konkreta bezogen werden kann.

2

- Die Zitate würde ich nicht so separieren. Zwingend ist doch Ihre Argumentationslinie. Die Zitate verweisen, stützen, verlängern, was Sie sagen. Deswegen integrieren zT. wörtlich, zT. referierend, zT. konjunktivisch. Jetzt unterbrechen die Kronzeugen dauernd Ihr Plädoyer.

- Was heißt Giunivok? zweieindeutig, eineindeutig? Meine Lexika kennen das schöne Wort nicht.

- Ungelöst ist noch das Problem der Darstellung von Anlage und Methode der Arbeit. Mir fällt dazu ein:
  - Was auf S.8 steht, sollte als Intention des Verf. ganz an den Anfang.
  - Da könnte man auch noch S.30/2.Abs. anhängen.
  - S.28-30/oben überschreiben Sie "Zur Arbeitsmethode", werden aber auch inhaltlich. Ich glaube, das Methodenproblem muss erst noch formuliert werden.
  - Unklar ist mir der Status der Interv.-Beispiele. Anhang? Oder statt dauernder Verweise in den Argumentationsgang in Ausschnitten einbauen?

Seien Sie so gut, mir von dem ganzen kommentierten Text eine Kopie zu machen. Dann können wir uns jederzeit verständigen.

Das war's erst mal –
Schöne Grüße auch an die Dame
Ihr
[Unterschrift]

[Handschriftliche Notizen oben links:]
Pierangelo Maset
Einleitung
14.1.94
Hamburg – Berlin
7 15
schlechte Schrift wie schlechte Speise!
frühen Morgen –

[Handschriftliche Notizen oben rechts:]
bis S.13
ab S.13 Rückfahrt
ab Berlin 18ºº

Einleitung

1. Kunstpädagogische Zeitgenossenschaft

[handschriftlich:] Menschen

[handschriftlich am Rand: vgl. Brief!] Wesen, die Kunst vermitteln wollen, sind gegenüber Künstlern und Kunsttheoretikern in einem entscheidenden Vorteil: sie brauchen - insofern sie sich auf pädagogische Kontexte und Intentionen konzentrieren - keine Zweifel hinsichtlich der Fortdauer von Kunst zu hegen. Sie interessiert in erster Linie nicht die Progression der Gegenwartsästhetik, sondern die Eignung ästhetischer Objekte für Planung, Gestaltung und ~~Durchführung~~ *[handschriftlich: H Auswertung]* von Unterricht. Das entlastet von bohrenden Zweifeln, die die ausdifferenzierte, autonome Kunst in unserem heutigen Verständnis auf Schritt und Tritt begleiten. Berühmt ist Adornos Diktum: "Ungewiß, ob Kunst überhaupt noch möglich sei; ob sie, nach ihrer vollkommenen Emanzipation, nicht ihre Voraussetzungen sich abgegraben und verloren habe."[1]

Trotz - oder wegen - der quantitativen Expansion des Ästhetischen in den hochindustrialisierten Ländern verstummen die mahnenden Stimmen nicht, so spricht Jean Baudrillard in einem Artikel mit dem bezeichnenden Titel "Towards the vanishing point of art" vom "Xeroxpunkt der Kultur"[2]. - Solche Prognosen kann man aufmerksam, aber ohne jedes Entsetzen verfolgen, denn ob es sich bei den für den Kunstunterricht ausgewählten Objekten realiter um Kunstwerke handelt, ist von zweitrangiger Bedeutung. Die pädagogischen Absichten gehen der Zuschreibung zum Kunstwerk voraus: Es soll etwas anhand von und mit ästhetischen Objekten gelernt werden, wozu die Kunst auch unter Umständen vom Olymp geholt werden kann, denn wir sind in einer Siuation, die Niklas Luhmann lapidar wie folgt kennzeichnet: "Die Stoffe gehen nicht aus, die Kinder auch nicht."[3]

Dabei besteht das spezifische Problem des Kunstunterrichts in seiner mehrseitigen Überforderung. Einerseits erwartet man die ästhetische Erziehung der Jugendlichen in einer zeitlich berechenbaren Perspektive, die mit der jeweils aktuellen Faktizität des

---

1 Adorno, Theodor W.: *Ästhetische Theorie*, Frankfurt/Main 1973, S.10

2 Baudrillard, Jean: *Towards the vanishing point of art*, in: F. Rötzer/S. Rogenhofer (Hrsg.): *KUNST MACHEN?*, München 1990, S.201ff

3 Luhmann, Niklas: *System und Absicht der Erziehung*, in: N. Luhmann/E. Schorr (Hg.): *Zwischen Absicht und Person - Fragen an die Pädagogik*, Frankfurt/Main 1992, S. 114

Abb. 2-4: Faksimiles 1 + 2 + 3 der Otto-Korrekturen

Kapitel I
Zur Vermittlungsproblematik des Ästhetischen

I. Einem zeitgenössischen Subjektverständnis entgegen

Ohne eine Reflexion der Rezipientenseite ist die Vermittlung des Ästhetischen nicht möglich, da jeder Vermittlungsprozess intersubjektiv strukturiert ist. Bevor man dieses *Inter* genauer zu fassen bekommt, das die visuelle Vorstellung eines Zwischenraumes hervorruft, hat man sich bereits in eine Struktur begeben, in der die ästhetische Manifestation eines besonderen Subjektes auf die Perzeption mindestens eines anderen besonderen Subjektes trifft, wobei dieser Prozess auch insofern als reziprok gedacht werden muss, als die Perzeption des spezifischen Subjekts die ästhetische Manifestation mit herstellt. Damit ist selbst in der quantitativ kleinsten Vermittlungssituation eine komplexe Situation gegeben, die es erforderlich macht, die Kategorie *Subjekt* im Kontext der *Ästhetischen Bildung der Differenz* zu diskutieren. Letzteres umschreibt die Einschränkung, dass im Rahmen dieser Arbeit nur ein schmaler Ausschnitt der überaus umfangreichen Subjektdebatte unserer Zeit wiedergegeben werden kann. Es ist der Ausschnitt, der für die Betrachtung der Zeitbezogenheit des Vermittlungsprozesses von Ästhetischem produktiv werden soll, der Ausschnitt, der wiedergibt, dass die Medien und Sendungen von Information sich verändert haben, und dass mit diesen Veränderungen des Wissens auch die Empfänger nicht dieselben bleiben.

Zahlreiche psychologische, neurophysiologische, soziologische und philosophische Arbeiten haben in den letzten zwei Jahrzehnten ein neues Subjektverständnis entwickelt, das das Subjekt nicht mehr als feststehende und autonome Einheit beschreibt[64]. Dabei ist das, was heute aus unterschiedlichen Perspektiven verifiziert werden kann, in der Geschichte der Philosophie bereits von Immanuel Kant antizipiert worden, der eine innere konstitutive Differenz des Subjektes ausgemacht hatte. Um diese Differenz und um deren Reflexion für die Ästhetische Bildung soll es nun gehen.

Zeitlichkeit und „innerer Sinn" des Subjektes in Kants *Kritik der reinen Vernunft*

Kant charakterisiert das Subjekt wesentlich durch die Elemente *Rezeptivität* und *Zeitlichkeit*. Die Anstrengung der *Transzendentalen Ästhetik* besteht darin, die Prinzipien der Sinnlichkeit a priori von den empirischen Anschauungen zu subtrahieren, um die reine Form der Sinnlichkeit von den Empfindungen zu trennen. Bekanntlich deduziert Kant Raum und Zeit als reine, *transzendentale Anschauungsformen*[65]. Gleichzeitig bestimmt er damit eine Subjektivität, die die reinen Anschauungsformen zur Voraussetzung ihrer Perzeptivität benötigt: „Der innere Sinn, vermittelst dessen das Gemüt sich selbst, oder seinen inneren Zustand anschaut, gibt zwar keine Anschauung von der Seele selbst, als einem Objekt; allein es ist doch eine bestimmte Form, unter der die Anschauung ihres inneren Zustands allein möglich ist, so dass alles, was zu den inneren Bestimmungen gehört, in Verhältnissen der Zeit vorgestellt wird."[66]

Die Zeitlichkeit wird damit zur Voraussetzung des Subjekts, dessen Perzeptionen nur in Elementen der Zeit wie z.B. Sequenz, Retention, Antizipation vorstellbar sind. Subjektive Akte können nur in der Zeit erscheinen und benötigen die Zeit zu ihrer Realisation. So sind in der Sprache sowohl die einzelnen Laute, als auch die Syntax in einer zeitlichen Abfolge geordnet – andernfalls gäbe es nur ein einziges undurchdringliches, unverständliches Geräusch -, und die Inhalte, die durch sie geäußert werden, sind von grammatikalischen Zeiten strukturiert. Hinsichtlich der Rezeptivität des Subjektes ist nach Kant aber auch der Raum keine allgemein objektive Gegebenheit: „Der Raum ist nichts anderes, als nur die Form aller Erscheinungen äußerer Sinne, d.i. die subjektive Bedingung der Sinnlichkeit, unter der allein uns äußere Anschauung möglich ist. Weil nun die Rezeptivität des Subjekts, von Gegenständen affiziert zu werden, notwendigerweise vor allen Anschauungen dieser Objekte vorhergeht, so läßt sich verstehen, wie die Form aller Erscheinungen vor allen wirklichen Wahrnehmungen, mithin a priori im Gemüte gegeben sein könne, und wie sie als eine reine Anschauung, in der alle Gegenstände bestimmt werden müssen, Prinzipien der Verhältnisse derselben vor aller Erfahrung enthalten könne. […] Gehen wir von der subjektiven Bedingung ab, unter welcher wir allein äußere Anschauung bekommen können, so wie wir nämlich von den Gegenständen affiziert werden mögen, so bedeutet die Vorstellung vom Raume gar nichts."[67]

Ohne ein Subjekt ist die Vorstellung von *Raum* folglich nicht möglich: Zeit und Raum sind in der Kantischen Bestimmung mit der Subjektivität und der Sinneswahrnehmung des Subjekts verschränkt, so ist die Vorstellung von Zeit nicht *in den Dingen*, sondern im *perzipierenden Subjekt*: „Wenn man von ihr die besondere Bedingung unserer Sinnlichkeit wegnimmt, so verschwindet auch der Begriff der Zeit, und sie hängt nicht an den Gegenständen selbst, sondern bloß am Subjekte, welches sie anschaut."[68]

Rezeptivität und Zeitlichkeit sind in diesen Ausführungen Kants konstitutive Elemente der subjektiven Anschauung. Dies hat zwei entscheidende Folgerungen für die Beschreibung des Subjekts: Die erste ist die, dass das Subjekt durch seine grundlegende, es selbst erst hervorbringende *Rezeptivität* eine in seinem Grund *passive Verfassung* aufweist, und die zweite Folgerung entdeckt in den Tiefen des Subjekts eine zeitliche Verschiebung, die Kant in einer berühmt gewordenen Passage ausführt: „Hierbei beruht alle Schwierigkeit nur darauf, wie ein Subjekt sich selbst innerlich anschauen könne, allein diese Schwierigkeit ist jeder Theorie gemein. Das Bewußtsein seiner selbst (Apperzeption) ist die einfache Vorstellung des Ich, und, wenn dadurch allein alles Mannigfaltige im Subjekt *selbsttätig* gegeben wäre, so würde die innere Anschauung intellektuell sein. Im Menschen erfordert dieses Bewußtsein innere Wahrnehmung von dem Mannigfaltigen, was im Subjekte vorher gegeben wird, und die Art, wie dieses ohne Spontaneität im Gemüte gegeben wird, muss, um dieses Unterschieds willen, Sinnlichkeit heißen. Wenn das Vermögen sich bewußt zu werden, das, was im Gemüte liegt, aufsuchen (apprehendieren) soll, so muss es dasselbe affizieren, und kann allein auf solche Art eine Anschauung seiner selbst hervorbringen, deren Form aber, die vorher im Gemüte zugrunde liegt, die Art, wie das Mannigfaltige im Gemüte beisammen ist, in der Form der Zeit bestimmt, da es denn sich selbst anschaut, nicht wie es sich unmittelbar selbsttätig vorstellen würde, sondern nach der Art, wie es von innen affiziert wird, folglich wie es sich erscheint, nicht wie es ist."[69]

Damit entdeckt Kant eine vorgängige Schichtung im Subjekt, die lange vor den Ausführungen Lacans[70] und der Unterscheidung von *Moi* und *Je* das Subjekt als in sich differierend ausmacht. Es gibt keine unmittelbare, gegenwärtige Selbsterfahrung, das Subjekt ist grundsätzlich durch die Zeitlichkeit in sich *verschoben*, weshalb die passive Form der inneren Anschauung nicht mit dem Selbstbewusstsein identisch sein kann. Nicht nur in kritischen Situationen kann das Subjekt mit Recht von sich behaupten: *Ich stand neben mir, ich empfand mich als einen anderen.*

Kritik des Cartesischen Cogito: Deleuzes Kant-Auslegung

Gilles Deleuze hat diesen Aspekt der Kantischen Philosophie in seinem Hauptwerk herausgehoben und wie folgt interpretiert: „Meine unbestimmte Existenz kann nur *in der Zeit* bestimmt werden, als Existenz eines Phänomens, eines passiven oder rezeptiven phänomenalen Subjekts, das *in der Zeit erscheint*. So dass die Spontaneität, deren ich im Ich denke bewußt bin, nicht als Attribut eines substanziellen und spontanen Wesens, sondern nur als Affektion eines passiven Ichs begriffen werden kann, das fühlt, dass sein eigenes Denken, seine eigene Intelligenz, dasjenige, wodurch es ICH *[JE]* sagt, in ihm und auf es – und nicht durch es – wirkt. Damit beginnt eine lange unerschöpfliche Geschichte: ICH *[JE]* ist ein anderer, oder das Paradox des inneren Sinns."[71]
Bezeichnenderweise hat Kant dieses Paradox in seiner Theorie entwickelt, um mit ihm das Cartesische Cogito zu widerlegen. Die Sätze Rimbauds aus den *Seher-Briefen* „Ich ist ein anderer. Was soll man machen, wenn das Holz auf einmal Violine wird?", die sich – wenn man Kants Gedanken konsequent weiterverfolgt – aus der Erkenntnis der inneren Schichtung des Subjektes, der Schichtung die seine Aktualisierungsformen einhüllt, formulieren lassen, stehen im deutlichen Gegensatz zum Cogito, das die Simultaneität von Rezeptivität und Selbstbewußtsein voraussetzt. Dass Descartes die Bestimmung des aussagenden Subjektes mit dem Cogito nicht hinreichend gelingt, weist Kant in einem eindrucksvollen Gedankengang nach: „Der Satz aber, Ich denke, sofern er soviel sagt, als: Ich *existiere denkend*, ist nicht bloße logische Funktion, sondern bestimmt das Subjekt (welches denn zugleich Objekt ist) in Ansehung der Existenz, und kann ohne den inneren Sinn nicht stattfinden, dessen Anschauung jederzeit das Objekt nicht als Ding an sich selbst, sondern bloß als Erscheinung an die Hand gibt. In ihm ist also schon nicht mehr bloße Spontaneität des Denkens, sondern auch Rezeptivität der Anschauung, d.i. das Denken meiner selbst auf die empirische Anschauung ebendesselben Subjekts angewandt. In dieser letzteren müßte denn nun das denkende Selbst die Bedingungen des Gebrauchs seiner logischen Funktionen zu Kategorien der Substanz, der

Ursache usw. suchen, um sich als Objekt an sich selbst nicht bloß durch das Ich zu bezeichnen, sondern auch die Art seines Daseins zu bestimmen, d.i. sich als Noumenon zu erkennen, welches aber unmöglich ist, indem die innere empirische Anschauung sinnlich ist, und nichts als Data der Erscheinung an die Hand gibt, die dem Objekte des reinen Bewußtseins zur Kenntnis seiner abgesonderten Existenz nichts liefern, sondern bloß der Erfahrung zum Behufe dienen kann."[72]

Hiermit sind die Defizite des Cogito benannt, das eine im Wortsinne oberflächliche Bestimmung des Subjekts formuliert, indem es Subjekt und Prädikat seiner Formel zusammenzieht und die epistemologischen Komponenten des Prädikats rein begrifflich ableitet, nicht aber die Dynamik dessen berücksichtigt, was eigentlich *geschieht*, wenn ich aussage „Ich denke". Die Operationen, die in der Aussage zusammengefasst werden, erscheinen einzig begrifflich als simultan; – wenn von einer einheitlichen Substanz ausgegangen wird, entsteht der Eindruck von Gleichzeitigkeit, d.h., wenn das Subjekt im vorhinein als Entität gedacht wird, die die eintreffenden Sinneswahrnehmungen zeitgleich mit dem Bewusstsein ihrer selbst erfassen kann, womit das Subjekt und das Denken als *aktiv* und autonom bestimmt werden. Wir finden hier eine der Grundannahmen der abendländischen Metaphysik wieder, die Kant durch das Paradox der Anschauung widerlegt. Deleuze kommentiert Kants Einspruch: „Die Tätigkeit des Denkens gilt einem rezeptiven Sein, einem passiven Subjekt, das sich folglich diese Tätigkeit eher vorstellt, als dass es sie in die Tat umsetzt, das eher deren Effekt fühlt, als den Antrieb dazu besitzt, und das sie als ein Anderes in sich erlebt. Dem ›Ich denke‹ und dem ›Ich bin‹ muss das Ich [*moi*] hinzugefügt werden, d.h. die passive Position (was Kant Rezeptivität der Anschauung nennt); der Bestimmung und dem Unbestimmten muss die Form des Bestimmbaren, d.h. die Zeit, hinzugefügt werden. Und ›hinzufügen‹ ist noch ein unpassendes Wort, weil es ja eher darum geht, den Unterschied zu machen und die Differenz ins Innere des Seins und des Denkens einzuführen."[73]

Die Differenz führt Kant in Form der zeitlichen Bestimmung des Subjektes ein: Die Zeit ist ohne das Subjekt nicht vorstellbar, das sich seinerseits durch die ihm vorausgehende temporale Differenzialität, die sein inneres Wesen teilt bzw. spaltet, als *permanente Modulation* vorfindet. Diesen Gedanken begründet Deleuze in seiner Kant-Studie: „Für Kant handelt es sich um die Form der Zeit im allgemeinen, die den Akt des *ichs* und das *Ich* unterscheidet, dem dieser

Akt sich zuschreibt: eine unendliche Abwandlung *(Modulation)* und keine *Form* mehr. So geht die Zeit ins Innere des Subjekts ein, um in ihm das *Ich* und das *ich* zu unterscheiden. Es ist die Form, in der das *ich* das *Ich* affiziert, das heißt die Art, in der der Geist sich selbst affiziert. In diesem Sinn erscheint die Zeit, eine unwandelbare Form, die nicht mehr durch die einfache Sukzession definiert werden kann, als die *Form des Inneren* (innerer Sinn), wohingegen der Raum, der nicht mehr durch die Koexistenz definiert werden kann, seinerseits als Form des Äußeren erscheint. ›Form des Inneren‹ bedeutet nicht nur, dass die Zeit uns innerlich ist, sondern dass unser Inneres uns selbst unentwegt spaltet, uns fortwährend entzweit: Eine Spaltung, die nicht bis zum Ende gelangt, da die Zeit kein Ende hat."[74]

Kants Bestimmung antizipierte das zeitgenössische Subjektverständnis. Dass dies bei ihm in Blickrichtung auf die Konstituierung eines sittlich handelnden Subjektes geschah, sollte dazu ermutigen, die innere Gespaltenheit des Selbst nicht mit Orientierungslosigkeit zu verwechseln, sondern als eine *Lage*, aus der heraus wir operieren *müssen*, gleichgültig welche Beschreibungen sie auch immer harmonisieren möchten. Verantwortung erwächst aber erst aus der rücksichtslosen Bestandsaufnahme ohne Vorbehalte. Durch das Subjekt verläuft ein Riss, der es teilt, spaltet, der aber auch besondere Möglichkeiten eröffnet. Die Bestimmung Kants führt uns ins Zentrum eines zeitgenössischen Subjektverständnisses.

Einheit des Subjektes und Entdifferenzierung

Von einem Subjekt auszugehen, das so wie die Kantische Bestimmung zwingend nahelegt, nicht mehr als aktives, ganzheitliches Zentrum seiner Selbstbeschreibung angesehen werden kann, hat für die Pädagogik Folgen. Konsequent steht die Frage nach dem Subjekt am Beginn der Reflexion jedweden Vermittlungsprozesses. Die Auffassung, dass das Subjekt nicht mehr als eine in sich einheitliche, autonome Einheit verstanden werden kann, ist deutlich in den pädagogischen Horizont gerückt und liegt heute selbst gegensätzlichen Ansätzen zugrunde.[75]

Die traditionelle pädagogische Theorie war stets mit der fiktionalen Einheit des Subjektes aufs engste verknüpft, einer Einheit, die zwar für Autonomie und

Mündigkeit stehen sollte, die jedoch gleichzeitig einen hohen Energieaufwand an Kontrolle erforderte, da an jedem Koordinatenpunkt der Subjektachsen die Spaltung der Einheit in die Vielheiten lauert.[76] Die Mannigfaltigkeiten stehen der Fixierung der Einheit entgegen, und die Crux ist, dass die Mittel und Zwecke zur Vereinheitlichung *gewalttätige* Momente beinhalten. So wird das Subjekt aus Gründen der Einheitlichkeit in der heutigen Unterrichtspraxis z.B. im Englischunterricht immer noch zu einer künstlichen Einheitssprache gezwungen, dem *Oxford-English*, die den offensichtlichen Nachteil hat, nicht den tatsächlichen Varietäten der Zielsprache zu entsprechen. Dabei existiert jede Sprache nur in ihren spezifischen Anwendungen in den verschiedenen soziokulturellen Hemisphären, in denen sie verwendet wird: Differenzen werden hierbei zu Gunsten einer artifiziellen Einheit der Zielsprache eingeebnet.

Das Phänomen der Einebnung von Differenzen lässt sich allenthalben in der heutigen Verfassung von Schule konstatieren. Der Differenzialität der Lernenden und ihrer Lernweisen wird aus Gründen der Einheit von Schulorganisation, Lehrplänen, etc. kaum entsprochen. Ansätze, sich dieser Differenzialität anzunähern, wie z.B. *Projektlernen* und *Offener Unterricht*, dringen nur langsam in den Schulalltag ein und haben es angesichts einer Tradition von Vereinheitlichung und Entdifferenzierung schwer, sich durchzusetzen. Auch die *Binnendifferenzierung* mag ein Versuch sein, der Differenzialität von Lerntypen gerecht werden zu wollen, sie kommt aber an der Korrelation von entdifferenzierten Lerninhalten und der Produktion von entdifferenzierten Lernern nicht vorbei, und dient als Kompensation, wenn Lernende dem Stoff hinterherhinken. Das Problem besteht in der *Einebnung der Differenzen in den Lerninhalten* selbst. Die Einheitlichkeit erweist sich als eine defizitäre finale Kategorie, die gerade das verfehlt, was zu erreichen sie beansprucht (Kompetenz und Komplexität). Die das Mannigfaltige in sich tragende Erscheinung – z.B. die Sprache Englisch – erscheint in jeder Situation als Besonderheit und erweist sich von Ort zu Ort, von Region zu Region, von Profession zu Profession als verschieden. Es ist deshalb folgerichtig, dass der entdifferenzierte schulische Fremdsprachenunterricht sich gegenüber auch kurzen Auslandsaufenthalten, bei denen man auf die Differenzialität von Sprache trifft, als so wenig erfolgreich herausstellt.

Subjekt und Ausdifferenzierung

Die Ausdifferenzierung heutigen Wissens führt zwangsläufig immer stärker in die differenten Spezifika. Auch in den Wissenschaften ist keine Einheit mehr zu bewerkstelligen, und es ist ausgesprochen schwierig geworden, sich auch nur annähernd umfassend in einer Fachdisziplin auszukennen. Die unterschiedlichen Wissenstypen konstituieren sich systemfunktional und untergraben die Einheit der Bildung ebenso wie die Bildung der Einheit. Zunehmend sind die Subjekte auf die *Kombinationskompetenz* ihrer Informations- und Bildungssegmente angewiesen. Wir sprechen damit von einem Subjekt, das sich in verschiedenen Aktualisierungen verwirklicht. Die Aktualisierung durch Bildung ist ein wesentliches Moment des Subjektes, ein Moment, das hier als unabgeschlossen und nicht auf spezifische Lebensphasen beschränkt verstanden werden soll. Die Geschwindigkeit der Ausdifferenzierung nimmt zu und mit ihr die Segmentierung des Wissens. Subjekte können sich in dieser Konstellation nur zurechtfinden, indem sie Bildungsprozesse ihren Wünschen, Zielen und Erwartungen entsprechend selektieren. Um die heutige Ausgangslage für Bildungsprozesse beschreiben zu können, sind ideologische Markierungen aufzukündigen, zu denen auch Kategorien wie *Selbstbestimmung* oder *Emanzipation* gehören. Gerade diese „großen" bildungstheoretischen Kategorien entwickeln heute, in einer Situation der gesellschaftlichen Neuorientierung, einen völlig anderen Charakter, und diese Neuorientierung ist durch die weitreichenden politischen Umwälzungen im Europa der neunziger Jahre sowie durch die rasanten weltweiten technologischen Entwicklungen gekennzeichnet. Die Generationen, die wesentlich mit und durch die neuen Technologien sozialisiert wurden und werden, bilden ein anderes Identitäts-Verhältnis aus, weshalb Begriffe wie Selbstbestimmung und Emanzipation ein verändertes Aroma annehmen. Was diese Wesen unter anderem zu charakterisieren scheint, ist ein spielerischer Umgang mit der eigenen Identität. Zoll und Mitarbeiter beschreiben dies als „Flüssigkeit der psychischen Struktur"[77], und Rolf Hanusch konstatiert ein neues Zeitbewusstsein, das das zeitgenössische Subjektverständnis – insbesondere das von Jugendlichen – charakterisiert, eine Erkenntnis, die aus empirischen Untersuchungen[78] gewonnen wurde: „Lineare Zeitabläufe, wie sie bis vor kurzem auch im Produktionsproceß bestimmend waren, werden bei Jugendlichen mehr und mehr durch blitzlichtartige *Vergegenwärtigungen* ersetzt.[...] Im unmittelbar erlebten ›Jetzt‹ kommt oft überraschend Geschichte und Zukünftiges zusammen. [...] Insgesamt scheint mir unübersehbar, dass die Identitätsmuster von Jugendlichen heute in ihrer bruchstückhaften Zerstückelung aufs engste mit der Darstellung von Wirklichkeit in der Vermittlung der Medien, insbesondere der Bildmedien zusammenhängen. Die wahrhaft zerstückelte und blitzlichtartige Darstellung von Umwelt findet ja nicht nur jeden Abend in der Tagesschau statt, sondern ist darüber hinaus, insbesondere durch die Möglichkeiten der Computersteuerung, für Jugendliche fast immer präsent.[...] All diese Eindrücke sollen nach bisheriger Pädagogik mit einem dickhäutigen Identitätspanzer abgewehrt werden. Autonomie scheint nur möglich, wenn dieser Panzer möglichst dicht ist und einen Filter bildet, durch den dann einzelne, für wichtig empfundene Eindrücke durchdringen. Jugendliche, so scheint es nun, weigern sich inzwischen, einen solchen Identitätspanzer auszubilden bzw. lassen ihn zerbrechen, wenn er vorhanden ist. Sie scheinen sich sehr viel mehr als Instanzen zu empfinden, in denen Bruchstücke von verschiedenen Identitäten zusammenkommen."[79] Hanusch diagnostiziert Transformationen des Subjekts in einer zunehmend technisierten Gesellschaft. Er beschreibt ein Subjekt, das von kleinsten Einflüssen seiner Umwelt bewegt wird und das diese Einflüsse gleichzeitig zu seiner Reproduktion benötigt. Der Philosoph Hans Lenk hebt darüber hinaus aus konstruktivistischer Sicht gerade die Selbstkonstruktion des Subjektes aus dem Mannigfaltigen hervor und setzt sie gegen jede eindimensionale Beschreibung: „Alle Zuspitzungen auf eine Denk-, Handlungs-, Verantwortungssubstanz *des* Subjekts, *der* Person, *des* Ich, *des* Selbst, sind abstraktive Interpretationen, Ergebnisse eines pauschalisierenden, globalisierenden, hochstilisierenden Konstruktionsvorganges, der nichts als eine überaus simplifizierende, weil im wahrsten Sinne *oberflächliche*, *äußerliche* und äußerste Systemsummation über das dynamische chaotische innere Supergeflecht der Myriaden und Abermyriaden von Interaktionsknoten und Neuronenvernetzungen ist."[80]

Das Subjekt kann als *Konstruktion* verstanden werden, dessen Begriff angesichts hochkomplexer innerer und äußerer Dynamiken eine simplifizierte Abstraktion darstellt. Aus dieser Not entsteht eine Universalisierungstendenz, die die Welt und ihre Phänomene als so beschaffen zu erklären sucht, wie sie wahrgenommen werden, ohne dabei die Relativität der subjektiven Konstruktion mitzudenken. Ein solches Subjekt verkehrt die *Dimensionen* zum *Standpunkt* und handelt ambivalent, wie auch Gerhard Schulze feststellt: „Das Subjekt ist konstitutionell doppelbödig, wobei der zweite Boden, die Selbstreflexion, wiederum reflektiert werden kann, ebenso die Reflexion der Reflexion usw."[81] Eine Gewährsfrau für diesen Befund ist die Neurophysiologin und Philosophin Patricia Churchland[82], die aus neurobiologischer Perspektive nachweist, dass psychische Strukturen nicht unabhängig von neuronalen Dynamiken des Gehirns gedacht werden können. Sie begründet damit implizit, warum in den Tiefen des Subjektes permanent konstruiert und inszeniert wird, denn um innere Kohärenz zu erzeugen, sind „Inszenierungen" vonnöten. Wenn man es sich metaphorisch vorstellen wollte, könnte man das Subjekt als eine *Larve* ansehen, die sich permanent neu entpuppt und mannigfache Metamorphosen aufführt bzw. erleidet. In Georg Büchners *Leonce und Lena* wird diese Valenz des Subjektes in der berühmten Schlusszene dargestellt, in der Valerio auf Peters Frage „Wer seid ihr?" – während er mehrere Masken hintereinander abnimmt – wie folgt antwortet: „Weiß ich's? Bin ich das oder das? Oder das? Wahrhaftig, ich bekomme Angst, ich könnte mich so ganz auseinanderschälen und -blättern."[83] Wir können den Begriff des Subjektes positiv als eine modale Konstellation von Mannigfaltigkeiten vorstellen, die durch unabschließbare Differenzdynamiken funktioniert. Es spaltet sich fortwährend, nimmt neue Inhalte und Formen an, tauscht sich aus und begibt sich in immer neue Vielheiten. Ein solches Subjekt ist nicht berechenbar, sondern komplex. Die hochtechnologische Gesellschaft bringt hochkomplexe Subjekte auf den Weg, die sich in Identitätsfragmenten konstituieren und aktualisieren.

Das dividuelle Subjekt

Das hier entwickelte Subjektverständnis versucht, bewusstseinsphilosophische Setzungen zu problematisieren. Man kann *im Grunde* nur dann zu einem sich seiner selbst bewussten Subjekt werden, wenn die innere Gespaltenheit bejaht wird. Nur über die Affirmation der Spaltung ist die Wahrnehmung dessen möglich, was in der Konstruktion des „konsistenten" Subjektes ausgegrenzt wird, nur so gerät das „ganze" Subjekt in den Blick, und nur so ist man davor gefeit, kompensatorische Konstruktionen und Theorien zu entwerfen, die durch einseitige Prämissen den Anschluss an die gesellschaftlichen Dynamiken verlieren, die sie zu beschreiben versuchen. Damit unternimmt man eine paradoxale Operation:

Man geht von der anhaltenden Unmöglichkeit einer inneren Einheit aus, rückt aber gerade damit ein *authentischeres* Subjekt in die Betrachtung. Ein solches Verständnis beschreibt das *dividuelle Subjekt*, ein Subjekt, das zu permanenter Teilung herausgefordert ist. Für eine Pädagogik der Differenz ist ein solcher Ansatz unausweichlich, da die vorgängigen Differenzen, die die Transformationen des Subjektes bewirken, durch ihn in Rechnung gestellt werden.

Das *Dividuelle* bezeugt die Prozessdynamik des Subjektes, die sich situativ im Differenziationsprozess in der Verschränkung von Affektion und Perzeption generiert. Die Objekte können das Subjekt spalten, das kann – z.B. bei der Wahrnehmung eines Bildes – so geschehen: Ich sehe ein Bild und werde ein anderer. Beim nächsten Betrachten desselben Bildes (in einer anderen Zeit) sehe ich dieses Bild als ein anderes, weil ich mich verändert habe. Und dann bin ich wieder ein anderer und sehe das Bild verändert. Und ich sehe mich im Bild und sehe das Andere als und durch das Bild. Und damit vervollständige ich mich. Das ist *Initiation* von Bildung mit und durch die Differenz.

Die Differenzen, die die Lernenden in den Vermittlungsprozess einbringen, müssen rückhaltlos affirmiert werden. Gleichzeitig kann die Differenz des Lehrenden vollständig ins Spiel kommen, denn sie verwirklicht eine *Position* im Bildungsprozess, die des *Anderen*, der den Prozess auslöst und beobachtet, und der sich der Fremdheit, die er setzt und darstellt, bewusst ist. Die Lehrenden sind ebenso *dividuell* wie die Lernenden, und auch sie lernen während des Lehrens und entwickeln neue Schichtungen ihrer Persönlichkeiten. Ein echter Lernprozess lässt keinen der Beteiligten unberührt, man hat hinterher eine neue Facette hinzugewonnen oder sich aus einer alten Hülle herausgeschält, denn man ist *stets* ein dividuelles Subjekt mit differenzieller Ausstattung und modaler Konstitution.

Subjekt und Identität

In dem hier entwickelten Befund geht es nicht darum, einen ethischen Relativismus dadurch zu legitimieren, dass das Subjekt nicht als Einheit gesehen werden kann. Vielmehr wird eine umfassendere, komplexere Beschreibung angestrebt, die im Rahmen dieser Arbeit jedoch nur prospektiv geleistet werden kann. Da der pädagogische Diskurs das Subjektverständnis mit der Bestimmung von

Identität verschränkt, bewegt sich jedes abweichende Subjektverständnis von traditionellen Beschreibungen grundlegender Elemente der pädagogischen Theorie weg. Paradigmatisch ist der von Jürgen Habermas vorgelegte Identitätsbegriff in den pädagogischen Diskurs eingedrungen, an ihm lässt sich verdeutlichen, weshalb das Verständnis des *dividuellen* Subjektes von Belang ist: „Der Identitätsbegriff ist das soziologische Äquivalent des Ich-Begriffs. ›Identität‹ nennen wir die symbolische Struktur, die es einem Persönlichkeitssystem erlaubt, im Wechsel der biographischen Zustände und über die verschiedenen Positionen im sozialen Raum hinweg Kontinuität und Konsistenz zu sichern. Ihre Identität behauptet eine Person gleichzeitig für sich und gegenüber anderen; die Selbstidentifikation, das Sich-Unterscheiden-von-Anderen, muss von diesen anderen auch anerkannt werden. Die reflexive Beziehung des sich mit sich identifizierenden Einzelnen hängt von den intersubjektiven Beziehungen ab, die er mit anderen Personen, von denen er identifiziert wird, eingeht. Dabei soll er seine Identität in der lebensgeschichtlichen Vertikale, nämlich im Durchgang durch die verschiedenen, oft konträren Lebensstadien ebenso aufrechterhalten wie horizontal in der gleichzeitigen Reaktion auf verschiedene, oft konkurrierende Erwartungsstrukturen."[84]

Bei dieser Bestimmung von Identität stellt sich die Frage, ob denjenigen, die nicht in der Lage sind, Kontinuität und Konsistenz ihres Persönlichkeitssystems *zu sichern,* Identität abgesprochen würde. Zudem ist es nicht selten, dass gerade die Brüchigkeit von Kontinuität und Konsistenz zur unverwechselbaren Identität bestimmter Personen gehört, dass sie Stabilität gerade durch Diskontinuität und Inkonsistenz erlangen. Die normative Setzung eines auf Konsistenz und Kontinuität basierenden Identitätsbegriffs ist problematisch, weil sie die Gefahr einer Ausgrenzung anderer praktizierter Identitätsversionen beinhaltet. Der Aspekt der *Sicherung* lässt zudem Zweifel aufkommen, ob man aus der Bastion des Selbst heraus den Anderen noch unbewaffnet begegnen kann.

Ebenso problematisch verhält es sich mit dem Koordinatensystem von Vertikale und Horizontale, das suggeriert, dass man den *Durchgang durch die konträren Lebensstadien* säuberlich von den *konkurrierenden Erwartungsstrukturen* trennen könnte. Realistischer und der tatsächlichen Komplexität eines Lebensverlaufs angemessener ist es aber, sich ein Spinnennetz oder eine Wurzelstruktur zu denken. Identität fügt sich an den immer neuen Verzweigungen und Verstrebungen hinzu, sie verwirklicht sich transitorisch. In dem Identitätskonzept von Habermas wird dagegen nicht das Phänomen „Identität", so wie es in der sozialen Wirklichkeit von Subjekten erscheint, beschrieben, sondern sie wird begrifflich als (normativer) Maßstab gesetzt. Das Ergebnis ist dabei die enge Verknüpfung von Selbstverwirklichung und Identität – eine für unseren Kulturkreis typische Konstruktion, die erhebliche Schwierigkeiten produziert, die *Vielheiten* zu denken, besonders die Vielheiten in *einem* Subjekt: „Die Ich-Identität des Erwachsenen bewährt sich in der Fähigkeit, aus den zerbrochenen oder überwundenen Identitäten neue Identitäten aufzubauen und mit den alten so zu integrieren, dass sich das Geflecht der eigenen Interaktionen zur Einheit einer zugleich *unverwechselbaren* und *zurechenbaren* Lebensgeschichte organisiert."[85]

Auch hier dient die Setzung der Einheit der neuerlichen Bildung von Identität. Es wird quasi ausgeschlossen, dass die heterogenen Momente der Persönlichkeit ohne ihre Integration im Subjekt verweilen könnten, zumindest gilt dies für die *gelingende* Ich-Identität. Dagegen wäre zu betonen, dass z.B. gerade Künstlerinnen und Künstler oft solche nichtintegrierbaren Heterogenitäten ihres Wesens in ihren Werken zum Ausdruck bringen und sie bisweilen nahezu pflegen.[86]

Habermas' Konzeption ist dagegen auf eine allgemeine Norm hin ausgerichtet: „Eine solche Ich-Identität ermöglicht gleichzeitig *Selbstbestimmung* und *Selbstverwirklichung*, zwei Momente, die im Spannungsverhältnis zwischen ›I‹ und ›Me‹ bereits auf der Stufe der an sozialen Rollen haftenden Identität wirksam sind. In dem Maße, wie der Erwachsene seine Biographie übernimmt und verantwortet, kann er in den narrativ eingeholten Spuren der eigenen Interaktionen auf sich selbst zurückkommen. Nur wer seine Lebensgeschichte *übernimmt*, kann in ihr die Verwirklichung seiner selbst anschauen. Eine Biographie verantwortlich übernehmen, heißt, sich darüber klarzuwerden, *wer man sein will*, und aus diesem Horizont die Spuren der eigenen Interaktionen so zu betrachten, als *seien* sie Sedimente der Handlungen eines zurechnungsfähigen Urhebers, eines Subjektes also, das auf dem Boden eines reflektierten Selbstverhältnisses gehandelt hat."[87]

Mit dieser Definition wird eine Ausgrenzung vollzogen, die all diejenigen, die ihre Lebensgeschichte entweder nicht bewusst übernehmen *wollen* oder *können,* als außerhalb von Ich-Identität ansiedelt. Die Frage ist, ob *Identität* sich stets nur aus einer konzipierten Norm ableiten lässt, oder ob sie sich nicht vielmehr in konkreten Situationen, bei spezifischen Gelegenheiten kontextuell *erzeugt*, in einem Prozess hervorbringt. Ein solches Verständnis von Identität käme einem dynamischen Verständnis, das die Dispositionen und Explikationen von Subjekten nachvollziehen will, erheblich näher. Habermas' Konstruktion universalisiert hingegen Identitätsstandards mittels eines begrifflichen Leitbilds, obwohl die Selbstkonstruktionen der Subjekte nicht universalisierbar sind. Identität taucht als *Einheit* im „wirklichen" Leben überhaupt nicht auf, sie kann sich selbst nur durch das Fragmentarische entwickeln, durch den Einschnitt der Differenz, sie wäre, völlig mit sich selbst identisch, nicht mehr als Identität wahrnehmbar. Die Differenz geht der Identität voraus und verschiebt die Folien von Selbstbildnis und Selbstwahrnehmung. Im Rahmen einer permanenten Selbstkonstruktion des Subjektes bleibt der Begriff *Identität* ein Auseinandersetzungswert mit der Differenz.

Identität und Selbstkonstruktion

Die Vorstellung, dass Identität sich durch feste, unabänderliche Komponenten entwickelt und erhält, ist heute revisionsbedürftig, vielmehr wird sie, wie Ludwig Reiter schreibt, „ ... durch Import von Differenzen ermöglicht."[88] Das Subjekt importiert zur Bildung von Identitätselementen Differenzen, die wiederum auf seine eigene Differenzialität stoßen: Eine Konstellation, durch die sich komplexe Subjektdynamiken formieren und welche mit den vielfältigen Aufspaltungen der Gesellschaft in Teilsysteme einhergeht. Durch die wachsende gesellschaftliche Ausdifferenzierung wird das *Individuum* immer mehr zum *Dividuum*, ein Befund, den Luhmann wie folgt beschreibt: „Die Einzelperson kann nicht mehr einem und nur einem gesellschaftlichen Teilsystem angehören. Sie kann sich beruflich/professionell im Wirtschaftssystem, im Rechtssystem, in der Politik, im Erziehungssystem usw. engagieren, und in gewisser Weise folgt der soziale Status den beruflich vorgezeichneten Erfolgsbahnen, aber sie kann nicht in einem der Funktionssysteme allein leben. Da die Gesellschaft aber nichts anders ist als die Gesamtheit ihrer internen System/Umwelt-Verhältnisse und nicht selbst in sich selbst als Ganzes nochmals vorkommen kann, bietet sie dem Einzelnen keinen Ort mehr, wo er als ›gesellschaftliches Wesen‹ existieren kann. Er kann nur außerhalb der Gesellschaft leben, nur als System eigener Art in der Umwelt der Gesellschaft sich reproduzieren, wobei für ihn die Gesellschaft eine dazu notwendige Umwelt ist. Das Individuum kann nicht mehr durch Inklusion, sondern nur noch durch Exklusion definiert werden. Das ist der strukturelle Grund für die neuartige (post-naturrechtliche) Dramatik von ›Individuum und

Gesellschaft«. Und in der Semantik kommt dies dadurch zum Ausdruck, dass das Individuum nicht mehr als *bekannt*, sondern als *unbekannt* (als spontan, inkonstant, Black Box usw.) eingeschätzt wird."[89]

Diese Ortlosigkeit führt dazu, dass das *Dividuum* sich in den einzelnen Teilsystemen unterschiedlich konstituiert, dass es gleichsam keine systemische Einheit gibt, die es dazu befähigte, sich in jedem Teilsystem mit den gleichen Handlungen oder Bewusstseinsleistungen orientieren zu können. Damit muss es seine Selbstbeschreibung in den Bereich verlegen, der außerhalb der ausdifferenzierten gesellschaftlichen Teilsysteme liegt, in den Bereich des Privaten. In der Bundesrepublik ist diese Entwicklung in den letzten ca. fünfzehn Jahren deutlich zu verspüren gewesen, das persönliche Erlebnis, die persönliche Gestaltung von Umwelten haben Hochkonjunktur gehabt. Gerhard Schulzes Studie *Die Erlebnisgesellschaft*, auf die bereits verwiesen wurde, trägt den Untertitel *Kultursoziologie der Gegenwart* und versucht, eine Entwicklung nachzuzeichnen, in der das moderne Subjekt zu seiner Selbstbeschreibung und zu seinem Selbstverständnis immer mehr *Erlebnisse* und *Ereignisse* benötigt, die es jedoch in den gesellschaftlichen Teilsystemen nicht mehr ausreichend geliefert bekommt. Folglich muss es seine Selbstbeschreibung durch zunehmende Konstruktionsaktivitäten stabilisieren.

In diesem Prozess liegen die Gefahren von Entfremdung, Isolation, Orientierungslosigkeit, Manipulation. Zu fragen ist aber auch, welche Chancen und Möglichkeiten die zunehmende Ausdifferenzierung bietet, denn sie bringt keineswegs ausschließlich beschädigte Gestalten hervor. Die durch die Ausdifferenzierung mitbewirkte Konstruktivität des Subjekts bezeugt auch eine kreative Komplexität, die Einhüllungen in unterschiedliche *virtuelle Lebenswelten* ausdrückt. Sie bedeutet nicht nur Auslieferung, Selbstentfremdung, Verlust des ›Echten‹, sondern auch Produktion von Biographie, ephemeres Selbstbild und Authentizität in der Vielfalt. Die Pädagogik sollte heute – auch wenn die ambivalente Gratwanderung zwischen Anpassung und Kritik dabei am Horizont erscheint – eine ihrer Aufgaben darin sehen, solche Konstruktionen zu ermöglichen und zu reflektieren, denn: „Das Ich ist Interpretationskonstrukt ... ".[90]

Die Verflechtung von Bildungstheorien mit emanzipatorischen Intentionen verdanken jene den klassischen Bildungstheorien von u.a. Kant, Schiller, Humboldt, Schleiermacher, die maßgeblich dazu beitragen wollten, Entfremdung aufzuheben, den fragmentierten Menschen zur Einheit zurückzuführen und die Trennung von Kultur und Natur zu versöhnen. In dieser Tradition sind pädagogische Intentionen mit gesellschaftlichen Programmen zur Überwindung gesellschaftlicher Widersprüche verknüpft worden, was Helmut Peukert wie folgt herausstellt: „Man verharmlost die modernen Erziehungs- und Bildungstheorien von *Rousseau* über *Kant* bis *Humboldt*, *Schleiermacher*, *Herbart* und *Hegel* zur zeitenthobenen und folgenlosen Klassik, wenn man übersieht, dass in ihnen der fast schon verzweifelte Versuch gemacht wird, die tiefreichende Entzweiung der Existenz in einer modernen Gesellschaft zu überwinden, also sowohl zu einer neuen Integrität des Subjekts wie zu einer Versöhnung mit der zum Manipulationsobjekt erniedrigten Natur und zu einer Überwindung der gesellschaftlichen Spaltungen und Widersprüche zu kommen."[91]

Bildung in diesem Sinne projektiert sich im Hinblick auf und für eine gerechtere, freiheitlichere, brüder- und schwesterlichere Gesellschaft, die die Widersprüche versöhnt und die Spaltungen überwindet. Schillers berühmte *Briefe über die ästhetische Erziehung* thematisieren die Perspektive einer Versöhnung durch Bildung, seine Kritik richtet sich gegen die Fragmentarisierung des Lebens: „Ewig nur an ein einzelnes kleines Bruchstück des Ganzen gefesselt, bildet sich der Mensch selbst nur als Bruchstück aus; ewig nur das eintönige Geräusch des Rades, das er umtreibt, im Ohre, entwickelt er nie die Harmonie seines Wesens, und anstatt die Menschheit in seiner Natur auszuprägen, wird er bloß zu einem Abdruck seines Geschäfts, seiner Wissenschaft."[92]

So zutreffend Schillers Ausführungen auch noch für unsere Zeit sein mögen, so sehr kehren sie doch eine *Vergeblichkeit* hervor: Bildung als das dauernde *Nochnicht*, zu dem man sich auf den Weg aufmachen sollte, und das Subjekt als das *Nochnicht*, das zur Erlangung von Harmonie und Versöhnung *umgebildet* werden muss. Damit wird Bildung mit einer utopischen Perspektive „der Menschheit" verschränkt, und es wird mit dieser Perspektive, wovon die Geschichte der Bildungstheorie beredt Zeugnis ablegt, vorausgesetzt, dass sich Bildung immer in Richtung auf eine einheitliche Finalität hin zu entwickeln habe. Eine negative Folge dieses Paradigmas ist, dass man die differenten Spezifika in den toten Winkel bildungstheoretischer Reflexionen abschiebt und die *tatsächlichen* Vielheiten zu Gunsten einer vorgestellten Einheit aufgibt. Wenn hier dagegen das Subjekt als *dividuell* bezeichnet wird, so soll damit eine *Vergegenwärtigung* unternommen werden, die dem Gegebenen, in dem das Andere eingeschlossen ist, Potenziale abringt und diesen Bildungsakt keineswegs auf die Zukunft verschiebt.

2

damit Sie Ihre Prosa nicht durch Bilder unterbrechen müssen und weil Sie ja schon Fliesstext und Anmerkungen haben, halte ich für denkbar: ganze Bildseiten, mit 1 oder max 4 Abb.

Am Anfang von 1 brauchen Sie noch einen Absatz, in dem Sie sagen was Sie nicht/was Sie vorhaben:
- Keine elaborierte neue Fachdidaktik für alle und alle Tage;
- Keine Unterrichtsplanungen

Sondern:
- praxisgeschwängerte Grundlinien didaktischen Handelns, das durch die Momente (movere!) von Differenzpädagogik und Transversalität konstituiert wird.
- Die Praxisausschnitte dokumentieren Denkweisen und Handlungsformen. Sie sind keine Modelle, sondern verweisen eher auf Verhaltensweisen und Strukturen (Methoden).

Ich weiss, dass ich Scherereien und Ihnen noch einmal Arbeit mache.
Bitte, tun Sie's — weil es sich ganz ungemein lohnt. Aus dem Guten muss man das Bestmögliche machen.
Noch ein ehrliches Wort: Für die Strapaze, der ich mich unterzogen habe, danke ich Ihnen herzlich. Für mich hat es sich gelohnt.
Mit schönen Grüssen
Ihr
[Signatur]
Sonntag, 18.7.94, 13:46 Uhr.

Netzwerk und einer wechselseitigen Osmose mit der ästhetischen Theorie und der Kunstpraxis, indem sie an Erkenntnissen und Arbeitsweisen dieser beiden Sphären teilhat und selbst - auf diese rückwirkend - wesentliche Vermittlungsleistungen erzielen kann.

S 39-42 sind m.E. zu abstrakt - programmatisch. Jeder wird fragen: in wiefern, wodurch, woran, womit?

Ansonsten:
Ich bin beeindruckt.
Nichts Substantielles ändern.
Die Spannung wächst: wie geht es weiter?
Nebenbei: Welche Wohltat, wenn einer der deutschen Sprache mächtig ist. — im Hotelrestaurant
Eigentlich wollte ich hier aufhören:
Aber ich werde mir 1 Bier / 1 Korn in mein Zimmer mitnehmen und noch in das 2. Kap. hineinsehen.

Die Einleitung habe ich übrigens nicht noch einmal gelesen. Über die sollten wir reden, wenn ich alle Kap. gelesen habe.

Abb. 5 + 6: Faksimiles von Korrekturen Gunter Ottos

Aktuelle Tendenzen der Subjekttheorie

„Das Ich ist nur ein artiger Höfling unter dem absoluten Souverän der Neuronenherrschaft, deren Wahlspruch lautet: Kognition ist alles, die Welt nur ein Etwas."[93] Dieser Satz von Botho Strauß ist dazu geeignet, die aktuelle Subjektdiskussion auf einen gemeinsamen Nenner zu bringen. Wissenschaftlich, subjekttheoretisch gesehen sind wir heute in einer außerordentlich günstigen Situation, da aktuelle Ergebnisse neurophysiologischer Forschungen zur Erforschung des Subjekts mit philosophischen, psychologischen und soziologischen Erkenntnissen korrespondieren. Wenn Erkenntnisse, die in unterschiedlichen Disziplinen gewonnen worden sind, zu einem Focus zusammenkommen, wird ihre Aussagekraft gesteigert. In der gegenwärtigen wissenschaftlichen Landschaft ist eine faszinierende Parallelität in Hinsicht auf ein neues Subjektverständnis zu beobachten. In den Horizont des Denkens rückt die Konstruktion der Welt durch die *Autopoiesis* des Subjekts. Wahrnehmungen und mentale Prozesse geschehen im Zeichen der Kognition, einer Kognition, die kennzeichnend für alle lebenden Systeme ist. Das Subjekt hat seinen Ort, hat seine Relevanz, aber es ist keine Instanz, die die Welt nach seinem Belieben gestalten könnte. Es konstruiert unablässig Wirklichkeiten, und insofern dies auch bei allen anderen Subjekten der Fall ist, ist die Universalität des *Prozesses* gegeben, dessen Materialien und Inhalte sind jedoch nicht universalisierbar, sondern sie machen es notwendig, dass zwischen den Subjekten konsensuell Aktivitäts- und Handlungsmuster konstruiert werden.

Die in unterschiedlichen Disziplinen von so verschiedenen zeitgenössischen Autorinnen und Autoren wie Maturana, Rumelhart, Roth, Luhmann, Deleuze, Churchland, Varela und anderen diskutierten neuen Perspektiven[94] der Subjekttheorie zeichnen sich durch ein Verständnis aus, dass die Pluralitäten selbstreferentieller Welterzeugungen einem monologisierenden Einheitssubjekt entgegenhält. Stellvertretend für eine sehr umfangreiche Debatte sollen zum Schluss dieses Abschnitts noch drei verschiedene Autoren aus den Disziplinen Biologie, Psychologie und Theologie zu Wort kommen, die Aspekte eines *dividuellen Subjektes* darstellen. Zunächst der Naturwissenschaftler Gerhard Roth: „Aufgrund seiner selbstreferentiellen Organisation [...] schafft sich das real-materielle Gehirn eine Welt, die es in eine Umwelt, eine Körperwelt und eine Ich- (oder Gedanken-) Welt gliedert, und es konstituiert diese drei Welten so, dass sie sich möglichst scharf voneinander unterscheiden. Diese kognitive Welt ist dadurch, dass sie in Bezug auf ihre eigenen Teilbereiche konstituiert und definiert ist, in sich abgeschlossen. Dies ist die Wirklichkeit, in der wir existieren und von der wir ein Teil sind. Insofern stehen wir ihr nicht gegenüber, sondern sie geht durch uns hindurch. Unser Ich, das wir als das unmittelbarste und konkreteste, nämlich als uns selbst, empfinden, ist – wenn man es etwas poetisch ausdrücken will – eine Fiktion, ein Traum eines Gehirns, von dem wir, die Fiktion, der Traum, nichts wissen können. Darum sind wir uns selbst notwendigerweise die einzige Wirklichkeit."[95]

Ähnlich wie in der Kantischen Bestimmung wird hier die spontane Selbstempfindung des Subjekts als illusionär betrachtet, eine auch an Lacan erinnernde Position. Die kognitiven Strukturen, mit denen das Subjekt arbeitet, die es kombiniert und einsetzt, gehen bei Roth dem Subjekt voraus (bei Lacan geht die Sprache dem Subjekt voraus). Roth schreibt an anderer Stelle: „Dieses kognitive Subjekt/Objekt kann Wahrnehmung nicht gestalten, es scheint sie vielmehr zu erleiden."[96] Das *Ich* ist damit nicht Herr seiner kognitiven Strukturen, sondern eher dessen *Schnittstelle*. Dem entspricht auf der neurophysiologischen Ebene eine funktionale Vielfältigkeit des Gehirns, die auch jede Lokalisierung des Ich im Gehirn unmöglich macht. Diese Multifunktionalität führt zu einer modalen Grundverfassung des menschlichen Lebewesens, die dazu befähigt, hochkomplexe Situationen simultan zu bewältigen. Nach Roth ist das Ich ein Epiphänomen hochkomplexer Systeme: „Das Bewußtsein, das Ich hat also keinen genau lokalisierten Ort im Gehirn. An seiner Konstitution sind zahlreiche, funktional und räumlich sehr unterschiedliche Bereiche beteiligt. Es ist überhaupt keine Einheit, auch wenn häufig von der Enge des Bewußtseins und der unmittelbaren Gegebenheit des Ich gesprochen wird. Meine These ist, dass das Ich ein in hochkomplexen, selbstreferentiell organisierten kognitiven Systemen notwendig auftretendes Phänomen ist."[97]

Roth verortet ein Subjekt, das sich Wirklichkeiten erzeugt, die es jedoch nur in der Imagination vollständig kontrollieren kann (hier ließe sich erneut an Lacan anschließen, der die Selbstüberhöhung des Subjektes, das *Cogito*, als Folge eines imaginären Bemächtigungswunsches beschreibt). Roths Position bringt – obwohl sie dem Subjekt durchaus eine zentrale Rolle zuweist – eine Relativierung hinsichtlich seiner Selbstbeschreibung, insofern sich das Subjekt nicht durch Willensakte über vorgängige kognitive Strukturen beliebig hinwegsetzen kann. Weil die verschiedenen zerebralen Systeme in sich dynamisch sind und selbstreferentiell operieren, bilden sie keine Einheit des Ich, sondern die systemische Bedingung seiner Vielfalt. Diese aber bedeutet Teilbarkeit, Inkohärenz, prinzipielle Unberechenbarkeit. Der Begriff *dividuelles Subjekt* ist in diesem Sinne auch im Lichte neurophysiologischer Forschungen haltbar. Ergänzt und bestärkt wird diese Perspektive auch durch aktuelle psychologische Studien, so z.B. von Klaus-Jürgen Bruder, der sich u.a. auf eine Untersuchung von Paul Hirst und Penny Woolley[98] stützt: „Die Handlungen des Subjekts werden nicht als konsequente Folge seiner Wahrnehmung der äußeren Umstände und der vorgegebenen Notwendigkeiten in bezug auf andere verstanden, die ein Muster von Konsistenz zeigen. In Frage gestellt wird nicht der *Status* der Person als eines freien Agenten oder Subjekts von Rechten, sondern die behauptete ontologische Grundlage dieses Status. Die Vorstellung vom Subjekt als eines selbstbestimmten, in seinen Handlungen freien Akteurs, gelenkt durch ein souveränes und integrales Bewußtsein, ist keine Illusion, sondern eine metaphysische ›Fiktion‹."[99]

Diese Befunde lassen noch offen, welche Perspektive mit einem dezentrierten bzw. dividuellen Subjekt verbunden wäre. – Es wäre eine ethisch-ästhetische Perspektive, die versucht, das Außen, den Anderen gegenüber einem übersteigerten Egozentrismus mitzudenken. Der Theologe Henning Luther fasst diese Möglichkeit in folgende Worte: „Ästhetische Erfahrung, insbesondere die an Objekten der modernen Kunst geschulte Wahrnehmung, kann zu jener Wahrnehmung des Anderen anleiten, die nach Levinas den Anderen als Anderen gelten läßt und die die egoistische Selbstbehauptung verläßt, um sich dem Anruf des Anderen zu öffnen. Insofern habe ich pointiert von der Geburt der Ethik aus der Ästhetik gesprochen. Darüber hinaus wohnt m.E. dem ästhetischen Blick bereits implizit eine ethische Dimension inne, insofern er wesentlich den Verzicht auf egoistische Vereinnahmung des Anderen bedeutet, der immer schon ein Stück Gewalt innewohnt."[100]

Die Positionen, die ein neues Subjektverständnis bezeugen, verschaffen uns Einblicke in die dynamische Verfasstheit des Subjektes und seine wechselnden Abhängigkeiten von Wahrnehmungstechnologien, kognitiven Präformationen und seiner generativen Selbstreferenz. Jeder dieser Aspekte expliziert sich zugleich ethisch *und* ästhetisch. Die Vermittlung des Ästhetischen ist damit eine gesellschaftlich höchst relevante Aufgabe. Sie geht durch das dividuelle Subjekt hindurch und dient diesem als Sozialisations- und Orientierungsfaktor.

2. Ästhetische Bildung und Jugend 2000

In unserer Zeit wachsen Kinder und Jugendliche zunehmend in Zusammenhängen auf, in denen die Inkohärenzen, Spaltungen und Vielfältigkeiten der Subjekte durch gesellschaftliche Entwicklungen, deren Auswirkungen ambivalent sind, forciert werden. Einerseits existiert eine gesetzlich verankerte Vielfältigkeit, die enorme Potenziale einhüllt, andererseits grassieren die Unzuverlässigkeit von Werten und die Auflösung elementarer gemeinsamer Bedingungen des Zusammenlebens. Die Literatur über diese Entwicklungen ist immens[101], und sie hat das strukturelle Problem, dass in der Zeit, die sie benötigte, um den aktuellen Befund zu erarbeiten, sich bereits wieder ein Wechsel vollzogen hat. Bezogen auf die Vermittlungsproblematik und auf Schule bedeutet dies, dass die aktuell in der Institution vorhandenen Schülergenerationen durch ihre vielfältige Ausdifferenziertheit für die Wissenschaft stets Neuland bedeuten und dass deren wissenschaftliche Erforschung aufgrund sich verändernder Generationsmerkmale auf vorgreifende Hypothesen angewiesen ist. Die sogenannten Jugendkulturen verdeutlichen das Problem: Es ist beim aktuellen Stand schwer einzuschätzen, in wie viele Fraktionen sie sich aufspalten. Kennzeichnend ist, dass alle bereits vorhandenen jugendkulturellen Strömungen früherer Jahrzehnte *wiederholt* werden, sich aber nicht identisch wiederholen. Dadurch entsteht ein nahezu unentwirrbares Gewirr von einzelnen jugendkulturellen Fraktionen, die sich immer neu aufspalten und maskieren und die uns an etwas aus der eigenen Jugend erinnern, das in seinem Sinn verschoben worden ist und uns gerade deshalb irritiert.

In einem zeitgenössischen Dokument stellt der postadoleszente, 1971 geborene Herausgeber der Zeitschrift *Der Pathologe* dar, wie diese Überbietungsstrategie von Jugendlichen funktioniert und woran sie sich abarbeitet: „Versucht nicht, uns zu verstehen. Ihr könnt uns untersuchen, befragen, interviewen, Statistiken über uns aufstellen, sie auswerten, interpretieren, verwerfen, Theorien entwickeln und diskutieren, Vermutungen anstellen, Schlüsse ziehen, Sachverhalte klären, Ergebnisse verkünden, sogar daran glauben. Unseretwegen. Aber ihr werdet uns nicht verstehen. Wir sind anders als ihr. Wir kopieren eure Moden und Utopien, wir haben von euch gelernt, wie man sich durchwindet, durchfrißt, wir sind alle kleine Schmarotzer in euren Häusern, behütet durch dicke Polster aus Wohlstand, die angelegt wurden, weil wir es einmal besser haben sollten.

Wir nehmen eure Wohnungen und euren Besitz in Anspruch, warum sollten wir nicht noch mehr wollen, wenn wir schon alles haben; unsere Ansprüche sind groß und selbstverständlich und einer Konsumgesellschaft angemessen. Wir nutzen eure Welt, aber wir verweigern das Nacheifern, wir funktionieren anders, wir sind anders konstruiert, sozialisiert, domestiziert, angeschmiert. Früher war alles anders, und deshalb kann man uns nicht mit früher vergleichen. Unsere Jugend ist anders, als eure war. Wir sind anders als wir. Wir sind zu viele, zu verschieden, zu zersplittert, zu schillernd, zu gegensätzlich, zu unlogisch und zu abgeschottet und sektiererisch, als dass es ein großes, umfassendes *Wir* geben könnte. Wir benutzen es trotzdem. *Wir*, das wechselt."[102]

Dieses *Wir* ist in die vielfältigsten Fraktionen aufgespalten. Es ist heute keine einheitliche Jugendkultur mehr vorhanden, etwa im Sinne der sechziger Jahre, in denen es auch eine enorme Vielfalt gegeben hat, die aber doch durch ideologische Gemeinsamkeiten in sich verbundener, geschlossener war. Stattdessen finden wir heute eine Tendenz zur Unverständlichkeit vor, die mit der gesellschaftlichen Unübersichtlichkeit korrespondiert und rücksichtslos bekannte kulturelle Zeichen und Symbole in ihrer Bedeutung verschiebt. In den achtziger Jahren ist diese Tendenz besonders durchsetzungsfähig gewesen und sie hat sich in allen ästhetischen Disziplinen festgesetzt, am deutlichsten in der Werbung, im Design und in der Pop-Musik. Zu dieser Wende-Zeit schreibt ein Musikredakteur: „Es gab in der Popmusik eine Epoche (1982), wo es besonders angebracht war, die Elemente, die nicht musikalisch waren (auch diese sind naturgemäß immer bereits vorbehandelte, gefundene, selten innovatorische Versatzstücke) zu betonen, wo es nötig war, anhand von Videos, offensichtlich kurzfristigen Modeideen, besonders perfiden Patchworkideen, neue Unverständlichkeiten zu konstituieren."[103]

Hierin äußert sich eine Überbietungsstrategie, die eine *Unverständlichkeit* operational einsetzt, die es Jugendlichen ermöglicht, gegenüber den Erwachsenen eine eigene Welt, eine differente Welt hervorzubringen, eine Welt, die nicht mit dem traditionellen Zeichenvorrat erklärbar ist oder die ihn zumindest verfremdet. In jeder neuen Generation überbieten die Jugendlichen die vorhandenen Zeichenreservoirs. Man hört Klagen über die angebliche Unoriginalität jugendlicher Ausdrucksformen, aber möglicherweise ist dann gerade die *Unoriginalität* zur *Überbietungsstrategie* geworden. Die Selbstkonstitution verläuft im Verhältnis zur eigenen Fremdheit des dividuellen Subjekts.

Die Bildung und das Fremde

Die differenziellen Praxen von Jugendlichen, die mit Unverständlichkeiten und Fremdheiten ihren Status zu überbieten versuchen, aktualisieren einen Gedanken, der in der klassischen Bildungstheorie bereits großen Raum eingenommen hatte, insbesondere bei Hegel, nämlich den Gedanken, dass der Bildungsprozess sich im Verhältnis zum *Fremden* ereignet. Dazu ein Beispiel aus der gegenwärtigen jugendkulturellen Praxis: Die sogenannte *Techno-Musik* ist eine der wenigen originären populären musikalischen Entwicklungen aus Deutschland, d.h. sie kopiert nicht angloamerikanische Vorbilder, sondern hat eine Traditionslinie im eigenen Land.[104] Diese futuristische Musik, die den Manifesten Marinettis oder Ballas entsprungen sein könnte und mittlerweile weltweit produziert wird, expliziert Unverständlichkeiten und Fremdheiten ganz besonderer Art: Sie stellt das Verschwinden des Subjektes in der Maschine affirmativ zur Schau. Hierzu ein Beispiel: In Pascal Signolets Film, *Singing in the Rennes*[105], wurden Discjockeys der Detroiter Techno-Szene befragt. Zur Zeit ihres Auftritts und auch während des Interviews waren sie allesamt maskiert. Auf die Frage nach der Intention ihrer Musik antwortete einer von ihnen: „Techno ist eine Musik, die kein Gesicht hat, deshalb habe auch ich kein Gesicht. Diese Musik strömt aus, sie wird irgendwo aufgenommen und weitergegeben, aber sie kennt kein Gesicht." Hier artikuliert sich eine andere Explikation von Kreativität und Subjektivität: Das Subjekt überbietet sich selbst, es wird zu einer Art Schnittstelle durch die Arbeit an und mit der besonderen Form, die im vorliegenden Fall eine von den Bedingungen und Möglichkeiten der Hochtechnologie determinierte ist. Es wird eine Fremdheit erzeugt, eine kulturelle Anomalie, indem die Technik, die für den sozioökonomischen Erhalt der modernen Gesellschaft unverzichtbar geworden ist, als dieses Unverzichtbare in seiner totalen Immanenz aufgeführt wird. Das Subjekt verschwindet in der Maschinerie, die Maschinen funktionieren für sich selbst, das Subjekt wird zum Element der Maschine. Die wahrnehmenden Lebewesen können diese Konstellation nur dann erfahren, wenn sie sich selbst an die Maschine anschließen. Damit wird die Entfremdung, die in der Loslösung der Maschine von allem Menschlichen besteht, tautologisiert. Sie wird selbst noch einmal verfremdet. Und sie wird unverständlich, daher die ungemein provozierende Wirkung dieser kulturellen Praxis auf Erwachsene. In dieser Fremdheit vollzieht das Subjekt aber einen

Rekonstitutionsakt, da es die Banalität der Maschine durch die subtile Strategie entlarvt und letztlich das menschliche Bewusstsein durch die subversive List der Angleichung als komplexer ausweist. In diesem Sinne ist die Selbstbehauptung des Subjektes die – möglicherweise unbewusste – Botschaft von *Techno*. Sie zeigt, wie komplex es für Jugendliche geworden ist, Selbstbehauptung gegenüber systemischen Erfassungen zu praktizieren. Einfache Strategien, etwa die des Protestes oder der Kritik, reichen dazu heute nicht mehr aus.

Techno ist eine musikalisch-kulturelle Praxis, die die Theorie hat, dass das, was als Menschliches entfremdet ist, nochmals der Maschine anverwandelt werden muss, um dieser ein Maß und ein Außen, ja ein Fremdes zuzuweisen, weshalb der körperliche Einsatz und die körperliche Wirkung dieser Musik auch so extrem ist. Bildungstheoretisch ist die Praxis von *Techno* hochinteressant, hier sind Ausfluchten, Wegverstrebungen aus der bedrohlichen Umzingelung durch die Technik vollzogen, und zwar indem heutige Technologien kompromisslos verwendet und genutzt werden.

Wir müssen Fremdartiges erzeugen oder uns Fremdem nähern, um uns zu bilden, um uns zu erhalten und gleichzeitig weiterzuentwickeln, denn nichts anderes ist die Bildung, als eine Erhaltung bei gleichzeitiger Weiterentwicklung. Schon bei Hegel taucht die Vorstellung der Relevanz des Fremden im Bildungsprozess auf: „Das Fremdartige, das Ferne führt das anziehende Interesse mit sich, das uns zur Beschäftigung und Bemühung lockt.[...]"[106] Noch an anderen Stellen der „Philosophischen Propädeutik" findet sich Fremdheit als Methode, und ein wesentliches Kapitel der „Phänomenologie des Geistes" trägt den Titel: „Der sich entfremdete Geist; die Bildung".[107] Den Aspekt der Verschränkung von theoretischem Bewusstsein, der Bildung und dem Fremden in der Hegelschen Philosophie hat insbesondere Hans Georg Gadamer herausgearbeitet: „Denn sich theoretisch verhalten ist als solches schon Entfremdung, nämlich die Zumutung, ›sich mit einem Nicht-Unmittelbaren, einem Fremdartigen, mit etwas der Erinnerung, dem Gedächtnisse und dem Denken Angehörigen zu beschäftigen‹. Theoretische Bildung führt so über das, was der Mensch unmittelbar weiß und erfährt, hinaus. Sie besteht darin, auch anderes gelten zu lassen zu lernen und allgemeine Gesichtspunkte zu finden, um die Sache, ›das Objektive in seiner Freiheit‹ und ohne eigennütziges Interesse zu erfassen. Eben deshalb führt aller Erwerb von Bildung über die Ausbildung theoretischer Interessen, und Hegel begründet die besondere Eignung der Welt und Sprache der Alten damit, dass diese Welt fern und fremd genug ist, um die notwendige Scheidung, die uns von uns trennt, zu bewirken."[108]

In der Hegelschen Konstruktion vollzieht man diese Trennung, um wieder zu sich selbst zu kommen. Der Geist begibt sich zum Fremden[109], um sich auszubilden, mit dem Ziel, erweitert zu sich selbst zurückzukehren: „Auf diesen Zentrifugaltrieb der Seele gründet sich nun überhaupt die Notwendigkeit, die Scheidung, die sie von ihrem natürlichen Wesen und Zustand sucht, ihr selbst darreichen und eine ferne, fremde Welt in den jungen Geist hineinstellen zu müssen. Die Scheidewand aber, wodurch diese Trennung für die Bildung, wovon hier die Rede ist, bewerkstelligt wird, ist die Welt und Sprache der Alten; aber sie, die uns von uns trennt, enthält zugleich alle Anfangspunkte und Fäden der Rückkehr zu sich selbst, der Befreundung mit ihr und des Wiederfindens seiner selbst, aber seiner nach dem wahrhaften allgemeinen Wesen des Geistes."[110]

Grenzziehungen der Ästhetik

In unserem Zusammenhang ist der unmittelbare Bezug der Bildung zum Fremden von großer Relevanz, weil diese von Hegel vorgenommene Verbindung uns Aufschluss über zeitgenössische Bildungsprozesse geben kann, wenn wir sie aus dem Hegelschen System herauslösen und in ihrem strukturierenden Gehalt entfalten. Für Hegel ist dieser Gehalt in der Trennung von Natur und Kultur impliziert: „Wodurch also das Individuum hier Gelten und Wirklichkeit hat, ist die *Bildung*. Seine wahre *ursprüngliche Natur* und Substanz ist der Geist der *Entfremdung* des *natürlichen* Seins."[111] Umso komplexer werden Bildungsprozesse, wenn sie selbst mit der Fremdheit der Entfremdung spielen, in einer gesellschaftlichen Situation, in der deutlich ist, dass man das Phänomen Entfremdung nicht mehr versöhnen kann, weil diese einen unhintergehbaren Standard in allen sozialen Kommunikationen gesetzt hat, ja weil die Entfremdung in und mit der Kommunikation selbst operiert. Für die philosophische Ästhetik besteht gerade an diesem Punkt das Problem – wenn sie im Sinne der Kantischen Tradition mit der Zweckfreiheit des Kunstwerkes argumentiert – eine adäquate Position zur Kommunikation zu entwickeln und zu bestimmen, denn es ist nicht hinweg zu diskutieren, dass Kunstwerke der Kommunikation dienen, auch wenn sie damit Elemente gesellschaftlicher Entfremdung in sich aufnehmen sollten.

Fraglich ist, ob die „zweckfreie" Verfasstheit ästhetischer Objekte überhaupt tragfähig ist. Man muss sich die Objekte lebendig vorstellen, in sie ist gesellschaftliche Arbeit, Anschauung, Kommunikation eingegangen, und diese Elemente sind in ihnen sedimentiert, auch deren negative Partikel. Die Vorbehalte mancher Vertreter der philosophischen Ästhetik verhindern geradezu die Freisetzung dieser Elemente und die Möglichkeit ihrer erneuten Aktivierung. Besonders bei Adorno lässt sich diese Tendenz ausmachen: „[…] … kein Kunstwerk ist in Kategorien der Kommunikation zu beschreiben und zu erklären."[112] Ganz im Gegensatz dazu sieht Luhmann die Einheit des Kunstwerkes in seiner Funktion als Kommunikationsprogramm.[113] Für Adorno wäre es nachgerade ein Verrat an der Autonomie der Kunst gewesen, sie als Funktionsträgerin zu beschreiben. Er geht so weit zu sagen: „Kunst ihrerseits ist integer einzig, wo sie bei der Kommunikation nicht mitspielt."[114] Hier kommt eine moralische Kategorie, nämlich die der Integrität, ins Spiel, die gerade die Inkommunikabilität der Kunst als eine Art *ästhetischer kategorischer Imperativ* festschreibt.

Der Einfluss der adornitischen Kommunikationsfeindlichkeit lässt sich in aktuelleren ästhetischen Theorien weiterverfolgen,[115] dagegen ist in den neunziger Jahren sowohl in zahlreichen internationalen Ausstellungen wie in den ästhetischen Diskursen die Tendenz deutlich vernehmbar, aus solchen Grenzziehungen auszubrechen und die Kommunikabilität der Kunst zu betonen.[116] Heute scheidet sich ein kommunikations- oder systemtheoretisches Verständnis von einem rein hermeneutisch operierenden, für das die Pragmatik subaltern ist. Ohne eine vieldimensionale Anbindung an die Pragmatik, die auch die Funktionalität ästhetischer Praxen und Manifestationen einbeziehen muss, ist ein Anschluss z.B. an *die Fremdheit jugendkultureller Praxen* nicht möglich. Bevor man die *reine Kunst* zu Lasten ihrer Kommunikabilität rettet – was Auswirkungen für alle anderen parallelen kulturellen Felder hat – sollte die Begrenztheit der Grenzziehung des Zweckfreiheit-Paradigmas erneut ins Bewusstsein rücken. Denn selbst das „zweckfreie" Kunstwerk würde schließlich noch in seiner radikalsten Ablehnung des Kommunikativen den Betrachtern vermitteln, kommunizieren, dass es ein solch absolut für sich selbst bzw. für die Kunst geschaffenes Werk ist. Es muss zumindest mitteilen können, keinen Zweck zu erfüllen, sonst wäre es sinnlos, sich auf diese Position zu berufen. Dass aber gerade die zunehmende Autonomisierung der Kunst zu ihrer *Kommunikationsorientierung* geführt hat, dafür gibt Michael Lingner gute Gründe an: „Der Kunstbereich wird auf dem inzwischen erreichten Stand seiner Autonomie von der Systemtheorie als ein sich selbst reproduzierender, *autopoietischer Funktionszusammenhang* analysiert. Wie etwa das System der Wirtschaft nicht aus Waren, sondern durch Zahlungen besteht, und das Rechtssystem nicht auf Gerichten, sondern auf normativen Erwartungen basiert, so beruht auch das Kunstsystem letztlich auf besonderen *Kommunikationen*. Da Kommunikation immer ein prozessuales Geschehen ist, können – entgegen der üblichen Erwartung – nicht die Kunstobjekte als die letzten, nicht weiter dekomponierbaren Elemente des Kunstsystems gelten. Den Werken kommt ›nur‹ noch die Funktion zu, die Beteiligung an der Kommunikation zu initiieren und zu organisieren, deren Beliebigkeit zu reduzieren und die Erwartungen der Kommunikationsteilnehmer zu regulieren."[117]

Zum Bildungsgehalt paralleler ästhetischer Praxen

Mit einer solchen Beschreibung verändert sich das Verhältnis zum Kunstwerk; gleichzeitig verändert sich das Verständnis von Ästhetischer Bildung, die durch den Bezug zum Kunstwerk bzw. zu ästhetischen Objekten und den möglichen Erfahrungen mit denselben ihre Besonderheit gegenüber anderen Bildungsmodi profiliert. Zu unterstreichen ist, dass auch das ästhetische Objekt, das kein Kunstwerk ist, durch dieses in Absetzung zu jenem mitdefiniert wird. Das ästhetische Objekt kann zum Kunstwerk mutieren und umgekehrt. – Es ist nicht die Aufgabe der Bildungstheorie, diese Zuschreibung vorzunehmen, sondern diejenige der Ästhetik, aber die Bildungstheorie kann in die Ästhetik eindringen, wenn sie kulturelle Praxen und ästhetische Objekte, die nicht als *Kunst* legitimiert sind, in ihrem konstitutiven Charakter für Bildungsprozesse bestimmt. Dadurch können *vernachlässigte Praxen und Objekte* in das Blickfeld rücken und gegebenenfalls den Diskurs der Ästhetik beeinflussen. Die Vermittlungsproblematik erweist sich damit als eine in die Geschichte der Bildungstheorie selbst eingeschriebene: Sie enthüllt gleichsam Inkompatibilitäten zwischen dem bildungstheoretischen und dem ästhetischen Diskurs. Richard Rorty benutzt deshalb die Differenzierung von *bildender* und *systematischer* Philosophie, um eine Kritik philosophischer Universalisierungen vorzubringen, wobei er den Bildungsbegriff als den Weg ins Offene begreift: „Systematische Philosophen möchten ihr Fach auf den sicheren Pfad einer Wissenschaft führen. Bildende

Philosophen wollen dem Staunen seinen Platz erhalten wissen, das die Dichter manchmal hervorrufen können – dem Staunen, dass es etwas Neues unter der Sonne gibt, etwas, das nicht im genauen Darstellen des schon Vorhandenen aufgeht, etwas, das (zumindest im Augenblick) nicht zu erklären und kaum zu beschreiben ist."[118]

Diese etwas plakative Einschätzung macht darauf aufmerksam, dass die Potenziale von Bildung mit ästhetischen Potenzialen zusammenhängen können. Wenn man diesen Gedanken weiterführt, zeigen sich ästhetische Praxen, die nicht legitimiert sind, von ihrer bildenden Seite. Eine Praxis wie *Techno*, die eine unverständliche Fremdheit setzt, eine Differenz bildet, kann im systematisch-philosophischen Sinn nur als Maske von Entfremdung erscheinen, weil für ihre Form, mit der Entfremdung umzuspringen, der angemessene Begriff nicht vorhanden ist; unter bildenden Aspekten kann man dem Phänomen eher gerecht werden, wenn man nämlich seine Differenz als Form ästhetischer Praxis zur Selbstkonstitution begreift. Die spezifischen Praxen und Objekte werden dann hinsichtlich ihrer Funktion in *Kommunikationsprozessen* beschrieben, was folgerichtig zur Reflexion der Vermittlungsproblematik führt. *Der Bildungsgehalt der Praxen und Objekte ist nicht vom Kommunikationsprozess zu trennen.* Die bildende Praxis kann damit als eine in Bezug auf Kommunikationsprozesse *transversal erschließende* betrachtet werden, insofern sie nämlich nicht nur am grenzziehenden Begriff rüttelt, sondern unterschiedliche Rationalitätstypen zum Kommunizieren bringt. Dagegen wirkt ein begriffspolitisches Festhalten z.B. an der *Autonomie der Kunst* wie der Versuch der Exkommunikation eines Heiden, da die Autonomie stets nur im Bereich der Zuschreibung von Kunst in *reiner Form* vorhanden war und ist. Geht man *jeder* Phase der Produktion und Rezeption von Kunst detailliert nach, stößt man unausbleiblich auf massive Zweckmäßigkeiten und Abhängigkeiten.

Jugendkulturelle Praxen – Techno ist ein Beispiel – vollziehen die Bildungsbewegung, indem sie sich einem Fremden anverwandeln, einem Fremden, das einerseits von der Entfremdung bestimmt ist, andererseits von seiner Unverständlichkeit. Viele Jugendliche beschäftigen sich mit ästhetischen Objekten und Techniken aus fremden Kulturen: Spielfilme, Videos, Pop-Songs, Kleidungs- und Schmuckstücke werden als präsentative Symbole des Fremden verwendet und eingesetzt. Zumeist werden die mit diesen Objekten verbundenen Ausdrucksformen nicht *übersetzt*, sondern sie werden neu *aufgeführt*, um die Anverwandlung an das Fremde zu erreichen. Diese Anverwandlung ist eine Technik des Selbst, eine Konstitutionstechnik im Bildungsprozess. Dieser ist insofern reflexiv, als bewusst ist, dass man in den verschiedenen Stadien der Selbstkonstitution bestimmte Objekte bzw. bestimmte präsentative Symbole[119] benötigt, um die eigenen Themen und Ideen hervorzubringen, zu bearbeiten oder weiterzuführen. Dass in solchen Praxen ein innovatives bildendes Potenzial steckt, das sich schließlich dann auch in der Kunstpraxis und im ästhetischen Diskurs sedimentiert, zeigen zahlreiche Beispiele aus der Welt der Kunst. Künstlerische Innovationen verdanken sich häufig einem Aufgreifen von Motiven dieser Praxen. Dass das Motiv „gefunden" wird, zeigt gerade die Durchmischung von verschiedenen Ebenen der ästhetischen Produktion in einer bestimmten Epoche. Spezifische ästhetische Dispositionen werden dabei mit lebensweltlichen Themen kombiniert und ermöglichen die Kommunikation unterschiedlicher Produktionsebenen. So sind z.B. Künstler wie Keith Haring und Jean-Michel Basquiat entweder aus der (jugendkulturellen) Graffiti-Szene gekommen oder zumindest stark von ihr beeinflusst worden, und der Beginn der *Pop-Art* dürfte das einleuchtendste Beispiel für die Verbindung von Kunstpraxis und Jugendkultur sein: Andy Warhol förderte und produzierte die Kult-Band *Velvet Underground*, er drehte Filme mit ihr und entwarf das legendäre *Banana-Cover*. Eine Liste der gegenseitigen Beeinflussungen ästhetischer Praxen ließe sich beliebig lang fortsetzen. – Es ist fruchtbar für die ästhetischen Disziplinen, wenn sie sich gegenseitig durchdringen. Wie aber lassen sich Kunstpraxis, Ästhetische Theorie und Ästhetische Bildung miteinander vernetzen?

3. Die Kontiguität von Kunstpraxis, Ästhetik und Ästhetischer Bildung

Kunstwerke entstehen aus Theorie-Praxis-Beziehungen. Dieser Grundsatz hat Bestand durch die Jahrhunderte und durch die Ästhetiken hindurch. Von den Vorsokratikern bis zu den Theoretikern und Künstlern der Virtuellen Realität erscheint das Kunstwerk als eine Theorie der Praxis oder als eine Praxis der Theorie,[120] wobei – besonders in der Kunst unserer Zeit – zuweilen schwer zu unterscheiden ist, was zuerst da war, die Praxis oder die Theorie bzw. umgekehrt. Es ist kennzeichnend für die Beziehung von Theorie und Praxis im

Kunstwerk, dass diese beiden Dimensionen nicht strikt auseinandergehalten werden können, und dass bereits die Festlegung dessen vom Betrachter, welche Elemente theoretisch oder praktisch seien, zumeist eher gewaltsam als dem Phänomen adäquat ist. Es gibt auf der einen Seite ästhetische Theorien und auf der anderen die Praxis der Künstlerinnen und Künstler, aber das Kunstwerk selbst sprengt die Dichotomie von Theorie und Praxis durch seinen ambivalenten Seins-Modus von materialer Objektität und sedimentiertem Denken. Nur durch diese im Kunstwerk immer schon auftretende Überschreitung lassen sich ästhetische Rationalität und ästhetische Wahrnehmung konfigurieren, deren besondere Fähigkeit Adorno gerade in der Wahrnehmung des über das Dinghafte Hinausgehenden bestimmte: „Ästhetische Verhaltensweise ist die Fähigkeit, mehr an den Dingen wahrzunehmen, als sie sind; der Blick unter dem, was ist, in Bild sich verwandelt."[121]

Der griechische Begriff der *theoria* beinhaltet ein komplexes Wortfeld, das die hauptsächlichen Bedeutungen: *Betrachtung, Untersuchung, Zuschauen, wissenschaftliche Erkenntnis*[122] hervorgebracht hat. Das sind Bedeutungen, die *Handlungen* beschreiben. Die Theorie selbst, das theoretische Denken ist *eine Form des Tuns*. Genau in diesem Sinne verstehen die zeitgenössischen Kognitionstheoretiker Maturana und Varela die Theorie-Praxis-Beziehung, wenn sie als ihren Kernaphorismus den Satz „Jedes Tun ist erkennen, und jedes Erkennen ist Tun"[123] bezeichnen. Sie sind sich dabei bewusst, dass sie einen Bogen zu den Urspüngen der Philosophie ziehen, der Denker aber, der am nachhaltigsten die *theoria* als ein elementares, erzeugendes Prinzip aller Erscheinungen beschrieb, ist der Neuplatoniker Plotin, in den *Enneaden* führte er aus: „Dass das, was entsteht, ein von mir, der Schweigenden, Geschautes ist, ein Betrachtetes, das nach meiner Anlage entstand, und dass mir, die ich selber aus einer solchen Betrachtung entstand, die Anlage zum Schauen mitgegeben ist. Und mein Betrachten bringt das Betrachtete hervor, so wie die Mathematiker zeichnen, indem sie betrachten; und während ich freilich nicht zeichne, sondern nur betrachte, treten die Linien der Körper ins Dasein, gleichsam wie ein Niederschlag."[124]

Dagegen diskriminiert Plotin die Praxis als ein untergeordnetes Handeln, ohne die Betrachtung selbst als eine Handlung zu entfalten. Entscheidend in unserem Zusammenhang ist die *Kontiguität* von Theorie und Praxis im *ästhetischen Prozess* und im *ästhetischen Objekt*, womit die Grundlage der Beziehung dieser Dimensionen dargestellt ist. Was ihre spezifischen Eigenwerte betrifft, so sind

diese *trennbar,* insbesondere hinsichtlich ihrer unterschiedlichen Funktionen. Die Kontiguität ist aber gerade auch immer da gegeben, wo sich Theorie oder Praxis in vermeintlich „reiner" Form zeigen, weil das eine stets im Horizont des anderen entwickelt wird, das heißt, dass eine Theorie sich durch die Berührung mit Praxis konstituiert und eine Praxis aus der Entfaltung einer Theorie hervorgeht. Für funktionale Scheidungen lässt sich die Theorie-Praxis-Beziehung in der Triade von Kunstpraxis, ästhetischer Theorie und Ästhetischer Bildung wie folgt darstellen: Die Praxis entfaltet aus der Theorie die *Reflexion* und generiert aus dieser ihre *Progression* (im Sinne einer Erweiterung der Praxis durch das Hinzukommende eines neuen Aspekts). In dieser Progression werden z.B. Werke, Objekte, Daten, Strukturen, Techniken und Formen eingebracht, wohingegen die Theorie Systematiken, Kategorien, Konzepte und Betrachtungen liefert. Diese Konstellation bestimmt die *Ästhetische Bildung,* die aus ihr heraus operiert und ihre Ergebnisse für Rezipienten/Produzenten verarbeitet, bzw. die Konstellation metatheoretisch reflektiert, um Ergebnisse der metatheoretischen Reflexion für Rezipienten/Produzenten zu liefern. Die Verarbeitung wird in *Vermittlungs- und Auslegungsprozeduren* vollzogen, wobei die aus der fachdidaktischen und fachwissenschaftlichen Forschung erzielten Ergebnisse zum Tragen kommen. Die Rezipienten wiederum reagieren auf die Datenmenge mit Techniken der *Aneignung, Verarbeitung, Übertragung und Herstellung.*
Das folgende Schema soll verdeutlichen, wie die verschiedenen – hier aus Gründen der Veranschaulichung getrennten Ebenen und Elemente – ineinandergreifen und sich für die Ästhetische Bildung gegenseitig bedingen. In der *Praxis* fallen Praxis und Theorie zusammen und die *Theorie* stellt sich selbst als eine Form von *Praxis* dar. Um dies zu verdeutlichen, ist in der Überschrift des Schemas der Begriff *Reflexion* der Praxisseite zugewandt. Laut Schema verändern die Rezipienten durch ihre Wahrnehmungen und Handlungen (zumindest langfristig) die Theorie-Praxis-Kontiguität, weil die gesamte Konstellation in einem funktionalen Kontext *für Rezipienten* funktioniert und von ihnen reproduziert wird. Deshalb beeinflusst *jede Aktion* der Rezipienten die Basisrelation von Reflexion/Progression. Daraus erklärt sich, weshalb jede Aversion gegen Theorie seitens der Rezipienten für sie selbst zwangsläufig nachteilige Folgen in ihrer Praxis hat:

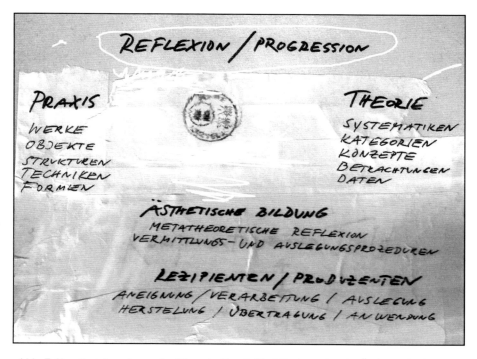

Abb. 7: Kontiguitätsschema des Theorie-Praxis-Verhältnisses für die Ästhetische Bildung

Durch den Bildungsprozess sollen Rezipienten/Produzenten in die Lage versetzt werden, eine unübersichtliche Menge von Einzeldaten aus unterschiedlichsten Wissensgebieten zu einem einschätzbaren Pool von Informationen zu formen, aus dem sie Gegenwärtiges und Zukünftiges schöpfen können. An dieser markanten Stelle befindet sich eines der schwierigsten Vermittlungsprobleme der Ästhetischen Bildung: Ihre Wissensformation ist so breit angelegt, dass selbst die Lehrenden unmöglich die ganze Fülle des ästhetischen Wissens überblicken können, womit sie stets im vorhinein zu einer Auswahl gezwungen sind. Deshalb ist die insbesondere durch Klafki bekannt gewordene Formel des „exemplarischen Lehrens und Lernens" so populär.[125]

4. Zur Entfaltung ästhetischen Wissens

Unter *ästhetisches Wissen* fasse ich auch – im Sinne der verhandelten Kontiguität von Theorie und Praxis – die in der didaktischen Theorie als *Fertigkeiten* und *Fähigkeiten* bezeichneten Elemente zusammen. Die Zusammenfassung soll unterstreichen, dass es sich auch beim Erlernen von Handwerklichem um Vorgänge der Kognition handelt. Eine Privilegierung des sogenannten „Intellektuellen" vor dem sogenannten „Manuellen" ist aus solcher Perspektive unsinnig. Da die verschiedenen Wissensformationen gerade in der Kunstpädagogik außerordentlich umfangreich und vielfältig sind, weil das Fach traditionell für die unterschiedlichsten Bezugswissenschaften offen gewesen ist, stellt sich die Frage, ob die Unterrichtspraxis diese Wissensvielfalt wiedergibt. Der positiven Beantwortung sind Zweifel entgegenzuhalten, die mit einem missbräuchlichen Umgang mit dem Exemplarischen zu tun haben, einem Umgang, bei dem das Exemplarische schnell an kognitive Grenzen gelangt, indem es entweder mit einer willkürlichen oder mit einer klischeehaften Auswahl von Inhalten identifiziert wird. Wir können zwar mit dem „exemplarischen" Blick Picasso als Beispiel eines Malers der klassischen Moderne und „Guernica" als epochaltypisches Kunstwerk einsortieren, wir erringen damit aber nur eine *konventionelle Kategorisierung*, wohingegen gerade junge Menschen dazu in der Lage sind, unkonventionelle Kategorisierungen selbsttätig vornehmen zu können. Produktiver wäre deshalb, die Methode der Kategorisierung selbst zu thematisieren und das Beispielhafte nicht als Repräsentation eines Stils, einer Epoche, ins Spiel zu bringen, sondern es durch die Entfaltung seiner Peripherie neu zu gewinnen und aus seiner geschlossenen Wiederholung herauszulösen. Nur durch diese Entfaltung kann man neue Erkenntnisse gewinnen und dem Potenzial eines Kunstwerkes gerecht werden. Das Kunstwerk verlangt nicht, dass man seinen Sinn identisch repräsentiert, sondern es verlangt nach seiner *Entfaltung*, indem die situativen Elemente, die sich im Rezeptions- und Vermittlungsprozess ereignen, mit den im Kunstwerk sedimentierten Gehalten interpretierend und konstruierend verbunden werden. Das, was mit dem Kunstwerk als beispielhaft erfahren werden kann, reicht über das *Beispielhafte* hinaus, denn ein komplexes Netz von Erkenntnissen ist zu verknüpfen. *Das Kunstwerk ist nicht als Beispiel interessant, sondern als Potenzial, in dem ein Überschuss an Sinn eingehüllt ist.* Dem kommt z.B. der kunstpädagogische Ansatz Gunter Ottos von *Percept-*

Konzept-Allokation entgegen, in welchem versucht wird, den Auslegungsprozess in unterschiedliche Operationen zu fassen,[126] bei denen das Gewicht nicht auf der Funktion des Beispiels als Stellvertreter für eine Epoche oder einen Stil liegt, sondern in seiner Qualität für Auslegungsprozesse. Das, was am Beispiel für das Lernen von Belang ist, ist nicht sein *Beispielhaftes*, die Repräsentation eines Abwesenden, sondern sein Potenzial, das vergegenwärtigende Aktualisierungen hervorbringen oder erzeugen lässt.

Damit sind aber nicht nur die zentralen Exempel gefragt, sondern auch die an der Peripherie. – Welcher Künstler ist für den Surrealismus beispielhaft? Die einen werden sagen Salvador Dali, andere werden René Magritte nennen, mit dem selben Recht könnte man behaupten: Balthus Klossowski. Die Selektion des *exemplarischen Namens* korrespondiert mit der Bevorzugung eines spezifischen kulturellen Strategems, keine Nennung ist neutral. Es ist aber möglich, mit einem vollkommen nicht-exemplarischen Beispiel, einem aus der Peripherie oder aus einem verdeckenden Vergessen stammenden, einen (ästhetischen) Lernprozess zu evozieren. Dafür ist nicht die Zugehörigkeit (des Beispiels) zu einem legitimierten Diskurs erforderlich.

Indem wir in diesem Sinne das Ästhetische in seiner Mannigfaltigkeit zu betrachten versuchen, wir es also nicht auf sein Exemplarisches reduzieren, sondern seinen Überschuss an Sinn vergegenwärtigen, entfernen wir uns auch von dem reinen Subjekt-Objekt-Verhältnis, das die Beziehung Lehrstoff-Exemplarisches kennzeichnet, und nähern uns der *Entfaltung der Potenziale* durch ein transversales Verständnis, dem es um die Entwicklung von Anschlüssen, um die Hypothesen und Denkmöglichkeiten, und um die Vernetzung von Wissensformationen geht. Dieser Ansatz stellt das Methodische nicht jenseits des Ästhetischen, sondern führt beide Dimensionen zusammen. Diese Operation wird gegenwärtig in größerem Maßstab in verschiedenen Wissenschaftsdisziplinen praktiziert, deren Ergebnisse und Auswirkungen die Ästhetische Bildung tangieren werden: „Die Kognitions- und Neurowissenschaften erobern nicht nur im Sinne der Erkenntnis den Bereich des Ästhetischen, sondern sie werden nach und nach auch Mittel und Techniken zur Verfügung stellen, ästhetische Erlebnisse ohne den Umweg über Objekte oder Bildschirme auszulösen. Gleichwohl müssen aber auch diese gestaltet werden, so dass Künstler oder andere ästhetische Experten weiterhin ihre Bedeutung haben werden und die neuen Mittel für ihre Zwecke einsetzen können".[127]

Diese Prognose Florian Rötzers zu aktuellen Tendenzen in den Wissenschaften indiziert eine Korrespondenz zu den Arbeitsweisen in der zeitgenössischen Kunst, die in auffälliger Weise industrielle und wissenschaftliche Verfahren in ihr Programm aufgenommen hat. In ihrer Eigenschaft als ästhetische Experten werden Kunstpädagogen und -pädagoginnen entscheidende Transmissionsleistungen bei der zunehmenden Vernetzung ästhetischer Wissensformationen zu erbringen haben: Dazu muss die Position der Ästhetischen Bildung neu verortet und neu legitimiert werden.

Dabei eröffnet die Kompatibilität mit der Gegenwartskunst für die Ästhetische Bildung maßgebliche Anschlussmöglichkeiten. Sie befindet sich in einer Vernetzung und einer wechselseitigen Osmose mit der ästhetischen Theorie und der Kunstpraxis, indem sie an Erkenntnissen und Arbeitsweisen der beiden Sphären teilhat und selbst – auf diese rückwirkend – wesentliche Vermittlungs- und Konstruktionsleistungen produziert. In einem Netzwerk ist aber die Fließrichtung von Information nicht vertikal, sondern transversal: Errungenschaften der Ästhetischen Bildung werden – das sei eine Prognose zum Abschluß dieses Kapitels – in Zukunft wesentlich massiver auf den ästhetischen Diskurs und die Kunstpraxis einwirken, als das bisher der Fall gewesen ist.

Kapitel II
Zur Legitimation einer zeitgenössischen Ästhetischen Bildung

1. Was heißt Legitimation des Kunstunterrichts?

Die hohen Anforderungen an den Kunstunterricht von verschiedenen Seiten führen dazu, dass die Legitimation des Faches nicht ausschließlich vom System Schule übernommen werden kann. Erwartungen, die außerhalb von Schule an den Kunstunterricht gestellt werden, sollten auch zu einer Legitimation außerhalb des Systems Schule gewendet werden: Je breiter diese angelegt ist, desto wirkungsvoller kann sie verankert werden. Die Theorie der Ästhetischen Bildung, die selbst nur zum Teil mit Bezug auf das System Schule konstituiert wird, übernimmt die Aufgabe, verschiedene Legitimationsperspektiven zusammenzuführen. Das bedeutet, dass die unterschiedlichen Erwartungen und Ansprüche an das Fach mit seinen historischen und fachtheoretischen Grundlagen reflektiert und schließlich zu einer kontemporären Theorie synthetisiert werden müssen. Die Enzyklopädie Erziehungswissenschaft leitet das Stichwort Legitimation wie folgt ein: „Legitimation bezeichnet in der Erziehungswissenschaft eine theoretische Aktivität. Sie bemüht sich um die Begründung und Rechtfertigung der Entscheidungen über die Zielsetzungen in der Erziehung, die des Zöglings und die des Erziehers, sowie die Zielsetzungen der erziehungswissenschaftlichen Forschung.[...] Ziele bedürfen der *praktischen Rechtfertigung* und müssen deshalb ›einem Verfahren der rationalen Bereinigung von Interessenkollisionen durch Interessenkritik‹ (KÜNZLI 1975, S.14) unterworfen werden. Gegenüber dieser ›moralischen‹ Frage richtet sich die eher ›theoretische‹ Frage der Begründung auf eine Zweck-Mittel-Relation. *Legitimation* bezieht sich auf die Anerkennung und Verbindlichkeit von Entscheidungen."[128]

Dieses Kapitel wird sich mit der *theoretischen Begründung und Rechtfertigung* Ästhetischer Bildung befassen, wobei die Argumentation gemäß der transversalen Anlage dieser Arbeit durch unterschiedliche Legitimationsmodi hindurch führen soll.[129] Zweckrationale Figuren werden dabei ebenso wie diskursgeschichtliche und programmatische im Kontext der Legitimation Ästhetischer Bildung innerhalb und außerhalb von Institutionen diskutiert werden.

Mit pädagogischen Fragestellungen betritt man grundsätzlich ein gesellschaftliches

Strategiefeld, dessen einzelne Sektoren zum Teil heftig umstritten sind: Alle in diesem Feld aufgeworfenen Positionen geraten unter Legitimationszwang. Dabei werden einerseits unterschiedliche Legitimationsmodi verwendet und andererseits systemrationale Legitimationsanforderungen erzeugt, die im Bildungsbereich häufig nicht zu erfüllen sind. Diese strukturelle Crux hat Jürgen Habermas deutlich gemacht: „Eine systematische Grenze für Versuche, Legitimationsdefizite durch gezielte Manipulation auszugleichen, besteht also in der strukturellen Unähnlichkeit zwischen Bereichen administrativen Handelns und kultureller Überlieferung.[...] Ein Beispiel für die unmittelbar administrative Bearbeitung kultureller Überlieferung ist die Bildungsplanung, insbesondere die Planung des Curriculums. Während die Schulverwaltung bisher einen Kanon, der sich naturwüchsig herausgebildet hatte, nur zu kodifizieren brauchte, liegt der Curriculum*planung* die Prämisse zugrunde, dass die Überlieferungsmuster auch anders sein könnten: die administrative Planung erzeugt einen universalen Rechtfertigungszwang gegenüber einer Sphäre, die sich gerade durch die Kraft zur Selbstlegitimierung ausgezeichnet hatte."[130]

In dieser bewegten Zeit vor der Jahrtausendwende, in der wir Zeugen gewaltiger Umwälzungen und Neuordnungen sind, können wir auf eine Reihe von bewährten Ansätzen zurückblicken und gleichzeitig die Einbeziehung neuer wissenschaftstheoretischer Erkenntnisse in das Fachgebiet vorantreiben. Diese anspruchsvolle Operation kann vom Kunstunterricht aus gedacht werden, da dieser *Ästhetische Bildung* in einem gesellschaftlich relevanten Funktionszusammenhang *exponiert* betreibt. Von ihm aus sind Verstrebungen zu anderen Wissensformationen möglich.

Der Titel dieser Arbeit beansprucht bereits eine vernetzte Dimension, insofern der Begriff der *Ästhetischen Bildung* die rein schulische Perspektive überschreitet. Entscheidend ist aber, dass gerade die institutionelle Perspektive legitimiert werden muss, weil diese in einem sozialen Spannungs- und Aktionsfeld angelegt ist, einem Feld von Strategien, das in einem unmittelbaren Auswirkungsverhältnis zu anderen Praxen steht.

Legitimation ist z.B. möglich hinsichtlich der gesellschaftlichen Einforderung Ästhetischer Bildung in der Institution Schule und hinsichtlich der Wertschätzung des Faches durch die Gesellschaft. Nach einer Umfrage der Zeitschrift *art* (Ausgabe 9/1987) halten 55% der Gesamtbevölkerung den Kunstunterricht im Vergleich zu anderen Fächern für sehr wichtig bzw. wichtig, und 51% der Eltern sehen den Kunstunterricht als den Naturwissenschaften gleichrangig an. Auch eine deutliche Mehrheit der befragten Schülerinnen und Schüler (91%) loben das Fach wegen seiner besonderen Möglichkeiten. Im Widerspruch dazu ist das Fach in seiner Existenz an der Schule keinesfalls gesichert und regelmäßig von Streichungen der Stundentafel betroffen. Trotz einer deutlichen Expansion der Auseinandersetzung mit ästhetischen Fragen, eines Museums- und Ausstellungsbooms, zunehmenden Gebrauchs ästhetischer Techniken in der Arbeitswelt und einer universellen Ästhetisierung der Alltags durch Medien, Design etc. ist es nicht gelungen, die Stellung der ästhetischen Fächer in ihrem quantitativen Anteil an der Stundentafel wesentlich zu stärken. Dafür gibt es verschiedene Ursachen: Zum einen existiert eine auffällige Ungleichzeitigkeit von gesellschaftlicher und ästhetischer bzw. kultureller Evolution, zum anderen wurde die Legitimation der ästhetischen Fächer bislang nicht konsequent von den Positionen der *Ästhetischen Bildung* her unternommen, sondern von den eingeschränkteren Fachperspektiven aus, die entweder zwischen den Fächern zur Konkurrenz um Stundenanteile führten oder *fachintern* zur versuchten Vereinheitlichung des Faches durch einen spezifischen Ansatz, so wie es im Fach Kunst in den siebziger Jahren z.B. mit dem Konzept der *Visuellen Kommunikation* der Fall gewesen ist, dessen zuweilen eindimensionale ideologiekritische Ausrichtung auf eine gesellschaftskritisch-analytische Ästhetik und Kunstpädagogik zwangsläufig Legitimationsdefizite produzierte[131].

Ästhetische Bildung muss das Fach Bildende Kunst/Ästhetische Erziehung (sofern es heute noch nicht den Namen *Ästhetische Bildung* trägt) im Zentrum ihrer Überlegungen platzieren, weil mit ihm die gesellschaftlich institutionalisierten Elemente der Vermittlung des Ästhetischen real existieren. Die durch die Aufnahme in den Kanon der Schulfächer sanktionierte, als Unterrichtsfach erscheinende Ästhetische Bildung hat als reproduzierendes und repräsentierendes Element einen völlig anderen Charakter als eine frei wählbare und zugängliche Form derselben, insofern die Gesellschaft damit die Notwendigkeit dieser spezifischen Form von Bildung festgeschrieben hat und mit ihr investive Leistungen verknüpft. Die Entwicklung eines Unterrichtsfaches strahlt auch in andere Vermittlungsbereiche ab, das Fach Bildende Kunst ist eine *Bildungsressource*.

2. Ein Streitgespräch zur Legitimation der Ästhetischen Erziehung aus dem Jahre 1977

1977 trafen sich vier Erziehungswissenschaftler und Didaktiker anlässlich der Veröffentlichung des Buches *Das Ende der Kunsterziehung*[132] von Wolfgang Fischer und Jörg Ruhloff in Münster zu einem Gespräch über die Legitimation der Ästhetischen Erziehung[133]. Diese Tatsache kann als Indiz dafür gewertet werden, dass das Fach Kunst innerhalb des schulischen Angebots eine Sonderstellung einnimmt: Mit großem Aufwand wird seine Existenzberechtigung bestätigt oder angezweifelt. Das Problem besteht darin, dass der Nachweis dieser Existenzberechtigung im Gegensatz zu Fächern wie Erdkunde oder Biologie stets nötig ist, um das Fach zu erhalten; die *Ästhetische Bildung* wird keinesfalls als eine notwendige oder unausweichliche Dimension des Lernens betrachtet. Die Einbindung des Faches in eine über das Schulische hinausgehende Perspektive – wie z.B. die *Ästhetische Erziehung* – ist deshalb erforderlich, denn die Legitimation aus dem System Schule heraus reicht nicht aus. Auch fachintern wurde und wird an der Legitimation gerüttelt, so gab es in den siebziger Jahren Kritiker des Faches, die es am liebsten abgeschafft hätten, bekannt in dieser Hinsicht wurde Heino Möllers Schrift *Gegen den Kunstunterricht* (Ravensburg 1970).

In dem Gespräch von 1977 äußert auch Wolfgang Fischer prinzipielle – auf die Legitimierbarkeit von *Fach* und *Sache* zielende – Zweifel: „Wir haben uns gefragt, ist das Fach Ästhetische Erziehung, Kunsterziehung, Kunstunterricht. ist die *Sache* der ästhetischen Bildung nicht eigentlich gestorben, so dass sie nicht mehr auferstehen kann, dass sie nicht wieder belebt werden kann. Dies war unsere These. Wir meinten, Kunsterziehung mit dem alten Anspruch, wie wir sie seit dem 19. Jahrhundert haben, ist vorbei. Dies dokumentierte sich für uns in der Visuellen Kommunikation.[...] Unsere Frage war nun: Ist Kunstunterricht, Kunsterziehung, ästhetische Bildung noch so zu rechtfertigen, wie es seit Schiller oder Humboldt mit einer bildungstheoretischen Begründung bis zur Kunsterziehungsbewegung oder bis hin zu Gunter Otto getan worden war? Schließlich war doch Gunter Otto als einer von wenigen 1964 in seinem Buch ›Kunst als Prozess im Unterricht‹ dem Legitimationsproblem nachgegangen. Da wird noch der Gewinn von Freiheit als Moment angesprochen, das Kunstunterricht legitimieren kann. Unser Problem war: Ist all dies noch haltbar?"[134]
Die hier skizzierte und kritisierte Form von Legitimation, die sich aus

Metakonzepten wie dem der *Freiheit* nährte, hat sich bis heute nicht mehr erholen können[135]. Im Gegenteil: In der Philosophie der letzten Jahrzehnte ist die Bezugnahme auf solche *Metakonzepte* oder *Metaerzählungen* eingehend problematisiert worden. Jean-François Lyotard steht für die Rede vom „Ende der Metaerzählungen": „Die ›Metaerzählungen‹, von denen im *Postmodernen Wissen* die Rede ist, sind das, was die Moderne ausgezeichnet hat; progressive Emanzipation von Vernunft und Freiheit, progressive oder katastrophische Emanzipation der Arbeit (Quelle des entfremdeten Werts im Kapitalismus), Bereicherung der gesamten Menschheit durch den Fortschritt der kapitalistischen Techno-Wissenschaft ... [...] Diese Erzählungen sind keine Mythen im Sinne von Fabeln (selbst die christliche Erzählung nicht). Zwar haben sie wie die Mythen das Ziel, Institutionen, soziale und politische Praktiken, Gesetzgebungen, Ethiken, Denkweisen zu legitimieren. Aber im Unterschied zu den Mythen suchen sie die Legitimität nicht in einem ursprünglichen, begründenden Akt, sondern in einer einzulösenden Zukunft, das heißt in einer noch zu verwirklichenden Idee. Diese Idee (der Freiheit, der ›Aufklärung‹, des Sozialismus usw.) hat legitimierenden Wert, weil sie allgemeine Gültigkeit besitzt. Sie ist richtungsweisend für alle menschlichen Realitäten."[136] Demnach werden in unserer Denkprovinz Legitimationen mit Metaerzählungen verschränkt, wobei diese Operationen zirkelschlussartig verlaufen: Die Legitimation selbst wird durch die Metaerzählung legitimiert, die wiederum von der Legitimation, die zukünftige Realisierung der Idee anzubahnen, gerechtfertigt und begründet wird. In unserem Zusammenhang bedeutet das konkret: Ästhetische Erziehung setzt sich das durch ihre Praxis in der Zukunft einzulösende Ziel der *Freiheit*, und die Idee der Freiheit wird wiederum durch ihre *Aktualisierung* in der Praxis von Ästhetischer Erziehung geerdet. Eine metaphysische Denkfigur, die sich eines Zeitstrahls in die Zukunft bedient. Zukunftsbezug wird von der Idee der Freiheit aus konstruiert, welche wiederum ihre Plausibilität durch die Praxis der Ästhetischen Erziehung, die sich durch sie in ihrer Eigenschaft als Metaerzählung legitimieren lässt, beansprucht. Für unsere Erörterung des Gesprächs von 1977 ist von Belang, dass das Misstrauen gegenüber dieser Figur in der Kunstpädagogik bzw. der Ästhetischen Erziehung nachhaltig artikuliert wurde. Wie kann aber Kunstpädagogik ohne die Verschränkung mit Metaerzählungen legitimiert werden? Bleibt dann nur noch der Bezug zur Gegenwartskunst als Legitimationsbasis übrig? Auch das wurde problematisiert: „Die traditionelle

Legitimationsfigur der Kunsterziehung hat sich immer an das ausgrenzbare Phänomen der schönen Kunst angebunden. Man könnte auch sagen, an die *etablierte* Kunst.[...] Angesichts jener modernen Kunst, die gar nicht mehr den Anspruch erhebt, Kunst im traditionellen Sinne zu sein, d.h. ästhetische Kunst zu sein, die aber auch nicht mehr Kunst im vorromantischen Sinne sein kann, bleibt hier einiges offen. Ich habe nun versucht, die neueste Kunst im Anschluss an Funke dahingehend zu interpretieren, dass sie darauf angewiesen ist, dass von dem Betrachtenden Bedeutung in sie allererst hineingelegt wird. Die Kunstwerke selber hingegen entziehen sich jeder Eindeutigkeit. *Beliebige* Interpretationen als Bedeutungssubstitutionen aber sind indiskutabel, denn es gibt keinen Gegenstand, angesichts dessen die Bedeutungsbeimessungen in irgendeiner Weise *rational* kommunizierbar sind."[137]

An dieser Stelle soll nicht die Abwegigkeit dieser Behauptungen Wolfgang Fischers, die sich über kunstwissenschaftliche Erkenntnisse hinwegsetzen, widerlegt werden, sondern ein alter Zweifel am Kunstunterricht herausgestellt werden: Die Hervorbringungen der Kunst sind zu uneindeutig und ihr erzieherischer Wert deshalb gering, nur der eindeutige Sinn vermag tiefgehende bildende Wirkungen zu zeitigen. Die Antwort Gunter Ottos auf Fischers Darlegung, bringt hingegen eine neue Dimension ins Spiel, er hebt hervor, „ ... dass die bildungstheoretische Legitimation von Kunst eben nicht durch die Struktur von Kunst geleistet wird, sondern dass der Bestimmungsgrund das konfrontierte Individuum ist."[138] Damit stellt sich das Problem von Eindeutigkeit und Beliebigkeit völlig anders, ihr gegenseitiges Verhältnis hängt von der Position des Beobachters, vom wahrnehmenden Subjekt ab. Die einseitig negative Bedeutung, die dem Begriff „Beliebigkeit" im deutschen Sprachraum anhaftet, seine Gleichsetzung mit *Willkürlichkeit,* diskreditiert voreilig sein Potenzial.[139]

Wenn der Bestimmungsgrad von Kunst das mit ihr konfrontierte Subjekt ist und nicht etwa die Entität der Kunst, dann bewegt man sich innerhalb des produktiven Feldes von Beliebigkeit, da nämlich die Verschiedenheit der subjektiven Wahrnehmungen der Objekte unterschiedliche Konfrontationen, die etwas mit *Geschmack* und *Neigung* zu tun haben, hervorbringen. Um solche Konfrontationen geht es im Kunstunterricht. Zudem ist der *Objektivierungsgrad* ebenfalls von der Position des Beobachters abhängig, Eindeutigkeit wird durch (subjektive) Konstruktionen hergestellt. Gleichzeitig kann die Ästhetische Bildung durch die Fokussierung auf die Relation Objekt-Betrachter zumindest ein Aussetzen des Diktats der Metaerzählungen erzielen, indem es nicht mehr darauf ankommt, ein Objekt mit einer vorgegebenen Idealität zu identifizieren, sondern mit ihm eine spezifische Emergenz zu produzieren. Statt Identifikation also Emergenz und Produktion. Für die Legitimation heißt das dann nicht: Ästhetische Erziehung bildet zur Freiheit, sondern: *Ästhetische Bildung entfaltet das im Prozess zu entwickelnde Mögliche.* Von daher kann nicht die Eindeutigkeit des gesetzten Sinnes z.B. eines Kunstwerkes der Maßstab für die Legitimation von Kunstunterricht sein, sondern die Vielfältigkeit der entfalteten *Sinnmöglichkeiten*.

Wenn das ästhetische Objekt den Betrachter affiziert, so ist dieser Vorgang nicht allein auf eine Affektion zu beschränken, die ausschließlich durch Kunstwerke geleistet würde, sondern auf alle subjektiven Konstruktionen anhand ästhetischer Objekte in Wahrnehmungsprozessen auszudehnen. Dies stellt eine Erweiterung der Inhaltsfelder von Kunstunterricht dar, und konsequenterweise ist aus diesem Gedanken das Konzept der *Ästhetischen Erziehung* entwickelt worden. In dem Gespräch von 1977 schneidet Otto die Konsequenzen aus diesem Zusammenhang an: „Ich glaube nun, dass der Vorrat von künstlerischen und massenmedialen Bildträgern, von Werbemitteln über Familienfotos bis hin zur Kunst, die Analyse zunächst einmal aushalten muss, die danach fragt, was auf wen mit welcher Absicht wirkt oder wirken soll. Von da aus werden erst an Zielvorstellungen orientierte Erwägungen über spezifische Inhaltsfelder für dieses Fach möglich. *Hier* muss die Legitimationsdebatte neu ansetzen."[140]

3. Zeitgenössische Legitimationselemente

Die oben zitierte Position ist für eine zeitgenössische Legitimationsdebatte von entscheidender Bedeutung. Die Debatte setzt da erneut an, wo neue Bildsorten und neue Formen von ästhetischen Objekten und ästhetischen Verfahren gesellschaftliche Verwendung finden. Dies trifft heute in besonderem Maße auf computergenerierte Bilder, hybride Objekte und auf die gewachsenen Möglichkeiten des Films zu. An diesen drei Elementen möchte ich die Legitimationsdebatte im Hinblick auf eine zeitgenössische Ästhetische Bildung vorführen.

Computertechnologie

In allen Wirtschaftszweigen werden heute computergenerierte Bilder verwendet. Ihre Erzeugung erfolgt mit technischen Mitteln und ästhetischen Kriterien, und ihre Anwendung kann auch eine außerästhetische sein. Die ökonomische Produktion der Industrieländer verlagert sich in unserer Zeit immer mehr von der Schwerindustrie zur Hochtechnologie, wobei die Hi-Tech in ihren Produktionsabläufen weitgehend computergesteuert ist. Was hat das mit Ästhetischer Bildung zu tun? Es wäre falsch, ökonomische Aspekte der Ästhetischen Bildung zu ignorieren, etwa die Ästhetik grundsätzlich antithetisch zur Ökonomie zu denken. Wenn Architekten heutzutage Bauplanungen mit virtueller Realität an Computern betreiben und Industriedesigner, Werbefachleute, Ökonomen, Piloten und Mathematiker nicht mehr ohne visuelle Darstellungen an Bildschirmen auskommen können, dann bezeugt dies eine zunehmende Ästhetisierung von Arbeit und Produktion, auf die das Bildungssystem reagieren muss. Zum Kunstunterricht gehören Experimente mit Computerbildern und -darstellungen ebenso wie Reflexionen über die zunehmende Fiktionalisierung der Wirklichkeit durch Ästhetisierung. Gerade diese gesellschaftlichen Entwicklungen bedürfen der ästhetischen Kompetenz: „Wir scheinen in einer Zeit zu leben, in der Nietzsches These vom Fiktionscharakter alles Wirklichen zunehmend plausibel wird. Das liegt daran, dass die Wirklichkeit selbst immer fiktionaler geworden ist. Um eine solche Wirklichkeit zu erfassen, bedarf es dann gerade eines ästhetischen Denkens."[141] Dieser Befund Wolfgang Welschs verweist auf Ästhetische Bildung. Sie erwirbt geradezu ihr Existenzrecht in der theoretischen und praktischen Auseinandersetzung mit den hier skizzierten Entwicklungen. Dabei reicht aber beispielsweise eine ökonomiekritische Perspektive bei weitem nicht aus, sondern es sollten auch Prozesse und Experimente ermöglicht werden, die die Schülerinnen und Schüler in ihren Lebenswelten anwenden und die Kompetenzen und Qualifikationen für ihre subjektiven Perspektiven und Wünsche bereitstellen können. Die Inhaltsdiskussion in Theorie und Schulrealität hat das Fach Kunst im Lauf der letzten 20 Jahre über einen eng an der Kunst gefassten Unterricht hinaus erweitert. Design, Foto/Film und Architektur sind für den Kunstunterricht der Oberstufe mittlerweile festgeschrieben. Gerade hier bietet sich die Möglichkeit, die Legitimation des Faches Kunst neu zu konzentrieren, indem sie nämlich auch hinsichtlich ihrer gesellschaftlichen Utilität bestimmt wird, und diese Utilität besteht in der Einführung nicht nur in traditionelle, sondern gerade auch in aktuelle Produktionsweisen und Techniken, wobei die Computertechnologie, die sich in zahlreichen Abläufen ästhetischer Verfahren bedient, die entscheidende Rolle spielt. Durch die Computer werden vormals professionelle Anwendungen und Verfahren zur *Alltagstechnik*, besonders auffällig ist dies z.B. beim Einsatz von Grafikprogrammen, mit denen industrielle Techniken wie z.B. das Desktop-Publishing immer tiefer in den Alltag eindringen und ihn verändern. Das Fach Kunst kann dazu beitragen, diese Veränderungen in produktive Bahnen zu lenken und sie ästhetisch zu reflektieren, denn die gesamte Produktionsweise verändert sich durch die Anwendung neuer Technologien. Botho Strauß sieht sogar eine Neoromantik des High-Tech aufkommen: „In ihrer romantischen Periode überbietet sich die Technik an Sanftmut und Feingefühl. Entfernt die Schlote aus den Himmeln, läßt die Telegrafenmasten in den Wiesen und Tälern verschwinden und ersetzt sie durch unterirdische Glasfiber-Kabel. Heilt die Landschaft, verschönt die Städte, die Fabriken selbst werden kunstschön, sie nimmt alles zurück, was sie an Brutalität, Krankheit und Häßlichkeit früher einmal in die Welt gesetzt hat."[142]

Hybride Objekte

Die in der zeitgenössischen Kunst geschaffenen *hybriden Objekte*, wie sie z.B. von Künstlern wie Jeff Koons, Haim Steinbach, Allan McCollum oder Ashley Bickerton produziert werden, korrespondieren mit der Hybridität industrieller Produkte und befinden sich in einem semantischen Wechselspiel zwischen Kunst- und Industrieprodukt. Spätestens seitdem Marcel Duchamp sein Werk *Fountain* mit dem Namen der Installationsfirma *R. Mutt* signierte, existiert die Hybridität des ästhetischen Objekts.[143] Der ästhetische Status von Objekten ist ambivalent: Sowohl in der Industrie als auch in der Kunst werden Dinge hergestellt, die ästhetisch erfahren werden können, wobei diese Erfahrbarkeit von der kontextuellen ästhetischen Positionierung abhängt. So wirken z.B. einige der heutzutage beliebten Alessi-Küchenartikel, die von internationalen Top-Designern kreiert werden, isoliert betrachtet wie Kunstobjekte.
Am radikalsten wird diese Ambivalenz (oder besser: Polyvalenz) heute von dem Projekt *tecnotest* realisiert, bei dem multifunktionelle Maschinen

produziert und präsentiert werden, die in der Industrie funktionell eingesetzt werden können, gleichzeitig aber auch als Kunstwerke zu betrachten sind, die in internationalen Ausstellungen plaziert werden. Die Theoretiker dieses Projekts, Fulvio Carmagnola und Marco Senaldi theoretisieren darüber wie folgt: „One of the principle strategies of contemporary art has been to endow every object with multiple and variable existences. Recent developments tend now to even greater complexity, and at a still ulterior level: a multiplicity of roles, meanings and codes comes to be seen in the very procedures and modalities for the elaboration of artefacts, and in the organizational structures that produce them. Contemporary art started out with the mimesis of merchandise; and now, in recent years, it arrives at a mimesis of the relations and codes of behaviour that characterize the bases of social life in the post-industrial world. The system of production, and not only the products it produces, becomes the object that art subjects to its further elaborations."[144]

Diese Ausführungen beschreiben die enge innere Verzahnung von Kunst und Ökonomie. Die Anverwandlung der Kunst an die industrielle Produktion, ihre tendenzielle Nicht-Unterscheidbarkeit von industriell gefertigten Waren und das Versteckspiel des Kunstwerks hinter dem Industrieprodukt sind kennzeichnende Merkmale der Kunst der neunziger Jahre. Das KUNSTFORUM Nr.125 trägt den wenig romantischen Titel „Betriebssystem Kunst" und zeigt als Titelbild eine Ansammlung der „Plaster Surrogates" von Allan McCollum, in denen eine monochrome schwarze Fläche in Bilderrahmen der unterschiedlichsten Größen erscheint.[145]

Die für die Kunstpädagogik so bezeichnende Trennung von Ästhetik und Ökonomie, die letztlich auf den Kunstbegriff des 19. Jahrhunderts zurückgeht, ist nicht mehr aufrechtzuerhalten in einer Zeit, in der sich ästhetische Kriterien offensichtlich durch neue Technologien, Produktionsweisen und Kommunikationsmedien konstituieren.[146] Die Kunst der westlichen Industrienationen ist untrennbar mit der in diesen Ländern vorherrschenden Produktionsweise verbunden, ja sie geht direkt aus ihr hervor. Sie ist systemisch, von den Dynamiken des Marktes abhängig und von Innovations- und Rationalisierungsschüben betroffen. Das ist der Rahmen, in dem sich der sogenannte kreative Geist seine Nische schafft und einbilden darf, etwas außerhalb dieser Systemkonstruktion Angesiedeltes hervorbringen zu können. Dieses Außen wird von konsequenten Künstlern und Künstlerinnen (wie z.B. Jan Fabre oder Louise Bourgeois) tatsächlich gelegentlich erreicht; doch der allgemeine Kunstbetrieb entwickelt sich systemrational, und der diese Immanenz transzendierende Künstler ist eine Ausnahme.

Rationalisierung heißt auch, dass ästhetische Verfahren durch die sozio-technologische Entwicklung verändert werden, was die Kunst, die zwangsläufig Perzeption thematisiert, noch in den kleinsten Details ihrer Abläufe tangiert. Damit ist aber die systeminterne Rationalisierung keinesfalls als außerhalb der Kunst angesiedelt anzusehen. In dieser Hinsicht ist die immer wieder kritisch vermerkte Wissenschaftsorientierung solcher Unterrichtsfächer wie Kunst oder Musik und ihrer theoretischen Grundlagen *kein* Defizit in Sachen Kunst, weil man die skizzierten Dynamiken nur verstehen kann, wenn man Einblicke in wissenschaftliche Grundlagen unserer Kultur gewonnen hat.

Sedimente von Wissenschaft sind im *hybriden Objekt* eingelagert, das eine Geschichte der Verschränkung von Wissenschaft und Kunst in sich trägt. Kinder und Jugendliche, die in der ästhetisierten Welt mit ihren zahllosen hybriden Objekten aufwachsen, entwickeln ihren Bezug zur Hochtechnologie in spielerischem Umgang mit diesen Objekten. Hierzu schreibt Wolfgang Bergmann: „Unsere Kinder leben wie selbstverständlich in einer radikal ästhetisierten sozialen Welt, mit deren Symbolen, Interpretationen und auch Verführungen sie – anders als ihre Eltern, Lehrer – souverän umgehen.[…] Bis in die Zukunftsplanung ist bei einer breiten und wachsenden Mehrheit von Jugendlichen an die Stelle rationaler und planender Überlegung die Faszination von kurzzeitigen Bildern, Symbolen, Klängen, Anmutungen getreten. Wer daraus voreilig auf eine Verdummung der Jugend schließt, der irrt. Vielmehr muss man sich solche Prozesse der Orientierung an Medienbildern (Decodierung) durchaus intelligent und komplex vorstellen, sie folgen allerdings ganz anderen Interpretationsmustern und Zeitrhythmen, als wir Erwachsene sie gewohnt sind und erwarten."[147]

Dass dabei der Kunstunterricht einen wesentlichen Beitrag leisten kann, an der Schwelle von Alltagsgegenstand und Kunstobjekt produktive Orientierungsleistungen zu ermöglichen, habe ich an anderer Stelle ausgeführt.[148] *Perzeptive Orientierungsleistungen* sind für das Leben in einer wissenschaftlich-technologisch ausgerichteten Gesellschaft unerlässlich.

Film

Wie kein anderer Pionier dieses Mediums hat Sergei Eisenstein den Film als ein pädagogisches Instrument zur Erziehung der Massen angesehen: „In den Plan des eigenen schöpferischen Schaffens fließt unweigerlich die planmäßige wissenschaftliche und pädagogische Praxis (Staatliches Filminstitut) ein."[149] In unserer Zeit sind Filme die am weitesten verbreiteten ästhetischen Materialien, gleichwohl gibt es eine auffällige Vorsicht seitens der Bildungstheorie, sich mit diesem Medium theoretisch über den medienpädagogischen Zusammenhang von Medienrezeption und -produktion hinaus zu befassen bzw. die bildungstheoretische Relevanz der Filmästhetik systematisch zu bearbeiten. – Eine Vorsicht, die auch in der Philosophie auszumachen ist, so bemerkt Gilles Deleuze, dass sowohl Sartre als auch die Phänomenologen „ … im Film nur einen zweifelhaften Verbündeten" gesehen hätten.[150]

Die Kunstpädagogik hat bisher unter Film hauptsächlich Video-Arbeit verstanden, jedoch z.B. den Bereich der Filmanalyse etwas stiefmütterlich behandelt. Die bildungstheoretische Relevanz des Mediums Film wird durch die Filmtheorie verdeutlicht: „Nun mag der Film uns nahe an die Dinge heranbringen, uns von ihnen entfernen oder sie umkreisen; auf jeden Fall befreit er das Subjekt aus seiner Verankerung ebenso wie von der Horizontgebundenheit seiner Sicht der Welt, indem er die Bedingungen der natürlichen Wahrnehmung durch ein implizites Wissen und eine zweite Intentionalität ersetzt. Mit den anderen Künsten, die durch die Welt mehr auf ein Irreales abzielen, hat er nichts gemein, sondern er macht aus der Welt selbst ein Irreales, oder eine Erzählung: mit dem Film wird die Welt ihr eigenes Bild und nicht ein Bild, das zur Welt wird."[151] In diesen Sätzen aus Deleuzes' *Bewegungs-Bild* werden wesentliche Relationen verwendet, so z.B. die Relationen: *Subjekt – Sicht der Welt, natürliche Wahrnehmung – implizites Wissen/zweite Intentionalität, Welt – Irreales*. Diese Relationen stehen für die unterschiedlichen Verschränkungen des Subjekts mit seiner Wahrnehmung von Wirklichkeit. Nach Deleuzes Argumentation beeinflusst der Film massiv diese Relationen, indem er die Gebundenheit der Perspektive des Subjektes durch ein perzeptives Feld, das als *Gestalt* erscheint, reorganisiert. Dabei triff die Intentionalität des perzipierenden Subjekts auf ein anderes Bewusstsein, eine *zweite Intentionalität*, die über ein implizites Wissen verfügt, nämlich über das „Ganze" des Films, der filmischen Sequenzen und

Handlungen. Wenn wir etwas in einem Film sehen und es im Moment der Betrachtung so empfinden, als würden wir es selbst erleben, so ist dies der Effekt jener anderen Intentionalität, die unsere persönliche Wahrnehmung mit einem perzeptiven Feld affiziert und in ihre Perspektive einbindet. Darauf ist die besonders intensive Wirkung, die Filme haben können, zurückzuführen. Dieses „Irreale", diese *Welt als ihr eigenes Bild,* beinhaltet das Bildungspotenzial, sich einem anderen Bewusstsein aussetzen zu können, das einen anderen raumzeitlichen Wahrnehmungshorizont expliziert. Damit kann einerseits die eigene Wahrnehmungskonstitution reflexiv werden, zum anderen wird der Betrachter in die Dimension des Fremden eingeführt und kann differente ästhetische Perspektiven hinzugewinnen. Jeder ernstzunehmende Regisseur bringt eine eigene visuelle Welt hervor: Das perzeptive Feld nimmt sich bei Eisenstein völlig anders aus als bei Wenders, und die Filme von Martin Scorsese lassen sich nicht mit denen von Werner Herzog vergleichen. Die differenten *Intentionalitäten,* die hier realisiert sind, können im Kunstunterricht z.B. unter ikonologischen oder semiologischen Aspekten behandelt werden, gleichzeitig verweist die *synästhetische Konstruktion* des Filmes aber auf den Zusammenhang der Unterrichtsfächer und kann ästhetische Elemente in die anderen Fächern einbringen bzw. deren ästhetischen Gehalt hervorkehren. Ein Projekt über einen bestimmten Film, eine Filmepoche oder auch zu bestimmten filmischen Einzelaspekten bzw. zu Aspekten *eines* Filmes kann je nach Objekt eine Vielzahl von Fächern einbinden, indem z.B. fremdsprachliche, ökonomische, biologische etc. Aspekte erarbeitet werden können. Dabei werden diese stets mit ästhetischen Elementen verbunden, denn es sind die Bilder, die das Ökonomische, das Fremdsprachliche oder das Biologische transportieren.

Der Film ist das Medium der Zeit, der Geschwindigkeit und der Virtualität, er beeinflusst unsere Mentalität und Lebensweise universell. Wenn Wim Wenders davon sprechen kann, dass die Amerikaner unser Unbewusstes kolonisiert hätten, dann spielt er damit auf die gewaltige Beeinflussungsleistung der Filmindustrie Hollywoods an. Die amerikanische Unterhaltungsindustrie stellt weltweite Bewusstseins-Konsumartikel her, die internationale Kodes verbreiten. Das Einsickern dieser Kodes in die Lebenswelten wird von einer medienkritischen Soziologie verfolgt. So schreibt Dieter Prokop: „Die Faszination der Zeichen besteht darin, dass sie, gerade in den populären Produkten, diese Phantasien aufnehmen und bis zu einem gewissen Grade zulassen."[152] Doch wie funktioniert dieser Prozess ästhetisch, mit welchen ästhetischen Mitteln werden die medialen Zeichen aufgeladen, wie gelingt es Ihnen, Phantasmen zu transportieren? – Hier kann der Kunstunterricht, in Anknüpfung an seine medienkritische Tradition, in theoretischer wie in praktischer Hinsicht Einblicke in Zusammenhänge vermitteln. Doch gerade in Bezug auf letztere reicht ein einseitig medienkritischer Ansatz nicht aus, da mit dem Medium Film das ästhetische Wertproblem besonderer unterrichtlicher Bearbeitung bedarf und z.B. Filme aus der Hollywood-Massenproduktion sehr produktiv für Vermittlungsprozesse sein können. Zudem ist auch nach der *Produktivität phantasmatischer Zeichen* zu fragen. Der Kunstunterricht muss auch Schülerinnen und Schüler bedienen, deren Berufsziel gerade darin bestehen kann, ebensolche Zeichen *zu produzieren*: Jeder Abspann einer großen Filmproduktion führt eine Liste der unterschiedlichsten Berufe vor Augen. Die Zahl der Berufe, die mit filmischen Techniken zu tun haben, wächst stetig an, und zunehmend werden Filme am Computer generiert (siehe *Jurassic Park*). All das verdeutlicht, dass die Filmproduktion und – analyse (wobei in unserem Zusammenhang *alle Formen des bewegten Bildes* gemeint sind) heute in vielen Bereichen zu einer wichtigen Kompetenz geworden ist, auf die Schule sich noch nicht intensiv genug eingestellt hat.

Der Film ist eine zentrale ästhetische Disziplin und bietet optimale Möglichkeiten zu einem schülerorientierten, offenen Unterricht, in dem das *learning by doing* ebenso unerlässlich ist wie ein projektorientiertes Arbeiten: Die verschiedenen Funktionen, die bei einer Filmproduktion wahrgenommen werden müssen, dienen einem Ganzen, das erst am Ende eines durch zahlreiche unvorhersehbare Ereignisse ständig veränderlichen Prozesses sichtbar wird und in der Regel keineswegs mit der Ausgangsplanung identisch sein wird. Diese für ästhetische Erfahrungen keineswegs untypische Charakteristik kann durch die grundsätzlich intersubjektive Arbeitsweise des Films verstärkt werden. Um diese Erfahrungen zu machen, man muss aber auch Risiken eingehen, so wie es stets ein Risiko birgt, sich einer *zweiten Intentionalität* auszusetzen. Beispielsweise ist Francois Truffauts *Die amerikanische Nacht*[153] ein Film, der diese riskanten Momente des Filmschaffens selbst zum Thema macht. Zu Beginn des Filmes sagt der von Truffaut selbst *gespielte* Regisseur: „Einen Film drehen, das ist wie eine Kutschenfahrt durch den wilden Westen. Zu Beginn hofft man noch auf eine schöne Reise. Und sehr bald fragt man sich, ob man wohl am Ziel ankommen wird."[154]

4. Wahrnehmung und Legitimation

Wenn die Bezeichnung für unser zu diskutierendes Unterrichtsfach heute noch weitgehend *Bildende Kunst* und nicht etwa *Perzeption* ist, dann drückt sich darin ein Tribut gegenüber der Kunst als den Inhalten aus, die wesentlich zur Konstitution unseres heutigen Verständnisses von Wahrnehmug beigetragen haben, und zwar häufig dadurch, dass die Kunst traditionelle Wahrnehmungsweisen in Frage stellte. Und in der Geschichte der ästhetischen Erziehung ist Kunstunterricht mit unterschiedlichem Bezug auf Wahrnehmung unterschiedlich legitimiert worden.

Die Schulung des Blickes, den wir auf ein Objekt werfen, ist ein (pädagogischer) Akt von sozialer Bedeutung, ein Akt, der Zusammenhang zwischen Mitgliedern einer Gemeinschaft herstellen oder aber auch aufheben kann; Kunstwerke dienen dabei der Überprüfung eines solchen Zusammenhangs, der hergestellt und aufgehoben werden muss, und dessen *Möglichkeit* zur Aufhebung für demokratische Gesellschaften konstitutiv ist. *Wahrnehmung ist eine soziale Kompetenz.* Die Art und Weise, wie wahrgenommen wird, konstituiert eine Gemeinschaft und bestimmt ihre Möglichkeiten. Die ästhetische Dimension von Wahrnehmung ist damit nicht von einer ethischen zu trennen: Deutlich vor Augen sind uns der Zusammenhang von Auslöschung des Anderen und Wahrnehmungskastration in diktatorischen Systemen.

Konstruktivität und Kreativität von Wahrnehmung ermöglichen das Transzendieren der subjektiven Perspektive, in der man angesiedelt ist, die Öffnung zum Anderen erfolgt durch aufmerksame Wahrnehmung. Die *Vergegenwärtigung* durch Wahrnehmung ist nicht lediglich eine Dehnung der Gegenwart, sondern sie bezieht die anderen Zeiten mit ein. Besonders das gesellschaftliche Zeitverhältnis ist durch seinen Zukunfts- und Vergangenheitsbezug gekennzeichnet, welches das Bestehen der Gemeinschaft auf Zukunft hin entwirft und diese Entwürfe aus dem Wissen von der Vergangenheit bezieht. Deshalb ist das Erlernen von Wahrnehmungsfähigkeit und von Wahrnehmungstechniken mehr als die Vorbereitung auf ergreifende Museumsbesuche; dieses Lernen entwickelt *Wahrnehmung als soziale Energie.*

Für die Legitimation von Kunstunterricht über den Aspekt Wahrnehmung lassen sich einflussreiche Schriften finden.

Die implizite Thematisierung von Wahrnehmung bei Pfennig

Reinhard Pfennigs Ansatz, der die Verschränkung des bildnerischen Denkens mit der Gegenwartskunst erarbeitet, thematisiert Wahrnehmung implizit als metarelevantes Element, indem er entscheidende historische Veränderungen von Wahrnehmung seiner Argumentation zugrunde legt: „Kunstunterricht steht vor der Aufgabe, die Ausdruckskräfte und das Ordnungsvermögen im Menschen in der Art und Weise zu entfalten, die dem künstlerischen Denken und Bewußtsein der Zeit entsprechen, in der er lebt. So beginnen die didaktischen Überlegungen mit einer Analyse der Kunst der Gegenwart. Wir fragen zuerst: was hat sich so grundsätzlich künstlerisch gewandelt, dass wir von Gegenwart sprechen können? Wir fragen zweitens: wie ist diese Wandlung zu erklären? Wir fragen drittens: gibt es innerhalb der vielfältigen Erscheinungen der bildenden Kunst allgemeine und prinzipielle Gestaltungsmerkmale, die für einen Unterricht im Bereich der Kunst relevant sind? […] Am Beispiel der Gegenüberstellung von zwei verschiedenen Positionen in der Geschichte soll ein derartiger Wandel des bildnerischen Denkens und Bewußtseins beschrieben werden."[155]

Im weiteren Verlauf seines Textes reflektiert Pfennig zwei Künstler, die jeweils für einschneidende Veränderungen des bildnerischen Denkens bzw. der ästhetischen Wahrnehmung stehen: Giotto und Cézanne. Steht der eine für die Eroberung des Raumes und die Loslösung von der gotischen Strenge, so der andere für die die Moderne kennzeichnende Abstraktion: „Giotto denkt von der umgrenzten Form nach innen zur Differenzierung. Cézanne denkt vom kleinsten Formteilchen nach außen und entwickelt. Hier das Detaillieren und das Teilen einer Gesamtform – des Zeichens für Berg -, dort das Aufbauen aus Formteilchen, Formelementen, aus dem Malvorgang. Aufbau, Vorgang, Fügung des Ganzen – nicht Teilung. Dort die umgrenzte **Form**, hier die Entgrenzung – und damit ein prinzipiell nicht mehr abschließbarer **Vorgang**. Diesen Wandel des bildnerischen Denkens können wir als den Anfang unserer Gegenwart bezeichnen."[156]

Diese Gegenwart ist die Moderne, und der Impressionismus ist die maßgebliche ästhetische Position, die die zunehmende Autonomisierung der Kunst mit der abstrakter werdenden Produktionsweise verknüpft, eine Position, die zum ersten Mal dezidiert die Autopoiesis der Kunst thematisiert: „Die ästhetische Weltanschauung des Impressionismus bezeichnet den Anfang einer vollkommenen Inzucht der Kunst. Die Künstler schaffen ihre Werke für Künstler, und die Kunst, das heißt das Formerlebnis der Welt sub specie artis, wird der Kunst zum eigentlichen Gegenstand."[157]

Arnold Hauser beschreibt hier den Wandel der Wahrnehmung von Kunst sinnfällig: Die Autonomie der Kunst wurde durch einen immer stärkeren thematischen Bezug der Kunst auf sich selbst erreicht, indem sie zum selbstreferentiellen System wird, verwirklicht die Kunst ihre Autonomie. Damit ist ein wesentlicher Sprung in der Wahrnehmung von Kunst vollzogen, die jetzt ohne ihre eigenen Grundlagen und Gesetze *als Kunst* nicht mehr adäquat erkannt werden kann. Wo sie noch an außerästhetische Kriterien gebunden gewesen ist – religiöse Überlieferung, ideologische Repräsentation – war ihr Sinn nicht auf ästhetische Kriterien beschränkt. Durch Autonomisierung wird sie als Kunst für den Betrachter nur wahrnehmbar durch die Erlernung ihrer selbstbestimmten Kategorien. An diesem Punkt setzt Pfennig an, auch wenn er den Begriff „Wahrnehmung" durch seinen Begriff des „bildnerischen Denkens" verdeckt und nicht emphatisch behandelt. Die ästhetische Entwicklung der Moderne beschreibt er aber implizit als Wandel von Wahrnehmung, und zwar insofern, als die Moderne elementare Gestaltungs- und Formprinzipien (wieder-)entdeckt und als ästhetische Mittel einsetzt, mit denen ein neuer Blick auf die Dinge geworfen werden kann, der komplexe (Bild-)Wirklichkeiten hervorbringt: „Die künstlerische Wandlung am Beginn unseres Jahrhunderts kennzeichnet sich also als Abstraktion und vielschichtige Reduktion auf elementare Formen und Zeichen, einfache Farbklänge und Farbbeziehungen, organische Proportionen und elementare Rhythmen, auf bildnerische Verfahren mit naturhaften Prozessen und experimentierendes Verhalten mit der Absicht der Verwandlung des Stofflichen. Durch diese Hinführung auf das Einfache und Ursprüngliche wurde gleichzeitig das Verhältnis zur Wirklichkeit gewandelt, und neue Wirklichkeiten des Bildseins konnten gefunden werden."[158] Von hier aus ist der Schritt konsequent, den Kunstunterricht mit der Gegenwartskunst zu verschränken, womit implizit die für die Gegenwartskunst in der Moderne charakteristische Wahrnehmungsproblematik in die Konstitution des Faches einsickert, denn „Kunstunterricht setzt die Kenntnis der Sache voraus, das ist die bildende Kunst."[159] Diese Verschränkung führt zu folgendem Kernsatz: „Aus der Analyse der bildenden Kunst der Gegenwart ergibt sich eine Neuorientierung für den Kunstunterricht, *sein Ziel heißt: Erziehung zum bildnerischen Denken.*"[160]

Der Begriff des „bildnerischen Denkens" ist dabei nicht mit dem der Wahrnehmung gleichzusetzen, sondern er stellt eine Art *Schule der Wahrnehmung* dar, bei der man durch die Auseinandersetzung mit ästhetischen Objekten seine Wahrnehmungskompetenz entwickelt, trainiert und erweitert. Pfennig bindet dabei das bildnerische Denken an die sinnliche Stofflichkeit des Materials: In der Auseinandersetzung mit dem Material werden die bildnerischen Denkvorgänge vollzogen und prozessual entwickelt. Pfennig versucht somit, mit dem Begriff des *bildnerischen Denkens* eine Verbindung von Sinneserfahrung und Denken zu schaffen, die *Sichtbarmachung* intendiert, also ein Fundament von Wahrnehmung herstellt: „Das bildnerische Denken ist gebunden an **Material**, an den sinnlichen Stoff. Erfinden wie Realisieren sind bezogen auf Material und vollziehen sich im Material. Welche Denkvorgänge werden nun durch gestaltendes Umgehen mit Material ausgelöst oder bewirkt? Jedes Material, das selbst noch unartikuliert ist, fordert **Artikulieren** heraus, das heißt **Formen** und das Material **einer Bedeutung zuführen**. Vorgefertigtes Material besitzt bereits eine Bedeutung. Die bildnerischen Denkvorgänge, die hierbei ausgelöst werden, heißen **Finden, Auswählen, Verwenden, Verformen, Verwandeln**. Die Analyse der bildenden Kunst unserer Gegenwart hat aufgezeigt, dass auch der Zufall zum Material werden kann; die ›befreienden Verfahren‹ provozieren geradezu den Zufall. Dieses Material löst **Entdecken, Enthüllen** und **Ordnen** als bildnerische Denkvorgänge aus. Schließlich ist jede bildnerische Handlung in irgendeiner Weise Mitteilung, mag es sich beim Kleinkind auch nur um Selbstdarstellung und Selbstmitteilung handeln. **Darstellen und Mitteilen** im Bereich des Bildnerischen verweisen unter einem anderen Aspekt auf jene besondere Eigenart, die in allen diesen Vorgängen enthalten ist, auf **Sichtbarmachen**. Sichtbar werden sie aber erst durch das **Integrieren** des besonderen Ausdrucks, der besonderen Mitteilung in die allgemeinen bildnerischen Ordnungen. Diese Integration ist eine primäre Aufgabe des Kunstunterrichts."[161]

Indem das *Sichtbarmachen* in jeder der einzelnen bildnerischen Operationen vorkommt, kommen in ihnen auch Wahrnehmungsaspekte zum Tragen, die durch das *Integrieren* pädagogisch vermittelt werden können. Pfennigs Ansatz der *Erziehung zum bildnerischen Denken* ist eine an der Gegenwartskunst orientierte Schule der Wahrnehmung.

Der explizite Bezug auf Wahrnehmung bei Staguhn

In seiner *Didaktik der Kunsterziehung* entwirft Kurt Staguhn die Vorstellung der umfassenden Entfaltung geistiger Potenziale, die durch die bildnerische Tätigkeit, der Auseinandersetzung mit der Form, gebahnt werden soll: „Das beharrliche Bedürfnis des Kindes, zu zeichnen, zu malen und zu formen, erwächst demnach aus geistiger Notwendigkeit. Zeichnen, Malen und Formen tragen wesentlich dazu bei, die umfassende Entfaltung des menschlichen Geistes zu ermöglichen. Sie dürfen deshalb niemals isoliert als ›musisch‹ oder ›nur-künstlerisch‹ betrachtet werden, sondern gehören ganz selbstverständlich in das allgemeine und elementare Bemühen um die geistige Entwicklung und Erziehung des Jugendlichen.[...] Kunsterziehung muss deshalb als notwendiger Bestandteil der geistigen Erziehung und damit als elementarer Auftrag der Schule gesehen und anerkannt werden."[162]

Staguhn fundiert an dieser Stelle Kunstunterricht mit dem Gedanken einer allgemeinen Bildung durch das Ästhetische, der uns seit Schillers Briefen ausgesprochen geläufig ist. Er bindet diesen bildenden Gehalt an eine materiale Auseinandersetzung, an die Auseinandersetzung mit der Form, und da diese mit spezifischen Wahrnehmungen untrennbar verbunden ist, schließt er folgerichtig: „Alle Gesetze der Bildordnung, der Komposition, der Kontraste, der Farbverhältnisse, der Rhythmen – auch formale Gesetze genannt – sind mit geistigen Gesetzen des Wahrnehmens und Erkennens von Inhalten identisch."[163] Ob sie identisch sind oder different, soll an dieser Stelle nicht entschieden werden; hier interessiert uns nur der Bezug auf die Wahrnehmung, die Staguhn jeder entfaltenden Auseinandersetzung zugrunde legt. Er legitimiert damit das Fach über diesen Bezug und verwendet einigen Aufwand darauf, entwicklungs- und gestaltpsychologische Argumente in seine Argumentation einzubringen.[164] Besonders der Begriff der *latenten Erfahrung* spielt bei Staguhns Wahrnehmungskonzeption eine relevante Rolle, in einer formelhaften Fokussierung heißt es: „Reiz und latente Erfahrung ergeben die Wahrnehmung."[165] Auf den ersten Blick mag diese Formel etwas grobschlächtig anmuten, sie weist aber eine Nähe zu den heute aktuellen konstruktivistischen Ansätzen auf, da sie den Reiz, die „reine" Sinneswahrnehmung, quantitativ begreift und die latente Erfahrung als kognitiven Rahmen versteht, der die *Qualitäten* konstituiert: „Erst wenn sich die Erregungen, die mit dem Sehen eines Apfels zusammenhängen, und die

Erregungen, die die bereits vorher gemachten Erfahrungen des Komplexes Apfel umfassen, miteinander verbinden, kommt es zu Wahrnehmungen im Sinne des Erfassens von Gegenständen, Zuständen, Vorgängen usw. Wahrnehmung ergibt sich also erst dann, wenn Erregungen, die von außen kommen, weitere Erregungen im Gehirn auslösen und sich mit ihnen verbinden. Das Sehen kommt nicht auf Grund der Reizung der Netzhaut allein zustande, sondern es muss etwas aus der latenten Erfahrung dazugetan werden, damit wirklich gesehen wird."[166]

Heute wissen wir, dass diese bei Staguhn als *latente Erfahrung* bezeichneten kognitiven Rahmen die im Wortsinne bedeutenderen Anteile an der Wahrnehmung ausmachen. Das, was er in dieser Passage beschreibt, wird von Heinz von Foerster im *Satz der undifferenzierten Kodierung* zusammengefasst, der besagt, dass die Nervenzellen nicht die Natur ihrer Erregungsursache kodieren, sondern lediglich deren Quantität: „Ein Stäbchen in der Netzhaut absorbiert in einem gewissen Moment einen Photonenstrom von so und so vielen Photonen pro Sekunde. Es entwickelt dabei ein elektrochemisches Potenzial, das eine Funktion des Stromes ist, das heißt, dass das ›Wieviel‹ kodiert wird; aber die Signale, zu denen dieses Potenzial schließlich Anlaß gibt, geben weder einen Aufschluß darüber, dass Photonen die Reizursache waren, und schon gar nicht, aus was für einem Frequenzgemisch der Photonenstrom bestand. Ganz genau dasselbe ist für alle anderen Sinneszellen der Fall ... [...] In keiner wird die *Qualität* der Erregungsursache kodiert, nur die *Quantität* der Erregung.[...] Nachdem die Qualitäten der Sinneseindrücke nicht im Empfindungsapparat kodiert sind, ist es klar, dass das Zentralnervensystem so organisiert ist, dass es diese Qualitäten aus diesen kümmerlichen Eingängen errechnet."[167]

Staguhns Begriff der *latenten Erfahrung* ist aber insofern unscharf, als der kognitive Rahmen, auf den der Sinnesreiz trifft, nicht latent, sondern *aktuell* ist. Die Errechnung und Verzahnung von Reiz und Hintergrundinformation erfolgt fast gleichzeitig, die zeitliche Differenz ist minimal. Die Erfahrung, die bei diesen kognitiven Prozessen eingebracht wird, wird in Abhängigkeit zu den notwendigen Handlungen aktualisiert, sie als *latent* zu bezeichnen, trifft zumindest ihre vernetzte Struktur nicht ganz. Trotzdem gibt Staguhn eine produktive Richtung vor, denn der Begriff der latenten Erfahrung, zu dem in seinen Worten *alle Sinne beitragen sollen*,[168] opfert nicht das wesentliche kognitive Element der Wahrnehmung einem phänomenologisch überhöhten Begriff von Sinneswahrnehmung, sondern hält an einer kognitiven, in Staguhns Terminologie „geistigen", Leistung fest: „Die latente Erfahrung besteht also u.a. und hauptsächlich aus den mit allen Sinnen zusammenhängenden und von ihnen abhängigen Erlebnissen und Wahrnehmungen. *Es ist eine grundlegende ›geistige‹ Leistung, jeweilig verschiedenen Sinnesgebieten zugehörige Reize zu einem einheitlichen, in sich homogenen Gegenstandskomplex, und zwar ohne Absicht und Bewußtsein, zusammenzufassen.*"[169] Natürlich geschieht dies nicht ohne Absicht und Bewusstsein, und inwiefern diese Einheiten immer homogen sind oder nicht vielmehr durch reziproke Heterogenitäten zusammenhalten, kann hier nur angedeutet werden; – indem Staguhn aber am „Geistigen" festhält, unterläuft er auch nicht die *Kognition.* Es sind die terminologischen Gewichtungen, die seine Ausführungen von aktuellen Ansätzen unterscheiden. Auch den Zusammenhang mit dem Material, der Form, kann er aus diesem Denken heraus herstellen, indem er ausführt, „ *... dass Form ein Merkmal des Geistigen ist, dass sich Geistiges ausschließlich im Zusammenhang mit Form verwirklichen läßt, wie umgekehrt mit Hilfe der vom menschlichen Geist geschaffenen Form geistiges Sein erschlossen wird.*"[170] Von da aus ist es naheliegend, das bildnerische Gestalten als eine letztlich geistige Tätigkeit zu definieren. Für unser Segment der Legitimation von Kunstunterricht leistet Staguhns Argumentation eine fruchtbare Fundierung durch den von ihm fundierten untrennbaren Zusammenhang von Wahrnehmung und Geist, den wir heute – terminologisch aktualisiert – als den Zusammenhang von Wahrnehmung und Kognition bezeichnen können.

Ottos Erweiterung des Wahrnehmungsbegriffs für die Theorie der Ästhetischen Erziehung

Gunter Otto hat in seinen Arbeiten immer wieder Wahrnehmung reflektiert und den Begriff der Ästhetischen Erziehung direkt an diese Kategorie gekoppelt. In seinem systematischen Werk *Didaktik der Ästhetischen Erziehung* findet eine Umbenennung des Schulfaches durch den Bezug auf Wahrnehmung statt, eine Umbenennung, die die Fachgrenzen erweitert und die das ästhetische Objekt schlechthin zum Gegenstand von Kunstunterricht macht: „Ästhetisch heißt in unserem Zusammenhang im alten Verständnis: Bezugnahme auf Wahrnehmbares und Wahrnehmung, insbesondere auf visuelle und auf taktile Wahrnehmung und auf visuell und taktil Wahrnehmbares. Dabei ist auf den doppelten Bezug hinzuweisen: Sowohl der Produzent wie der Rezipient nehmen wahr. Durch die nähere Bestimmung von Wahrnehmung als social perception (vgl. Graumann 1966) wird ein Verständnis von Wahrnehmung eingeführt, das über eine rein physiologische Betrachtungsweise ebenso hinausführt wie es verbietet, die gruppen-, schicht- oder levelspezifischen Umweltbedingungen außer Acht zu lassen."[171]

An anderer Stelle wird der Begriff Wahrnehmung als „zentrale Kategorie" der Ästhetischen Erziehung apostrophiert.[172] Diese früh formulierte Zentralität von Wahrnehmung ist für die Ästhetische Bildung konstitutiv geblieben, obwohl man dies dem Schulunterricht sicher nicht überall anmerkt. Es ist nicht zuletzt ein Ausbildungsproblem, die philosophische Dimension, die mit dem expliziten Bezug auf Wahrnehmung und der Expansion des Wahrnehmungsbegriffs auftaucht, Lehrern klarzumachen, die sich als Künstler verstehen, wenn sie an die Schule kommen. Die Konsequenz aus dem Wahrnehmungsbezug heißt in nackten Worten: *Es ist nicht nötig als Kunstpädagoge auch Künstler zu sein, man muss aber Philosoph sein.*

Wenn Wahrnehmung *intersubjektiv* gedacht wird, was für eine pädagogische Theorie unerlässlich ist, dann tritt als ihr Begleiter die *Interpretation* auf, deshalb stellt Otto kategorisch fest: „Wahrnehmung (verstanden als sozial bedingte Wahrnehmung) und Interpretation sind die beiden relevanten Annäherungsweisen an alle ästhetischen Objekte."[173] Dieser Verschränkung bleibt er treu, als er den Begriff *Percept* für die Kunstpädagogik entfaltet, mit dem er Wahrnehmung und Interpretation praktisch-methodisch in seinem Werk *Auslegen* auf einen Nenner bringt. In dem triadischen Auslegungsprozess von Percept, Konzept und Allokation werden die primären subjektiven Wahrnehmungen zum Ausgangspunkt für die Interpretation eines Werkes/ästhetischen Objekts genommen, die dann, angereichert durch gezielte inhaltliche Fragestellungen, zu einer kontextuellen, letzten Endes ikonographischen Auslegung führen. *Auslegung* wird dabei prozessual gefasst, entsprechend der Dynamik von Wahrnehmungen: „Wenn landläufig Bilder betrachtet werden, dann spielt nicht nur eine Rolle, was auf dem Bild zu sehen ist, z.B. Brigitte Bardot, sondern, was der Betrachter, mit dem, was er sieht, verbindet. Diesen Verknüpfungsakt nennen wir die *Bildung eines Perceptes*. Das Percept ist aber ein Produkt. In ihm stoßen anteilig das Bild und die Vorstellungen des Betrachters zusammen. In Verstehensprozessen sind Percepte das Fundament, auf dem Auslegung ruht."[174]

Das *Percept* ist ein Extrakt aus *Perzeptionen*, und letztere sind die Voraussetzung für jede Ästhetische Bildung, ja für jeden Unterricht schlechthin. Der Begriff *Percept* ist mittlerweile auch in andere Fachdidaktiken eingedrungen, namentlich in die Musikdidaktik. Er kann ebenso produktiv in der Sport-, Mathematik oder Wirtschaftsdidaktik verwendet werden, wenn Schule Wahrnehmung und Interpretation entgrenzt. Der Kunstunterricht, dessen Domäne Wahrnehmung entgegen jeder Praxis, die diesem Faktum zuwiderläuft, ist, verliert seine periphere Position in einer solchen Perspektive: „Wahrnehmung und Erfahrung sind gleichermaßen zentrale Kategorien der Didaktik und der Ästhetik."[175]

Selles sensualistische Wahrnehmungskonzeption

In seinem Buch *Gebrauch der Sinne*, das die Kunstpädagogik der achtziger Jahre nachhaltig beeinflusst hat, indem es einen Rekurs auf die Leistungen der Sinne unternahm und die passenden praktischen Aufgaben servierte, versucht Gert Selle die ästhetische Erfahrung als eine Verknüpfung von Empfindung und Wahrnehmung zu fassen. Zunächst unterscheidet er die Begriffe und definiert *Empfinden* als „ ... fühlendes, beteiligtes Mitgehen, Leiden oder Glück eines Dabeiseins in spezifisch subjektiver Färbung und Qualität."[176] *Wahrnehmung* versteht er dagegen zunächst in Anlehnung an Holzkamp als ein „Teilmoment der denkenden Erkenntnis" und damit als das *„andere* Element von Erfahrung."[177] Doch diese Definitionen reichen nicht aus, denn Selle möchte den Wahrnehmungsbegriff entgrenzen, weshalb er die Frage stellt: „Was aber, wenn *beide* Vorgänge von einem Entwurf der Erfahrung bewußt in Anspruch genommen würden? Dann wäre eine Durchdringung von Prozessen denkbar, die einerseits dem sinnlichen Erleben, andererseits dem wahrnehmenden Erkennen verbunden bliebe in einer für die Erfahrungsfähigkeit vermutlich hilfreichen Durchmischung. Bewußtsein würde, so verstanden, nicht über eine ›Stufenleiter‹ vom Empfinden über das Wahrnehmen zum Denken hin aufgebaut, sondern sich in der Gleichzeitigkeit und Gemeinsamkeit des Getrennten bilden. Bewußtsein würde sich nicht nur als die reflektierende Instanz des auf verarbeitete Wahrnehmung gegründeten begrifflichen Denkens verstehen, sondern dem

anderen Strang der leiblichen Gegenwart der Sinne, dem Empfinden als dem ›nicht-begrifflichen Mit-Leben‹ (Straus) verbunden bleiben."[178]
Selle geht hier nicht dem *emergenten Charakter* der *éducation sentimentale* nach, der nahelegen könnte, dass gerade die Empfindungstätigkeit ein hochgradig *kognitiver* Akt ist, stattdessen ist sein Augenmerk auf das *Ganzheitliche* gerichtet, das die ästhetische Erfahrung konstituieren kann: „Das Besondere an der ästhetischen Erfahrung ist ihr umfassender Charakter im Einbezug aller Empfindungsfähigkeit und Wahrnehmungsfähigkeit."[179] Dieses von Selle hervorgehobene Element kann in Bildungsangelegenheiten fruchtbar wirken, indem es die partikularisierende Ausdifferenzierung von Wissensformationen überwinden hilft. Für die Legitimation des Unterrichtsfaches bringt dies ein Argument hinsichtlich eines Kohärenz ermöglichenden Elementes, das der Kunstunterricht durch seinen Wahrnehmungsbezug innerhalb des Fächerkanons der Schule beanspruchen kann: „Im Prozeß der ästhetischen Erfahrung erscheinen die historischen Trennungen von Körper und Geist, Triebgeschichte und Bewußtsein, Sinnlichkeit und Verstand noch nicht unaufhebbar vollzogen. Das Besondere der ästhetischen Erfahrungsarbeit besteht gerade im Verbinden des Getrennten. Gefühl und Verstand treten nicht als antagonistische Kräfte auseinander, sie werden vielmehr in ihrer Gleichzeitigkeit und Gleichrangigkeit als gemeinsame Produzenten einer Geschichte des Bewußtseins interpretiert und rehabilitiert."[180]
In diesem Abschnitt führt der Wille Selles zur Ganzheit von „Gefühl" und „Verstand" zu einer begrifflich vorgenommenen, gewaltsamen *Vereinheitlichung*, die – insbesondere im letzten Satz – kategoriale Fehler einbaut, da man diese Kategorien, eben weil sie sich in der Geschichte des Bewusstseins ausdifferenziert haben, nicht einfach begrifflich „rehabilitieren" kann. Zu einem solch niedrigen Preis ist die Vereinigung von Sinnlichkeit und Verstand (zu vermuten ist, dass eigentlich *Vernunft* gemeint ist) nicht zu haben. Gerade diese kategoriale Undifferenziertheit Selles ist aber ein Grund für die Popularität seines Programms *Gebrauch der Sinne,* das eine Projektionsfläche für den alten Wunsch bietet, die negativen Effekte gesellschaftlicher Ausdifferenzierung durch ästhetische Erfahrung zu kompensieren, und das am Alltagsverständnis historisch konstituierter Begriffe anknüpft. Dabei wird Selle dem selbst gesetzten Anspruch keinesfalls gerecht, da er in seinen Ausführungen die Wahrnehmung als „distanzierend" einstuft und ihr die „sinnliche Gewißheit des Empfindens"

entgegenstellt, um diese beiden Elemente später wieder zusammenzuführen. Was man zusammenführen will, hat man aber als getrennt gedacht; hinzu kommt, dass die Prämissen nicht stimmig sind, weil Wahrnehmung keinesfalls stets distanzierend ist (siehe den Diskurs der Phänomenologie, insbesondere Merleau-Pontys *Phänomenologie der Wahrnehmung*), und andererseits die Empfindung keineswegs ausschließlich Evidenz produziert: „Gestalten ist ein Weg der ästhetischen Verarbeitung des Erlebten auf der Ebene wahrnehmbarer Formen, die zu Repräsentanzen des Erfahrenen, zu einem wiederum erfahrbaren Ausdruck werden. Die sinnliche Gewißheit des Empfindens im Erleben und die distanzierende Wahrnehmungsfähigkeit kommen im Gestalten immer wieder neu zusammen. In einem solchen Verarbeitungsprozeß ästhetischer Erfahrung könnte der Diskurs der Gefühle mit den Daten der Wahrnehmung beginnen und weitergeführt werden. Dieser Diskurs setzt Gleichzeitigkeit und Gleichrangigkeit des Wahrnehmens und Empfindens voraus ... [...]"[181]
Es bleibt hierbei völlig im Dunkeln, was der *Diskurs der Gefühle* sein soll, denn das Reflexivwerden der Gefühle per Diskurs trennt ja gerade wieder die unmittelbare Empfindung vom Denken über sie, was aber nicht mit Wahrnehmung gleichzusetzen ist und auch nicht mit derselben vereint werden kann, da die Empfindung als Evidenzträgerin und Diskursführerin – in dieser Konstruktion – bereits unbeabsichtigt und unausgesprochen der Wahrnehmung übergeordnet ist.

Fazit: Ästhetische Bildung und Wahrnehmung

Der hier gewählte Ausschnitt fachdidaktischer Autoren indiziert, wie nachhaltig die Fachtheorie sich in der Auseinandersetzung mit Wahrnehmung konstituiert hat. Gleichwohl ist die grundlegende Beschäftigung mit Wahrnehmung Schwankungen unterzogen gewesen. So lassen sich aus den siebziger Jahren wesentlich häufiger systematische Texte zu diesem Themenkomplex finden, die besonders auch den sozialen Charakter von Wahrnehmung herausstellen. So sprechen z.B. Hans Mayrhofer und Wolfgang Zacharias von der *aktiven Wahrnehmung*, die soziale Kreativität hervorbringt,[182] ein Verständnis, das die Autoren aus Klaus Holzkamps Konzeption[183] ableiten. Es impliziert, dass durch Wahrnehmung soziale Kohärenz gebildet wird und dass soziale Funktionen und Kommunikationen auf ihr basieren bzw. mit ihr operieren. Tatsächlich ist dies ein Element von Legitimation des Kunstunterrichts, das gleichzeitig über seine Fachspezifik hinausweist und sowohl für alle anderen Schulfächer, als auch für andere Vermittlungssituationen zutrifft. Das ästhetische Moment von Lehre, von Lernen, von Vermittlung ist die *Entfaltung differenter Wahrnehmungen*. Dabei ist die Differenzialität von Wahrnehmung das, was die in einer Gemeinschaft lebenden Subjekte verbindet. Der Bezug auf Wahrnehmung ermöglicht es deshalb, die Besonderheit des Einzelnen als *Mikro-Perzeptionssystem* in der Gemeinschaft zu denken: *Gemeinschaft ist die Gemeinschaft der durch differente Wahrnehmungen Verschiedenen*. Die Varietät und Differenzialität von Wahrnehmung ist ein Gemeinschafts- und Bildungspotenzial, denn die Wahrnehmung des Anderen expliziert eine andere Welt und eröffnet die Möglichkeit der Begegnung mit einem differenten Perzeptionssystem. Nur durch solche Begegnungen bleibt das eigene Perzeptionssystem, das darauf angewiesen ist, Energien aus seiner Umwelt zu beziehen, dynamisch.

Im Kunstunterricht tritt das Bildungspotenzial von Wahrnehmung in der heutigen Verfassung von Schule am deutlichsten hervor, da dessen Inhalte – seien sie vermittelt über die Kunst, über theoretische Fragestellungen oder über die Produktion ästhetischer Objekte – direkt auf Wahrnehmung bezogen sind bzw. Wahrnehmung thematisieren. Das Potenzial kann aber auch in allen anderen Fächern und Vermittlungssituationen entfaltet werden: Bei beschleunigter Verdoppelungsrate unseres Wissens kommt es heute immer weniger darauf an, soviel Wissen wie möglich in einem Dividuum zu speichern, stattdessen sind die Fähigkeiten der Vernetzung, der Kombination, der Kommunikation von Wissen relevant, die allesamt auf Wahrnehmungen basieren, auf Wahrnehmungen, deren welterzeugende Potenz in der zeitgenössischen Wissenschaft unter dem Stichwort *Radikaler Konstruktivismus* zu einer Annäherung von Natur- und Geisteswissenschaften geführt hat. Vom Paradigma der Informationsspeicherung und -sammlung ist man zu dem der kognitiven Emergenz übergegangen, wodurch der Bezug auf Wahrnehmung grundlagentheoretisch fundiert wird: „Das Nervensystem ›empfängt‹ keine ›Information‹, wie man häufig sagt. Es bringt vielmehr eine Welt hervor, indem es bestimmt, welche Konfigurationen des Milieus Perturbationen darstellen und welche Veränderungen diese im Organismus auslösen. Die populäre Metapher vom Gehirn als Computer ist nicht nur missverständlich, sondern schlichtweg falsch."[184]

Die Konsequenzen dieses Paradigmenwechsels sind sowohl für die Bildungstheorie als auch für die Fachdidaktik bedeutsam: *Angesagt* ist hier die kreative Vernetzung und Kombinatorik von Elementen im Hinblick auf Wahrnehmung, die es dem Subjekt ermöglichen, bildende Elemente hervorzubringen und zu prozessualisieren. Zur Verstärkung dieses Befunds sei Winfried Marotzki zitiert, der den Begriff der *Emergenz* erläutert: „Aus der Gehirnforschung ist weiterhin der Sachverhalt bekannt, dass Informationen nicht unter exakten Adressen gespeichert sind, wie etwa auf der Festplatte eines Computers. Beziehungen zwischen Neuronen und Neuronengruppen ändern sich durch Wahrnehmung; sie zeigen eine Tendenz zur Selbstorganisation. Informationen werden nicht sequenziell verarbeitet, sondern *emergent* erzeugt. Emergenz ist hier die Bezeichnung dafür, dass Neuronengruppen übergreifende Eigenschaften erzeugen, die nicht ausschließlich auf Eigenschaften der beteiligten Neuronen rückführbar sind. Interagierende Neuronengruppen erzeugen somit die Emergenz übergreifender Eigenschaften (komplexe Aktivitätsmuster). [...] Informationen sind also in diesem Sinne nicht hirnphysiologisch lokalisierbar, sondern ein Ausdruck interneuronaler Aktivitätsmuster, sie müssen hervorgebracht werden."[185]

In dieser heuristischen Perspektive, die auch intersubjektiv relevant ist, nämlich als Kommunikation von Subjekten, die ihre jeweils differenten Bildungselemente emergent erzeugen und in den Kommunikationsprozess einbringen, lässt sich Ästhetische Bildung als eine gesellschaftliche Aufgabe konturieren, in der die ästhetischen Elemente von Lernprozessen als konstitutiv für *Emergenz* beschrieben werden. Darüber hinaus kann das Unterrichtsfach Bildende Kunst als Institution zur Entfaltung von Wahrnehmung bestimmt werden, die strukturierende Grundlagen für diese Prozesse kommunikativ erarbeitet und vernetzt. Wahrnehmung wird in diesem Zusammenhang als Akt der *Kognition* verstanden, womit die Fachtheorie auf die Erkenntnisse der Kognitionswissenschaften reagiert; andererseits wird das soziale und ethische Moment von Wahrnehmung hervorgehoben, das gesellschaftliche Kohärenz erzeugt und Zukunftsorientierung erst ermöglicht. Das Memento Heinz von Foersters könnte auch als Programm der Ästhetischen Bildung gelesen werden: „Wenn wir nicht wahrnehmen können, können wir die Zukunft nicht erkennen. Wir wissen daher nicht, was jetzt zu tun ist."[186]

Die Fokussierung der Wahrnehmung als Basiselement des Lernens entgrenzt das Fach Kunst aus seinem engen, von Lehrplänen umzäunten Rahmen; sie bringt Ästhetische Bildung in alle Schulfächer und alle Formen des gesellschaftlichen Lernens und Bildens ein. Die Schule der Zukunft wird auf *Perzeptionen* gründen, die Lernende sich selbständig und kommunikativ erarbeiten und mit denen sie vielfältige Differenzen aus den unterschiedlichsten Wissensformationen entlocken. Die Bildung der Zukunft verflüssigt Fachgrenzen transversal, vernetzte Computersysteme werden ebenso von Belang sein wie *nostalgische Themen und Verfahren*, deren bildender Wert erst als *Differenz der anderen Zeit* aufzuscheinen vermag.

5. Ästhetisches Urteil und Legitimation: Zur Transparenz der Distinktion

Jede Produktion, Rezeption und Reflexion ästhetischer Objekte arbeitet mit Wahrnehmungen der unterschiedlichsten Art. Dabei sind gesellschaftliche Präformationen implementiert, die konstitutiv auf jeder Ebene der Wahrnehmung wirken. Wenn wir dem Satz Merleau-Pontys folgen: „Alles Wissen begründet sich erst in den Horizonten, die die Wahrnehmung uns eröffnet"[187], dann haben wir für die bildungstheoretische Reflexion den Zusammenhang von *Wahrnehmung und Lernen* sowie die Frage nach der *Urteilsbildung durch soziale Relationen und Strategien* im Visier. Diese Fragen sind für die Kunstpädagogik von erheblicher Relevanz, da sie sowohl die Konstitution ästhetischer Urteile als auch die soziale Dimension von Wahrnehmung stets neu theoretisieren muss. Letzteres erfolgt vornehmlich in Auseinandersetzung mit ästhetischen Objekten, was nahelegt, sich auch mit den „Wahrnehmungs- und Interpretationsmustern der Lernenden" zu befassen.[188] Damit ist die Frage verbunden, wie gesellschaftliche Normen, Sichtweisen und Urteile in die Wahrnehmungen der Subjekte eingehen. Um das pädagogische Ziel der Bahnung von Autonomie einzuschlagen, muss Transparenz hinsichtlich der Konstitution von Wahrnehmung intendiert werden, auch wenn diese Transparenz in keinem Fall lückenlos möglich ist, da man sich nicht außerhalb eines konstruierten Perzeptionsuniversums befindet und man die Bedenken, die aus der Analyse von George Devereux stammen, in Betracht ziehen sollte, „ ... da die Existenz des Beobachters, seine Beobachtungstätigkeit und seine Ängste (sogar im Fall der Selbstbeobachtung) Verzerrungen hervorbringen, die sich sowohl technisch als auch logisch unmöglich ausschließen lassen."[189]

Trotz der tendenziellen Undurchdringlichkeit und der Gefahr von Verzerrungen durch die Untersuchung, muss bildungstheoretisch der Versuch unternommen werden, die Konstitution von Wahrnehmung zu erforschen. Gerade die Kunstpädagogik kann das Zustandekommen ästhetischer Urteile problematisieren und den Lernenden Zugänge zu ihrer eigenen Selektion eröffnen, denn das durch diese Urteile *Ausgegrenzte* können *parallele* kulturelle Praxen und Manifestationen von erheblicher Bedeutung sein. Ein Ziel der Ästhetischen Bildung ist, die Wahrnehmung paralleler Praxen, folglich die Sichtbarmachung nichtlegitimierter ästhetischer Manifestationen zu erwirken. Der direkteste Weg dorthin ist die Einbringung solcher Praxen und Objekte durch die Lernenden, was allerdings den Nachteil hat, von den letzten Endes akzidentiellen Praxiserfahrungen der Kinder und Jugendlichen abhängig zu sein. Lehrende können diese Zufälligkeit in eine Wahrscheinlichkeit verwandeln, indem der Blick trainiert wird für Phänomene der ästhetischen Distinktion. Dazu sind Analyse, Interpretation und Simulation ästhetischer Urteilsbildung erforderlich, z.B. in einem Projekt über gesellschaftliche Geschmacksurteile. Die Orientierungen und Eintrittsmöglichkeiten in Diskurse, die durch solche Methoden erreicht werden können, legitimiert die Ästhetische Bildung in zweifacher Hinsicht, nämlich *als subjektive Erschließung von Transparenz* und als *soziale Kompetenz von Urteilskraft*.

Ästhetische Urteile sind kontaminiert mit gesellschaftlichen Einstellungen und Wahrnehmungen; – ein Zusammenhang, den der französische Soziologe Pierre Bourdieu seit Ende der sechziger Jahre intensiv untersucht. Ein in unserem Kontext wichtiger Befund Bourdieus ist, dass die Distinktion durch ästhetische Urteile und Wahrnehmungen einen *lebensweltlichen Abstand* produziert, der sich z.B. am Lebensstil der Subjekte äußert, durch den habituelle Dispositionen in kulturellen Praxen objektiviert werden. Deshalb entscheiden ästhetische Einstellung und Urteilskraft auch über soziale Zugehörigkeiten, wofür Bourdieu den Begriff des *kulturellen Kapitals*[190] geprägt hat. Bourdieu versuchte in zahlreichen Arbeiten nachzuweisen, dass das Geschmacksurteil ein bedeutendes Glied in der Kette der sozialen Distinktionen darstellt, indem er z.B. die Disposition zu bestimmten Kunstwerken mit dem Lebensstil ihrer Rezipienten verglich.[191] Der Begriff der Wahrnehmung wird dabei zu einer konstitutiven Kategorie, insofern sie dem ästhetischen Urteil einwohnt und das Verhältnis Kunstwerk – Rezipient bestimmt, ein Verhältnis, das *gesellschaftliche Lagen* ausdrückt: „Da das Werk als Kunstwerk nur in dem Maße existiert, in dem es wahrgenommen, d.h. entschlüsselt wird, wird der Genuß, der sich aus dieser Wahrnehmung ergibt – mag es sich um den eigentümlichen ästhetischen Genuß oder um indirekte Privilegien wie den Hauch von Exklusivität, den er verschafft, handeln – nur denjenigen zuteil, die in der Lage sind, sich die Werke anzueignen."[192]

Die Kodierung und Dekodierung ästhetischer Objekte findet nicht in einer neutralen Sphäre statt, sondern sie sind Ausdruck von Kräfteverhältnissen, die in das Werk eingegangen sind: „Der künstlerische Code als ein System der möglichen Unterteilungsprinzipien in komplementären Klassen der gesamten Darstellungen, die einer bestimmten Gesellschaft zu einem bestimmten Zeitpunkt offeriert werden, hat den Charakter einer gesellschaftlichen Institution. Als ein historisch entstandenes und in der sozialen Realität verwurzeltes System, hängt die Gesamtheit dieser Wahrnehmungsinstrumente, die die Art der Appropriation der Kunst- (und allgemeiner der ›Kultur-‹) Güter in einer bestimmten Gesellschaft zu einem bestimmten Zeitpunkt bedingt, nicht von individuellem Willen und Bewußtsein ab. Sie zwingt sich den einzelnen Individuen auf, meist ohne dass sie es merken, und bildet von daher die Grundlage der Unterscheidungen, die sie treffen können, wie auch derer, die ihnen entgehen."[193]

Mit der Wahrnehmung und der – nach Bourdieu – Bedingtheit der ästhetischen Einstellung stehen folglich zahlreiche bildungstheoretische Großbegriffe auf dem Spiel: Autonomie, Mündigkeit, soziale Kompetenz, etc. Bourdieu weist deshalb immer wieder auf die Notwendigkeit der Erschließung von Bildung zur Erreichung von Chancengleichheit hin, wenn auch bei gleichzeitiger Skepsis ihrer Durchsetzung.[194] Für unseren Kontext eröffnen diese in die Strukturen von Wahrnehmung eindringenden Analysen ein wichtiges Forschungs- und Praxisfeld der Ästhetischen Bildung, das ihre gesellschaftliche Relevanz gerade in einer Zeit wachsender Immaterialisierung und Ästhetisierung unterstreicht. Dass es mit der Wahrnehmung immer auch um Verteilungen, Positionen und Strategien geht, zeigt der professionelle Kunstmarkt ebenso drastisch wie die Militärwissenschaft, in der es mehr und mehr darauf ankommt, den strategischen Gewinn über die Distanzwahrnehmung des Gegners zu erreichen.[195] Die strukturelle Bündelung von Wahrnehmungsmustern, Einstellungen, Erfahrungswerten, etc. in einem Subjekt faßt Bourdieu mit dem Begriff des *Habitus* zusammen, der einen Schlüssel zum Verständnis des Zusammenhangs von Lebensstilen und kulturellen Dispositionen bietet. Klaus Eder hebt hervor: „Der Begriff des Habitus zielt nicht auf individuelle Vorstellungen, auf Persönlichkeitsmerkmale oder Attitüden, sondern auf kollektive Erfahrungs- und Wahrnehmungsschemata, die mögliche ›subjektive‹ Einstellungen, Persönlichkeitsfaktoren, Bewußtseinszustände usw. limitieren."[196] Ergänzend hierzu erklärt Beate Krais den Habitus als ein „ … System von allgemeinen und für alle Lebensbereiche gleichermaßen gültigen Dispositionen, die das Handeln, das Denken, Fühlen, Wahrnehmen eines Individuums bestimmen und organisieren, ja, er ist das generierende Prinzip der Praxis der Subjekte."[197] Bourdieu gelingt mit dem Habitusbegriff die Verknüpfung von Wahrnehmungs- und Handlungstheorie.

Was die Analyse eines bestimmten Habitus' erbringen kann, lässt sich am Beispiel der Avantgarde verdeutlichen: In der Welt der Kunst ist der avantgardistische Habitus ubiquitär verbreitet, und Avantgarde kann durchaus zum Lebensstil werden, der eine soziale Rangordnung indiziert. Die historischen Avantgardebewegungen sind hingegen ursprünglich aufgebrochen, Leben und Kunst wieder zusammenzuführen, was ihnen jedoch nicht gelungen ist. Peter Bürger stellt fest, dass „ … der Versuch der Avantgardisten, die Kunst in den Lebensprozeß zurückzunehmen, selbst ein in hohem Maße widersprüchliches Unterfangen ist. Denn die (relative) Freiheit der Kunst gegenüber der Lebenspraxis ist zugleich die Bedingung der Möglichkeit kritischer Realitätserkenntnis."[198] Das bedeutet, dass die Innovationen der historischen Avantgardebewegungen eher den modellhaften Charakter der Infragestellung traditioneller Wahrnehmungsweisen hatten, als dass sie realiter dazu in der Lage gewesen wären, Kunst und Lebenspraxis zu vereinen. Bürger verdeutlicht diesen Gedanken mit Blick auf aktuellere Kunst: „Ebensowenig wie eine gegenwärtige Ästhetik die einschneidenden Veränderungen, die die historischen Avantgardebewegungen im Bereich der Kunst bewirkt haben, vernachlässigen darf, ebensowenig darf sie an der Tatsache vorbeigehen, dass die Kunst längst in eine postavantgardistische Phase eingetreten ist. Diese läßt sich dadurch charakterisieren, dass die Werkkategorie restauriert worden ist und die von der Avantgarde in antikünstlerischer Absicht ersonnenen Verfahrensweisen zu künstlerischen Zwecken gebraucht werden."[199]

Die avantgardistischen Vorgehensweisen sind im System Kunst institutionalisiert worden und zum Element der ästhetischen Einstellung geworden; das Bonmot Bazon Brocks „Avantgarde ist nur das, was uns veranlaßt, neue Traditionen zu bilden"[200], bewahrheitet sich augenscheinlich. Die funktionalen und methodischen Impulse der Avantgarden leisteten gesellschaftliche Innovationen von Wahrnehmung durch Strategien der Überbietung. Dieses Dispositiv der Avantgarde ist aber mittlerweile legitimiert und bildet selbst eine Voraussetzung für den Eintritt in den zeitgenössischen ästhetischen Diskurs. Das Kunstsystem dieses Jahrhunderts und mit ihm die Ästhetik haben sich mit diesem Dispositiv einen Habitus geschaffen, der ihre eigene Sichtbarkeit sicherstellt und reproduziert und der über spezifische Kodes verfügt, die die Kohärenz des Systems gewährleisten. Dies führt zur *Distanzgarantie* des avantgardistischen Werkes, das seine Sichtbarkeit durch die Dekonstruktion oder die Setzung inkommunikabler Zeichen produziert. Diese Distanzgarantie wird auch durch das Paradigma der Kunst als autopoietisches System erhalten,[201] das gerade durch die Betonung der Selbstreferenz der Kunst die Messlatte für den Eintritt in ihren Diskurs hoch anlegt.

Das avantgardistische Projekt ist insofern paradox, als es selbst die Distinktionen bewirkt, die es aufheben will. Die *reine ästhetische Wahrnehmung* findet auf gesellschaftlichem Boden, in einem Feld von Strategien und Auseinandersetzungen statt und produziert *autopoietisch* ein sich selbst stabilisierendes Dispositiv: „Folglich sind die bei der Wahrnehmung und Wertschätzung des Kunstwerks verwendeten Kategorien zweifach mit dem geschichtlichen Kontext verbunden. Sie sind mit einem räumlich und zeitlich bestimmten gesellschaftlichen Universum verbunden und unterliegen Anwendungen, die ihrerseits durch die soziale Stellung der Anwender gekennzeichnet sind, die die konstitutiven Dispositionen ihres Habitus in den von den Kategorien möglich gemachten ästhetischen Wahlentscheidungen einsetzen. Der größte Teil der Begriffe, die Künstler und Kritiker zur Definition ihrer selbst oder der ihrer Gegner benutzen, sind Waffen oder Kampfeinsätze, und zahlreiche Kategorien, mit denen die Kunsthistoriker arbeiten, um über ihren Gegenstand nachzudenken, sind mehr oder weniger geschickt maskierte oder verklärte gruppenspezifische Kategorien."[202]

Ein zeitgenössischer Kunstunterricht kann sich dadurch auszeichnen, solche Kategorien zu dekonstruieren, habituelle Dispositionen zu decouvrieren und die als Normen überlieferten Grundsätze zu destabilisieren; – und all das nicht nur eindimensional im Sinne einer Analyse ästhetischer Objekte, sondern durch die mehrdimensionale Verbindung von Produktion, Reflexion und Rezeption. Gerade erfolgreiche Produktionsprozesse können fixierende begriffliche

Setzungen verflüssigen, so kann z.B. die die moderne Ästhetik charakterisierende zweckfreie Wahrnehmung von Kunst durch parallele bzw. fraktionelle ästhetische Manifestationen in Zweifel gezogen werden. Ein gutes Beispiel dafür sind abermals die *Graffiti*, die weder auf der Produzenten- noch auf der Rezipientenseite zweckfrei sind und aus ihrem spezifischen parallelkulturellen Kontext heraus ästhetische Wahrnehmungen hervorlocken. Dasselbe trifft heute auf die Techno- und Cyberspace-Szene zu, die ihre ästhetischen Kriterien instrumentalisieren und Objekte hervorbringen, die einem Nutzen dienen. Die Frage ist, ob man solche ästhetische Manifestationen delegitimiert, indem man sie, weil sie das Kriterium der Zweckfreiheit nicht erfüllen, einer Pop-Kultur oder einer Folklore zurechnet, oder ob man ihre spezifischen Kriterien außerhalb eines gesetzten kunsthistorischen Begriffsrasters zu verstehen und wahrzunehmen sich bemüht.

Von der zweckfreien, reinen Ästhetik ist der Weg zu ihrer Autopoiesis nicht weit. Er führt direkt dorthin, weil die *reine Ästhetik* die Bedingungen und Funktionsweisen ihres Feldes selbstreferentiell reproduziert und jede Partizipation an diesem Regelkreis von der Akzeptanz ihrer Prämissen abhängig macht, oder wie Bourdieu konstatiert: „Die Erfindung des reinen Blicks findet ihre Vollendung in der Entwicklung des Feldes in Richtung auf seine Autonomie."[203] Die Autopoiesis des Kunstsystems kann sich erst auf diesem Feld ereignen, wenn ihr der Boden bestellt worden ist. Dazu sind jedoch vorausgehende *Einrichtungen* notwendig, die das Ergebnis sozialer Auseinandersetzungen und Strategien sind. Die Legitimität eines Kunstbegriffs bildet *symbolisches Kapital*, mit dem Strukturen stabilisiert und reproduziert werden. Dabei erfolgen Ausgrenzungen: „Die Legitimität der reinen Einstellung zur Kunst wird so umfassend anerkannt, dass darüber völlig vergessen wird, dass die Definition von Kunst und damit auch die der Lebensart Gegenstand der Klassenauseinandersetzungen ist. Die Lebensweise der Beherrschten, *die bislang praktisch noch nie systematischen Ausdruck und Darstellung erfahren hat*, wird nahezu immer – und selbst noch von ihren Verteidigern – aus der zerstörerischen oder reduktionistischen Perspektive der herrschenden Ästhetik begriffen. Ihnen verbleibt damit nunmehr die Alternative zwischen Herabsetzung und Rehabilitierung (›Volkskunst‹)."[204] Die Enthüllung dieser *Legitimitäten von Kunstbegriffen* bietet für den Kunstunterricht ein weiteres Element seiner Legitimation. Die gesellschaftliche Einbettung der ästhetischen Wahrnehmung muss den jungen Menschen in ihrer

Komplexität vermittelt werden, um ihnen die Möglichkeit zu eröffnen, die eigene Wahrnehmung reflexiv zu verorten und ihre parallelen ästhetischen Manifestationen gegen tradierte Kategorien zu behaupten, ihnen zur *Sichtbarkeit* zu verhelfen. Das hiermit zusammenhängende Thema des *Lebensstils* ist für Jugendliche gerade hinsichtlich der funktionellen Nutzung ästhetischer Elemente durch Pop-Kultur, etc. von großer Wichtigkeit: Im Kunstunterricht kann vermittelt werden, dass man mit jeder ästhetischen Manifestation einen Diskurs betritt, sei er nun legitimiert oder nicht. Die Transparenz von Wahrnehmungsmodi führt direkt in den Diskurs über ästhetische Legitimität; in einen Diskurs, der die *Legitimation der Ästhetischen Bildung* nachhaltig tangiert, weil jede selbstbestimmende Bildung nur über die Transparenz der Kriterien der Bildungsinhalte zu erreichen ist.

Dabei ist es nicht die Aufgabe der Lehrenden, einen Diskurs zu Gunsten oder Ungunsten eines anderen aufzukündigen, sondern Räume für die vielfältige Sichtbarkeit von Diskursen mit pädagogischen und ästhetischen Mitteln zu schaffen. Denn auch für sie gilt: „Es sind die aus dem Blickwinkel der herrschenden Wahrnehmungskategorien *Sichtbarsten*, die durch Änderung der Wahrnehmungskategorien eine veränderte Sicht herbeiführen könnten."[205]

Kapitel III
Ästhetische Bildung der Differenz

1. Bildung als Entfaltung von Differenz

Mit dem Problem der Legitimation von Kunstunterricht wird auch die Frage nach der Legitimität kultureller Vorstellungen und Praxen aufgeworfen, die in Relation zu spezifischen Wahrnehmungen gebildet und strukturiert werden. Wenn diese Wahrnehmungen jeweils spezifisch sind, so heißt das, dass sie innerhalb eines besonderen Feldes kodiert werden und eine diesem Feld entsprechende Systematik hervorbringen, die sich in ihm ausdifferenziert. Diese Ausdifferenzierung bewirkt in den jeweiligen kulturellen Feldern eine permanente Aufsplitterung in neue Stile, Techniken und Mikroideologien, die bis zur Unkenntlichkeit der „ursprünglichen" Manifestation gehen kann. Die besonderen in einem Feld hervorgebrachten Manifestationen sind Wissensproduktionen, die häufig nur von Angehörigen des jeweiligen Feldes vollständig dekodiert werden können. Das bedeutet: Wenn es *Rap* gibt, dann differenziert Rap sich aus, und es wird bald Abwandlungen wie *Hip-Hop* oder *Gangsta-Rap* geben, und wenn in der Kunst z.B. *Neo-Konzeptualismus* zu *Neo-Geo* mutiert, dann folgen im gleichen Geist, aber mit anderen Formen *Smart Art* und *It-Art*[206]. Das Feld bringt eigene Kodes hervor und legitimiert das in ihm Entstandene zunächst in seinem Rahmen. Damit wird eine kulturelle Differenz gesetzt, die eine Grenze zur kulturellen Praxis anderer Felder setzt. Dabei ist der Unterschied zwischen einer *zentralen* Position des Feldes, einer, die über gesellschaftliche Macht zur Reproduktion ihrer selbst verfügt, und einer *peripheren* Position, die nur in einem begrenzten Segment, einer Parallelkultur, Anwendung findet, von fundamentaler Wichtigkeit. Naturgemäß sind traditionell überlieferte kulturelle Einstellungen mächtiger, da sie über eine lange Dauer die Konstitution des Feldes betreiben konnten. Innovationen kommen hingegen zumeist aus der Peripherie, in deren vielschichtiger parallelkultureller Landschaft nicht-legitimierte Wahrnehmungsweisen erzeugt und gegen überkommene Perzeptionen eingesetzt werden. In einer Kultur bestehen heftige subkutane Auseinandersetzungen um die Wahrnehmung und um die Legitimität ästhetischer Objekte. Das Zentrum wird dabei von der Peripherie attackiert und perforiert, während es seine eigene Festigkeit durch Integration des Peripheren zu erhalten sucht. Diese Fähigkeit zur Integration peripherer ästhetischer Manifestationen zeichnet jede demokratische Gesellschaft aus, die in der Sphäre ihrer Kultur Innovation durch Integration des Widerständigen hervorbringt. Dies wird besonders über einen längeren geschichtlichen Zeitraum hinweg deutlich, so lässt sich heute feststellen, dass die klassischen Avantgardebewegungen längst zum kulturellen Kanon gehören. Doch diese Integrationsfähigkeit verwischt die Differenz, die die spezifische Manifestation setzen konnte. Die Integration geht zu Lasten des *Differierenden* dieser Differenz, somit zu Lasten ihrer ursprünglichen Produktivität und Kraft. Die Differenz, die die klassischen Avantgardebewegungen charakterisierte, kann nicht restlos in einem abgemilderten Einverständnis aufgehen, ohne ihre eigene Qualität zu perforieren.

Im Wechselspiel von Kultur und ästhetischer Manifestation erweist sich Integration als ein Sog, der die Differenzen zu Gunsten der Einheit der Kultur einebnet. Dietmar Kamper mokiert sich über „ … das elende Geschäft der Kultur, dass sie der Kunst immer wieder den Garaus macht"[207], was nichts anderes heißt, als dass die Kultur von der Kunst das ihr zuträgliche Maß integriert und ihre unzuträgliche Differenz exterminiert. Dies trifft nicht nur für die Kunst zu, sondern für jegliche ästhetische Manifestation, insbesondere auch für diejenigen, die sich nicht ohne weiteres in unsere kulturell kodierten Begriffssysteme einpassen und deshalb unter anderen Aspekten als ästhetischen betrachtet werden. Dadurch werden zahlreiche Einordnungen *undifferenziert*, was am Beispiel der Kategorie *Folklore* deutlich wird, unter die wir sinnentleerten Talmi, der an einem Touristenstrand feilgeboten wird, ebenso bereitwillig subsumieren wie die Werke der australischen Aborigines (die im Jahre 1994 von den „Machern" der *Art Cologne* immer noch nicht als *Kunst* angesehen wurden). Dies mag ein krasses Beispiel sein, das aber illustriert, wie wenig differenziell unsere Urteilsbildung bei diesen Phänomenen operiert. Dagegen kann die Differenz des anderen bzw. fremden kulturellen Ausdrucks nur über eine *bildende Wahrnehmung* wahrgenommen werden, die das Differierende nicht integriert, sondern es expliziert. Hier zeigt sich eine Dimension des Differenzdenkens, die den Blick auf die Andersheit und Fremdheit des Anderen richtet, eine Dimension, die Autoren wie George Steiner, Emmanuel Lévinas oder Henning Luther mit einer theologischen Perspektive verbinden.[208] Bei allen Unterschieden findet sich bei diesen Autoren die gemeinsame Überzeugung, dass eine dauerhaft humane Existenzweise nur auf der Grundlage einer rückhaltlosen Akzeptanz der Differenz des und der Anderen zu verwirklichen ist. – Eine Überzeugung, deren Dringlichkeit der Einlösung angesichts der massiven und leidvollen Ausgrenzungen in unserer Epoche niemals aus dem Blickfeld geraten darf.

Die *Ästhetische Bildung der Differenz* ist ein Werkzeug zur Entfaltung der Potenziale differierender Subjekte. Das *Fremde*, die *Alterität*, das *Andere*, die *Differenz* sind keine synonymen Begriffe, sie bedingen aber einander, und in der Sphäre des Ästhetischen wirken sie als Ensemble: Das Andere ist das, von dem ich konkret wissen kann, dessen Seinshorizont ich wahrnehme, aber nicht durchdringe, es ist gegenüber, in oder neben mir, wohingegen mir das Fremde nur als allgemeines Phänomen der Fremdheit bekannt sein kann, nicht aber als Fremdes für sich, da es das – dies beweist seine Etymologie, nämlich die bereits im 8. Jahrhundert belegte althochdeutsche Bedeutung von *fram = entfernt, fort von* – Losgelöste ist.

Die Differenz konstituiert das, was sowohl an der Fremdheit als fremd als auch an der Andersartigkeit als andersartig wahrgenommen werden kann und was diese erst hervorbringt. Sie bringt Fremdes und Anderes hervor, und das *Ästhetische* konstituiert sich aus der *Mannigfaltigkeit des Differenten*. Der Satz Adornos: „Fremdheit zur Welt ist ein Moment der Kunst; wer anders denn als Fremdes sie wahrnimmt, nimmt sie überhaupt nicht wahr"[209] betont das konstitutive Element des Differenziellen in der Ästhetik. Bei Adorno ist es diese Fremdheit, die sich antithetisch zur gesellschaftlichen Produktion der Fakten gegen alle affirmierenden Vereinnahmungen entgegengestellt und deshalb a-kommunikativ, fremd sein muss. Dieser Gedanke führt allerdings zu der Beschränkung, dass wahrhaft emanzipatorische Kunst in diesem Verständnis stets *unverstanden* bleiben muss und letztlich nur durch die Beunruhigung oder Erschütterung, die vom Antithetischen ausgeht, produktiv sein kann.

Wenn das Reich der Ästhetik auf der Mannigfaltigkeit der Differenzen gegründet ist, dann wird auch jeder vereinheitlichende theoretische Zugriff immer wieder perforiert und durch die Emergenz neuer Differenzen überholt werden. Genau dies stellt eines der größten theoretischen Probleme der Ästhetik dar: Während man sich durch aufwendige Reflexionen auf eine bestimmte Deskription, einen bestimmten Begriff diskursiv einigen konnte, stellen neue ästhetische Manifestationen diese Beschreibungen bereits wieder in Frage, indem sie eine Differenz hervorbringen, die mit dem vorhandenen begrifflichen

Apparat nicht beschreibbar ist. Ein Hase- und- Igel-Spiel, das aber unvermeidlich ist, da die Praxis der Kunst ausschließlich aus differenziellen Besonderheiten besteht, wohingegen jede Theorie zwangsläufig abstrahieren muss und nicht ebenso differenziell sein kann wie die Phänomene, die sie beschreibt; Sprache ist begrenzter als die Erscheinungen, die sie zu bezeichnen versucht. Von daher geht jeder Versuch der Universalisierung eines ästhetischen Urteils, so notwendig er auch sein mag, mit einer Reduktion von Differenzen und damit auch mit einer Reduktion von Komplexität einher, da die Besonderheiten in die Zwangsjacke des Begriffs geraten. Auch das hat Adorno bedacht: „Kant erreicht die Objektivität der Ästhetik, auf die er aus ist, wie die der Ethik durch allgemeinbegriffliche Formalisierung. Diese ist dem ästhetischen Phänomen, als dem konstitutiv Besonderen, entgegen. An keinem Kunstwerk ist wesentlich, was ein jegliches, seinem reinen Begriff nach, sein muss. Die Formalisierung, Akt subjektiver Vernunft, drängt die Kunst in eben jenen bloß subjektiven Bereich, schließlich in die Zufälligkeit zurück, der Kant sie entreißen möchte und der Kunst selbst widerstreitet."[210]

Die Formalisierung erfolgt von einem spezifischen Rationalitätstypus aus, der die Grenzen zwischen Kanon und Syllabus festlegt und einem Modus von Perzeption folgt. Es liegt niemals offen, welche Dynamiken und Strategien einer solchen Grenzziehung, *diesem subjektiven Akt*, vorausgehen. Mit der Vereinheitlichung wird folglich nicht ein Mehr an Objektivität erreicht, da die Differenzen durch die Grenzziehung einer formalisierenden Vernunft reduziert werden. Für die *Ästhetische Bildung der Differenz* ist dagegen die *Entfaltung der Differenzen* mit ihren jeweils spezifischen Geltungsansprüchen maßgebend. Das bedeutet für die Praxis, dass die Besonderheiten der ästhetischen Manifestationen nicht zu Gunsten einer präjudizierenden Identitätslogik geopfert werden und folglich die Sichtbarmachung nicht-legitimierter ästhetischer Felder und Positionen eine wesentliche Aufgabe der Ästhetischen Bildung darstellt. Damit wird der Horizont eröffnet für die Spezifika, Peripherien und Mentalitäten, die in der Geschichte der Ästhetik ebenso wie in der Geschichte der Pädagogik vernachlässigt bzw. ausgegrenzt worden sind. Das sind aber nicht nur die Spezifika des Fremden in anderen Kulturen, sondern auch solche des Nicht-Sichtbaren und des verhüllten Anderen in der eigenen mannigfaltigen Kultur. Dies ist ein Wechsel der Perspektive, ein Wechsel, der ein neues Fundament für die Bildungstheorie bauen kann, welches weniger auf Begriffstraditionen fußt, als auf den

in den Praxen aktualisierten Diskursen. Bereits Anfang unseres Jahrhunderts ist eine differenzorientierte Bildung von Emile Durkheim eingefordert worden: „Statt dass die Menschheit unveränderlich ist, besteht sie aus einem ständigen Werden und Vergehen; statt dass sie einheitlich ist, ist sie unendlich vielfältig, sowohl in der Zeit wie im Raum. Und darunter verstehe ich nicht nur einfach, dass sich die äußeren Formen des Lebens verändern; dass die Menschen nicht überall die gleiche Sprache sprechen, nicht die gleiche Kleidung tragen, nicht die gleichen zeremoniellen Regeln befolgen usw., sondern dass die Grundlage selbst der menschlichen Moralität und der menschlichen Mentalität in ständiger Umwandlung begriffen ist; dass sie hier und dort nicht gleich ist.[...] Daraus folgt, dass die Gefühle, von denen wir glauben, dass sie am tiefsten in der ererbten Konstitution des Menschen verankert sind, einer ganzen Reihe von Gesellschaften völlig unbekannt sind, und das nicht als Folge irgendeiner Verwirrung, sondern weil die nötigen Bedingungen für die Entstehung und für die Entwicklung dieser Gefühle nicht gegeben waren."[211]
Eine einheitliche Menschheit zu denken, wie es in unserer philosophischen Tradition üblich gewesen ist, bedeutet, die Differenzen zu reduzieren und Ausgrenzungen vorzunehmen. Was die Menschen verbindet, ist ihre Unterschiedlichkeit und die Unmöglichkeit, einem *identischen* Exemplar der Gattung zu begegnen. Trotzdem wurde die *Einheit* immer wieder über die *Einheit der Idee* gesucht, auch der Humanismus war eine solche Idee, und Durkheim konstatiert, dass der Humanismus sich täuscht, „ ... wenn er glaubt, das Kind die menschliche Natur im allgemeinen zu lehren: denn diese Natur existiert ja gar nicht."[212] Wo wird systematisch und institutionell Unterricht angeboten, der dieser Erkenntnis Rechnung trüge, Unterricht, der nicht nur bei bestimmten Gelegenheiten die Differenzialität der kulturellen Manifestationen aufnimmt oder „integriert", sondern diese zum konstitutiven Element seiner Wissensarbeit macht? „In der Tat ergeben sich aus dem Schauspiel der Verschiedenheit, aus der unendlichen Variabilität der menschlichen Natur – es ist nicht einmal nötig, dass dieses Schauspiel vollständig ist – Lehren von großer Bedeutung; denn sie haben das Ergebnis, uns vom Menschen eine sehr verschiedene Idee von der zu geben, die uns die Humanisten gegeben haben; es ist schwer zu glauben, dass das nicht ein höchst wertvolles Ergebnis ist.[...] Wenn wir uns aber in Wirklichkeit, um uns von dem, was der Mensch ist, eine Auffassung zu machen, einzig und allein an ein sog. privilegiertes Volk wenden, dann ist

die Vorstellung, die wir uns von ihm machen, aufs schwerste verzerrt.[...] Von dem Augenblick an, wo man sich der unendlichen Vielfalt der geistigen Kombinationen bewußt ist, die der Mensch aus seiner Natur zieht, von dem Augenblick weiß man, dass es unmöglich ist, zu einem bestimmten Zeitpunkt zu sagen: daraus besteht diese Natur, daraus ist sie gemacht."[213]
Eindrucksvoll gibt Durkheim hier die ethische Dimension eines Differenzdenkens wieder, das sich gegen die negativen Auswirkungen des Anthropo- bzw. des Ethnozentrismus richtet. Es geht hier dezidiert darum, eine Bildung zu ermöglichen, die den *X-zentrismus* aufhebt, die die Besonderheiten in den Blick rückt und die Differenzen entfaltet. Die Perzeption ist in der *Ästhetischen Bildung der Differenz* weniger an das *Auslegen*, als vielmehr an das *Ausleben* geknüpft, in dem Sinne, dass eine ästhetische Disposition ausgelebt werden muss, und die Wahrnehmung eines ästhetischen Objektes nicht nur einen methodischen, sondern auch einen vitalen Akt darstellt, in dem Lebenszeit, Atmungen, Verdauung, Muskelkräfte, mentale Energien etc. eingesetzt werden. Die Ästhetische Bildung ist mit ihren Möglichkeiten der Erschließung und Erprobung von Wahrnehmungen ein Medium, das die Verständigung zwischen fremden Wahrnehmungen fördert. Sie ist dies umso mehr, wenn sie von der Differenz her ausgesagt wird.
Jede handlungstheoretische Überlegung bewirkt aber Kontaminationen mit instrumentellem Denken: Diese Antinomie ist von keiner Bildungstheorie aufzuheben, vor allem nicht durch ein *Anti*. Die Differenzen lassen sich nicht restlos verstehen, eingliedern oder versöhnen. So kommt man z.B. nicht daran vorbei, dass man sich nicht nur aus freien Stücken bilden kann oder dass auch das Lernen Grenzen der Lust hat. Der instrumentelle Charakter sollte ironisch offengelegt, mit sich selbst konfrontiert und transparent gemacht werden: Zu Gunsten der Amelioration von Praxen verzichten wir auf die – stets fiktive – Reinheit der Ideen. Und man würde einer anderen Fiktion verfallen, wenn man glaubte, dass eine handlungstheoretische Auseinandersetzung mit der Differenz ohne jeden Tribut an die Identitätslogik funktionieren könnte. – *Die Philosophen haben gut Lachen*; Jacques Derrida umrahmte die Antinomie: „*Wert darauf legen*, sein *Anderes* zu denken: sein eigenes Anderes, das Eigene seines Anderen, ein anderes Eigenes? Indem man es *als solches* denkt, indem man es als solches (an)erkennt, verfehlt man es. Man eignet es sich wieder an, man verfügt darüber, man verfehlt es – oder man droht es zu verfehlen, man versäumt, es

zu verfehlen – was, im Hinblick auf das Andere, immer auf dasselbe hinausläuft."[214] Bescheidenheit ist also angezeigt. Es kann nicht einmal mehr um die Realisierung (Versöhnung) begrifflicher Ideale gehen. Jede Anwendung eines Begriffs bringt eine Differenz hervor, die das ihr vorangehende Verständnis des Begriffs verschiebt. Diese Prozessierungen führen so weit, bis dass der ursprüngliche Begriff die Praxen nicht mehr erfasst; – das Problem jeder Übersetzung und jeden Verstehens. Was mit der *Ästhetischen Bildung der Differenz* erreicht werden soll, ist die Befähigung zur Einbringung, zur Ausübung und zur Wahrnehmung dieses unendlich Differenten, das in jedem Subjekt durch seine Spezifität (Besonderheit seines Körpers, Besonderheit seiner Wahrnehmung) realiter gegeben ist. *Es gibt beim Lernen mehr Differentes, als die Schulweisheit sich träumen lässt.* Das Differente kann anders ausgelebt werden, nicht in einer Transformation, sondern in einer Entfaltung, in der die vorhandenen Differenzen der Lernenden und der Lehrenden eingebracht werden, was die zentrale Position des Vermittlers in eine reziproke, dezentrierte verwandelt, die aber, um dazu werden zu können, die eigene Differenz auch *distinktiv* setzt.

Ästhetisches Lernen zieht die Formen aus den vielfältigen und differierenden ästhetischen Praxen und verfügt über ein Wissen, das Formen umfasst wie: Die Künstlerin im Atelier mit Modell, der Freskenmaler auf dem Gerüst in schwindelnder Höhe, die Chorsängerin beim Üben einer Kantate, der Teppichknüpfer beim Entwerfen von Mustern, die Designerin am Reißbrett, der Rezitator unbekannter Gedichte, die Bildhauerin mit dem Schweißbrenner, der Schriftsteller bei der Recherche im Zoo, die Gartenarchitektin bei der Auswahl exotischer Pflanzen, der Cellist bei der Orchesterprobe, die Lyrikerin beim Abfassen von Reimen, der Videoinstallateur beim Einrichten eines Raumes, die Performance-Künstlerin in der Fußgängerzone und vieles andere mehr. Alle diese Klischees implizieren ein soziales Modell von ästhetischer Arbeit, implizieren, dass Ästhetische Bildung übertragbar ist, denn diese Modelle werden von jungen Menschen *gewollt*. Ihre Inszenierung ist eine der Aufgaben Ästhetischer Bildung, die diese Modelle je nach Vermittlungssituation auf eine Mikroebene bringen kann. Die Empathie, die dazu notwendig ist, ist bereits ein Moment von Ästhetischer Bildung. Die Lehrenden müssen permanent an ihrer Fähigkeit zur Empathie arbeiten, sie ist die *Fähigkeit zur Differenz*. Der Unterricht der Zukunft wird diese Elemente stärker aufzunehmen haben, wenn er den Ansprüchen einer permanent komplexer werdenden Welt gerecht werden will, in der die

Differenzen in jeder Hinsicht wachsen und unsere Fähigkeit, sie wahrzunehmen und mit ihnen zu arbeiten, überlebenswichtig ist. Der Kognitionswissenschaftler Francisco J. Varela schreibt: „Da Repräsentationen nicht länger eine wichtige Rolle spielen, ist der Begriff ›Intelligenz‹ nicht mehr als die Fähigkeit des Problemlösens zu verstehen, sondern als die Fähigkeit, in eine mit anderen geteilte Welt *einzutreten*."[215] Zur Erlangung dieser Fähigkeit will die *Ästhetische Bildung der Differenz* Werkzeug sein.

Die Ästhetische Bildung mit ihren mannigfaltigen Anwendungsgebieten ist für das Lernen in der Zukunft, sei es institutionell organisiert oder nicht, konstitutiv. In einem Gespräch über die Zukunft der Erziehung hat Roger Garaudy – die traditionelle Fächeraufteilung der Schule kritisierend – vier Grundpfeiler einer nach Kant ausgelegten „Befähigung zu verschiedenen Zwecken" bezeichnet: „1. die Ökonomie im weitesten Sinne, d.h. ihre Erlernung in ständigem Kontakt mit der Betriebswirklichkeit, bei gleichzeitiger Einordnung der spezifischen Produktionsziele des Betriebs in den gesamtgesellschaftlichen (Produktions-) Zusammenhang. 2. die Informatik; die Kinder müßten schon in der Grundschule an den Umgang mit elektronischen Rechenmaschinen gewöhnt werden.[...] Der dritte Grundpfeiler dieser Erziehung müßte die Ästhetik sein, d.h. die Reflexion über die schöpferischen Fähigkeiten des Menschen; und der vierte die Perspektive, d.h. die Reflexion über die Finalität, die Bedürfnisse und die Werte."[216]

Sicherlich genügt uns, was die schöpferischen Fähigkeiten betrifft, nicht die Beschränkung auf deren Reflexion, doch die Grundfigur Garaudys ist instruktiv, da sie die gesellschaftlich wertvolle Zukunftsorientierung, die in der Ästhetischen Bildung eingehüllt ist, zum Ausdruck bringt.

Die Ästhetische Bildung der Differenz ist die hier unterbreitete Variante von Ästhetischer Bildung, die Bildungsprozesse auf der Grundlage ihrer Temporalisierung denkt und differenzielle Praxen sichtbar macht. Es geht nicht darum, Übertragungstechniken und -methoden vorzuschlagen, sondern ein Feld aufzuladen, aus dem heraus produktive Diskurse und Praxen gebildet werden können. Um ideengeschichtliche Grundlagen der Ästhetischen Bildung der Differenz nachzuzeichnen, ist nun nachfolgend erforderlich, tiefer in das Differenzdenken einzusteigen.

2. Jacques Derrida und die *différance*

Zentrale Begriffe der Philosophie Jacques Derridas bezeugen – wie auch Wolfgang Welsch nachdrücklich feststellt[217] – eine auffällige Nähe zur Malerei des *Informel*, die ihren Höhepunkt in der Zeit hatte, in der Derrida seine Philosophie zu entwickeln begann, nämlich Mitte der fünfziger Jahre. – Eine für die Ästhetische Bildung interessante Koinzidenz, mit der einerseits philosophische Aufschlüsse über die informelle Malerei ermöglicht werden und andererseits die ästhetische Erfahrung dieser Kunst Elemente des zuweilen kryptischen Werkes Derridas näherbringen kann. *Die Spur, die Bahnung, die Marke, die Aufschiebung, die Verstreuung*: All diese von Derrida verwendeten Begriffe können ihren explanatorischen Gehalt anhand der informellen Malerei gewinnen. Ein Beispiel dafür ist der Künstler K.R.H. Sonderborg, der im Klappentext zu seinem 1993 erschienenen Band *Phänotypen*, der die Abbildungen von fünfundfünfzig Tuschezeichnungen enthält, schreibt: „Ich weiß nichts. Meine Produkte erzählen mir immer wieder, dass alles anders ist, erzählen mir immer wieder, was ich nicht weiß und immer wieder vergesse."[218]

Sonderborgs Arbeiten sind Momentaufnahmen, die gestisch Spuren bezeugen und dabei auf die Differenzialität elementarer Formen und Erscheinungen verweisen. In einigen Arbeiten fügte er seiner Signatur Datum und Uhrzeit hinzu, als einzige objektive Anhaltspunkte subjektiver Verfassung zum Zeitpunkt der Produktion. Die Sammlung *Phänotypen* besteht aus in seinem Werk konzentrierten Grundelementen, aus deren Wiederholung der Künstler Differenzen hervorbringt.

Diese Differenzen und Spuren verbinden das Werk Sonderborgs mit einem für das Werk Derridas zentralen (Nicht-) Begriff, nämlich dem der *différance*. In einem programmatischen Vortrag, den er im Januar 1968 vor der Französischen Gesellschaft für Philosophie gehalten hatte, führte Derrida die Verzweigungen und Einbindungen dieser im Grunde nicht- bezeichenbaren, nicht-kategorisierbaren Denkbewegung aus, die in der deutschen Sekundärliteratur von manchen Autoren[219] treffend und naheliegend mit *Differänz* übersetzt wird. Derrida geht es um eine radikale Erschütterung der Grundlagen der abendländischen Metaphysik, ihrer Begriffssystematik und Diskursivität, die seit Platon den Weg eines Denkens der Einheit, der Identität, der Substanz eingeschlagen hat und den okzidentalen Rationalismus mit metaphysischen Setzungen auflud und petrifizierte. Die hauptsächliche Schwierigkeit besteht darin, dieses Denken wirklich transzendieren zu können, da sowohl die Methode des Transzendierens (die „Kritik") als auch ihre Sprache von der Metaphysik eingerahmt werden bzw. ihr angehören. Kann man diese Grenze überschreiten? Es ist nicht möglich im Sinne eines *Anti*, oder einer auf Überschreitung gerichteten Kritik: „Für uns bleibt die *différance* ein metaphysischer Name und alle Namen. die sie in unserer Sprache erhält, sind immer noch qua Namen metaphysisch."[220] Das, was die *différance* ausmacht, ist eigentlich nicht zu benennen, jedes *Es ist* versagt angesichts seines nicht rechtmäßigen Identifizierungsversuchs gegenüber dem Phänomen, analog dem, was auf Sonderborgs Zeichnungen *wahrzunehmen*, dessen Sinn aber nicht allgemeingültig identifizierbar ist.

Abb. 8: Informelle Nacktschneckenspuren

Die Einflechtung des kleinen „a"

Ähnlich einer plötzlichen Idee beim Schreiben eines Tagebuchs findet Derrida sein Motto: „Den Namen des Namens in Frage stellen".[221] Doch wie ist er bei der Namensgebung seines (Nicht-)Begriffs vorgegangen? Sein Vortrag/Essay über die *différance* beginnt mit dem dramatischen Satz: „Ich werde also von einem Buchstaben sprechen."[222] Dieser Buchstabe ist das kleine „a", das er für das „e" in der Schreibweise des französischen Wortes *différence* einsetzt. Der Unterschied zwischen diesen beiden Schreibweisen ist nicht *zu hören*, nur die *Schrift* bringt zu Tage, dass es sich um zwei verschiedene Begriffe handelt. In dieser minimalen aber höchst bedeutsamen Vertauschung steckt das Programm Derridas: Das Programm der *Dekonstruktion des Logo- und Phonozentrismus*. Es geht ihm darum, gegenüber der pyramidalen Konstruktion des abendländischen Vernunfttypus, seiner metaphysischen Begründung von Sinn und Sein als *präsent* und der damit einhergehenden Bevorzugung der Rede als *Produktion von Präsenz* eine Strategie der Schrift ins Spiel zu bringen, die die Spuren der *différance* als Aufschub und Verschiebung bezeugt. Bereits diese kleine „graphische Unregelmäßigkeit" bringt das Spiel der *différance* zum Ausdruck, die eben mehr ist als ein Begriff, eine Kategorie oder ein Wort: „Denn ich möchte gerade, obwohl es im Prinzip wie im Grenzfalle, aus wesentlichen Rechtsgründen, unmöglich ist, versuchen, die verschiedenen Richtungen, in denen ich das, was vorläufig das Wort oder der Begriff der *différance* heißen soll, aber, wie wir sehen werden, *á la lettre* weder ein Wort noch ein Begriff ist, in seiner Neuschreibung benutzen konnte oder vielmehr musste, zu einem *Bündel* zusammenzufassen. Ich lege hier aus zwei Gründen Wert auf das Wort *Bündel*: einerseits handelt es sich nicht darum (was ich ebenfalls hätte tun können), eine Geschichte zu beschreiben, von ihren Entwicklungsphasen zu berichten, Text für Text, Kontext für Kontext, und jedesmal zu zeigen, welche Ökonomie zu dieser graphischen Unregelmäßigkeit hat nötigen können; wohl aber um das *allgemeine System dieser Ökonomie*. Andererseits scheint das Wort *Bündel* das geeignetste zu sein, um zu verdeutlichen, dass die vorgeschlagene Zusammenfassung den Charakter eines Einflechtens, eines Webens, eines Bindens hat, welches die unterschiedlichen Fäden und die unterschiedlichen Linien des Sinns – oder die Kraftlinien – wieder auseinanderlaufen läßt, als sei sie bereit, andere hineinzuknüpfen."[223]

Dieses *Bündel* stellt den Versuch dar, die Grenze zu überschreiten, die der Logozentrismus gezogen hat. Derrida lässt sich konsequenterweise auf keine identifizierbare Bestimmung der *différance* ein, sondern versucht, durch immer neue vorläufige Bestimmungen, Umkreisungen ja sogar Ausweichungen, den Leser in ihr Kraftfeld eindringen zu lassen: „Es war bereits zu vermerken, *dass die différance nicht ist*, nicht existiert, kein gegenwärtig Seiendes *(on)* ist, was dies auch immer sei; und wir müssen ebenfalls alles vermerken, *was sie nicht ist*, das heißt *alles*, und dass sie folglich weder Existenz noch Wesen hat. Sie gehört in keine Kategorie des Seienden, sei es anwesend oder abwesend."[224] Man nähert sich der *différance* als einer evasiven Bewegung, die in dem Moment, in dem die Vorstellung von *evasiver Bewegung* zum Begriff wird, verschwindet; – der naheliegende Begriff des *Spiels* wird von Derrida selbst verwendet: „Gibt es ein Umherirren beim Zeichnen der *différance*, so folgt es der Linie des philosophisch-logischen Diskurses ebensowenig wie der ihres symmetrischen und zugehörigen Gegenteils, des empirisch-logischen Diskurses. Der Begriff von *Spiel* siedelt sich jenseits dieser Opposition an, er kündigt in der Nachtwache vor der Philosophie und jenseits von ihr die Einheit des Zufalls und der Notwendigkeit an in einem Kalkül ohne Ende."[225]

Damit ist das Strategische der Bewegung der *différance* vorgezeichnet. Sie muss strategisch vorgehen, um nicht vorschnellen Identifizierungen zu unterliegen und lediglich als Antithese in einem dialektischen System integriert werden zu können: „Alles in der Zeichnung der *différance* ist strategisch und kühn."[226] Und sie muss *List* sein (dabei immer noch *List der Vernunft*), weil sie nicht von einem transzendenten Feld genährt wird, sondern sich in der Schrift ereignet, in der ihre Bewegungen abgelagert, nachgezeichnet, entblättert werden müssen („Palimpsest"). Die Einführung des kleinen „a" in die Schreibweise der *différance* wird damit zum symbolischen Akt der Dekonstruktion:

„Das *a* der *différance* ist also nicht vernehmbar, es bleibt stumm, verschwiegen und diskret, wie ein Grabmal: *oikesis*. Kennzeichnen wir damit im voraus jenen Ort, Familiensitz und Grabstätte des Eigenen, an dem *die Ökonomie des Todes* in der *différance* sich produziert. Kann man nur die Inschrift entziffern, verweist dieser Stein fast auf den Tod des Dynasten."[227]

Die differierende Präsenz

Diese Gefährdung des Dynasten – des Logo- bzw. Phonozentrismus – ist durch die präzise eingesetzte List zu bewerkstelligen, etwas dem System des Dynasten Fremdes einzuführen, das einer viralen Strategie gleich, von den dynastischen Antikörpern nicht identifiziert werden kann, weil es ihre perzeptiven Schemata übersteigt. Und wenn der Logozentrismus auf dem Dogma der Präsenz basiert, dann ist minutiös zurückzuverfolgen, wie diese gesetzte Präsenz selbst konstituiert wird. Derrida verknüpft die beiden Strategeme, indem er nachweist, dass das System der Lautschrift nur funktionieren kann, indem sie Zeichen für Nicht-Präsentes, also nicht-lautliche Zeichen wie Zwischenraum oder Interpunktion in sich aufnimmt. Damit wird das „Spiel der Differenz" zur Bedingung der Möglichkeit der lautlichen Zeichen selbst: „Unhörbar ist die Differenz zwischen zwei Phonemen, die allein ihr Sein und Wirken als solche ermöglicht. Das Unhörbare eröffnet die zwei präsenten Phoneme, so wie sie sich präsentieren, dem Vernehmen. Gibt es also keine rein phonetische Schrift, so weil es keine rein phonetische *phone* gibt. Die Differenz, welche die Phoneme aufstellt und sie, in jedem Sinn des Wortes, vernehmbar macht, bleibt an sich unhörbar."[228]

Weil die Differenzen selbst nicht sinnlich wahrnehmbar werden, sondern das sinnlich Wahrnehmbare als Effekt produzieren, und sie andererseits auch keinesfalls „Ideen" sind, deren Abbilder sich aktualisieren, folgert Derrida, dass die *différance* nicht mit der traditionellen philosophischen Unterscheidung von Sinnlichem und Intelligiblem zu beschreiben ist: „Wenn jedoch unter diesem Gesichtspunkt der ausgeprägte Unterschied in der *différ()nce* zwischen dem e und dem *a* sich dem Blick und dem Gehör entzieht, legt dies wohl auf treffende Art nahe, dass man sich hier auf eine Ordnung verweisen lassen muss, die nicht mehr der Sinnlichkeit angehört. Aber auch nicht der Intelligibilität, einer Idealität, die nicht zufällig an die Objektivität des *theorein* oder des Verstandes gebunden wäre; es wird also auf eine Ordnung verwiesen, die jener für die Philosophie grundlegenden Opposition zwischen dem Sensiblen und dem Intelligiblen widersteht."[229]

Und damit wird auch die Schwierigkeit der Rede von der *différance* erklärt, sie gehört nicht unseren traditionellen, auf der Präsenz basierenden Kategorien an und kehrt die Grenzen des Denkens und der Sprache im System der abendländischen Metaphysik hervor: „Wie fange ich es an, von dem *a* der *différance* zu sprechen? Selbstverständlich kann sie nicht *exponiert* werden. Man kann immer nur das exponieren, was in einem bestimmten Augenblick *anwesend*, offenbar werden kann, was sich zeigen kann, sich als ein Gegenwärtiges präsentieren kann, ein in seiner Wahrheit gegenwärtig Seiendes, in der Wahrheit eines Anwesenden oder des Anwesens des Anwesenden."[230]

Nicht zufällig zeigt sich in diesen Sätzen Derridas eine Nähe zur Sprache Heideggers, dessen Angriff auf das Verständnis vom Sinn des Seins als Präsenz er aufnimmt und radikalisiert. Die Differenz erscheint bei Heidegger als *ontischontologische Differenz*, bei der die Unterscheidung zwischen Sein und Seiendem nicht möglich wäre, wenn das Seiende nicht vom *Sein* differieren könnte. Eine reine, ungeteilte Präsenz würde folglich nur ihre bewegungslose Immanenz beinhalten.[231] Mit der *différance* knüpft Derrida an Heideggers Kritik am abendländischen Verständnis der *Präsenz* an, und er veranschaulicht seine Strategie anhand einer etymologisch-semantischen Analyse des französischen Verbes *différer* (lat.: differre), das sowohl *sich unterscheiden, abweichen* als auch *auf-* und *verschieben, verzögern* bedeutet. Um diese zusätzliche zeitliche Dimension des Begriffes geht es Derrida, und er leitet daraus sein Verständnis der *Temporisation* ab: „*Différer* in diesem Sinn heißt temporisieren, heißt bewußt oder unbewußt auf die zeitliche und verzögernde Vermittlung eines Umwegs rekurrieren, welcher die Ausführung oder Erfüllung des ›Wunsches‹ oder ›Willens‹ suspendiert und sie ebenfalls auf eine Art verwirklicht, die ihre Wirkung aufhebt oder temperiert."[232]

Wiederum taucht in dieser Bestimmung der différance im Hinblick auf ihre Zeitlichkeit ein Anklang an Heidegger auf, nämlich dessen Verständnis von „Zeitlichkeit als ontologischer Sinn der Sorge"[233]. Derrida begibt sich auf den von Heidegger beschrittenen Weg, versucht aber nicht wie dieser, der Philosophie der Präsenz durch einen Rückzug in archaische Sprachlandschaften zu entgehen, sondern konkretisiert eine Strategie, für die er noch andere Kronzeugen, nämlich Nietzsche und Freud benennt, in deren Theorien ebenfalls die Präsenz des (Bewußt-)Seins problematisiert wird: „Nach den Forderungen einer klassischen Begrifflichkeit würde man sagen, dass ›différance‹ die konstituierende, produzierende und originäre Kausalität bezeichnet, den Prozeß von Spaltung und Teilung, dessen konstituierte Produkte oder Wirkungen die *différents* oder *différences* wären."[234]

Die *différance* „ist" ein komplexes Bewegungsspiel, und ihr historisch-semantisch aufgeladenes Wortumfeld führt noch andere Bedeutungen mit sich, so z.B die der *Andersheit*, der *Verschiedenheit*, des *Streits*. Diese Bedeutungen bewirken durch ihre Aktualisierungen und Wiederholungen verschiedene Distanzen und Intervalle, die wiederum die durch die *différance* entstehende *Verräumlichung* bezeugen.

Das Zeichen und die différance als Temporisation und Verräumlichung

Die klassische Semiologie fasst das Zeichen als Stellvertreter für etwas Abwesendes auf, demnach bezeichnen wir, wenn die „Sache" nicht präsent ist. Das Zeichen nimmt dann die Stelle dieser Sache ein, womit es zwischen zwei Gegenwarten vorkommt, da es in der Erwartung der Wiederkunft der Sache an dessen Stelle tritt (das Wort „Sache" fungiert *hier* selbst als Zeichen): „Das Zeichen wäre also die aufgeschobene *(différée)* Gegenwart."[235] Dass Derrida in diesem Sinne die Signifikation als „*différance* der Temporisation"[236] definieren kann, in der folglich die produzierende, generierende Kraft der différance Gegenwärtiges aufschiebt, reicht ihm noch nicht, da in diesem Verständnis das Zeichen sich immer von einem ursprünglichen Anwesenden ableitet, das nicht mehr anwesend ist und ersetzt werden muss. Ihm geht es vielmehr darum, „ … diesen sekundären vorläufigen Charakter des Substituts in Frage zu stellen, so wird zweifellos sichtbar, wie eine originäre *différance* sich ankündigt, aber sie läßt sich insofern weder ursprünglich noch endgültig nennen, als die Worte Ursprung, Arche, Telos, *eschaton* usw., immer auf die Präsenz: *ousia*, Parusie usw. hingewiesen haben."[237] Diese traditionellen Begriffe des abendländischen Denkens sind auf die Präsenz hin konstruiert worden, sie gestalten den Denkraum, in dem die philosophischen Bemühungen sich bewegen bzw. sie stellen die *Doxa* dar, in deren Rahmen wir unser Denken als selbst-präsent beschreiben. Die Signifikation selbst ist in diesem Rahmen als ein auf die Präsenz bezogenes Produktionssystem von Zeichen konstituiert und reproduziert worden; genau diese Struktur versucht Derrida auszuhöhlen, was zur Folge hätte: „1. dass man die *différance* nicht mehr unter dem Begriff des ›Zeichens‹ erfassen könnte, der stets Repräsentation einer Präsenz bedeutet und sich in einem (Denk- oder Sprach-) System konstituiert hat, welches von der Präsenz her und im Hinblick auf sie geregelt wird; 2. dass man somit die Autorität der Anwesenheit oder ihres einfachen symmetrischen Gegenteils, der Abwesenheit oder des Fehlens, in Frage stellt. Erfragt wird somit die Grenze, die uns immer schon gezwungen hat, die uns stets zwingt – uns, die Bewohner einer Sprache und eines Denksystems, – den Sinn von Sein überhaupt als Anwesenheit oder Abwesenheit in den Kategorien des Seienden oder der Seiendheit *(ousia)* zu gestalten."[238]

Dies hat weitreichende Konsequenzen; zunächst folgt Derrida für die semiologische Problematik, dass die klassische Saussuresche Unterscheidung des Zeichens in Signifikat und Signifikant von der Temporisation aus gesehen hinfällig ist, da das Signifikat dem Signifikanten gegenüber nicht ursprünglich ist, was ja bedeuten würde, dass die Begriffe letztendlich immer auf sich selbst verwiesen. Vielmehr besteht durch die Bewegung der *différance*, die die grundlegende Bedingung für den Signifikationsprozess selbst ist, eine allgemeine Verweisungsstruktur, in der jeder Begriff in mannigfache Ketten eingebunden ist und auf vielfältige Art und Weise auf andere Begriffe verweist, denn: „In einer Sprache, im *System* der Sprache, gibt es nur Differenzen."[239] Diese Differenzen aber, sind selbst Effekte der *différance*, die ihnen vorausgeht und die Derrida in dieser Hinsicht als historisch versteht, jedoch nicht in dem Sinne, dass sie einer einfachen Gegenwart – der Gegenwart dieser Effekte – vorausginge. Der Name des Ursprungs kommt der *différance* nicht zu, denn: „Den Aufschub als ursprünglich zu bezeichnen, heißt zugleich den Mythos eines präsenten Ursprungs auszustreichen. Deshalb muss ›ursprünglich‹ als *ausgestrichen* verstanden werden, widrigenfalls leitete man den Aufschub aus einem vollen Ursprung ab. Die Ursprungslosigkeit ist es, die ursprünglich ist."[240]

Folglich sind philosophische Setzungen, die das Bewusstsein als den Zeichen vorgängig beschreiben, falsch, denn wenn eine allgemeine, ursprungslose Verweisungsstruktur arbeitet, treten Signifikat und Signifikant – wenn man diese Unterscheidung beibehalten will – gleichzeitig auf, was aber nicht bedeutet, dass dies stets *simultan* geschähe, da jedes Zeichen ein *Signifikant* ist, dessen *Signifikat* ein anderer *Signifikant* ist und das Signifikat-Werden des Signifikanten sich in einem Intervall abspielt. Wir können uns trotzdem nicht einfach von dem Begriff *Signifikat* lösen, denn sonst müssten wir auch den *Signifikanten* abschaffen, da dieser ja nur signifikant in seiner Beziehung zum *Signifikat* sein kann.

Der Gedanke an die „Signifikats-effekte" (die Signifikanten) bringt uns abermals an eine sprachliche Grenze, und wiederum sind wir gleichsam gezwungen, aus festen Begriffen, Namen, Bezeichnungen *bewegliche* zu machen.

Die *Verweisungsstruktur*, die durch die Bewegung der *différance* entsteht, bewirkt, dass die Zeichen nur dann in der Präsenz erscheinen können, wenn sie sich gleichzeitig auf etwas anderes beziehen, diese nahezu konnektionistische Beweisführung Derridas ist mit aktuellen, in den Naturwissenschaften erarbeiteten Ergebnissen verknüpfbar[241]: „Die *différance* bewirkt, dass die Bewegung des Bedeutens nur möglich ist, wenn jedes sogenannte ›gegenwärtige‹ Element, das auf der Szene der Anwesenheit erscheint, sich auf etwas anderes als sich selbst bezieht, während es das Merkmal *(marque)* des vergangenen Elementes an sich behält und sich bereits durch das Merkmal einer Beziehung zu einem zukünftigen Element aushöhlen läßt, wobei die Spur sich weniger auf die sogenannte Gegenwart bezieht, als auf die sogenannte Vergangenheit, und durch eben diese Beziehung zu dem, was es nicht ist, die sogenannte Gegenwart konstituiert: es selbst ist absolut keine Vergangenheit oder Zukunft als modifizierte Gegenwart. Ein Intervall muss es von dem trennen, was es nicht ist, damit es selbst sei, aber dieses Intervall, das es als Gegenwart konstituiert, muss gleichzeitig die Gegenwart in sich selbst trennen, und so in der Gegenwart alles scheiden, was man von ihr her denken kann, das heißt, in unserer metaphysischen Sprache, jedes Seiende, besonders die Substanz oder das Subjekt. Dieses dynamisch sich konstituierende, sich teilende Intervall ist es, was man *Verräumlichung* nennen kann, Raum-Werden der Zeit oder Zeit-Werden des Raumes *(Temporisation)*."[242]

Die *Spur*

Erneut taucht hier eine Begründung dafür auf (cf. Kapitel I), dass durch die Temporalisierung des Bewusstseins das Subjekt in sich selbst differiert. Es ist bereits darauf hingewiesen worden, dass die *Kritik der Präsenz*, die wesentlich eine Kritik der Präsenz des Selbstbewusstseins ist, Derrida in die Nähe von Nietzsche und Freud rückt, deren Theorien er in seinen Arbeiten ausführlich kommentiert, und deren Bedeutung für sein Denken kaum zu unterschätzen ist.[243] Es ist insbesondere der Begriff der *Spur*, ein Begriff, den Derrida zum

Zeitzeugen der *différance* macht, der an Freud erinnern lässt, zumal die Spur mit der *Bahnung* auftritt, einem Freuds Theorie entliehenem Terminus. Geoffrey Bennington schreibt, Derrida auslegend: „Jede Spur ist Spur einer Spur. Kein Element ist jemals irgendwo anwesend (auch nicht abwesend): es gibt nichts als Spuren."[244] Wenn auch die Spur in einen universellen Verweisungszusammenhang eingebunden ist, muss sie, da sie von dem Vergangenem wie von dem Gegenwärtigen kontaminiert ist und ihrerseits beide Zeitdimensionen kontaminiert, auf eine noch vergangenere Vergangenheit hinweisen, auf eine paradoxale *Ur-Spur*. Derrida löst das Problem wie folgt: „Wenn andererseits die Spur auf eine absolute Vergangenheit verweist, dann deshalb, weil sie uns zwingt, eine Vergangenheit zu denken, die man nicht mehr in Form einer modifizierten Präsenz, als eine vollendete Gegenwart begreifen kann. Da aber die Vergangenheit seit je die vollendete Gegenwart bezeichnet hat, verdient die in der Spur zurückbehaltene absolute Vergangenheit nicht länger den Namen ›Vergangenheit‹. Auch diesen Namen gilt es zu durchstreichen, um so mehr als die Bewegung der Spur ebenso ankündigt wie erinnert: die Differenz differiert."[245]
Dieser Gedanke ist konsequent, denn würde die Differenz selbst nicht differieren, wäre man wieder innerhalb des dialektischen Denkens befangen, in welchem die Differenz das symmetrische Gegenteil von Identität darstellt. Damit hätte man eine *logische*, jedoch keine *temporale* Bestimmung. Durch diesen akrobatischen Gedanken Derridas bleibt die *différance* in Bewegung und fähig, die differenziellen Spuren hervorzubringen, die von ihr zeugen. Das nicht-präsente Bewusstsein, das Unbewusste bringt Spuren hervor, z.B. Spuren als Symptome, die sich gebahnt haben und von einer Vergangenheit künden, in der das Bewusstsein sich selbst nicht präsent gewesen ist[246]: „1. Die Begriffe von *Spur, Bahnung* und Bahnungskräften sind seit dem *Entwurf* von dem Begriff der Differenz nicht zu trennen. Man kann den Ursprung des Gedächtnisses und des psychischen Lebens als Gedächtnis überhaupt (bewußt oder unbewußt) nur beschreiben, wenn man dem Unterschied zwischen den Bahnungen Rechnung trägt. Freud sagt es. Ohne Differenz gibt es keine Bahnung und ohne Spur keine Differenz. 2. Alle Unterschiede in der Produktion der unbewußten Spuren und in der Niederschrift können ebenfalls als Momente der *différance* im Sinne der Aufsparung interpretiert werden. Nach einem Schema, das Freuds Denken stets geleitet hat, wird die Bewegung der Spur

als ein Streben des Lebens beschrieben, sich dadurch zu schützen, dass es die gefährliche Besetzung *aufschiebt*, einen Vorrat bildet."[247]
Kennzeichnend für das Denken Derridas ist, dass kein Begriff, kein Name, keine Bezeichnung für nur einen *Effekt* verantwortlich wäre, sondern es ist stets ein *Bündel*, ein Netz, das diese Begriffe selbst sind, und auch ihre Wirkungen auf andere Begriffe sind von solch gebündelter Art. Die *Spur* bezeugt die Kraftfelder der *différance* und ihre Effekte in der Temporisation, und sie führt uns aus der von der Präsenz her ausgesagten Form der Vergangenheit in eine vorgängigere, die die *différance* setzt: Die Präsenz ist ein Effekt der *différance*. Hier wird Derridas philosophiegeschichtliche Absicht, die Phänomenologie Husserls beim Durchqueren zu überschreiten, sehr deutlich, denn er enthüllt in der phänomenologischen Beschreibung der Zeitlichkeit (*Retention/Protention – Lebendige Gegenwart*)[248] die konstituierende Relevanz des Anderen der Präsenz, nämlich eines Nicht-Gegenwärtigen, Nicht-Lebendigen in einem *unentwurzelbaren Nicht-Ursprünglichen*. Denn: „Das Selbe ist nur das Selbe, wenn es sich vom Anderen affizieren läßt."[249] Die intuitiv erfahrene Selbst-Präsenz des Subjektes ist durch den Eingriff des Anderen, das sich in der Temporalisierung ausdrückt, *gebündelt*. Dieser Aspekt des Denkens Derridas wird in einer Arbeit von Jürgen Habermas treffend exponiert: „Die einfache Präsenz eines ungeschiedenen, mit sich identischen Gegenstandes zerfällt, sobald das Netz von Protentionen und Retentionen zu Bewußtsein kommt, in das jedes aktuelle Erleben eingebettet ist. Das ›im Augenblick‹ gegenwärtige Erleben verdankt sich einem Akt der Vergegenwärtigung, die Wahrnehmung einem reproduzierenden Wiedererkennen in der Weise, dass der Spontaneität des lebendigen Augenblicks die Differenz eines zeitlichen Intervalls und damit auch ein Moment der Andersheit innewohnt."[250]
Die unterkomplexe, binäre Trennung von Innen/Außen, Innenwelt/Außenwelt verliert an Aussagekraft, da die Differenz in der Identität selbst enthalten ist, dort *drängt* und ihr Spiel vorantreibt. Letztendlich wird die Bestimmung von Identität und Differenz im Bewegungsspiel der *différance* unentscheidbar, worauf Vincent Descombes hinweist: „Sagt man in diesem Spiel, ›wo wer verliert, gewinnt‹, ›Identität‹, so wird sie alsbald zu einer Differenz, und meint man eine Differenz zu fassen, so verwandelt sie sich in Identität.[…] Der Spielausgang ist unentscheidbar."[251]

Der *Fang* der Ästhetischen Bildung der Differenz

Man nimmt die Partie wieder auf, indem man das Denken von der einen Schrift in die andere einwandern lässt. Wir haben etwas *gelernt*, und es kann sicherlich nicht darum gehen, dem Denken Derridas im Sinne einer auf ihn als Person festgeschriebenen Identität *gerecht* zu werden, denn jedes Denken ist eine *Sammlung*, die idealiter *allen* gehört. Ohne Umschweife können wir den *Fang* dieser Darlegung in unser *House* tragen und uns die Frage stellen, was die Ästhetische Bildung aus diesem Kraftfeld gewinnen könnte.

Um am Begriff der *Spur* anzuknüpfen: Wenn das Subjekt, dem durch die Spur die Andersheit bezeugt wird, der Spur nachgeht, ihre Bahnungen verfolgt, sie nachzeichnet, dann verhält es sich *bildend*, weil es seine Temporalisation thematisiert. Dieser Prozess ist mit dem binären Kode von *bewusst – unbewusst* nicht hinreichend zu beschreiben, weil sich in jeder Phase eines solchen Prozesses beide Dimensionen durchdringen. Man begibt sich auf den Weg der eigenen Abwesenheit, um eine Spur zu finden, sich zu konstituieren. Was dabei in Erfahrung gebracht wird, ist das Andere im Selben als Neuheit, d.h. dass die einzelnen Spuren in einem erkenntnisorientierten Verhältnis der Zueignung stehen, in dem das Neue als die Form des Anderen erscheint. Dies ist für das Subjekt ein bildender und konstituierender Prozess. Erinnern wir uns des Beispiels der informellen Malerei: K.R.H. Sonderborg signiert ein Blatt mit dem Datum, gelegentlich auch mit der Uhrzeit. Das, was auf dem Blatt wahrnehmbar ist, bezeugt die Spur eines Prozesses, der nicht in der Selbst-Präsenz des Bewusstseins stattfand, sondern in einer Selbst-Abwesenheit, in der der Künstler sich zeichnend den Zeichen auslieferte und die Formation einer materialen Spur, die einen Aspekt von Selbst-Konstitution bezeugt, durch ein *Aussetzen der Präsenz* erreichte. *Die Hand zeichnete wie von selbst,* heißt: Sie bewegte sich *anders*, wie von einem Fremden gelenkt. Das Datum, die Uhrzeit sind eine Signatur, die eine Markierung hinterlässt, welche die Szene einrahmt, in der Anwesenheit und Abwesenheit dimensional werden: *Das war mit mir zu diesem Zeitpunkt.* Deshalb sagt Sonderborg: „Ich weiß nichts. Meine Produkte erzählen mir immer wieder, dass alles anders ist ... "

Es ist nicht ein sich selbst präsentes Ich, das den kreativen Prozess durchschreitet, sondern eines, das sich in Spurenebenen bewegt. Dabei bedient es sich der in jedem Subjekt angelegten *differenziellen Signaturen*, die höchst dividuell sind und deren materiale Ergebnisse zu jedem Zeitpunkt differieren. Die Aussagekraft dieser Ergebnisse ist allgemeiner, ja kommunikativer Natur, da die differenziellen Signaturen in jedem Subjekt angelegt sind und die gebildete Wahrnehmung sie als Spuren erkennen und auslegen kann.

Die *differenzielle Signatur* ist die Fähigkeit des Körpers, Zeichen hervorzubringen, eine Fähigkeit, die *vor* der Schriftbeherrschung besteht. In den materialen Ergebnissen kommt kein buchstäblicher *Sinn* zum Ausdruck, sondern es ist die Abwesenheit eines begrifflich zuordnungsfähigen Sinnes, über die man durch die informelle Zeichnung/Malerei in Kommunikation tritt: Wir kommunizieren mit und in Spuren. Das materiale Ergebnis wird dabei zur Signatur eines Bildungsprozesses, der nicht in einem eindeutig bestimmbaren Sinn zu beschreiben wäre, sondern dessen Sinn darin besteht, die Abwesenheit des Sinns in der Spur als für das Subjekt konstitutives Element zu erfahren.

Die Komplexität dieser Form von Zeichnung/Malerei ist kaum zu übertreffen, da sie ein Weltverhältnis des Subjektes darstellt[252], das vielen technologischen ästhetischen Verfahren mangelt, weil bei ihnen – im heideggerischen Sinne – zu viel *Zeug* zwischen dem Körper und der Einschreibungsfläche der Spur positioniert ist. Daher die merkwürdige hygienische Leere der Computer-Kunst: Sie ist *spurlos*. – Damit ist aber auch eine *Permanenz der Ästhetischen Bildung* festgeschrieben. Die differenziellen Signaturen wiederholen sich von Subjekt zu Subjekt, und die Differenz entlockt in jeder Wiederholung den bildenden Aspekt der Spur. Bildung muss sich also wiederholen, wenn sie von der Differenz her ausgesagt wird. Es gibt keine Erkenntnisse, die eine fixe Substanz darstellten, vielmehr führt die Wiederholung der Erkenntnisse (im Bildungsprozess) zu einer Differenz, die den Prozess als Bewegung (und nicht als Sequenz) konstituiert. *Das Wissen ist immer ein Mittel für ein anderes Wissen.*

Der Verweisungscharakter des Wissens führt uns zu einem anderen Theorem Derridas zurück, zu dem des *flottierenden Signifikanten*, dessen Ertrag für die Ästhetische Bildung offensichtlich ist. Die künstlerische Arbeit mit Verweisungsstrukturen ist für die Kunst unserer Zeit charakteristisch. Sie wird von zahlreichen Künstlern und Künstlerinnen thematisiert, die das Spiel der Signifikanten (bzw. der Signifikate) in ihren Werken zum Ausdruck bringen. Ich zitiere, um das Argument zu erhärten, als Beispiele prominente Namen aus unterschiedlichen ästhetischen Disziplinen: Robert Wilson (Theater), Thomas Pynchon und Heiner Müller (Literatur), Phil Glass und Steve Reich (Musik), Cindy Sherman und Jeff Wall (Fotografie), A.R.Penck und Mark Tansey (Malerei), Matt Mullican und Mike Kelley (Objekte/ Installationen). Die Verweisungsstruktur von Kunst ist einer der theoretischen Grundpfeiler der zeitgenössischen Ästhetik. Durch ihn lässt sich das Denken Derridas in einem ästhetischen Diskurs verorten, der bildungstheoretisch relevant ist, da er die Signifikationsprozesse transparent macht, in denen das Subjekt Wahrnehmungsdifferenzen erzeugt.

Ähnliches gilt für Derridas Theorem des Aufschubs, der Verschiebung: Begriffe, die in der Kunst prominent geworden sind. Man denke nur an die DOCUMENTA IX im Jahre 1992, die sich dem Thema *displacement* widmete und der kontextuellen Kunst eine weitere Bresche schlug. Die von der amerikanischen Foto-Künstlerin Zoe Leonard in der Neuen Galerie innerhalb einer Sammlung von Genre-Malerei gehängten Aufnahmen der weiblichen Scham bleiben als Beispiel einer Verschiebung der *Exposition* selbst in eindrucksvoller Erinnerung. Um es zu betonen: All das sind nicht Exempel der Direktübertragung philosophischer Theoreme in die ästhetische Praxis *(die auch eine Praxis des Theoretisierens ist)*, sondern diese Beispiele bezeugen Spuren eines Denkens, dem die Theoreme Derridas äquivalent sind.

3. Gilles Deleuze: *Différence et Répétition*

Das in Frankreich bereits 1968 von Gilles Deleuze veröffentlichte Werk *Différence et Répétition*[253], ist in Deutschland erst im Jahre 1992 übersetzt erschienen[254], doch es löste hierzulande trotz der verzögerten Herausgabe postwendend eine starke und nachhaltige Resonanz aus.[255] Deleuze betrieb intensiv philosophiegeschichtliche Studien und publizierte u.a. Arbeiten über Leibniz, Spinoza, Hume, Kant, Nietzsche und Bergson. Seine Zusammenarbeit mit dem Psychoanalytiker Félix Guattari führte zu dem gemeinsam verfassten Werk *Anti-Ödipus*[256], in dem der Versuch unternommen wird, die parallele Entwicklung von Kapitalismus und Schizophrenie zu beschreiben, ein Werk das die Autoren international bekannt machte und dem eine „Fortsetzung" mit dem Titel *Mille Plateaux* folgte[257]. Michel Foucault bezeichnete den *Anti-Ödipus* als „Einführung in das nicht-faschistische Leben"[258].

In Arbeiten über Marcel Proust, Franz Kafka, Lewis Carroll, D.H. Lawrence, Malcolm Lowry, Scott Fitzgerald, Pierre Klossowski und anderen Künstlern setzte Deleuze sich explizit mit ästhetischen Fragen auseinander, ein Interesse, das auch zu seinen beiden großen Filmbüchern führte, die die Filmästhetik aus einer Perspektive betrachten, die vornehmlich mit den Theorien Henri Bergsons und Charles S. Peirces erarbeitet wurde[259]. In der Bildungstheorie sind die Arbeiten Deleuzes nahezu übersehen worden, obwohl er sich in *Differenz und Wiederholung* explizit Fragen der Bildung und des Lernens widmet.

Im Vorwort zu *Differenz und Wiederholung* macht Deleuze sogleich deutlich, dass es sich bei seiner Arbeit, die ein hartnäckiger und ausschweifender Streifzug durch die Geschichte der Philosophie ist, um ein Buch handelt, dessen Verstrickung in begriffliche Abstraktionen durchaus Rekurse in die Alltagswelt ermöglicht: „Unser modernes Leben ist so beschaffen, dass wir ihm angesichts von vollendet mechanischen und stereotypen Wiederholungen in uns und außerhalb unaufhörlich kleine Differenzen, Varianten und Modifikationen abringen. Umgekehrt stellen geheime, verkleidete und verborgene Wiederholungen, hervorgerufen durch die fortwährende Verschiebung einer Differenz, in uns und außerhalb wiederum nackte, mechanische und stereotype Wiederholungen her. [...] Das Geschäft des Lebens besteht darin, alle Wiederholungen in einem Raum koexistieren zu lassen, in dem sich die Differenz verteilt."[260]

Wie bei Derrida finden wir auch bei Deleuze das Verständnis der Differenz als *Verschiebung* vor; im Unterschied zu Derrida ergründet Deleuze die Differenz jedoch nicht semiologisch bzw. linguistisch – was bei Derrida zur Auseinandersetzung mit dem Phonozentrismus als Variante des Logozentrismus führt und in der Strategie der Schrift (Dekonstruktion) eine Öffnung sucht –, sondern *vitalistisch*, das heißt, er fragt nach dem, was jedes Sein charakterisiert und beantwortet die Frage im Titel *Differenz und Wiederholung*: Das moderne Leben ist die Wiederholung des Lebens in der Differenz der Moderne. Indem Deleuze seinen Differenzbegriff an den der Wiederholung bindet, eröffnet er die Perspektive einer Philosophie, die die Affirmation denkt und aus der Logizität der Dialektik und ihrer zwangsläufigen Negativität[261] ausscheren will: „Die Differenz und die Wiederholung sind an die Stelle des Identischen und des Negativen, der Identität und des Widerspruchs getreten. Denn nur in dem Maße, wie man die Differenz weiterhin dem Identischen unterordnet, impliziert sie das Negative und läßt sich bis zum Widerspruch treiben. Der Vorrang der Identität, wie immer sie auch gefaßt sein mag, definiert die Welt der Repräsentation. Das moderne Denken aber entspringt dem Scheitern der

Repräsentation wie dem Verlust der Identitäten und der Entdeckung all der Kräfte, die unter der Repräsentation des Identischen wirken."[262]

Hier zeigt sich die programmatische Anlage von Deleuzes Denken: Es geht ihm darum, einen nicht-negativen Begriff von Differenz zu entfalten, um diese aus der Logik der Repräsentation zu lösen, die auch eine Logik der Dialektik ist, da in ihr die Differenz stets der Identität untergeordnet ist. Dagegen ist zu fragen, was in und unter der Identität selbst arbeitet und sie zu dem werden läßt, *für das sie sich hält*. Jede Repräsentation muss zwangsläufig irgendwann scheitern, weil das, wofür sie sich hält, nicht mehr länger eingelöst werden kann, weil sie keine identische Substanz repräsentiert, sondern ein *Simulakrum*, ein Trugbild. Diesen wesentlich von Pierre Klossowski und Georges Bataille in Malerei, Literatur und Philosophie eingeführten Begriff[263] setzt Deleuze der Autorität der *Arche* entgegen. War bei Derrida am Ursprung die Ursprungslosigkeit, so steht bei Deleuze am Anfang das Trugbild. Es gilt, den unterkomplexen Begriff von Wiederholung als *Re-präsentation,* in dem das Selbe identisch wiederkehrt, zu widerlegen und zu einem komplexeren Verständnis zu gelangen, das die Wiederholung als *produktiv* versteht, da sie es ist, die die Differenz entlockt.

Die „Differenz an sich selbst"

Wie Derrida verfällt auch Deleuze nicht der versöhnlichen Vorstellung der Koexistenz *reiner Differenzen*, die sozusagen von der Identität gereinigt wären. Vielmehr fasst er seinen Begriff von Differenz *dramatisch*, insofern das Differenzielle auch Zerstörerisches bewirkt und sich durch die Hervorbringung von qualitativen Bestimmtheiten nicht versöhnen lässt. Die Verwechslung des Begriffs der Differenz mit der bloßen begrifflichen Differenz will Deleuze richtigstellen, denn letztere ist zwangsläufig, d.h. *logisch* gedacht, eine von der Identität abgeleitete Differenz, wie z.B. die Differenz des Besonderen, die dieses Besondere hinsichtlich einer bestimmten Identität ist.[264] Deleuze geht aber nicht Derridas Weg einer Dekonstruktion des Logozentrismus, um die Bewegung der Differenz in den Begriffen und Diskursen selbst nachzuweisen, sondern er faßt einen vitalistischen Begriff von Differenz, dessen Unterdrückung er in der Geschichte der Philosophie seit Platon nachzuweisen versucht: „Das Projekt einer Philosophie der Differenz scheint nun darin zu liegen, die Differenz ihrem Stand der

Verfluchung zu entreißen."²⁶⁵ Die *begriffliche Differenz* ist in den Dualismen und Derivaten gefangen, die die abendländische Philosophie im Intelligiblen installiert hat; sie dort herauszulösen, heißt, die Differenz als *Sein des Sinnlichen* zu denken, da die tiefste Differenz zwischen dem *Begriff und der Anschauung*, zwischen der *Logik und der Ästhetik* verläuft; – untergründig ist das gesamte Werk Deleuzes deshalb von ästhetischen Fragestellungen durchdrungen. Eine Philosophie, die die Repräsentation attackiert, landet zwangsläufig in der Ästhetik, wohingegen es die Aufgabe der Logik ist, die Repräsentation des Begriffs sicherzustellen, denn die Logik muss auf der Grundlage begrifflicher Identität formuliert werden, andernfalls ließen sich logische Schlüsse nicht verallgemeinern. Deleuze will aber die Differenz von der *Repräsentation* lösen, wozu er sie von der rein begrifflichen Differenz trennen und von ihrer Ableitung aus der Identität befreien muss. Da er aber keine „reine" Differenz denkt – die Juxtaposition reiner Differenzen führte zwangsläufig zur allgemeinen Indifferenz, da die Differenzen sich in einer solchen Lage nicht differenziell intensivieren ließen – verortet er sie konsequenterweise *innerhalb* der Identitäten, die von den Differenzen *dramatisiert* werden, bevor sie die Repräsentation eines Objektes bestimmen. Es reicht Deleuze nämlich nicht, ein „principium individuationis in den Fakten" zu konstatieren, da es zu einfach wäre, auf die Spezifität jedes einzelnen Dinges zu rekurrieren, um den grundsätzlich differenziellen Charakter des Seins zu beschreiben. Er will vielmehr die *nicht-begriffliche Differenz* in den Anschauungsformen verorten, um sie als *Differenz an sich selbst* zu fassen und sie außerhalb des dialektischen Verhältnisses von Identität und Differenz anzusiedeln. Vom Philosophen der Differentialrechnung, Leibniz,²⁶⁶ der die Damen im Hofgarten spazieren führte, um ihnen nahezubringen, dass sich keine zwei Blätter gleichen, führt der Weg Deleuzes direkt zu Kants transzendentaler Ästhetik, die, da sie die Bedingungen der Anschauungsformen a priori untersucht, eine Philosophie der Differenz in sich trägt. In den *Anmerkungen zur transzendentalen Ästhetik* formuliert Kant: „Wir haben also sagen wollen: dass alle unsere Anschauung nichts als die Vorstellung von Erscheinung sei: dass die Dinge, die wir anschauen, nicht das an sich selbst sind, wofür wir sie anschauen, noch ihre Verhältnisse so an sich selbst beschaffen sind, als sie uns erscheinen, und dass, wenn wir unser Subjekt oder auch nur die subjektive Beschaffenheit der Sinne überhaupt aufheben, alle die Beschaffenheit, alle Verhältnisse der Objekte in Raum und Zeit, ja selbst Raum und Zeit verschwinden würden, und als Erscheinungen nicht an sich selbst, sondern nur in uns existieren können. Was es für eine Bewandtnis mit den Gegenständen an sich und abgesondert von aller dieser Rezeptivität unserer Sinnlichkeit haben möge, bleibt uns gänzlich unbekannt. Wir kennen nichts, als unsere Art, sie wahrzunehmen, die uns eigentümlich ist, die auch nicht notwendig jedem Wesen, obzwar jedem Menschen, zukommen muss. Mit dieser haben wir es lediglich zu tun. Raum und Zeit sind die reinen Formen derselben, Empfindung überhaupt die Materie. Jene können wir allein a priori, d.i. vor aller wirklichen Wahrnehmung erkennen, und sie heißt darum reine Anschauung; diese aber ist das in unserem Erkenntnis, was da macht, dass sie Erkenntnis a posteriori, d.i. empirische Anschauung heißt."[267]

Kant benennt in dieser wichtigen Passage, die sich heute wie ein Manifest des Radikalen Konstruktivismus liest, die differenziellen Relationen von Wesen und Erscheinung, von Anschauung und Erkenntnis und von a priori und a posteriori. Er kann die Grenzen unserer Erkenntnis hier nur ausloten, weil ihm die Differenz von Begriff und Anschauung in der Rezeptivität der Wahrnehmung deutlich ist. Gleichzeitig können die Objekte für die Sinneswahrnehmung nur dann erscheinen, wenn sie nicht selber von der Sinnlichkeit repräsentiert werden, d.h. sie brauchen eine Überschreitung ihrer eigenen Bedingungen, eine transzendentale Bestimmung: Die reinen Anschauungsformen von Raum und Zeit. Und exakt in diesen Zusammenhang bringt Deleuze seine Kant-Exegese ein, die ihn selbst als differenten Nachkantianer ausweist und Kant als den Philosophen, in dessen System eine Philosophie der Differenz eingehüllt ist: „Wir müssen auf genauere Weise die *Repräsentation* von dem, *was sich präsentiert*, unterscheiden. Das, was sich uns präsentiert, ist zunächst das Objekt, so wie es erscheint. Das Wort Objekt ist noch zuviel. Das, was sich uns präsentiert, oder was in der Anschauung erscheint, ist zunächst das Phänomen als sinnlich-empirische Mannigfaltigkeit (*a posteriori*). Man sieht, dass bei Kant Phänomen nicht Schein, sondern Erscheinung meint. Das Phänomen erscheint in der Zeit und im Raum: Zeit und Raum sind für uns die Formen jeder möglichen Erscheinung, die reinen Formen unserer Anschauung oder unserer Sinnlichkeit. Als solche sind sie wiederum Präsentationen, diesmal Präsentationen *a priori*. Das, was sich präsentiert, ist also nicht nur die empirische, phänomenale Mannigfaltigkeit im Raum und in der Zeit, sondern die reine Mannigfaltigkeit *a priori* von Raum und Zeit selbst. Die reine Anschauung (der Raum und die Zeit) ist genau die einzige Sache, die die Sinnlichkeit *a priori präsentiert*."[268]

Deleuze folgt Kant in dessen Bestimmung der reinen Anschauungsformen, führt aber eine andere Perspektive aus, indem er die Betonung auf die *Mannigfaltigkeit* setzt: Raum und Zeit sind die reinen Anschauungsformen und bilden gleichsam die Bühne für alle erscheinenden Objekte bzw. Phänomene, mit ihnen wird das *Mannigfaltige a priori* zum Gegenstand der reinen Anschauungen. Kant bestimmte eine *nicht-begriffliche Identität* – das, was allen Formen der Anschauung gemeinsam sein muss – doch in dieser nicht-begrifflichen Identität agiert eine *nicht-begriffliche Differenz*, die die *möglichen* Objekte und Phänomene mit einer unhintergehbaren Spezifität bekleidet. Diese Differenz „verläuft" zwischen dem *wirklichen* und dem *möglichen* Objekt und zwischen der *wirklichen* und der *möglichen* Erfahrung, zwischen der Repräsentation und der Präsentation. Um eine Theorie des *Sinnlichen a priori* zu formulieren, die die Differenz an sich selbst thematisiert, ist es erforderlich, die gesamte *mögliche* Erfahrung, sowie die Differenz zwischen der wirklichen und möglichen Erfahrung zu reflektieren. Freilich gerät Deleuze damit in das Paradox einer begrifflich verlaufenden Bestimmung der *nicht-begrifflichen Differenz*, worauf auch Vincent Descombes hinweist.[269]

Ähnlich wie Derrida, nur mit anderen Mitteln, versucht Deleuze, einen Begriff von Differenz zu gewinnen, der außerhalb der Repräsentation angesiedelt, jedoch trotzdem bestimmbar ist, denn sonst hätte es keinen Sinn, von Differenz zu sprechen. Zu diesem Zweck unterscheidet Deleuze noch zwischen *Differentiation* und *Differenzierung*: „Differen*tiation* nennen wir die Bestimmung des virtuellen Inhalts der Idee; Differen*zierung* nennen wir die Aktualisierung dieser Virtualität in Arten und in unterschiedenen Teilen."[270] Entscheidend bleibt aber, die *Anschauung* selbst differenziell zu denken und sie nicht als Repräsentation zu verstehen: „Strenggenommen wird man weder sagen, dass die Anschauung selbst *a priori* eine *Repräsentation* ist, noch dass die Sinnlichkeit ein Ursprung der Repräsentationen ist. Was in der Repräsentation zählt, ist das Präfix: Re-Präsentation impliziert eine aktive Wiederaufnahme dessen, was sich präsentiert, also eine Aktivität und Einheit, die sich von der Passivität und Mannigfaltigkeit, die der Sinnlichkeit als solcher eigen ist, unterscheidet."[271] Erneut folgt Deleuze Kant und nuanciert gleichzeitig dessen argumentativen Schwerpunkt: Aus Kants Rezeptivität der Sinnlichkeit wird bei Deleuze eine Passivität, die er gegen das Moment der aktiven Wiederaufnahme in der Repräsentation setzt, die darauf angewiesen ist, sich selbst aktiv abzuleiten. Damit ist keineswegs eine „Handlungslosigkeit" der Sinnlichkeit gemeint, sondern ihre grundsätzliche – aus der *Mannigfaltigkeit a priori* herrührende – rezeptive Konstitution, die in ihrer Tiefe von differenziellen Dynamiken gesteuert wird. Die Sinnlichkeit widersetzt sich auch deshalb der Repräsentation, weil sie Intensitäten produziert, perzipiert und rezipiert, die singulär sind: – Jeder intensive Akt der Wahrnehmung bezeugt das Sein der Differenz: „In Wirklichkeit wird der Empirismus tranzendental und die Ästhetik eine apodiktische Disziplin, wenn wir im Sinnlichen direkt das auffassen, was nur empfunden werden kann, das Sein *selbst* des Sinnlichen, die Differenz, die Differenz im Potenzial, die Intensitätsdifferenz als *ratio* des qualitativ Verschiedenen."[272]

Der binären Kodierung *real – irreal* setzt Deleuze eine dritte Dimension hinzu, die des *Potentiellen*. Das Potenzial ist das, was vom Begriff noch nicht erfasst wird, etwas, das seine differenzielle Intensität noch nicht der Repräsentation untergeordnet hat. Auch hier taucht der Versuch auf, aus der einfachen Entgegensetzung, dem dialektischen Gegenüber von These und Antithese auszubrechen, indem das thematisiert wird, was zwischen dieser Entgegensetzung agiert. Es ist die Exponierung dessen, was zwischen zwei Begriffen angesiedelt ist, ja wovon diese ihre Energie und Kraft beziehen, was jedoch nicht selbst einen Begriff repräsentiert. Dass Deleuze demgemäß die Differenz im Sinnlichen und in der Intensität ansiedelt, ist zwingend, da das Sein des Sinnlichen gegenüber der Realität der Begriffe unendlich differenzierter und komplexer ist.[273]

Dies trifft insbesondere auf die Kategorien zu, die die Bedingungen möglicher Erfahrung definieren: „Das Netz ist so weitmaschig, dass die größten Fische entwischen."[274] Was aus diesem Zusammenhang ausschert, ist die Ästhetik, denn in ästhetischen Erfahrungen und in Kunstwerken werden Differenzen realisiert, die sich durch Begriffe nicht repräsentieren lassen. Doch auch die Ästhetik teilt sich unter der allgemeinen Herrschaft der Repräsentation in eine unausgefüllte Dualität auf: „Die Ästhetik leidet an einer einschneidenden Dualität. Sie bezeichnet zum einen die Theorie des Empfindungsvermögens als Form der möglichen Erfahrung; zum anderen die Theorie der Kunst als Reflexion der wirklichen Erfahrung."[275]

Je nachdem, für welche Linie man sich entscheidet, wird in dieser für die Geschichte der Ästhetik seit Baumgarten hervorstechenden Dualität der Schwerpunkt entweder bei einer Theorie der Wahrnehmung oder bei einer Theorie des „Schönen" gesetzt werden.[276] Es gibt aber Dinge, die nicht in einer dieser beiden Linien beschreibbar sind. Das trifft sowohl auf ästhetische Praxen zu, die aus den beiden Beschreibungsmodi herausfallen, weil sie z.B. nicht von den diskursiv bestimmten und gesellschaftlich vorherrschenden *ästhetischen Blicken* als ästhetische Praxen angesehen werden, als auch auf Objekte, die nicht von den in den vorhandenen Theorien konstruierten Begriffen identifizierbar sind. Deleuze versucht deshalb wiederum, eine dritte Linie zu schaffen, die aus den beiden vorliegenden destilliert wird und die sich in der Praxis der Kunst zeigt: Die Bedingungen der Erfahrung *überhaupt* müssen zu Bedingungen der wirklichen Erfahrung werden. Das heißt, dass das Differenzielle, das in der Wirklichkeit (bzw. in der Repräsentation) eingehüllt ist, durch präzise ästhetische Verfahren freigelegt wird: „Es ist daher nicht verwunderlich, dass sich die Ästhetik in zwei irreduzible Gebiete aufspaltet, in das der Theorie des Sinnlichen, das vom Realen nur seine Übereinstimmung mit der möglichen Erfahrung einbehält, und das der Theorie des Schönen, das die Realität des Realen insofern einfängt, als sie sich anderweitig reflektiert. Alles wird anders, wenn wir Bedingungen realer Erfahrung bestimmen, die nicht weiter gefaßt sind als das Bedingte und sich wesentlich von den Kategorien unterscheiden. Die beiden Bedeutungen der Ästhetik vermischen sich derart, dass sich das Sein des Sinnlichen im Kunstwerk offenbart und das Kunstwerk gleichzeitig als Experiment erscheint."[277]

Letzteres erscheint uns für die heutige Kunst als selbstverständlich, deren Offenheits- und Experimentalcharakter vielfach thematisiert wurde (Deleuze zitiert als Kronzeugen Umberto Eco[278]); – was überrascht, ist die Zusammenführung der beiden Linien durch die Überführung des Erfahrungssediments des Kunstwerks als *Bedingung a priori der Erfahrung* von Differenz in den ästhetischen Diskurs. Damit wird die *Differenz an sich selbst* zur Bedingung sowohl der ästhetischen Theorie als auch der ästhetischen Praxis. Wenn aber Kunst ein Mittel zur Erkenntnis von Realitäten ist und sie diese Erkenntnisse differenziell durch intensive Erfahrungen ermöglicht, dann ist dieses Verfahren keinesfalls auf den Modus der ästhetischen Erfahrung beschränkt, sondern die ästhetische Erfahrung wird zum Apriori von Erfahrung überhaupt, indem gerade sie es ist, die dazu befähigt, die Ordnung der Repräsentation zu überschreiten. Sie unternimmt dies aus dem Bedingten selbst, dem *bedingten Selbst* heraus. Deleuze verwendet für diese Operation den Ausdruck „den Platonismus umkehren".

Das Simulakrum

Die Konversion des Denkens ist dadurch möglich, dass das Selbe auf die Differenz bezogen wird und die Kategorien nicht – wie es das Projekt der idealistischen Philosophie gewesen ist – der Differenz vorgelagert werden. Nur so wird die *Differenz an sich selbst* gedacht, wenn sie sich nicht aus der Identität ableitet und diese a priori auf die Differenz bezogen wird; – die Folge dieser Operation ist, dass das idealistische Urbild aufgehoben wird. Versucht Derrida die *Autorität der Arche* mit einer Temporalisierungsstrategie zu zerrütten, um die *différance* freizusetzen, so ersetzt Deleuze in der Umkehrung des Platonismus mit der gleichen Intention das Urbild durch das Trugbild, das *Simulakrum*: „Umkehrung des Platonismus meint hier: das Primat eines Originals gegenüber dem Abbild, eines Urbilds gegenüber dem Bild anfechten."[279] Der ästhetizistische Zug im Denken Deleuzes wird hier besonders deutlich, denn die Ersetzung des Urbildes durch das Simulakrum erwirkt ein Flottieren der Simulakren, eine grundsätzliche Ununterscheidbarkeit von Original und Kopie. Da er die Dezentrierung grundsätzlich als Vervielfachung versteht, stehen die Simulakren bei Deleuze als Zeichen für eine nicht-hierarchische, nomadische Verteilungsform.[280] Die Identität wird dabei von innen ins Wanken gebracht, mit ihren eigenen Mitteln, nämlich der Ähnlichkeit des Trugbilds mit dem Urbild: „In der Umkehrung des Platonismus ist es die Ähnlichkeit, die von der verinnerlichten Differenz, und ist es die Identität, die vom Differenten als erster Macht ausgesagt wird. Es ist das Wesen des Selben und des Ähnlichen, nur mehr *simulierte* zu sein, das heißt das Funktionieren des Trugbildes auszudrücken. [...] Das hierarchielose Werk besteht aus verdichteten Koexistenzen, aus simulierten Ereignissen."[281]

Im modernen Kunstwerk sieht Deleuze seine Thesen bestätigt, er verweist insbesondere auf *Finnegan´s Wake* von James Joyce.[282] Aber auch das moderne Leben selbst besteht wesentlich aus Trugbildern, und die Philosophie „ ... entwickelt sich nicht in den Wäldern und nicht auf Pfaden und Holzwegen, sondern in den Städten und auf den Straßen, einschließlich dessen, was an *Künstlichstem* in ihnen steckt."[283] Entgegen zahlreichen kulturkritischen Äußerungen gegen die Künstlichkeit der modernen Welt wendet Deleuze das Simulakrum affirmativ, weil er in ihm die entscheidende Möglichkeit zur Freisetzung des Differenten sieht: „Das Trugbild ist jenes System, in dem sich das Differente mittels der

Differenz selbst auf das Differente bezieht."[284] Die Unterscheidung in Abbild und Urbild dient bei Platon dazu, ein selektives Kriterium zu konstituieren, mit dem die Abbilder und Trugbilder von den Urbildern geschieden werden können, damit werden aber – so Deleuze – die Differenzen unterworfen, da das Urbild nur durch die Setzung der Identität des Selben definiert werden kann und das Abbild durch eine innere Ähnlichkeit mit ihm. Doch das Trugbild bricht aus dieser Ordnung aus. In Wirklichkeit ist das Urbild durch seine Setzung selbst ein Trugbild, denn Bilder verweisen grundsätzlich immer auf andere Bilder.[285] Sie erscheinen, verschwinden und produzieren in ihren Wiederholungen Differenzen: Die Wiederholung ist die *Macht* der Differenz, eine Macht, die mit jeder Wiederholung neue Differenzen entlockt.

Die Wiederholung für sich selbst

In seiner großen Film-Studie Das *Bewegungs-Bild*[286] beschreibt Deleuze Formen der Wiederholung, wie sie z.B. in Louis Buñuels Spielfilm *El àngel exterminador* (dt. *Der Würgeengel*) dargestellt werden: Die zu einem gesellschaftlichen Anlass geladenen Gäste werden durch das Gesetz der Wiederholung des *Immergleichen* in den Grenzen eines Zimmers festgehalten, sie können den Raum nicht verlassen. Erst als die Wiederholung, die die Differenz entlockt, erreicht wird, sind sie in der Lage, nach außen zu gelangen, und die bodenlos Gefangenen werden wieder frei. Hier zeigen sich zwei Grundformen der Wiederholung: „Der ewigen Wiederkehr als einer Reproduktion des Immer-Schon-Geschehenen steht die ewige Wiederkehr als Auferstehung, als erneute Gabe des Neuen – des Möglichen – gegenüber."[287] Deleuze verweist auf Kierkegaard, der eine *sklavisch-erniedrigende Wiederholung* von einer *der Zukunft zugewandten Wiederholung* des Glaubens unterschied, die alles Vermisste zurückgäbe.[288] Der Wiederholung als bloßer Reproduktion muss also eine Wiederholung entgegengestellt werden, die das „Neue"[289] begründet: „Man geht von einer endlosen Wiederholung zu einer Wiederholung als einem entscheidenden Moment über, von einer geschlossenen zu einer offenen Wiederholung, von einer Wiederholung, die nicht nur scheitert, sondern scheitern läßt, zu einer Wiederholung, die nicht nur gelingt, sondern auch das Modell oder Original wiedererschafft."[290]

Deleuze versteht die Wiederholung als *begrifflose Differenz*. Da es darauf ankommt, an welcher Stelle die Differenz gesetzt ist – entweder als dem Begriff äußerlich, nämlich als Differenz zwischen Objekten oder als in der Idee erhalten und *dort* dynamisch agierend – unterscheidet er zunächst zwischen der *offenen* und der *geschlossenen* Wiederholung[291]: „Die erste Wiederholung ist Wiederholung des Selben, die sich durch die Identität des Begriffs oder der Repräsentation expliziert, die zweite ist diejenige, die die Differenz umfaßt und sich selbst in der Andersheit der Idee, in der Heterogenität einer ›Appräsentation‹ umfaßt. Die eine ist negativ, aufgrund des Mangels des Begriffs, die andere affirmativ, aufgrund des Überschusses der Idee."[292]

Diese Unterscheidung befreit den Begriff der Wiederholung von seiner negativen Konnotation und stellt sicher, um welche Form von Wiederholung es Deleuze geht, wenn auch beide Formen miteinander zusammenhängen und die eine in der Tiefe der anderen gewonnen wird. Die Loslösung von der negativen Wiederholung ist umso wichtiger, als sich die sogenannten *Iterationsphänomene* in der zeitgenössischen Wissenschaft von der System- bis zur Chaostheorie großer Aufmerksamkeit erfreuen[293] und ein maßgeblicher Forschungsgegenstand geworden sind.

Die negative Konnotation und Bestimmung des Begriffs der Wiederholung, die u.a. auch dazu führt, dass Innovation fälschlicherweise als das Eintreten des (absolut) Neuen verstanden wird, muss durch eine komplexere Figur ersetzt werden, die Innovation als Entfaltung der Differenz durch die Wiederholung begreift und die Wiederholung als das *Ermöglichende des Möglichen* versteht. Das meinte auch Kierkegaard in seinem euphorischen Ausruf: „Wenn Gott selbst nicht die Wiederholung gewollt hätte, dann wäre die Welt nie entstanden."[294] Und Kierkegaards Methode, die Reise nach Berlin zu wiederholen, um dem Wesen der Wiederholung auf die Spur zu kommen, impliziert bereits die entscheidende Rolle eines rezeptiven Bewusstseins, das in den Wiederholungen das Differente perzipiert. Dieses Moment ist – wenn wir Deleuze folgen – für die Wiederholung entscheidend, es ist aber auch eine perzeptive Ent-Scheidung: „Besteht das Paradox der Wiederholung nicht darin, dass man von Wiederholung nur auf Grund der Differenz oder Veränderung sprechen kann, die sie in den Geist einführt, der sie betrachtet? Auf Grund einer Differenz, die der Geist der Wiederholung *entlockt?*"[295] Die verändernde Wirkung auf das perzeptive Bewusstsein entsteht durch die Temporalisierung, die die

Wiederholung vollzieht. Wenn auch die Wiederholung für sich selbst identisch bleibt, so wird das Wiederholte doch verändert und verändert sich noch einmal in der Wahrnehmung. Auch Kierkegaard faßt die Wiederholung paradoxal, wenn er in dem zitierten Text sagt, dass die „ … eigentliche Wiederholung nach vorwärts erinnert".

Die offene Wiederholung beinhaltet ein komplexes Zeit-Verhältnis, das Deleuze an der Seite von Kant mit den Begriffen Husserls (*Retention/Protention, Lebendige Gegenwart*) entwickelt. Abermals setzt er an einer anderen Stelle an als Derrida, der die Temporalisierung der *différance* unmittelbar mit der Kritik an der Präsenz verknüpft, die durch das Verweisungssystem temporalisierter Intervalle und Verschiebungen dekonstruiert wird. Deleuze bleibt hingegen den historisch-philosophischen Begriffen treu, entfaltet *in ihnen* aber seine naturalistische Version des Differenzdenkens, die die Differenz in den klassischen Begriffen selbst freisetzt. Dass dabei die Wiederholung die entscheidende Rolle spielt, liegt in der Natur der Beweisführung, da Deleuze die historischen Positionen *differenziell wiederholt*. Die Wiederholung wird damit zum Vermögen der Einbildungskraft, die Differenz rezeptiv zu entlocken, dies hat aber zur Voraussetzung, dass die Einbildungskraft *kontrahieren* kann. Die wesentliche Kontraktion ist die Synthese der Zeit, bzw. die Synthese der unterschiedlichen Zeitebenen:

„Die Zeit bildet sich nur in der ursprünglichen Synthese, die sich auf die Wiederholung der Augenblicke bezieht. Diese Synthese zieht die unabhängigen sukzessiven Augenblicke jeweils ineinander zusammen. Sie bildet damit die gelebte Gegenwart, die lebendige Gegenwart. Und diese Gegenwart ist es, in der sich die Zeit entfaltet. Sie ist es, der Vergangenheit und Zukunft zukommen. […] Vergangenheit und Zukunft bezeichnen keine Augenblicke, die von einem der Annahme nach gegenwärtigen Augenblick geschieden wären, sondern die Dimensionen der Gegenwart selbst, sofern sie die Augenblicke kontrahiert. Die Gegenwart braucht nicht aus sich herauszutreten, um von der Vergangenheit bis zur Zukunft zu reichen. Die lebendige Gegenwart reicht also von der Vergangenheit bis zur Zukunft … […]"[296]

Diese Synthese nennt Deleuze nachdrücklich „passive Synthese", sie wird nicht vom Geist produziert, sondern in ihm vollzogen; sie geht sowohl dem Gedächtnis wie der Reflexion voraus. Die aktiven Synthesen überlagern die passive Synthese der Einbildungskraft und werden durch sie gestützt. Die Bildung der

Wiederholung setzt somit mindestens drei unterschiedliche Instanzen voraus: „ … jenes Ansich, das sie im Undenkbaren beläßt oder sie in dem Maße auflöst, wie sie sich bildet; das Fürsich der passiven Synthese; und auf diese gegründet die reflektierte Repräsentation eines ›Füruns‹ in den aktiven Synthesen."[297] Deleuze siedelt diese Ordnung der Wiederholung keineswegs in einer begrifflichen Welt an, sondern sie wird von der begrifflichen „Welt" aus beschrieben. Die verschiedenen Ebenen der perzeptiven und sensuellen Synthesen sind dagegen in organischen Syntheseprozessen eingebunden, deren Vermögen untereinander vernetzt sind und die die Ordnung der Wiederholung in der gesamten Natur verteilen:

„In der Ordnung der konstitutiven Passivität aber verweisen die perzeptiven Synthesen auf organische Synthesen, wie die Sinnlichkeit der Sinne auf eine primäre Sinnlichkeit, die wir *sind*. Wir sind Kontraktionen aus Wasser, Erde, Licht und Luft, nicht nur bevor wir diese erkennen und repräsentieren, sondern noch bevor wir sie empfinden. Jeder Organismus ist mit seinen rezeptiven und perzeptiven Elementen, aber auch in seinen Eingeweiden, eine Summe von Kontraktionen, Retentionen und Erwartungen."[298]

Die Vernetzung der Synthesen erfolgt über bestimmte *Zeichen*, da jede Kontraktion und jede passive Synthese konstitutiv für ein Zeichen ist, „ … das in den aktiven Synthesen interpretiert oder entfaltet wird".[299] Diese Interpretation und Entfaltung in den aktiven Synthesen sind *Formen des Lernens*, die für Deleuze grundsätzliche und unverzichtbare Lebensakte sind. Sie sind von absoluter Notwendigkeit, denn: „Die Zeichen, an denen das Tier die Nähe des Wassers ›fühlt‹, ähneln nicht den Elementen, die seinem durstigen Organismus fehlen."[300] Jedes Lebewesen benötigt somit kognitive *Vermittlungsvermögen*. Die Empfindung, der Instinkt, das Gedächtnis, die Wahrnehmung, das Lernen stabilisieren und rekonstituieren die Ordnung der Wiederholung, wobei die verschiedenen Ebenen untereinander durch Zeichen verbunden sind, die hervorgebracht und wahrgenommen, ausgelegt und entfaltet werden müssen. Die Ebenen erhalten ihre Kohärenz durch die *Gewohnheit*, der kontrahierenden Erwartung, dass das Leben weitergehe, die die Kontinuität der Einzelprozesse festschreibt, und durch die *Betrachtung*, die der Wiederholung die Differenz entlockt.[301] Auch der Begriff der Gewohnheit wird bei Deleuze notwendig und affirmativ besetzt, er führt dafür Samuel Butler an, der das Verhältnis von Wiederholung und Gewohnheit grundlegend reflektiert hat.[302] Für die Betrachtung findet Deleuze einen berühmten Zeugen in Plotin,[303] dessen Credo *Alles ist Betrachtung* er wiedergibt. Ebenfalls auf Plotin geht die Annahme einer dem Handeln *vorgängigen* Betrachtung (passive Synthese) zurück, die die aktiven Synthesen hervorbringt. Diesen Gedanken einer vorgängigen Rezeptivität des Bewusstseins verknüpft Deleuze erneut mit der *Transzendentalen Ästhetik* Kants,[304] um das handelnde cartesische Subjekt zu dezentrieren: „Unter dem handelnden Ich liegen kleine Ichs, die betrachten und die Handlung wie das aktive Subjekt ermöglichen. Wir sagen ›ich‹ nur mittels der tausend Zeugen, die in uns betrachten, immer ist es ein Dritter, der ›ich‹ sagt."[305] Die Betrachtung konstituiert die Rezeptivität des Subjektes in seiner Tiefe, seine Aktivitäten, ja sein *Cogito* müssen sich auf sie stützen. Das betrachtende Subjekt ist nicht das, welches sich die Welt unterwirft, sondern es entwirft sich die Welt in der Einbildungskraft und wirft sich selbst in die Welt: „Daher ist die Wiederholung in ihrem Wesen imaginär, da einzig die Einbildungskraft hier das ›Moment‹ der *vis repetitiva* unter dem Gesichtspunkt der Konstitution bildet und demjenigen Existenz verschafft, was sie als Wiederholungselemente oder -fälle kontrahiert."[306] Ohne ein betrachtendes Subjekt gäbe es keine Wiederholung, sondern nur ein Aufeinanderfolgen von Einzelfällen, das Subjekt bildet die Kohärenz der Wiederholungen im Vorstellungsvermögen.

Die Betrachtung kommt einer Frage gleich, sie wirft ein Problem auf, das die Differenz indiziert: „Betrachten heißt Fragen. Ist es nicht das Eigentümliche der Frage, eine Antwort zu ›entlocken‹?"[307] – Trotzdem ist die Wiederholung nicht als Zyklus zu verstehen, der identisch wiederkehrt,[308] sondern als *Wiederholung*, die durch die Differenz in der Wiederholung differiert, und das auch, wenn sie die zyklische Form annimmt.[309] Differenz und Wiederholung sind nicht voneinander zu trennen, die Wiederholung ist die *begrifflose Differenz*, und: „Die Differenz bewohnt die Wiederholung."[310] Alle Phänomene existieren in dieser Ordnung, in der die Univozität des Seins sich aussagt: „Niemals würde die Natur wiederholen, stets wären ihre Wiederholungen hypothetisch und dem guten Willen des Experimentators und Wissenschaftlers ausgeliefert, wenn sie sich auf die Oberfläche der Materie reduzierte, wenn diese Materie nicht selbst über eine Tiefe als den Schoß der Natur verfügte, in dem die lebendige und tödliche Wiederholung entsteht, imperativ und positiv wird, vorausgesetzt, sie verschiebt und verkleidet eine stets gegenwärtige Differenz, die die Wiederholung zu einer Evolution als solcher macht."[311]

Die Aufbruchsstimmung, die das deleuzianische Denken durchzieht, verdankt sich weniger einer kristallinen philosophischen Konstruktion, als vielmehr der Entfaltung traditioneller ideengeschichtlicher Themen aus der Perspektive von Differenz und Wiederholung. Diese Perspektive ist heute mit aktuellen naturwissenschaftlichen Fragestellungen kompatibel.[312]

Zweiter Fang für die Ästhetische Bildung der Differenz

Auf die dominante ästhetische Dimension in Deleuzes Denken ist bereits hingewiesen worden.[313] Es ist auffällig, wie zentral die Thematisierung von Differenz und Wiederholung sowohl für die moderne Kunst als auch für die moderne Kunstpädagogik[314] ist. Sie erweist sich als unerschöpflich: Als Marcel Duchamp mit *Fountain* einen Alltagsgegenstand wiederholte und eine für die Kunst dieses Jahrhunderts folgenreiche Differenz setzte, war noch nicht absehbar, wie oft sich diese Vorgehensweise selbst wiederholen und zu immer neuen Differenzen führen würde, doch Duchamp antizipierte bereits den Zusammenhang des *Zur-Kunst-Werdens* von *Produktionsweise und Wahrnehmung*, der von Walter Benjamin in *Das Kunstwerk im Zeitalter seiner technischen Reproduzierbarkeit* unvergesslich reflektiert wurde.
Ein Blick in die aktuelle Kunstszene beweist, dass sich die Thematisierung von Differenz und Wiederholung der Kunst geradezu aufnötigt. Sicherlich ist Andy Warhol ein Meilenstein gewesen, der besonders die heute in den Markt drängenden Künstlergenerationen beeinflusst hat. Seine Methoden der Wiederholung in der Serie bzw. der Meta-Spezifität des Banalen[315] bedienen sich der ästhetisierten modernen Welt als künstlerisches Material. Heute begegnen wir in allen bedeutenden Ausstellungen Künstlern, deren Arbeiten im Kontext von Differenz und Wiederholung angesiedelt sind: Jeff Koons radikalisiert Warhol, indem er z.B. industriellen Kitsch in seiner Wiederholung veredelt; On Kawara realisiert in seinen einheitlichen, seriellen Datumsgemälden, wie auf dem Materialträger zeichenhaft die Differenz in der Identität expliziert wird; Yasumasa Morimura benutzt bekannte Bildhintergründe aus der Kunstgeschichte, in die er differierende Elemente einbaut; Maria Eichorn verknüpft die Serie mit den differenziellen semiotischen Vermögen, und Fischli/Weiss exemplifizieren in ihrer Installation *Der Lauf der Dinge* die Wiederholungen in einer Metapher

über wissenschaftliche Versuchsanordnungen und Krieg. Die Beispiele für die Thematisierung von Differenz und Wiederholung sind unbegrenzt,[316] und das Deleuzesche Denken ist dazu geeignet, sie wahrzunehmen, auszulegen und zu erweitern.

Die Bedeutung von Deleuze wird – genau wie die Derridas – im internationalen Ästhetik-Diskurs allgemein gewürdigt.[317] Beider Theorien argumentieren im Innersten der Ästhetik. Entscheidend ist, dass es sich hierbei um Theorien handelt, die *eine Praxis sind* und *mit denen es eine Praxis gibt*: „Das Kunstwerk verlässt das Gebiet der Repräsentation, um ›experimentelle Erfahrung‹ zu werden, transzendentaler Empirismus oder Wissenschaft vom Sinnlichen."[318]

Eine andere mögliche Praxis wird bei Deleuze insbesondere auch bei seinen Überlegungen zum Begriff des *Lernens* deutlich, die nicht aus einer genuin bildungstheoretischen Perspektive heraus verfasst worden sind, jedoch in eine solche gekleidet werden können. Sein Differenzdenken versteht den Lernprozess nicht als ein Verhältnis zwischen *Vorstellung und Handlung*, in dem ein identischer Inhalt handelnd reproduziert wird, sondern als ein Verhältnis zwischen *Zeichen und Antwort*, das die *Begegnung mit dem Anderen* ermöglicht. Hegel (cf. Kapitel II) fasste den Bildungsprozess als Begegnung mit dem Fremden,[319] für Deleuze ist er die Ermöglichung des Heterogenen[320] und des Gemeinsamen, die beide durch die Zeichen provoziert werden:

„Der Lernprozeß ergibt sich nicht im Verhältnis zwischen Vorstellung und Handlung (als Reproduktion des Selben), sondern im Verhältnis zwischen Zeichen und Antwort (als Begegnung mit dem Anderen). Das Zeichen umfaßt Heterogenität zumindest in dreierlei Hinsicht: zunächst im Objekt, das es trägt oder aussendet und notwendig eine Ebenendifferenz aufweist, wie zwei disparate Größen- oder Realitätsordnungen, zwischen denen das Zeichen aufblitzt; andererseits an sich selbst, weil das Zeichen ein anderes ›Objekt‹ innerhalb der Grenzen des Trägerobjekts umhüllt und eine Macht der Natur oder des Geistes (Idee) verkörpert; schließlich in der Antwort, die es hervorruft, wobei die Bewegung der Antwort nicht der des Zeichens ›ähnelt‹."[321] Deleuze benutzt das Beispiel des Schwimmenlernens: Die Schwimmbewegungen ähneln nicht denen des Wassers und die Vorführungen des Schwimmlehrers im Trockenen entsprechen keineswegs der Form der Welle. Mit einer heterogenen Methode begegnet man dem heterogenen Element, und wir können die Welle nur dadurch meistern, wenn wir sie als Zeichen auffassen, als Zeichen, das zu bestimmten Kontraktionen des Körpers im Wasser führt, der seine dafür geeignetsten Punkte mit dem Element vereinigt bzw. dem Element anpasst. Damit wird an eine Wiederholung (der Bewegungen) angeknüpft, „ ... die nicht mehr das Selbe betrifft, sondern das Andere umfaßt, die Differenz von einer Geste und einer Woge zur anderen umfaßt und diese Differenz in den so gebildeten repetitiven Raum hineinträgt. Lernen heißt also in der Tat, diesen Raum der Begegnung mit den Zeichen zu erstellen ... [...]"[322] Diese Begegnung mit den Zeichen ist eine Begegnung mit einem Außen, welches die Immanenz des Subjekts erschüttert. Jede Erziehung hat deshalb zwangsläufig auch schmerzhafte Momente, gerade nämlich dann, wenn nicht nur die Reproduktion des Wissens geleistet wird, sondern eine Auseinandersetzung mit dem Heterogenen stattfindet: „Wir lernen nichts von dem, der uns sagt: Mache es wie ich. Unsere Lehrer sind einzig diejenigen, die sagen: ›Mache es mit mir zusammen‹, und die, anstatt uns bloß die Reproduktion von Gesten abzuverlangen, Zeichen auszusenden vermochten, die man im Heterogenen zu entfalten hat."[323] Dies ist nicht mit der in der Pädagogik seit langem bekannten Handlungsorientierung identisch, sondern bezieht sich darüber hinaus auf eine tieferliegende Rezeptivität, der ein Reich von Zeichen angehört, das nach dem Modus von Frage/Antwort konstituiert ist und deren Differenzierungen *Probleme* hervorbringen, die in diesem Modus relationiert werden können und die strukturell das Subjektive transzendieren: „Das Problem oder die Frage sind keine subjektiven, privativen Bestimmungen, die ein Moment von Unzulänglichkeit in der Erkenntnis kennzeichnen. Die problematische Struktur ist Teil der Objekte und erlaubt, sie als Zeichen zu erfassen, ganz wie die fragende oder problematisierende Instanz Teil der Erkenntnis ist und deren Positivität, deren Spezifität im Akt des *Lernens* zu erfassen erlaubt."[324]

Das Problematische ist also nicht ein Mangel, sondern es gehört den Objekten in der Weise konstitutiv an, dass sie durch die Problematisierung im Modus Frage/Antwort zeichenhaft verarbeitet werden können. In dieser Struktur liegt ein Transzendieren des Subjekts begründet, das Transsubjektivität nicht durch den *Mangel* definieren lässt, sondern durch den *Überschuss* der Zeichen, deren Positivität problematisiert wird. Lernen ist strukturell ein transsubjektiver Akt, in dem man in die Heterogenität des Anderen eindringt: „Denn Lernen entwickelt sich gänzlich im Erfassen der Probleme als solcher, in der Apprehension und Verdichtung der Singularitäten, in der Zusammensetzung der idealen

Körper und Ereignisse. Schwimmen lernen, eine Fremdsprache lernen, heißt, die singulären Punkte seines eigenen Körpers oder seiner eigenen Sprache mit denen einer anderen Gestalt, eines anderen Elements zusammenzusetzen, das uns zerstückelt, uns aber in eine Welt von bisher unbekannten, unerhörten Problemen eindringen läßt. Und wozu sind wir bestimmt, wenn nicht zu Problemen, die sogar die Transformation unseres Körpers und unserer Sprache verlangen?"[325]

Deleuze hat in diesen Textauszügen zum Begriff des Lernens vor über 20 Jahren Gedanken formuliert, die für den zeitgenössischen bildungstheoretischen Diskurs höchst instruktiv sind. Die Verbindung des Differenzdenkens mit semiologischen Überlegungen auf der Grundlage einer vitalistischen philosophischen Verzweigung versteht den Lernprozess als transsubjektiven Zeichenprozess, in dem die problematische Struktur der Objekte im Modus Frage/Antwort erscheint und deren Erschließung zur *Öffnung für das Andere* führt.

Kapitel IV
Elemente einer Ästhetischen Bildung der Differenz

In dem gesellschaftlichen Spannungsfeld, in dem das Fach Kunst sich heute befindet, erwartet man häufig eine rasche 1:1-Übertragbarkeit von Theorie in Praxis und bemisst den Wert von Theorie allein nach dieser Maßgabe [326]. Wissenschaftstheoretisch wird dabei aus der Theorie allenfalls eine Methodenlehre, in deren Folge sich die Fachdidaktik vom ästhetischen Diskurs und dieser von jener abkoppelt. Andererseits gibt es von bekannten Vertretern des Faches die Einstellung, dass Theorie ohnehin per se der Praxis fern sei. So publizierte Gert Selle im Jahre 1994: „Daß philosophische, epistemologische und bildungstheoretische Erörterungen sich der unmittelbaren Praxis verweigern, liegt auf der Hand – sie *sind* eben Theorien nach eigenem Verständnis."[327] Dieses eindimensionale Verständnis von Theorie führt bei Selle zu einer Hierarchisierung theoretischer Disziplinen, bei der die eigene nur sehr schlecht wegkommt: „Was man überhaupt einen didaktischen Diskurs nennen könnte, hält beispielsweise nicht den geringsten Vergleich mit der Qualität des Diskurses aus, den die zeitgenössische Kunst mit sich selbst und mit ihrem Publikum führt."[328] Um diesen Vergleich erst zu ermöglichen, muss weiter ausgeholt werden. Die skizzierte Erwartung einer unmittelbaren Verwertbarkeit von Theorie in Praxis und die Verfestigung ihrer Praxisverweigerung haben eines gemeinsam: Die völlig irrige Vorstellung, dass sich Theorie und Praxis in einer binären Opposition befänden. Erinnern wir uns an die weiter oben dargelegten Ausführungen einer kontrahierenden *Betrachtung (theoria),* durch deren passive Synthesen das aktive Handeln erst in der Welt erscheint, so wird die unterkomplexe Vorstellung einer säuberlich *distinktiven Trennung* von Theorie und Praxis offenbar. Denn naturgemäß ist die Theorie eine Form von Praxis, eine Praxis im Modus der Konstruktion und Reflexion, und naturgemäß ist keine Praxis je ohne diese Konstruktion und Reflexion und ohne die *Betrachtung* denkbar. Der Skandal besteht darin, dass die Praxis immer noch gegen die Theorie bzw. die Theorie gegen die Praxis ausgespielt wird, obwohl ihre Untrennbarkeit tief in der christlich-abendländischen Tradition verwurzelt ist, was z.B. Helmut Peukert herausstellt.[329] Gibt man dem Unbehagen an der Theorie nach, ein Unbehagen, das anscheinend stets dem Zeitgeist entspricht,

so bewegt man sich innerhalb einer sich selbst bestätigenden Spirale, deren scharfes Ende in die Leere bohrt und keine produktive Praxis mehr erreicht. Die Defensive, in der sich das Fach Kunst heute ebenso wie ihre Fachdidaktik befindet, resultiert aus einer solchen Spirale, in deren Windungen sich viele eingerichtet haben[330]. Folglich streitet man in der *Praxis* um die Quantität des Anteils an der Stundentafel und realisiert währenddessen nur undeutlich, in welch grundlegender ästhetisch-wissenschaftlicher Wendezeit wir uns heute befinden, einer Wendezeit, in der das Fach *Bildende Kunst* der vitalen Rekonstitution bedarf. All das ereignet sich in ignoranter Hektik, während zahlreiche Bildungsforderungen der Vergangenheit – wie sie etwa von Adorno formuliert worden sind[331] – noch längst nicht realisiert werden konnten. Wenn während dieser fälligen Rekonstitution, die das Bildungswesen insgesamt betrifft, das Unbehagen an der Theorie weiterhin ungehindert um sich greift, wird der daraus resultierende Schaden auch langfristig nicht zu beheben sein.
Andererseits kann Bildungstheorie in unserer Zeit nicht mehr an den technologischen Innovationen vorbeigehen und sich auf die in ihr behauptete maßgebliche Dominanz der Hermeneutik verlassen[332], sondern sie wird in spe technologische *Rationalisierungen* intensiver betrachten müssen, vor allem auf metatheoretischer Ebene, nämlich in Bezug auf die Theoriebildung unter den Bedingungen von *Hi-Tech*. Es sind dies Bedingungen, unter denen sich traditionelle Werte und Inhalte ebenso verändern wie der institutionelle Rahmen von Bildung. Gerade deshalb reicht das Programm einer ästhetischen Alphabetisierung – wie es für Mollenhauer hinsichtlich Ästhetischer Bildung als plausibel erschiene[333] – nicht aus. Zunächst aber sollten die Argumentationsfiguren überprüft werden, denn heute macht das „ … beharrlich verteidigte je spezifische Eigenprofil der Unterrichtsfächer in der Schule viel mehr Probleme."[334] Dagegen scheint sich für unser Fach eine transdisziplinäre Perspektive abzuzeichnen, die u.a. von Gunter Otto als *Lernbereich Ästhetische Erziehung*[335] bezeichnet wurde und die durch die Entgrenzung der Schulfächer auf der Grundlage eines erweiterten Vernunftbegriffs, der die Simultaneität von Theorie und Praxis, sowie die Kontiguität von Sinnlichem und Intelligiblem denkt, charakterisiert werden kann.
Die *Ästhetische Bildung der Differenz* will zu dieser Perspektive beitragen, geht jedoch nicht in ihr auf. Ästhetische Bildung ist nicht allein auf institutionelle Vermittlungssituationen ausgerichtet; diese sollen aber Impulse durch das *Differenzdenken* erhalten.

1. Der Sinn, der den Sinn macht

Eine Position, die Derrida mit Deleuze verbindet, ist die heutzutage kaum noch überraschende Auffassung, dass der Sinn keine Entität ist, sondern dass er sich in einer Bewegung der Verweisung innerhalb von Kontexten bildet. Die Unterscheidung Gottlob Freges von *Sinn und Bedeutung* verdankt sich dieser Dynamik des Sinnes, eines Sinnes, der in Bedeutungen zeichenhaft aktualisiert wird: „Die regelmäßige Verknüpfung zwischen dem Zeichen, dessen Sinn und dessen Bedeutung ist derart, dass dem Zeichen ein bestimmter Sinn und diesem wieder eine bestimmte Bedeutung entspricht, während zu einer Bedeutung (einem Gegenstande) nicht nur ein Zeichen zugehört. Derselbe Sinn hat in verschiedenen Sprachen, ja auch in derselben verschiedene Ausdrücke."[336] Frege problematisierte seine Position mit dem bekannt gewordenen Fall: „Es würde die Bedeutung von ›Abendstern‹ und ›Morgenstern‹ dieselbe sein, aber nicht der Sinn."[337] Dem Logiker war klar, dass die Dynamik des Sinns insbesondere durch den *Gebrauch* der Zeichen katalysiert wird, und er bereitete mit seinen Untersuchungen einen Boden für die Analytische Philosophie: „Wenn man in der gewöhnlichen Weise Worte gebraucht, so ist das, wovon man sprechen will, deren Bedeutung."[338] – Hiermit betritt man das Terrain, auf dem das Zeichen nicht mehr von seinem Gebrauch isoliert betrachtet werden kann, das Terrain, auf dem Semantik und Interaktion bzw. Analytische Philosophie und Handlungstheorie eine unkündbare Liaison eingehen. Ein Satz Ludwig Wittgensteins greift Freges Ansatz auf und radikalisiert ihn: „Die Bedeutung eines Wortes ist sein Gebrauch in der Sprache."[339] Um die Bedeutung der Wörter zu verstehen, muss ich folglich ihre Gebrauchsformen kennen, und der Gebrauch aktualisiert die Bedeutungen, welche wiederum Aktualisierungen eines Sinns sind. Die Leistung des Verstehens dieses Vorganges – die Auslegung, die Interpretation – wird dabei zu einer Tätigkeit, deren Konstruktion und Nachvollzug der Differenzen selbst etwas *Ästhetisches* aufweist. Bereits Schleiermacher betonte: „Das Auslegen ist Kunst. [...] Denn überall ist Konstruktion eines endlichen Bestimmten aus dem unendlichen Unbestimmten. Die Sprache ist ein Unendliches, weil jedes Element auf eine besondere Weise bestimmbar ist durch die übrigen."[340] Der Sinn und seine Bedeutungen sind nicht endlich, durch stets andere Kontexte, stets neuen Gebrauch werden immer neue Aktualisierungen hervorgebracht. Schleiermachers Verdienst besteht gerade darin, die Hermeneutik deshalb als ästhetische

Disziplin aufzufassen, weil sie es mit Gegenständen zu tun hat, deren Sinn sich erst im Vollzug der hermeneutischen Methode ergibt: „Das volle Geschäft der Hermeneutik ist als Kunstwerk zu betrachten, aber nicht, als ob die Ausführung in einem Kunstwerk endigte, sondern so, dass die Tätigkeit nur den *Charakter der Kunst* an sich trägt, weil mit den Regeln nicht auch die Anwendung gegeben ist, d.i. nicht mechanisiert werden kann."[341]

Die Hermeneutik muss diesen konstruktiven Charakter haben, um den vielfältigen Nuancen und Abweichungen des Sinns und der Bedeutungen, um seiner *Differenzialität* gerecht zu werden, die aus jedem vorliegenden Fall einen *besonderen Fall* macht, der nicht einfach unter den mechanischen Vollzug eines Gesetzes subsumiert oder von einem Präzedenzfall her abgeleitet werden könnte. Jeder Sinn wird in seiner Aktualisierung in der Bedeutung zu einem *besonderen* Fall, und das metatheoretische Problem der *Bedeutung von Bedeutung* taucht augenblicklich dort auf, wo eine Bedeutung unterschiedlich definiert wird. Maurice Bréal, einer der Begründer der modernen Semantik, setzt sich deshalb in seinem Hauptwerk[342] vordringlich mit der Frage auseinander, „ … wie es kommt, dass einmal geschaffene und mit einer bestimmten Bedeutung ausgestattete Wörter diese Bedeutung erweitern oder einengen, sie von einem Begriffskomplex auf einen anderen übertragen, ihren Wert heben oder senken, kurz gesagt – sie ändern. Eben dieser zweite Teil ist die *Semantik* oder die Wissenschaft von den Bedeutungen."[343]

Wir können eine Bedeutung nur erfassen, wenn wir sie von einer anderen Bedeutung differenzieren. Hermeneutik und Semantik sind wissenschaftliche Verfahren, die beide im Zeichen der Differenz agieren, deren beider Aufgabe gerade darin besteht, den *differenziellen Sinn* herauszuarbeiten. Wenn Schleiermacher von der Konstruktion des „endlichen Bestimmten aus dem unendlichen Unbestimmten" spricht, dann umfasst er damit die Mannigfaltigkeit, die die Sprache ist. Dagegen ist die ästhetisch-wissenschaftliche Konstruktion endlich und bestimmt, einem konstellierten Kontext zugehörig.

Wissenschaft und Kunst, die heute wieder näher zusammenrücken,[344] eint die Konstruktion, Auslegung und Beobachtung von Zeichenprozessen, welche nach der Definition des Semantikers Adam Schaff die Prozesse sind, in denen das Problem der Bedeutung auftritt: „Das Problem der Bedeutung tritt im Kontext der *Zeichensituation* oder, einfacher ausgedrückt, im Kontext des Verständigungsprozesses der Menschen zutage. Denn dieser Prozeß […] besteht gerade in der Übermittlung der eigenen Gedanken, Gefühle usw. mit Hilfe von Zeichen an andere, in der Schaffung von *Zeichensituationen.*"³⁴⁵

Die differenzielle Mannigfaltigkeit der Zeichensituationen führt zu einem Überschuss an Bedeutungen, die nicht von den zur Verfügung stehenden Begriffen hinlänglich erfaßt werden können. Worauf es ankommt, ist, den Raum des Mannigfaltigen zu erschließen: „Die auch innerhalb des von uns begrenzten Bereiches bestehende Mehrdeutigkeit des Wortes ›Bedeutung‹ läßt sich erklären: erstens – aus der objektiven Vielseitigkeit der Zeichensituation, in deren Rahmen auch jene Funktion des Zeichens, die wir Bedeutung nennen, auftritt; und zweitens – durch die Mannigfaltigkeit der Aspekte, die *wir* aus der Analyse der Zeichensituation herausholen … […]"³⁴⁶

Sinn wird intersubjektiv in Zeichenprozessen konstituiert, in deren Mannigfaltigkeit die Differenz eingehüllt ist. Maturana und Varela definieren die Entstehung von Bedeutung (Sinn) als „ … eine Beziehung von sprachlichen Unterscheidungen."³⁴⁷ Demnach gäbe es außerhalb dieser sprachlichen Differenzierungen, der sprachlichen Ausdrücke, keinen Sinn, da das Ausgedrückte nicht außerhalb seines Ausdruckes existieren kann, weshalb z.B. Husserl die *Schicht des Ausdrucks* als nicht produktiv erachtete: „Die Schicht des Ausdruckes ist – das macht ihre Eigentümlichkeit aus – abgesehen davon, dass sie allen anderen Intentionalien eben Ausdruck verleiht, nicht produktiv. Oder, wenn man will: *Ihre Produktivität, ihre noematische Leistung erschöpft sich im Ausdrücken* und der mit diesem neu hereinkommenden *Form des Begrifflichen.*"³⁴⁸

Mit dieser auf die Sprache reduzierten Konzeption von Sinn wird der ästhetisch Denkende sich kaum zufrieden geben können, da sie kein Verständnis jenes produktiven *Überschusses* von Sinn zulässt, der die ästhetische Erfahrung kennzeichnet: „Betrachten wir den komplexen Status des Sinns oder des Ausgedrückten. Einerseits existiert der Sinn nicht außerhalb des Satzes, der ihn ausdrückt. Das Ausgedrückte existiert nicht außerhalb seines Ausdrucks. Daher kann vom Sinn nicht gesagt werden, dass er existiert, sondern nur, dass er insistiert oder subsistiert. Andererseits jedoch vermischt er sich keineswegs mit dem Satz, er verfügt über eine völlig verschiedene ›Objektität‹. Das Ausgedrückte gleicht dem Ausdruck überhaupt nicht. Der Sinn attribuiert sich, ist aber keineswegs Attribut des Satzes, er ist Attribut des Dinges oder des Dingzustandes."³⁴⁹

Deleuze knüpft hier an Freges Verständnis von Sinn als die „Art des Gegebenen" an, geht jedoch im nächsten Schritt in eine andere Richtung, um die Produktivität des Sinns zu begründen: „*Der Sinn ist das Ausdrückbare oder das Ausgedrückte des Satzes und untrennbar damit das Attribut des Dingzustandes.* Eine Seite wendet er den Dingen zu, eine andere den Sätzen. Doch vermischt er sich ebensowenig mit dem Satz, der ihn ausdrückt, wie mit dem Dingzustand oder der Qualität, die der Satz bezeichnet. Er ist genau die Grenze zwischen den Sätzen und den Dingen. Er ist dieses aliquid, zugleich Außersein und Insistenz, dieses Seinsminimum, das den Insistenzen zukommt."[350]

Da er an den Grenzen insistiert, verschiebt und verflüssigt der Sinn dieselben durch neue Aktualisierungen von Bedeutungen: Es gibt kein Innehalten des Sinns, sondern eine unendliche Sinn-Produktion, die *Überschuss* herstellt. Durch immer neue Verknüpfungen und Verweisungen werden die Grenzen des Sinns jeweils neu verteilt: so ist z.B. dasselbe Bild potentiell immer neu auslegbar, jede Differenzierung der Auslegung verschiebt die Grenze des Sinns neu. Es gibt auch deshalb kein Zentrum des Sinns, etwa bei einem Künstler wie dem allseits geschätzten Picasso ein einziges Werk, dass den Sinn seiner Kunst *ausdrückte*. Dies wird immer wieder versucht, und mal ist es *Guernica*, dann die *Frau in blauem Kleid* oder der *Stierkopf*, der einen die Identität des Künstlers verbürgenden Sinn repräsentieren soll; – doch all diese Versuche einer endgültigen Fixierung des Sinns verfehlen die grundsätzliche Verweisungsstruktur der ästhetischen Produktion, durch die auch die Auslegung und Einschätzung jedes Werks ad infinitum differiert. Der Sinn, der den Sinn macht, verweist ihn an einen anderen Sinn und produziert einen Überschuss, der nicht an einer bestimmten Stelle versickert. Das trifft nicht nur auf ästhetische Objekte zu, sondern betrifft die Produktion von Sinn grundsätzlich, wie auch bei Luhmann zu erfahren ist: „Das Phänomen Sinn erscheint in der Form eines Überschusses von Verweisungen auf weitere Möglichkeiten des Erlebens und Handelns. Etwas steht im Blickpunkt, im Zentrum der Intention, und anderes wird marginal angedeutet als Horizont für ein Und-so-weiter des Erlebens und Handelns. Alles, was intendiert wird, hält in dieser Form die Welt im Ganzen sich offen, garantiert also immer auch die Aktualität der Welt in der Form der Zugänglichkeit."[351]

Es ist gerade dieses Marginale, Periphere, das die Produktion des Sinns garantiert. Das Zentrum des Sinnes ist ebenso wie ein angenommenes Zentrum ästhetischer Bedeutungen subjektiv gesetzt, intentional in einer

Handlungsstruktur eingebunden und nicht etwa ein objektives Sediment von Sinn. Insofern kann gerade das, was als *randständig* erachtet wird, zum Topos der Produktion von Sinn werden. Die Differenz, die die Peripherie gegenüber dem Zentrum bildet, ist die eines Sinn-Prozesses, der sich durch seine eigene Grenzverschiebung selbst reproduziert: „Insgesamt ist Sinn also ein Prozessieren nach Maßgabe von Differenzen, und zwar von Differenzen, die als solche nicht vorgegeben sind, sondern ihre operative Verwendbarkeit (und erst recht natürlich ihre begriffliche Formulierbarkeit) allein aus der Sinnhaftigkeit selbst gewinnen. Die Selbstbeweglichkeit des Sinngeschehens ist Autopoiesis par excellence."[352] Diese *Problematisierung des Sinn-Verständnisses* hat für die Ästhetische Bildung weitreichende Konsequenzen, denn es gilt, aus der – wie Dietmar Kamper es ausdrückt – „Diktatur des schon entschiedenen Sinns"[353] herauszukommen.

2. Vom Exemplarischen zur *signifikanten Referenz*

Wenn man den Sinn in der hier entwickelten Weise als *relational* und *konstruktiv* begreift, wird seine Repräsentation in einer geschlossenen Wiederholung fragwürdig. Die ewig gültige Interpretation, das einheitliche Atommodell, konstante Viren und Bakterien oder die Sinn-Residenz von Wörtern gibt es nicht. All das sind Fiktionen und Versuche des menschlichen Geistes, einen insistierenden Sinn zu konservieren, der seine Grenzen immer wieder neu bestimmt. Einst stellte man sich *Lernen* in der Art vor, dass die Lehrer eine bestimmte Sache lernen und diese dann an die Schüler weitergeben. Das hat im Grunde niemals funktioniert, denn die Temporalisierung des Sinnes verhindert jede identische Wissensübernahme. In dem Moment, in dem ich das Wissen vermittle, verpflanze ich es in einen anderen temporalen Kontext und verändere es ebenso, wie das Subjekt das aufgenommene Wissen in seiner Perspektive verwandelt. Wenn Holzkamp schreibt: „Der Standpunkt des Subjekts schließt – phänomenologisch gesehen – eine *Perspektive,* d.h. eine besondere ›Ansicht‹ der Welt (einschließlich der eigenen Person) eben von jenem Standpunkt ein"[354], dann wird klar, dass diese subjektive Perspektive jedes perzipierte bzw. rezipierte Wissen *transformiert.* Gerade in dieser Veränderung besteht aber die Möglichkeit, die Authentizität des Wissens zu verfolgen. Die statische, einheitliche

Übernahme und Wiedergabe eines Wissens verfälscht dasselbe, weil es seine implizite Dynamik sabotiert. Gegen eine solche Fixierung des Sinnes steht der Satz Heimanns, der in diesem Kontext wiederholt werden darf: „Es sind nicht so sehr die Theorien, es ist das Theoretisieren zu lehren."[355] Dieses Theoretisieren wäre ein produktives Verfolgen und Nachspüren der Verzweigungen von Sinn und Bedeutung und nicht deren Repräsentation. Für Heimann ist der Prozess der Theoriebildung deshalb auch der „ … eigentliche Gegenstand der didaktischen Ausbildung" gewesen.[356] – Die Einlösung dieses Ansatzes stellt eine der Bildungsaufgaben unserer Zeit dar.

Diese Aufgaben haben mit dem Problem des *Exemplarischen* zu tun. Es gibt einen gewaltigen Wissens- und Sinnüberschuss, der in Vermittlungssituationen angeblich reduziert werden muss, um die Lernenden nicht zu überfordern, die gleichen Lernenden, die zum Teil bereits im Kindesalter in der Lage sind, mit hochkomplexen Computerprogrammen und -animationen umzugehen, für die Erwachsene viel Zeit aufwenden müssen, um sie bedienen zu können. Der Überschuss von Wissen und Bedeutung soll in der *didaktischen Reduktion* so aufbereitet werden, dass die Elemente in lerngerechten Portionen und „Figuren" serviert werden können. Eine der wesentlichen Aufgaben der Lehrenden besteht dabei in dieser Portionierung. Doch wenn wir Sinn und Bedeutung in ihrer Prozessualität entfalten wollen, verhindern wir durch eine vorher bestimmte, abgeleitete Portionierung, dass der Überschuss des Wissens in der Lernsituation entfaltet wird. *Man lernt immer nur das Qualitative und Quantitative, das in der spezifischen Situation durch konfigurierte, aber in ihrem Ausgang unabsehbare, nichtlineare Dynamiken ermöglicht wird.* Durch eine vorgängige Reduktion sabotiert man dieses Potenzial des Wissens, das sich im Überschuss erneuert. Sicherlich sind Beispiele nötig, um bestimmte Sachverhalte zu charakterisieren und darzustellen, das Beispiel ist aber ein Attribut des Überschusses, weshalb der Überschuss nicht dem Beispiel geopfert werden kann, weil es sonst zur Selbstauflösung des *Bei-Spiels* käme, das sich aus keinem Überschuss mehr attribuieren könnte.

Wolfgang Klafkis einflussreiche Interpretation des *exemplarischen Lehrens und Lernens* will sicherlich keine Reproduktion des Wissens in dem weiter oben kritisierten geschlossenen Sinn, aber es stellt sich die Frage, ob seine Konzeption zu einem *zeitgenössischen Theoretisieren* führt: „Bildendes Lernen, das die Selbständigkeit des Lernenden fördert, also zu weiterwirkenden Erkenntnissen,

Fähigkeiten, Einstellungen führt (– zu ›arbeitendem Wissen‹ im Sinne Hugo Gaudigs -), wird nicht durch reproduktive Übernahme möglichst vieler Einzelkenntnisse, -fähigkeiten und -fertigkeiten gewonnen, sondern dadurch, dass sich der Lernende an einer begrenzten Zahl von ausgewählten Beispielen (Exempeln) aktiv allgemeine, genauer: mehr oder minder weitreichend verallgemeinerbare Kenntnisse, Fähigkeiten, Einstellungen, verarbeitet, m.a.W.: Wesentliches, Strukturelles, Prinzipielles, Typisches, Gesetzmäßigkeiten, übergreifende Zusammenhänge."[357]

Es fällt auf, dass Klafki in dieser für seinen Ansatz äußerst wichtigen Passage zum Opfer des Überschusses wird und eine deutlich *heterogene* Aufzählung benutzt, um die Einheit des Exemplarischen darzustellen. Die „begrenzte Zahl ausgewählter Beispiele" frappiert auf den ersten Blick, denn wie kann ich ein selbständig Lernender werden, wenn man mir die Beispiele im Vorhinein begrenzt? Vielmehr müssen sich dieselben aus der Wissensproduktion selbst hervorbringen lassen, so dass ich an der Selektion der Beispiele teilhabe, bzw. entscheiden kann, *was überhaupt ein Beispiel ist*. Denn was ist denn das Beispielhafte am Exemplarischen? Es kann doch nur hinsichtlich einer *Referenz* beispielhaft sein. Die Referenz muss aber zeitlich verortet werden, d.h. die Zeitlichkeit der Vermittlungssituation muss mit der Zeitlichkeit des zu vermittelnden Wissens synchronisiert werden. Klafki hat diesen Schritt mit der Differenzierung von *Gegenwarts- und Zukunftsbedeutung* keineswegs erreicht, da er die einzelnen Zeitebenen letztlich getrennt denkt, nämlich *Gegenwartsbedeutung* im Sinne einer an die *Berliner Didaktik* angelehnte *Bedingungsanalyse* und Zukunftsbedeutung als hypothetische, intendierte *Bedeutung für die Zukunft*[358]. Die *exemplarische Bedeutung* trennt er von den Zeitebenen, letztlich, um zu einer „Hierarchie von Lernzielen oder Lernzielebenen"[359] zu gelangen. Eine solche Hierarchie ist nur möglich, wenn man *Sinn und Bedeutung* dergestalt präfiguriert, dass ihre Effekte an einer bestimmten Stelle des Lernprozesses instrumentalisierbar sind, womit man allerdings in eine geschlossene Reproduktion von Wissen gerät, die zudem gerade das *willkürliche* Wissen reproduziert, dasjenige nämlich, das einem pädagogischen Willen gemäß mittels der didaktischen Reduktion herausgefiltert werden kann. Es ist nicht dasjenige Wissen, das in einem Prozess des Theoretisierens Überschuss von Sinn und Überschuss der Exempel produziert. Hingegen kommt man dem *Beispielhaften* näher, wenn man die Beziehung von Allgemeinem und Besonderem *nicht* präfiguriert, sondern sie durch offene

Verweisungen *relational* entwickelt. Zur Entfachung eines solchen Prozesses ist erforderlich, dass man Referenzen einbringt, die das *Flottieren der Signifikanten* ermöglichen, Referenzen, die eine Kette von temporalisierten Verweisungen bilden können. Das Exempel wird hierbei nicht *metaphorisch* gebildet, als *Umschreibung* eines Sinnes, in dem der Sinn das Zentrum bzw. die Substanz und das Beispiel die Peripherie bzw. das Attribut bildet, und in den man vermittels dieser Umschreibung oder Umleitung einzudringen versucht, sondern *metonymisch*, als innerer semantischer Zusammenhang einer Kette von Signifikanten, in der es kein Zentrum des Sinns gibt, sondern Verweisungen, Verknüpfungen und Vernetzungen, die eine unablässige Sinn-Produktion generieren[360].

Die *signifikante Referenz* operiert im Sinn, wobei man nicht festlegen kann, ob *am Rande* oder *in seinem Zentrum*. Eben darum, weil für sie die binäre Kodierung von Zentrum und Peripherie nicht gilt, ist sie irreduzibel und assoziativ. Und genau hier beginnt das Theoretisieren: *Die Rose ist keine Rose ist keine Rose*. Vom *Rosenroman* des Jean de Meung[361] bis zu Orson Welles' *Rosebud* hat sie ihren Rosenkranz aneinanderfügen können, in den Fensterrosetten der gotischen Kathedralen ebenso wie in den geheimen Schriften der Rosenkreuzer; Portugal erlebte eine Revolution der Rosen, und die *Rose von Sumatra* geht in Rauch auf. Sie hat nichts Exemplarisches und verändert ihren Symbolwert auf vielfältige Art und Weise. Doch hier ist sie zum Beispiel für Metonymie geworden, ihr Name sei eine *signifikante Referenz*.

3. Artem und Didaktem

Signifikante Referenzen können nicht nur in der Sprache bzw. in der Vorstellung gebildet werden, sondern auch material, als Trägerspuren von Zeichen. Bevor Kinder das Zeichnen lernen, sind sie bereits in der Lage, sich zeichenhaft auszudrücken. Bekanntermaßen kann diese strukturelle Fähigkeit, die ein basales Vermögen des Körpers darstellt, mit den Organen Zeichen herzustellen, sei es mit oder ohne Medium, gerade durch das Erlernen bestimmter kulturell kodierter Zeichentechniken behindert oder sogar zerstört werden. Die körperliche Differenz von Menschen impliziert spezifische, unverwechselbare Designationsprozesse. Jeder hat seinen *semiotischen Fingerabdruck*, und jedes Subjekt verfügt über die ihm eigenen Gesten, Blicke, Gerüche, Bewegungen, die im Prozess des

Zeichnens zu dividuellen Ergebnissen führen, die in der Ordnung von Differenz und Wiederholung erscheinen. Das Faszinosum der Kinderzeichnung lebt von dem Effekt, dass sie uns immer *einmalig und gleichzeitig als Differenz* erscheint, auch wenn wir ihre strukturelle Ähnlichkeit zu anderen Kinderzeichnungen sofort gewahren; aber es ist eben dieses bestimmte Kind, und es hat naturgemäß etwas, das kein anderes hat, und davon ist etwas als Nuance in seine Zeichnung eingegangen, das es wiederholt. Jede Linie, die von einem Wesen gezogen wird, ist dividuell[362]: Die Linien von Soulages und Wols ebenso wie die peruanischen Nazca-Linien oder die namenlosen Kreidezeichnungen auf dem Asphalt. Vielleicht sind sie unsere dramatischsten Zeugnisse.[363] Manche Linien entstehen in völliger Selbst-Absenz, beim Telefonieren oder ungeduldigem Warten, andere in Verzweiflung oder Überschwang. Die australischen Aborigines singen an imaginären geographischen Linien, die nur sie sehen können, ihren Kosmos in die Existenz[364]. Das Vermögen, Zeichen hervorzubringen, sie differenziell zu generieren, geht der symbolischen Ordnung voraus. Letztere kann diesem Vermögen Gewalt antun, wenn sie auf Anwendung und Erfüllung eines operationalisierten, standardisierten Kodes beharrt, eine Gewalt, die vergessen machen will, dass die symbolische Ordnung von vorgängigen semiotischen Prozessen gebildet wird und die deshalb umso gnadenloser ist[365]. Die semiotische Produktion der Zeichen, die *Semiose*, impliziert grundlegende Verhaltenspotenziale, die gemäß der Wunschstruktur der Subjekte aktualisiert werden. Die Ästhetische Bildung der Differenz stellt sich der Aufgabe, dieses *Vermögen zur Zeichenproduktion* im Zentrum unterrichtlicher Überlegungen anzusiedeln. Dazu ist der entscheidende Schritt vonnöten, ins pädagogische Bewusstsein zu rücken, dass dieses Vermögen bei jedem Subjekt unterschiedlich entfaltet, gefördert oder auch bewahrt und geschont werden muss. Es ist ein diskretes Vermögen, ein labiles, das nicht durch zentralistische Maßnahmen zerstört werden darf. Viele Künstler versuchen mit einem ganzen Lebenswerk, wieder an diese wertvolle Schicht heranzukommen, Jürgen Brodwolf sagt: „Um eine eigene Sprache zu finden, müssen wir erst einmal die fremden, angelernten Vokabeln vergessen … "[366] Brodwolf meint damit seine Zeichen-Sprache, die durch eine immer konsequenter gewordene Freilegung scheinbar verdeckter Schichten charakterisiert ist. Nicht umsonst ist das *Diaphane* für diesen Künstler kennzeichnend, im Durchscheinen der Schichten tauchen ihre Verdeckungen auf.
Das dividuelle Zeichenrepertoire ist aber durchaus keine subjektivistische

Angelegenheit im Sinne einer totalen Immanenz des Subjektes, sondern ihr radikal subjektives Moment verbindet es mit den Repertoires der anderen Subjekte; – intersubjektiv wird die Semiose dort, wo sie radikal subjektiv ist. Die *Zeichen* sind intersubjektiv.

Dieses Allgemeine, das im Zeichenprozess dividuell aktualisiert wird, ist in der Fachdisziplin bereits intensiv für pädagogische Prozesse reflektiert worden, so z.B. von Barbara Wichelhaus in einer heute wiederzuentdeckenden Grundlagenarbeit[367] und von Günter Kerner und Rolf Duroy[368], die das Fach Bildende Kunst auf der Basis der Informationstheorie Max Benses[369] mit einem zeichentheoretisch ausgerichteten Lehrwerk ausstatten. Im Vorwort zu diesem Lehrbuch schreiben die beiden Autoren: „Ausgangspunkt dieser Forschungen war die Überlegung, dass Kommunikation, die auf visuellem Weg stattfindet, im Prinzip in gleicher Weise geschieht wie die Nachrichtenvermittlung durch sprachliche, auditive oder taktile Zeichen. Daher sind es auch grundsätzlich die gleichen Fragen, die unabhängig von der jeweiligen Kommunikationsart zu stellen sind. Auf eine einfache Formel gebracht, lauten sie: Wer sagt was zu wem, mit welchen Mitteln, unter welchen Umständen, mit welcher Absicht und mit welchem Erfolg?"[370]

Dieser objektivistische, auf Kommunikationsprozesse fixierte Ansatz führte in der unterrichtlichen Praxis zu einseitig analytisch und kognitiv ausgerichteten Anwendungen, da, wie der Fragehorizont zeigt, der Zeichenprozess nicht von seiner subjektiv-produktiven Seite her betrachtet wird, sondern von seiner Funktion im Kommunikationsprozess; das Ergebnis dessen ist dann zwangsläufig das Subsumieren von Zeichen unter verschiedenen Kategorien, die dann selbst wieder den Charakter formalisierter Matrizen annehmen. Tatsächlich ist diese Gefahr bereits in der Informationstheorie Benses enthalten, dessen Verwendung der theoretischen Grundlagen von Peirce nicht unproblematisch ist, da sie im Gegensatz zu dessen dynamischer Auffassung wieder Entitäten setzen will. So schreibt Bense: „Ich habe in den vergangenen Jahren in Vorlesungen und Publikationen schon mehrfach betont, dass die Theoretische Semiotik im wesentlichen nicht nur eine Theorie der *Repräsentation*, sondern auch eine Theorie der Fundierung gewisser prä- bzw. metasemiotischer, begrifflich oder empirisch vorgegebener, ›Entitäten‹ darstellt. Das bedeutet, dass jedes dreistellige, relationale *Repräsentationsschema* in der Form einer triadischen Zeichenrelation (Zeichenklasse oder Realitätsthematik) zugleich ein dreistelliges, relationales *Fundierungsschema* ist."[371]

Auch wenn Bense die Entitäten in Anführungszeichen setzt, so zieht sich durch sein Werk doch der Versuch, ästhetische Phänomene restlos zeichentheoretisch erklären zu können[372], was ihm zahlreiche Kritiker eingebracht hat. Peirce stellte hingegen die beunruhigende Frage: „Können die Gesetze der Physik nicht Verhaltensgewohnheiten sein, die von Systemen stufenweise erworben worden sind?"[373] Es stellt sich also die Frage nach einer Zeichentheorie, die – obwohl sie Klassifikationen vornimmt – dynamisch organisiert ist. Das Verdienst der Zeichentheorie ist ihre Fähigkeit zur Analyse durch kategoriale Ordnungen; doch dürfen diese selbst nicht den Charakter von Entitäten einnehmen, sondern sollten den Standpunkt des Beobachters, der noch im Moment der Kategorisierung *Semiose betreibt*, mit einbeziehen.

Die Informationstheorie ist keineswegs obsolet, im Gegenteil, sie wird gerade vielerorts wiederentdeckt[374]. Für die Kunstpädagogik könnte eine im oben nahegelegten Sinne zeichentheoretische Re-Orientierung die Verknüpfung von Lern- und Subjekttheorie mit ästhetischer Theorie bedeuten, was ein Gewinn für die wissenschaftliche Verfassung des Faches wäre. Für die *Ästhetische Bildung* sind einerseits die Zeichenvorgänge von besonderer Relevanz, die die Konstitution, Konstruktion und Produktion des Subjektes betreffen, und zum anderen diejenigen, die Kommunikationsprozesse auslösen, hervorbringen oder bewirken können. Die Vermittlung einer Wissensformation ist ein solcher Prozess. Dabei stellt sich die Frage, wie das, was im Vermittlungsprozess durch spezifische Verfahren *vermittelbar* wird, zeichenhaft in den Horizont von Kommunikation gelangen kann.

In der Ästhetik ist für diese Frage eine Antwortrichtung gebahnt: Es gibt zahlreiche Versuche von Künstlern, jedes didaktische Element aus ihrer Kunst zu verbannen. Edgar Allan Poes Poetik, die für das Verständnis der modernen Ästhetik – nicht zuletzt durch ihre Vermittlung Baudelaires[375] – ein wesentlicher Meilenstein war, will explizit jedes didaktische Element aus der Kunst verbannen und die künstlerische Konstruktion von jedem moralischen Element reinigen: „I allude to the heresy of *The Didactic*. It has been assumed, tacitly and avowedly, directly and indirectly, that the ultimate object of all Poetry is Truth. Every Poem, it is said, should inculcate a moral; and by this moral is the poetical merit of the work to be adjuged. […] – but the simple fact is, that, would we but permit ourselves to look into our own souls, we should immediately there discover that under the sun there neither exists nor *can* exist any work more thoroughly dignified – more supremly noble than this very poem – this poem *per se* – this poem which is a poem and nothing more – this poem written solely for the poem's sake."[376]

Diese klassische Passage hat wie kaum eine zweite die moderne Verfassung der Autonomie der Kunst ratifiziert. Als genialischer Schriftsteller beließ es Poe nicht bei der theoretischen Deklamation des *l'art pour l'art*, sondern er versuchte, seine Kunsttheorie stringent in die Praxis umzusetzen. Zu diesem Behufe verfasste er die short story *Landor's Cottage,* die im Wesentlichen die Beschreibung eines außerordentlich kunstvoll angelegten Landschaftsparks ist[377]. In diesem idyllischen Anwesen passiert schon viel, wenn eine Fontäne sprudelt oder ein Hund bellt: Es gibt keinen Plot, keine Botschaft und keine Moral, und doch ist dieser deskriptiv-poetische Text, der mit der Kunst des *landscape gardening* die Kunst an sich glorifiziert, sicherlich der didaktischste von Poe überhaupt. Dieser Versuch, *reine Kunst* zu schaffen, führt uns in eine Welt, in der ästhetische Zeichen herrschen, die den teilnehmend teilnahmslosen Rezipienten erwarten. Alles ist gestaltet, alles Zeichen, nichts dem Zufall überlassen. Der Autor bindet uns in die Differenz von Natur und Kultur ein, indem er mit literarischen Mitteln unterschwellig eine Taxinomie erstellt. Damit wird aber *die Wahrnehmung des Lesers* geschult, der im Prozess des Lesens die *Zeichen-Welt entfalten muss.*

Poe kann das Didaktische nicht vermeiden, weil im Zeichen selbst *etwas zur Vermittlung* drängt, etwas, das außerhalb der intentionalen Gestaltbarkeit des ästhetischen Materials angesiedelt ist. Dieses Phänomen ist auch in der Bildenden Kunst zu beobachten, z.B. bei einem Künstler wie Gerhard Merz, dessen Intention, *reine Schönheiten* zu erschaffen, jeden Begriff von *Seele* negiert. Wirken seine an antike Architektur erinnernden Objekte und Installationen nicht hochgradig didaktisch auf den Betrachter, wird unsere Wahrnehmung nicht durch diese „zeitlosen" Objekte geschult?

Im ästhetischen Zeichen ist ein Element vorhanden, das hinsichtlich von Perzeptionen produktiv wirkt. Deshalb läßt sich behaupten, dass gerade das *l'art pour l'art* eine zutiefst didaktische Kunst ist. Wenn man zudem noch einräumt, dass Zeichen stets in Designationsprozessen eingebunden sind, wird die Überlegung, das Element zu bestimmen, welches im Zeichen die *Vermittlung vermittelt*, umso plausibler. Dabei besteht das Problem, dass es keine *universell* gültige Taxinomie des ästhetischen Zeichens gibt.

Für Charles William Morris ist das Kunstwerk ein aus anderen Zeichen zusammengesetztes (Super-) Zeichen, das *eine komplexe Zeichenstruktur konstituiert*: „Eine komplexe Zeichenstruktur führt zu einer ebensolchen ästhetischen Wahrnehmung und der Interpret (den Schöpfer eingeschlossen) führt die komplexe Wahrnehmungstätigkeit durch, indem er von einem Teil des Kunstgegenstands zum anderen fortschreitet, auf gewisse Teile als auf Zeichen anderer Teile reagiert und so aus den Teilreaktionen eine Gesamtreaktion (und somit einen einheitlichen Wahrnehmungsgegenstand) aufbaut."[378]

Dieses Fortschreiten ist nur möglich, wenn eine Ebene im Zeichen selbst mit der Semiose des Rezipienten verknüpfbar ist. Nach der allgemeinen Klassifikation des ästhetischen Zeichens von Peirce lassen sich drei grundlegende Typen unterscheiden,[379] eine Klassifikation, die hier als Markierung bei der Bestimmung des didaktischen Elements im Zeichen dienen soll:

- Qualizeichen (Tone) – Qualität, die ein Zeichen ist;
- Sinzeichen (Token) – faktisches Ding, das ein Zeichen ist;
- Legizeichen (Type) – Gesetz, das ein Zeichen ist, Modell des Sinzeichens.

Umberto Eco definiert gemäß dieser Klassifikation das ästhetische Zeichen wie folgt: „Es ist ein Sinzeichen, das auch ein Qualizeichen ist und als solches designiert, obwohl es als mögliches Material durchaus auch Legizeichen verwendet."[380] Dieser begrifflichen Basis folgend, lässt sich das ästhetische Zeichen in der hier unterbreiteten Markierung als *Artem* bezeichnen, dessen *Vermittlungselement* das *Didaktem* ist. Im ästhetischen Zeichen treten die drei Zeichenebenen parallel auf, sie sind aber zur Analyse eines Werkes trennbar und können jeweils unter der Bemühung ihres spezifischen Aspektes Erkenntnisse über die materiale Qualität, die faktische Objektivität und die formale Konzeption des Werkes ermöglichen. Das *Didaktem* kann in diesen verschiedenen Ebenen des *Artems* nachgewiesen werden.

Der Begriffsvorschlag stellt kein Überschreiten der Peirceschen Taxinomie dar, sondern er ist eine Anwendung aus dieser heraus, eine Anwendung, die im ästhetischen Zeichen das *Dicizeichen*, das Information vermittelnde Zeichen, in der Weise versteht, dass die Möglichkeit der Vermittlung von Information per Zeichen als material im Didaktem angelegt verstanden wird. Damit soll in Vermittlungssituationen und ihrer Planung bestimmt werden können, was eigentlich das vermittelnde Element in oder an dem zur Sprache kommenden ästhetischen Zeichen ist. Auf der Ebene des *Qualizeichens* vermittelt das Didaktem die materiale Beschaffenheit als ein Ausdruck differenzierendes Element. Es ist das Element, dass die ästhetische Differenzierung im Rezeptionsprozess *ermöglicht*: Ein Lernen, Erkennen durch das Material und mit der Konstruktion/Interpretation des Rezipienten. Auf der Ebene des *Sinzeichens* wirkt das Didaktem im Ikonographischen vermittelnd. Das, was in die Faktizität des Werkes eingeschrieben ist, affiziert den Rezipienten zeichenhaft, der es von anderen Zeichen gemäß seiner *ästhetischen Kompetenz* unterscheidet. Beim *Legizeichen* ist das Didaktem das die Grundform Vermittelnde, das erst ermöglicht, dass etwas als Modell oder Struktur wahrgenommen werden kann. Es ist nicht das Modell selbst, sondern die zeichenhafte Vermittlung dessen, dass es sich um ein Modell bzw. um die „Ordnung" des Modells handelt.

– Diese Markierung beschreibt das Element im ästhetischen Zeichen, *das zur Vermittlung drängt*, als *Didaktem*. Seine Reflexion führt in die problematischen Oberflächen, deren Frage-Antwort-Strukturen in Vermittlungsprozessen Mikroelemente bilden.

4. Mikroästhetik

Mit der Unterscheidung von Artem und Didaktem wird der kommunikative Aspekt des Zeichenprozesses differenziert. Was dem Zeichen als *Ästhetisches* zugeschrieben wird – diese Zuschreibung ist als Verschränkung der perzeptiven Konstruktion des Subjektes mit dem vom Objekt ausstrahlenden ästhetischen Potenzial zu verstehen – ist *Artem*; und das, was zwischen Artem und Rezipient vermittelt, was es ermöglicht, am ästhetischen Objekt zu lernen, *Didaktem*. Mit dieser Operation, mit der man ästhetische Prozesse in der Tiefe ihrer Zeichenebenen zu begreifen versucht, betritt man ein Feld, das zwar material vorhanden ist, jedoch nicht immer unserer natürlichen Dimensionierung der Sinneswahrnehmung entspricht, es ist das Feld der *Mikroästhetik*. Auch hierzu hat Max Bense vorgearbeitet: „Wir verwenden das Begriffspaar Makroästhetik und

Mikroästhetik in einer Weise, die dem aus der modernen Naturwissenschaft stammenden Unterschied zwischen Makrophysik und Mikrophysik einigermaßen entspricht. Unter Makrophysik, im Wesentlichen auf klassische Mechanik und klassische Optik reduzierbar, ist eine Physik zu verstehen, in der Raum, Zeit, Ort, Bahn im Sinne gegenständlicher, anschaulicher, wahrnehmbarer und vorstellbarer Elemente fungieren, deren empirische Verifikation also gelingt. Für Mikrophysik trifft das nur in eingeschränktem Maße oder gar nicht zu; gegenständlich-anschauliche Begriffe, die in jedem Falle in wirklichen Beobachtungen verifizierbar sind, machen nicht mehr das Wesentliche der Theorie aus, und visuelle Bedeutungen treten zurück."[381] Diese Ausführungen beziehen sich auf die sogenannte *Heisenbergsche Unschärferelation*, die besagt, dass im Quantenbereich keine *eindeutigen* topologischen Zuordnungen der atomaren Teilchen möglich sind und dass die *Quantendynamik* die Kernvorgänge konfiguriert. In anderen Worten: Dort, wo sich die elementarsten Teilchen befinden, können wir deren Standort nicht exakt bestimmen. Kann eine solche Mikroperspektive auf die Ästhetik übertragen werden?: „In erster Näherung verstehen wir nun unter Makroästhetik die Theorie der wahrnehmungsmäßig und vorstellungsmäßig zugänglichen und evidenten Bereiche am ästhetischen Gegenstand bzw. Kunstwerk, während die Mikroästhetik die Theorie der wahrnehmungsmäßig und vorstellungsmäßig nicht direkt zugänglichen und nichtevidenten Bereiche am Kunstwerk bzw. ästhetischen Gegenstand darstellt; sie entwirft das System der ästhetischen Elemente, der Zeichen und ihrer Prozesse."[382]

Bense benutzt den Begriff Mikroästhetik in Analogie zur Physik, was sicherlich für die Ästhetik sehr hilfreiche Akzente setzen kann, doch seine Definition beinhaltet ein Problem: Er identifiziert Zeichentheorie mit Mikroästhetik, wenn man zeichentheoretisch vorgeht, ist man aber noch nicht automatisch in der Mikroebene. Bense will Zeichentheorie und Physik zusammenführen, und die Analogie ist allzu verlockend: „Man darf aussprechen, dass die Zeichentheorie in der Mikroästhetik die gleiche Rolle spielt wie die Quantentheorie in der Physik."[383] Eben dies ist nicht so einfach möglich, weil man zwei völlig unterschiedliche Theorien mit differenziellen Entwicklungslinien nicht einfach terminologisch gleichschalten kann. Benses Intention, einen begrifflichen Übergang von der Quantenphysik zur semiologischen Ästhetik zu schaffen, wird den ästhetischen Zeichen im Grunde nicht gerecht, denn diese enden nicht wie Atomteilchen in Mikrodynamiken, sondern in materialen Trägerspuren und ideellen, konzeptuellen Differenzierungen. Darüber hinaus ist es fragwürdig, die Termini der Mikrophysik identisch mit denen der klassischen Physik zu gebrauchen, worauf Heisenberg selbst hingewiesen hat.[384]

Das Zeichen oszilliert zwischen Mikro- und Makroästhetik, wiewohl man bei seiner Analyse je nach vorliegendem Problem beide Dimensionen beanspruchen kann. Es wäre eine voreilige Reduktion, den Begriff Mikroästhetik seiner Physik-Konnotation zu überlassen, die das unfassbar Kleine eines Körpers oder Teilchens umschreibt.

Was der Begriff Mikroästhetik neben seinen semiologischen Implikationen noch bedeuten kann, ist, dass es jenseits der „großen" Ästhetik noch „kleine" andere gibt, andere, die sowohl das Andere der Ästhetik wie die Ästhetik des Anderen ausmachen. Es ist dies Ästhetik im Sinne von Parva Aesthetica[385], Ästhetik, die kein lineares System bildet und eine besondere ist, keine allgemeine. Der Blick auf das Kleine, Unsichtbare ist nicht nur ein Blick auf die Mikroelemente, sondern auch ein Blick auf und in das Potenzial des Mikrologischen, in seine Ordnung und seine Ideen. Die semiologische Orientierung kann den Einstieg in eine solche Ästhetik leisten, indem die Auseinandersetzung mit den Mikroelementen zu einem ersten Schritt wird, an dem der Blick für das Mikrologische geschult wird. Doch mit dieser materialen Ebene hat man noch nicht die ideelle Konstitution, das Potenzial der Vorstellungen des Mikrologischen erreicht, in der das Mikrologische sich selbst in Makro- und Mikroelemente ausdifferenziert: Elektronen sind riesenhaft im Vergleich zu den Quarks. Diese Dimension des Mikrologischen verweist auf seine Differenzordnung, die sich nicht an ein letztendliches oder ursprüngliches Element bindet, womit es sich auch der eindeutig gültigen begrifflichen Bestimmung entzieht. Der Blick für das Mikrologische kann deshalb die Kraft gewinnen, das konventionelle Begriffssystem zu perforieren. Adorno hat dies – Walter Benjamins Vorliebe fürs Periphere betonend – deutlich gemacht: „Seine Vorliebe für minimale oder schäbige Objekte wie Staub und Plüsch in der Passagenarbeit steht komplementär zu jener Technik, die von all dem angezogen wird, was durch die Maschen des konventionellen Begriffsnetzes hindurchschlüpft oder vom herrschenden Geist zu sehr verachtet ist, als dass er andere Spuren daran hinterlassen hätte als die des hastigen Urteils."[386] Der mikrologische Blick ist ein schonender, einer, der die Differenz der Phänomene erfahren will, statt sie voreilig zu subsumieren, ein Blick, der sich der Besonderheit des Peripheren annimmt und seine Dignität entfaltet. Der Schluss

von Adornos *Negative Dialektik* steht wie ein Fazit unter einer ausgreifenden Debatte um die Logik der Identität:
„Die kleinsten innerweltlichen Züge hätten Relevanz fürs Absolute, denn der mikrologische Blick zertrümmert die Schalen des nach dem Maß des subsumierenden Oberbegriffs hilflos Vereinzelten und sprengt seine Identität, den Trug, es wäre bloß Exemplar. Solches Denken ist solidarisch mit Metaphysik im Augenblick ihres Sturzes."[387]
Ein in diesem Sinne mikrologischer Blick bewahrt das Sein des „Kleinen", subsumiert es nicht unter den Begriff des „Großen" und gewahrt das Differenzielle. Diese Nahtstelle, die semiologische Orientierung und der mikrologische Blick, die Vernunftehe zwischen Bense und Adorno, führen uns zur *Mikroästhetik* in dem hier vorzustellenden Sinn.

Praxis des Mikrologischen

Ästhetische Manifestationen, die durch die Distinktion der legitimen Ästhetiken ausgegrenzt werden, lassen sich nur durch ein mikrologisches Vorgehen in die Sichtbarkeit bringen, eine Sichtbarkeit, die ihnen u.a. auch durch die zunehmende Professionalisierung und Aufspaltung des Kunstbetriebes[388] nicht zugestanden wird. Die kulturellen Distinktionen wirken tief und nachhaltig, Richard Shusterman zieht folgendes Fazit: „Diese beklagenswerte kulturelle Trennung zwischen ernsthafter, hoher Kunst und illegitimer Kunst scheint uns vor ein nicht hinzunehmendes ästhetisches Dilemma zu stellen: zwischen der erstickend totgeweihten Künstlichkeit des Hohen und dem entmenschlichenden dumpfen Primitivismus des Populären. Diesem Dilemma und dieser Trennung muss durch die fortgesetzte Kritik an unserer institutionellen Kunstideologie wegen ihrer offenen Zurückweisung der populären Kunst als ästhetisch illegitim und sozio-kulturell zersetzend begegnet werden."[389]
Neben der Dichotomie von hoher Kunst und Popularkultur gibt es die dritte Dimension des Ästhetischen, die der *mikrologischen ästhetischen Praxis*, die erheblich umfangreicher ist als die legitime Ästhetik, die von einem Betriebssystem Kunst dominiert wird, das sich seine eigene Reproduktionsfabrik geschaffen hat, die mittlerweile als unhintergehbarer Standard von Kunst in den Industrienationen deklamiert wird[390]. Aber in dieses Betriebssystem kann der

Boot-Sektor-Virus der Mikroästhetik eindringen; – die Mikroästhetik verfügt über *virale Strategien,* die die Subsumptionsmacht gerade mit den Mitteln des Schwächeren, des Kleinen und Verschwindenden erschüttern kann[391], denn das „Ästhetische" kommt de facto stets als spezifischer Sonderfall, als *differenzielles Phänomen* vor.

Ein Künstler wie der 1989 im Alter von erst 29 Jahren aus dem Leben geschiedene Jörg Weyrich kümmerte sich in keiner Weise um eine legitime Ästhetik, vor allem nicht um die während seiner intensivsten Schaffensperiode verbreitete Reformulierung der „Ästhetik des Erhabenen"[392], die in den achtziger Jahren vor allem durch die Postmoderne-Debatte eine deutliche Wiederbelebung erfuhr[393], vielmehr sammelte er Einschnitte in den Alltag, die er mit dem Material seiner Lebenswelt ästhetisch bearbeitete.

Weyrich hatte zu Lebzeiten kaum die Möglichkeit bekommen, seine Werke auszustellen, sie gingen am ästhetischen Begriffsraster seiner Zeit vollständig vorbei[394], da sie die Fundstücke und Alltagsgegenstände nicht erhöhten, ihnen einen ästhetischen Wert oder eine künstlerische Geste entlockten, sondern sie innerhalb eines definierten Zeichensatzes als das präsentierten, was sie sind: Fundstücke und Alltagsgegenstände. Es gibt bei ihm keine Spiegelung und keine Veredelung, ja auch keinen *Schein*, und gerade darin besteht ihre ästhetische Kraft. Natürlich gibt es eine historische Linie, die sofort parat ist, um diese besondere ästhetische Manifestation zu kategorisieren: Alfred Jarry, DADA, die Surrealisten, die Situationisten, Fluxus und vielleicht auch die Simulationisten. Solche Kategorisierungen können aber das Spezifische eines Werkes nicht vollständig erfassen, sondern sie dienen dazu, eine Abstammungslinie anzuzeigen, die die Einordnung des Besonderen erleichtern soll. Weyrich ist Mitglied des *HYDE KARTELLS* gewesen, einer Künstlervereinigung, die sich bis in die heutige Zeit hinein selbst zum Verschwinden gebracht hat und der Mikroästhetik verbunden geblieben ist.

Abb. 9: Mikroästhetik

Wenn bei Weyrich der Einschnitt, die Perforation in die Wahrnehmung darin besteht, dass er bedrohliche Alltagssituationen mit Objekten des Alltags verarbeitete, so wird bei den anonymen New Yorker Künstlergruppen, die in der Öffentlichkeit das Label *Hoax-Art*[395] vertreten, die ästhetische Manifestation in der Perforation medialer Zusammenhänge realisiert. So wurden z.B. gezielte Falschmeldungen an Fernseh- und Radiostationen ausgegeben, um erwartungsgemäße Wahrnehmungsverhältnisse zu verschieben. Man könnte dies als eine Praxis der Kontra-Simulation verstehen, in der es darum geht, die medialen Simulationen von Wirklichkeit durch ästhetische Simulationen zu erschüttern. So wurde von einer Gruppe z.B. erfolgreich die Meldung verbreitet, dass es den Fußgängern an einem bestimmten Tag verboten sei, die Bürgersteige zu benutzen. Diese Eulenspiegelei zielt in das Zentrum der medialen Betriebssysteme, denn die zunehmende Abhängigkeit der Informationsgesellschaft vom Import von gefilterten Informationen führt zu ihrer Anfälligkeit gegenüber der Falschmeldung, was in letzter Konsequenz in der Indifferenz von Meldung und Falschmeldung endet. Diesen Kontext macht die mikroästhetische *Hoax-Art*, bei der weder ein Kunstwerk noch ein Künstlersubjekt herauskommen, deutlich. Als drittes Beispiel für Mikroästhetik sei die internationale Künstlergruppe LOCALITA um Augusto Foldi, Fabien Hommet und Herman Steins beachtet, die ihre eigenen Arbeiten auf kleinen Formaten unter Mänteln und Jacken tragen. Für den Augenblick einer fotografischen Aufnahme werden die Kleidungsstücke im Stile eines Exhibitionisten weit aufgefaltet. Dieser Augenblick gilt den Künstlern als Ausstellung (*Exhibition*). In allen bedeutenden Galerien Europas wurden ihre Werke bisher „ausgestellt", die Fotodokumentation dient dem Nachweis dieser mikrologischen Praxis, die sich nicht mit Werken an Rezipienten wendet, sondern mit der ironischen Problematisierung des Rezeptionsprozesses, mit der das institutionelle Ausstellungswesen perforiert wird.

5. Differenzielle Lernprozesse

Mikroästhetik bedeutet, auf der Grundlage eines mikrologischen Blickes Zeichenprozesse zu entfalten und erstarrte Wahrnehmungssysteme zu perforieren. Das mikroästhetische Zeichen greift *viral* in ein anderes Wahrnehmungssystem ein. Das Beispiel der *Hoax-Art* macht anschaulich, wie eine solche Strategie auch Relevanz für pädagogische Prozesse erlangen könnte. Wiederum geht es nicht darum, die *Hoax-Art* nachzuahmen, sondern mit dieser Strategie etwas anderes, auf die eigene Situation Bezogenes, zu unternehmen. Was sie für die Pädagogik relevant macht, ist ihre Strategie im Umgang mit der Mediatisierung. Diese Strategie ist durchaus geeignet, im Sinne traditioneller Pädagogik partielle Subjekt-Autonomisierungen zu erreichen, indem z.B. der mediale Kontext als ein *präfigurierter* transparent wird und die Positionen, von denen aus man in den Kontext eingreifen kann, um ihn selbst zu konfigurieren und eine Perforation zu markieren, georted werden. Eine minimale Verschiebung reicht bereits aus, um kräftige Effekte zu zeitigen.

Zunächst wird mit einer solchen Strategie Medienkompetenz und Mediennutzung realisiert, und die Subjekte erweitern ihre ästhetischen Zugriffsweisen, indem sie erfahren, wie man mit *ästhetischen Mitteln in soziale Kontexte* eingreift. Im Sinne von Ben Bachmair[396] werden *Gestaltungsräume inszeniert*. Symbolische Aktivitäten können mit einer mikroästhetischen Strategie transportiert werden, indem man z.B. die eigene, neu repräsentierte Symbolik in die Medienzirkulation hineinträgt, möglicherweise auch ohne dass dies überhaupt bemerkt wird. Zugleich wird der *öffentliche Raum* zum Aktionsfeld für Ästhetische Bildung.

Beim ersten Beispiel ist der *pädagogische Wert* anders gelagert. Dadurch, dass es einen materialen Träger gibt, befindet man sich zunächst in den klassischen Modi der Verarbeitung eines Objekts. Es käme nun darauf an, diese klassischen Modi mit einer dividuellen Symbolik – mit der der Subjekte im Vermittlungsprozess – zu verknüpfen, indem die Peripherie, die das ästhetische Objekt ausmacht, zeichentheoretisch bestimmt wird. Hierdurch lassen sich *signifikante Referenzen* bilden, die durch Minimaldifferenzen ausdifferenziert werden. Die Pädagogik wird differenziell, wenn sie ihr Material nicht als feste Materie betrachtet, sondern als eine Materie, die sich in Aktualisierungsformen dramatisiert.

Dabei ist die Voraussetzung für eine transversale didaktische Orientierung ethischer Natur: Man kann keine transversale Vermittlung gestalten, wenn man selbst nicht bereit ist, Transversalität zu wollen. Sie zu wollen heißt, die eigene Differenz zu setzen, die Differenz des Anderen aber zugleich radikal zu bejahen und sich ihr auszusetzen. Dies mag selbstverständlich klingen, es ist ein Gedanke, der in der Pädagogik längst gedacht worden ist[397]. Wenn Horst Rumpf schreibt: „Es gibt mehr Lehrer und mehr Lehr-Arten zwischen Himmel und Erde als sich unsere auf herkömmlichen Unterricht fixierte Schulweisheit träumen läßt"[398], dann impliziert dieser Satz, dass Lernen, dass Vermittlungsprozesse sich ubiquitär ereignen und keineswegs auf die institutionalisierten Lernsituationen beschränkt sind. Dieses Faktum wirkt sich aber stets auf die Institutionen aus. Wenn Vermittlungsprozesse allenthalben vorkommen und relevant sind, werden ihre Effekte in die Bildungsinstitutionen importiert, es sind Effekte, die die Subjekte mitbringen, die ihre Differenzialität explizieren, und die sie in die Institutionen hineintragen. Die Vermittlungssituation ist auch deshalb grundsätzlich asymmetrisch – weder die Wissensformation des Lehrenden ist mit der der Lernenden symmetrisch noch die der Lernenden untereinander –, da die am Lernprozess Beteiligten völlig differente Erfahrungen mit Vermittlungsprozessen haben. Die Affirmation dieser Asymmetrien ist die Voraussetzung für eine transversale Didaktik, eine Affirmation, die tiefer geht als jeder *schülerorientierte Unterricht*, der ein Mitbestimmungsmodell simuliert, statt differenzielle Positionen zu favorisieren.

Die Affirmation der Ungleichheit der am Lernprozess Beteiligten geht deshalb tiefer, weil nicht mehr die Orientierung an *eine* am Lernprozess beteiligte Position als grundlegend gesetzt wird, sondern die offensive Anerkennung aller am Lernprozess Beteiligten auf der Grundlage ihrer unhintergehbaren Ungleichheit. Erst nach dieser Bejahung können alle Beteiligten ihre differenziellen Elemente einbringen. Es ist die Asymmetrie, die die Voraussetzung für die gleiche Berechtigung schafft, denn diese kann nur auf der Grundlage der bedingungslosen Akzeptanz der Unterschiede und Ungleichheiten der Anderen realisiert werden. Für die Pädagogik hat das zur Folge, die differenziellen Elemente, die von Subjekten in Vermittlungsprozessen eingebracht werden, zum Gegenstand dieser Prozesse zu machen. Damit geht man über die Schülerorientierung, die den lebensweltlichen Bezug herstellen will[399], hinaus, und das aus verschiedenen Gründen. Zum einen kann man kann nicht davon ausgehen, dass die Lehrenden die subjektiven Interessen der Schüler und Schülerinnen ermitteln oder festsetzen könnten, zum anderen ist das, was gelehrt wird, durchaus *Fremdes*; Fremdes, das einen spezifischen sozialen Wert oder Nutzen artikuliert, und das sich mit dem Fremden, das von den Schülern eingebracht wird, das seinerseits einen bestimmten Wert oder Nutzen ausdrückt, trifft. Die Differenzen werden gesetzt, statt versöhnt.

Zudem spielt der lebensweltliche Bezug im Zeitalter der virtuellen Realität eine völlig neue Rolle, da *virtuelle Extensionen* auftreten, die die Lebenswelten von Kindern und Jugendlichen zunehmend *immaterialisieren*.

Computertechnologie und Lernen

Noch hinterlassen die Eintragungen auf den Festplatten der Computer oder die Datensammlungen auf schillernden CDs materiale Trägerspuren. Sie sind aber heute bereits mit unseren bloßen Sinnesorganen nicht mehr wahrzunehmen, und die Entwicklung zur größeren Speicherfähigkeit von Datenträgern hält ungebrochen an. Sie wird in den nächsten Jahren und Jahrzehnten weitere technologische Erfolge zeitigen[400]. Wissen und Gedächtnis sind von diesen Entwicklungen direkt betroffen, und die zunehmende Immaterialisierung beeinflusst die gesellschaftlichen Formen des Lernens unmittelbar. Wenn die virtuelle Realität innerhalb des nächsten Jahrzehnts durch mächtige Datenträger in den Privathaushalten Einzug halten wird, werden sich die Formen der Vermittlung von Information grundlegend wandeln und auch das schulische Lernen radikal verändern. Die Computerindustrie weiß das sehr genau, und bereitet den Vollzug dieser Entwicklung generalstabsmäßig vor, indem z.B. Software, aber auch spezielle Hardware für Kinder massiv in den Markt drängt: „Diese Situation könnte sich demnächst öfter einstellen: Während der Vater auf der Suche nach irgendeiner versteckten Funktion seines Textverarbeitungsprogramms nervös im Handbuch blättert, pinnt der achtjährige Sohn einfach ein Plakat an die Wand neben dem PC und legt los. Mit seiner eigenen Textverarbeitung."[401] Diese Vorstellung hat heute nichts Erschreckendes mehr, viele Eltern und Pädagogen haben es akzeptiert, dass ihre Kinder mit Computern oft besser umgehen können als sie selbst. Die Informationsgesellschaft legt gegen Ende des zweiten Jahrtausends noch einmal kräftig an Geschwindigkeit zu. Wie kann eine künftige Didaktik aussehen? Die Industrie lässt solche Fragen heute von Lehrern beantworten, die sie interessanterweise mit Bezug auf die Reformpädagogik beantworten: „Freinet war ein französischer Reformpädagoge, der davon ausgegangen ist, dass es nicht ausreicht, etwa einen Text im Kopf zu entwickeln und dann mit den Möglichkeiten eines Schülers zu Papier zu bringen. Stattdessen sollte der Text richtig mit Bleitypen gedruckt werden, dabei werden die Rechtschreibung und andere Fertigkeiten geübt und am Schluß hat man ein ansehnliches und vorzeigbares Produkt. Ein solches Konzept kann mit Hilfe des Computers preiswerter und handlicher realisiert werden.[...] Da steckt ein ganzes pädagogisches Konzept hinter, es gibt zum Beispiel auch Klassenkorrespondenzen, die man über Diskette oder gar über ein Netzwerk führen kann und so weiter. Wir stehen erst am Anfang der Möglichkeiten, die sich aus dem Computereinsatz ergeben."[402]

Mit der Computertechnologie setzt sich eine allgemeine soziale Rationalisierung durch, die nicht mehr auf Teilsysteme beschränkt bleibt; gleichzeitig entstehen Potenziale, die einstige Utopien en passant verwirklichen. Diese Entwicklungen vollziehen sich in einem Kraftfeld gesellschaftlicher Interessen. Werner Wobbe führt dazu aus: „Der Personaleinsatz in den Betrieben folgt nicht einem abstrakten, anthropologisch humanistischen Ideal, sondern vielmehr dem der Verwertung von Arbeitskraft."[403] Eben deshalb werden die Rationalisierungen, die von der Computertechnik ausgehen, besonders den Bildungsbereich zunehmend erfassen. Schüler- und handlungsorientierter Unterricht können durch die *Technologisierung von Schule* verwirklicht werden, allerdings unter dem Banner zunehmender Effektivierung. Der Unternehmer Jan von Haeften diagnostiziert: „Durch Computer und Kommunikationsvernetzung wird sich unsere Arbeitsweise und unsere Organisationsform entscheidend verändern. [...] Schulen und Universitäten müssen sich an die Spitze der Anwendungsentwicklung für Kommunikation und Computer setzen. Wissen wird man zukünftig an den Fingerspitzen aus Datenbanken überall verfügbar haben. Darum wird vielleicht die Vermittlung von Wissen in der Schule gar nicht mehr ein so großes Gewicht haben müssen wie bisher."[404] Die meisten der auf dem Markt befindlichen Personalcomputer sind bereits serienmäßig mit Netzwerk-Software ausgestattet. Die Industrie setzt ein neues Lernen durch, und das deshalb, weil Bildung der maßgebliche Wirtschaftsfaktor der Informationsgesellschaft sein wird, wie auch Raymond Kurzweil in seinen Studien feststellt: „Das Ergebnis, zu dem ich bei meiner Analyse der Auswirkungen intelligenter Maschinen auf die Arbeitsmarktsituation gekommen bin, ist entscheidend geprägt von der Annahme, dass Bildung in Zukunft eine entscheidende Rolle für die Wirtschaftsentwicklung spielen wird.[...] Die Medien der Zukunft werden vor allem den Bildungsbereich stark beeinflussen."[405]

Wie kann eine Didaktik sich der Herausforderung stellen, einerseits die technologischen Potenziale zu nutzen, andererseits aber auch das Wertvolle und

Bewährte des traditionellen Wissens zu bewahren? Mit dem Blick auf das Differenzielle von Lernprozessen wird die Antwort auf diese Frage erleichtert: Computersysteme bieten zahlreiche individuelle Veränderungs- und Eingriffsmöglichkeiten, die einen Zuschnitt der Lerninhalte auf das Profil der Lernenden erlauben. Der heute noch deutliche Nachteil der Computerarbeit ist ihre Vereinheitlichung der Ergebnisse, was man z.B. selbst bei professionellen Künstlern noch deutlich vorfindet. Die Ergebnisse der Computerkunst leiden häufig an einer *vorgespiegelten Komplexität*, an einer maschinenerzeugten Intransparenz, die eher das Ergebnis eines massiven Einsatzes von Studioeffekten sind als eine wirkliche ästhetische Innovation. Andererseits ist Vilém Flusser zuzustimmen, der schreibt: „Man kann die *Computerkunst* gar nicht ernst genug nehmen: Sie ist ein wichtiges Symptom für den Umbruch, in dem wir leben."[406] Flusser prognostiziert einen tiefen Einschnitt, der unser Denken und unsere theoretischen Bezugsysteme völlig verändern wird: „Die *Computerkünstler* zeigen uns, wie diese Umstellung des kritischen Denkens in der Praxis vor sich geht. Sie zwingen uns, das Problem der Vernunft und ihr Verhältnis zu Vorstellung und Wahrnehmung in neuen, nicht-kantischen Kategorien zu fassen. Eine Restrukturierung des Denkens und damit des Daseins, ist im Gange."[407]

Da die reine Immanenz medialer Technik in die permanente Simulation führt, und andererseits die technologische Abstinenz pädagogisch fatal wäre, da sie ihrerseits die Künstlichkeit einer „realen" Welt für Unterrichtszwecke aufbauen müsste, ist für die transversal orientierte Ästhetische Bildung eine *Lernstrategie des Zusammenspiels technologischer und nichttechnologischer Verfahren* relevant. Diese Lernstrategie ist in der Kunstpädagogik ansatzweise vorhanden, ihre präzisere Fassung ist angesichts der neuen Technologien aber erforderlich. In der Praxis bedeutet dies, dass man die *dividuelle Linie* keineswegs durch ein Zeichnen mit dem Paintbrush-Programm ersetzen kann. So kann die Komplexität des Kritzelausdrucks als anthropologische Geste nicht von einer Maschine ersetzt werden, weil es nicht nur um Ergebnisse geht, sondern wesentlich um *Prozesse* der Zeichenproduktion. Die Maschine treibt alle Talente zur Expansion und bringt zusätzliche Möglichkeiten in den Horizont. Fatal wäre es aber, wenn dies zum Vergessen der *nostalgischen Techniken* führen würde, zumal die Ergebnisse medialer Emulationen dann zumeist überzeugender sind, wenn an einer präzisen Stelle *das Reale* eingegriffen hat. Eine reine Immanenz der Computertechnologie, in der das Andere der

Technik nicht mehr zur Geltung käme, führte zwangsläufig in eine *Brave New World Of Education*. Erinnert sei an das Memento Lyotards: „Man kann den Körper als die hardware jener komplexen technischen Einrichtung ansehen, die das Denken ist. Wenn er nicht gut funktioniert, dann sind all eure hochkomplexen Operationen, eure Meta-Steuerungsprozesse der dritten oder vierten Ebene, eure wohlkalkulierten Steuerungs-Interferenzen, die ihr so sehr genießt, unmöglich."[408] Dies schreibt derselbe Lyotard, der 1985 im Pariser Centre Pompidou die Ausstellung *Les Immateriaux* organisierte, die die Möglichkeiten der neuen Technologien in den Künsten thematisierte.[409] Die Verbindung von somatischen Gesten mit dem Expansionspotenzial der Maschinen gibt im Gegensatz zu einer hermetischen Techno-Immanenz die Richtung der transversalen Didaktik an: Methoden werden vernetzt, ihr Potenzial entfaltet, es gibt keine Hierarchie der Mittel (eine weitere Gefahr der Technifizierung), und das Bewährte wird nicht *vergessen*.

Die Techno-Kultur ist von der Tradition abhängig, denn sie füllt ihre Maschinen und Speicher mit traditionellen ästhetischen Formen und Elementen. Geschichtsbewusstsein wird deshalb umso wichtiger, was Jürgen Claus bestätigt: „Nur, wer die Tradition (der Moderne) kennt, kann auch die gegenwärtig erfolgenden Neuschöpfungen im künstlerischen Bereich erkennen und einschätzen. Tradition wird hier nicht als verhindernd empfunden, sondern im Gegenteil als Stimulans, als stärkende und bestärkende Kraft."[410] Wenn wir dieses Element des historischen Gedächtnisses aufnehmen, ergeben sich für die Ästhetische Bildung der Differenz folgende didaktische Leitlinien hinsichtlich des Verhältnisses von Lernen und Computertechnologie:

- Vollständiger Einsatz des technologischen Potenzials in Konstruktions- und Produktionsprozessen;
- Verknüpfung von materialen und immaterialen Verfahren;
- Entfaltung des dividuellen Zeichenvermögens als *differenzielle* Zeichenproduktion;
- Wissenskonfiguration ästhetischer Traditionen;
- Reflexion der Lernprozesse unter dem Aspekt ihres technologischen Wandels.

Verfahren der Techno-Kultur

In seiner Medienstudie konstatiert Werner Glogauer das zunehmende Eindringen von Technologien in die Lebenswelten und deren Einfluss auf die Sozialisation von Kindern und Jugendlichen: „Anfang der 90er Jahre hat die Mediennutzung bei Kindern und Jugendlichen eine neue Stufe erreicht. Von 1987/88 an ist die Ausstattung mit elektronischen Geräten, auch bei Kindern im Alter von 6 bis 10 Jahren, schnell gestiegen. Die Zahl der Videorecorder in den Haushalten hat sich in dieser Zeit verdoppelt (auf über 65%), die mit Computern verdreifacht (auf 40%). Ein Drittel der 9- bis 10jährigen besitzt zwischen sieben und und zehn Geräte, am häufigsten einen Walkman (62,5%). In vielen Haushalten wurde ein Fernsehgerät als Zweit- oder Drittgerät angeschafft. Die Vielfalt der Geräte ermöglicht so inzwischen auch jüngeren Kindern einen nahezu unbegrenzten, nur in eingeschränktem Maße kontrollierbaren Zugang zum Medienangebot, auch dem für Erwachsene.'[411]
Die Studie Glogauers bilanziert Verluste und markiert einen irreversiblen kulturellen Einschnitt, der von der *User Mentality* und den zahlreichen *Devices*, die sie charakterisiert, indiziert wird: Tatsächlich hat sich im Jahr 1994 die *Techno-Kultur* endgültig durchgesetzt. Sie stellt keine Peripherie mehr dar, sondern wird zu einer Form des *Mainstreams,* ihre Produkte gehen in die Alltagssituationen ein: *Marushas „Somewhere over the rainbow"* ist in Supermärkten zu hören, *Computer im Unterricht* gibt es für Lehrer als „Sharebook'[412], *Rave-Parties* finden in der niedersächsischen Provinz statt, und Elfriede Jelinek präsentiert Texte auf der *ars electronica* in Linz per Joystick und Monitor. Es gibt kaum einen gesellschaftlichen Bereich, in dem die neuen Medien nicht Einzug gehalten hätten; der technologische Zugang zur Produktion einer Sache ist der dominierende geworden. Verfahren, die vor mehr als zehn Jahren von avantgardistischen Außenseitern verwendet wurden, werden heute breitenmäßig und nicht mehr nur auf eine Disziplin beschränkt angewandt. Ein Beispiel dafür ist die *Sampling-Technik*[413]. Diese ursprünglich in der populären Musik verwandte Technologie[414], bei der Klänge und Geräusche aus bereits bestehenden Kompositionen exzerpiert werden, um sie anschließend in einen anderen Kontext einzufügen und weiterzuverarbeiten, wird heute in allen ästhetischen Disziplinen verwendet. Für die angewandten Künste werden z.B. Morphing-Programme immer relevanter, die sich bereits über die Fernseh- und Zeitschriftenwerbung in der visuellen

Alltagswelt verankert haben. Diese Methode der Bilderzeugung funktioniert nach dem Prinzip: *Ein Bild ist immer ein Mittel für ein anderes Bild.* Es ließen sich zahlreiche aktuelle Beispiele für diese technologischen Entwicklungen, die die Industrienationen immer stärker prägen wird, nennen. An dieser Stelle sei noch vermerkt. dass der wesentliche Wachstumsmarkt des Jahres 2000 im Bereich der Datenkommunikation angesiedelt sein wird, was vorstellbar macht, wie die visuelle Gestaltung der Lebenswelten sich verändern wird.

Das Prinzip des *Sampling* wird dabei weiterhin eine wichtige Rolle spielen: Informationen werden in Mail-Boxen gelagert, gespeichert oder verändert, man kann ästhetische Objekte abrufen, modifizieren und wieder in die Zirkulation des Datenkreislaufs zurückführen. Damit wird die Autorenschaft wesentlich verflüssigt. Der individuelle Schöpfer eines ästhetischen Objektes existiert in solch einem Kreislauf nicht mehr. Eine Idee, ein Impuls wird eingegeben und anschließend von Interessenten potentiell unendlich abgewandelt. Tatsächlich ist es die *kommunikative Kompetenz*, die hierbei gefordert ist, wenn auch in einem reformulierten Sinne: *Ist das ästhetische Objekt für einen Kommunikationsprozess geeignet?* – Diese Frage, die im Umgang mit den neuen Technologien im Vordergrund steht, impliziert bereits ein ästhetisches Urteil, sie wirkt selektiv und steht im Verhältnis zu einem Produzenten-Rezipienten-Schema. Mit Techniken wie dem *Sampling* wird dieses Schema radikal durchbrochen, der Rezipient wird zum Produzenten, er greift in die Produktion des Produzenten ein und rekonfiguriert dieselbe. Das Sampling selbst kann wiederum gesamplet werden, z.B. in einer Mailbox, bis das ursprüngliche Objekt verschwunden ist. In diesem Fall wird das *Sampling* zum *Recycling,* das ästhetische Objekt wird in einen Kreislauf eingeführt, in dem es zirkuliert. Diese beiden technologischen Verfahren bestimmen bereits heute jedwede Art und Weise der ästhetischen Produktion, selbst die Verfahren, in denen keine Maschinen verwendet werden. Die technologische Verfahrensweise ist zur Referenz von Produktion geworden, Innovationen können nur über neue Technologien entwickelt werden, die dabei zumeist einen Aspekt bzw. einen Kontext einer vorausgegangenen Technologie modifizieren. Korrespondierend dazu gibt es in keiner ästhetischen Disziplin mehr absolute Neuschöpfungen; immer ist das Neue eine kontextuelle Modifikation, ein Objekt im anderen Rahmen oder eine abgewandelte Wahrnehmungsperspektive. Dabei nehmen die Technologien jeweils die zuhandenen Zeichenressourcen auf und konfigurieren sie mit ihren Möglichkeiten neu. Dadurch sind die neuen Bildtechnologien im Grunde konservativ, da sie eine ikonologische Tradtion zunächst nicht sprengen, sondern mit ihren Mitteln recyclen. So ist die *Virtual Reality* heute noch nicht über das graphische Recycling des zentralperspektivischen Raumes hinausgekommen. Andererseits wird durch das Recycling eine Differenz entlockt, deren ästhetischer Gehalt längst nicht ausgeschöpft ist. Das Beispiel soll an dieser Stelle die These unterstützen, dass ohne *Recycling* und *Sampling* heute keine ästhetische Produktion mehr denkbar ist. Wenn dem aber so ist – und die Entwicklung unserer visuellen Welt spricht eindeutig dafür – dann geht die Bedeutung dieser Verfahren über ihre Reduktion auf Technik hinaus.

Didaktische Komponenten, Tools und Module

Didaktische Komponenten können effektiver eingesetzt werden, wenn sie an Prozessen orientiert sind, die realiter in gesellschaftlichen Produktionszusammenhängen verwendet werden: *Sampling* und *Recycling* sind solche Produktionsweisen. Ihre Möglichkeiten bestehen heute u.a. in Form von Computersimulationen und -animationen. Mit Computern lassen sich ästhetische Objekte samplen und unbegrenzt recyclen, gleichzeitig wird der Datenwert von ästhetischen Objekten – auf der Ebene ihrer Quali- und Sinzeichen – exemplifiziert, was Herbert W. Franke betont: „Gewiß ist der Computer in erster Linie ein Hilfsmittel der Wissenschaft, der Technik und neuerdings auch des Büros, und so erscheint sein Einsatz als Kunstinstrument für manche unangemessen. In Wirklichkeit ist er viel mehr: ein universelles Instrument der Datenverarbeitung. Im Besonderen gilt das auch für jenen Einsatz von Daten, auf dem – in einer nüchternen Betrachtungsweise – der künstlerische Gestaltungsprozeß beruht."[415]
Dies ist nicht auf *künstlerische Gestaltungsprozesse* zu beschränken, sondern auf *ästhetische Gestaltungsprozesse* insgesamt zu beziehen, denn es kann mit Recht behauptet werden, dass die Datenkommunikation die ästhetische Produktion mitbestimmt. Die Tendenz der technologischen Verfahren, insbesondere der Basisverfahren von *Sampling* und *Recycling,* zur Produktion von flottierenden Signifikanten, die sich als allgemeine gesellschaftliche Produktion abzeichnet, kann von der Ästhetischen Bildung mit einer *komponentenorientierten Didaktik*

beantwortet werden, die der Komplexität des Übergangs, in dem wir uns befinden, gerecht wird[416]. Die Computertechnologie ist ein wichtiges Mittel zur Verknüpfung parallel existierender, differenzieller Ansätze. Sie existieren parallel, sind different, sie können aber alle nicht auf Technologien verzichten, die bereits tief in der gesellschaftlichen Produktionsweise verankert sind. Typisch für diese in der Computertechnologie zur Anwendung kommenden Programme sind bestimmte Komponenten, aus denen die Programme bestehen. Jedes Programm setzt sich aus verschiedenen Komponenten zusammen, deren Zusammenwirken erst das Potenzial des Programms zur Wirkung bringt. Genau besehen funktionieren Lehr- und Lernprozesse ähnlich. Stets sind es spezifische Komponenten, die kontextuell konfiguriert werden müssen, um diese Prozesse in Gang zu setzen oder um ein intendiertes Ergebnis zu erreichen. Dies hat – um Missverständnissen vorzubeugen – nichts mit dem *programmierten Unterricht* zu tun, der eben gerade das in seinem Namen Ausgedrückte unternahm, den Unterricht zu programmieren, und zwar in dem Sinne, ihn *sequenziell vorhersehbar* zu gestalten[417], wohingegen jeder, der sich auch nur ein wenig mit dem Computieren beschäftigt, erfahren muss, dass die Reaktionen der „Denkmaschinen" keineswegs immer vorhersehbar sind, und zwar gerade aus Gründen der Programmierung. Es ist das Chaotische, das den Reiz dieser Maschinen ausmacht, die an sich erfunden worden sind, um Differenzen zu minimieren, die aber der allgemeinen Ordnung der Differenz ebenso wenig wie das unbenutzt in einer Garage alternde Auto entrinnen können. – Computieren lernt man keineswegs durch die exakte Befolgung eines Lehrbuchs, sondern durch abenteuerliche Expeditionen in unbekannte Programme, Systemabstürze und „allgemeine Schutzverletzungen".

Das *Chaotische* von Lernsituationen ist nicht nur ein Effekt der Komplexität der Subjekte, sondern es arbeitet sowohl in den Materialien, Werkzeugen und Objekten als auch in den Lernprozessen selbst. *In Lernprozessen ist das Chaos zu schonen.* Sein Potenzial lässt sich nicht vorherbestimmen, es entfaltet sich in seiner Dynamik, und die Technologie macht da keinesfalls eine Ausnahme, im Gegenteil, die Dynamiken verschärfen sich mit ihr: Auch mit Computern lassen sich Lernprozesse nicht exakt determinieren, stattdessen tragen Computer zu ihrer Unvorhersehbarkeit bei. Die Technologien, insbesondere „Lernmaschinen" sind in ihrem Einsatz in Lernprozessen dem Unvorhersehbaren nachgeordnet, jedes *Tool*[418] trägt in einem Lernprozess zu dessen Differenzialität bei.

Wäre das Tool eine zentrale Kontrollmaschine, verdiente der Kontext, in dem es eingesetzt würde, keinesfalls den Namen *Lernprozess*.

Das Werkzeug ist deshalb komponentenbezogen, weil es stets zu spezifischen Problemen eingesetzt wird. Die Differenz, die in der Lösung oder Bearbeitung eines Problems ein neues Problem hervorruft – der Lernprozess hat eine grundsätzlich *problematische* Struktur –, ruft mit diesem auch ein neues Tool auf, das für eine spezifische Komponente einzusetzen ist. Da ein Lernprozess aus vielfältigen Komponenten besteht, sind vielfältige Tools notwendig. Das Verhältnis von Komponente zu Tool teilt und wiederholt sich in der Komponente und in dem Tool selbst je nach der Differenzierung des Lernprozesses und der Differenziertheit von Komponenten und Tools. So besteht ein Computer als *Tool* selbst aus zahlreichen Hard- und Softwarekomponenten, die ihrerseits wieder bestimmter Tools bedürfen, und eine basale didaktische Komponente wie die Bildanalyse bedarf eines ausgeklügelten Systems von Tools, die ihrerseits wieder zu Komponenten werden können, was z.B. bei den Abbildungsträgern wie Dias oder Farbdrucken, aber auch bei zur Analyse hinzugezogenen Texten deutlich wird. Dadurch, dass sich die Tools zur Komponente wandeln können und umgekehrt, sind sie innerhalb von Lernprozessen in unterschiedliche Richtungen vernetzbar.

Wenn wir Komponenten wie die Wahrnehmungs- oder Zeichentheorie für Lernprozesse benötigen, dann bestehen diese zunächst in ihrem theoretischen Gehalt für sich in einem Kontext, der unserem vorfindlichen konkreten Lernprozess *nicht* entspricht. In diesem Fall muss die Komponente zum Tool werden, muss sie in ihrem Modus verändert werden. Diese Modifikation ist möglich, weil die Komponente das Potenzial hat, zwischen den Modi *Komponente* und *Tool* zu changieren, deshalb hat der fachwissenschaftliche Ausdruck *didaktische Reduktion* auch etwas Ungünstiges, denn einerseits verstärkt er das Vorurteil, dass Didaktik stets eine Verringerung oder Minderung eines ursprünglichen Gehalts sei, und andererseits blendet er die Modifikation der Komponente aus und legt das Gewicht stattdessen auf die Quantität des Stoffes. In der Unterrichtspraxis führt die *didaktische Reduktion* automatisch zur *Unterforderung*, denn man kann nie genau wissen, wie viel *Stoff* man an welcher Stelle in einem Lernprozess benötigen wird, wenn dieser Prozess *offen* sein soll. Und auch der überflüssige Stoff kann unter Umständen den entscheidenden Impuls bringen, nämlich als Tool der Paraphrase oder sogar der Redundanz, die in dem Gewebe

des Lernprozesses an einem funktional nicht notwendigen Gitter etwas wesentliches trägt. Nicht umsonst bleiben die Lehrenden, die faszinierende Anekdoten erzählen konnten, stärker im Gedächtnis. Die Anekdote schafft transversale Verbindungen von verschiedenartigen Wissensformationen, sie gibt einen untrüglichen Vorgeschmack auf die nicht-lineare Struktur des Wissens. *Wir denken in Netzen*. Dagegen stellt die didaktische Reduktion immer auch eine reduzierte Didaktik dar, was noch in ihrer Verteidigung durch Werner Jank und Hilbert Meyer herauszulesen ist: „Die didaktische Reduktion wird oft mißverstanden als bloße Reduktion des Umfangs der Unterrichtsinhalte. Nicht weniger wichtig als eine solche *quantitative Begrenzung* ist jedoch die qualitative Strukturierung durch die ›Rückführung komplexer Sachverhalte auf ihre wesentlichen Elemente‹ [...] nämlich durch entsprechende Konzentration der Inhalte und Auswahl der Vermittlungsmethoden. Denn schulischer Unterricht vermittelt den Schülern nicht die gesamte außerschulische Wirklichkeit, sondern immer nur Bruchstücke dieser Wirklichkeit in einer *symbolisch vermittelten Form*."[419]
Insbesondere müssen wir uns vor einer *qualitativen* Reduktion in dem klaren Bewusstsein hüten, dass niemand je die *gesamte Wirklichkeit* (was ein *quantitativer* Begriff ist) erfassen könnte. Die Bestimmung der wesentlichen Elemente ist eine pädagogische Anmaßung. In einem offenen Lernprozess wird die Selektion des Stoffes als Entscheidung des Lehrenden transparent gemacht, statt die Unterrichtsplanung auf eine vermeintlich objektive Ebene zu stellen, die die Verknüpfungspotenziale, die die wesentlichen Mikroelemente des Lernens ausmachen, schwächt. Wenn man vermeint, im Vorhinein *das Wesentliche* determinieren zu können, hat man bereits eine *Hierarchie von Zentrum und Peripherie* installiert, in der das Zentrum als das Höherwertige angesehen wird. Hingegen können wesentliche Lernerfahrungen gerade an der vermeintlichen Peripherie gemacht werden. Das Wesentliche und das Unwesentliche sind nicht durch scharfe Kanten getrennt, sondern in den Objekten, Materialien und Stoffen eingehüllt. Das sogenannte Wesentliche kann – von einem ignoranten Lehrenden vermittelt – wesensarm und völlig nichtssagend werden, ebenso wie das Unwesentliche, von aufmerksamen Lehrenden vermittelt, zum Ereignis werden kann.
Man muss mit den Stoffen Komponenten bilden und die eingesetzten Tools zu neuen Komponenten formen. Die Verknüpfungen, Vernetzungen, Verbindungen sind entscheidend, und dazu gehört z.B. die Entscheidung, in welcher

lernsozialen Situation die Komponente eingesetzt wird. Andererseits ist die Setzung des Stoffes ebenfalls ein relevantes Element, denn mit dieser *transparenten* Setzung wird die Differenz des Lehrenden in den Lernprozess eingeschrieben. Dass dabei auch selektiert und reduziert werden muss, steht außer Frage, es ist aber ein Unterschied, ob dies pseudoobjektivistisch geschieht, so als stünde man außerhalb der Prozesse und könnte beurteilen, was wesentlich ist und was nicht, oder ob die Komponente als Setzung transparent wird.

Die Frage der Eingrenzung von Stoff stellt sich in einer komponentenorientierten Unterrichtsplanung anders, weil die Komponenten je nach der Entwicklung des Lernprozesses eingesetzt werden können. Genau so handeln viele Lehrende in der Praxis, wenn sie sich nicht an ihre Planung halten, sondern eine Komponente hinzufügen oder auslassen, weil die Situation es erfordert. Aber es ist etwas anderes, wenn man dies als Planungselement reflektiert, statt aus der Not eine Tugend zu machen und in einer dramatischen Lernsituation intuitiv zu anderen Komponenten greift. Die *Intuitivität* ist aber ein Argument für eine komponentenorientierte Didaktik, denn wenn der pädagogische Instinkt sich ihrer in schwierigen Lagen bedient, beweist das doch ihre Wirkungskraft: Eine komponentenorientierte Vermittlungspraxis kommt dem Prinzip der Selbstorganisation in Lernprozessen entgegen.

Die Komponenten sind als solche nicht als voneinander getrennte Einzelteile zu denken, sondern sie bilden selbst kleine, spaltbare Einheiten, die ihrerseits zu Meta-Komponenten zusammengefügt werden können. So konstituieren sich in einem ästhetischen Kontext spezifische methodische Komponenten: Die Produktion eines Ölgemäldes erfordert ganz bestimmte Misch- und Maltechniken, die wiederum mit den Tools erstellt und angewandt werden. Die Verknüpfung der Komponenten – dies können methodische, materiale, ideelle, virtuelle, personelle, etc. sein -, sowie ihre Anzahl und Auswahl, hängt von den Elementen ab, die in der *Interdependenzthese*[420] zusammengefasst werden. Man arbeitet z.B. mit den Komponenten Bildanalyse/Farbenlehre/Action Painting und fügt diese in einem Modul *Wahrnehmung* zusammen. Jede einzelne Komponente setzt dabei spezifische Tools ein, die wiederum mit methodischen Komponenten korrespondieren und im Modul miteinander vernetzt werden können. Damit haben wir folgendes kleines Schaubild zur Entfaltung bzw. zur Prozessualisierung von Lernprozessen gewonnen:

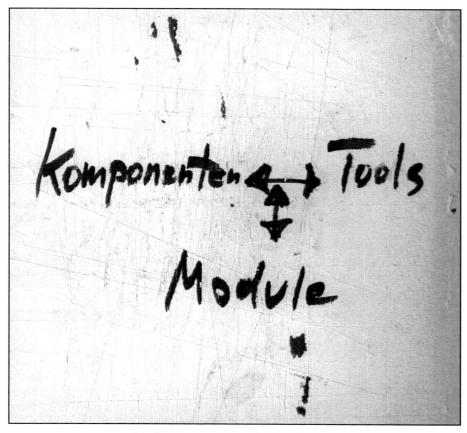

Abb. 10: Komponenten, Tools und Module

Der Begriff der *Entfaltung* ist auch von dem namhaften Vertreter der lerntheoretischen Didaktik, Wolfgang Schulz, verwendet worden, und in Form von Entfaltungsstufen, als „Hinweis auf die psychischen Dimensionen, die bei der Intention, Kompetenz in Verbindung mit Autonomie und Solidarität zu fördern, mehr oder weniger berücksichtigt werden."[421] Der hier vorgestellte Ansatz ist bescheidener, schließt den zitierten aber keinesfalls aus. Er weist darauf hin, dass auch vermeintliche Instrumentalisierungen wie *Komponenten, Tools und Module* dazu geeignet sein können, nicht-instrumentelle Effekte zu zeitigen.

Kapitel V
Transversale Vermittlungsspraxis

Die in diesem Kapitel vorstellig werdende Vermittlungspraxis soll einerseits die Umsetzbarkeit des transversalen Methodenansatzes in Vermittlungssituationen dokumentieren, andererseits die häufig eingeklagte *Praxistauglichkeit* einer komplexen Theorie – in diesem Falle die der *Ästhetischen Bildung der Differenz* – darlegen. Beispiele werden im Kontext spezifischer Begriffe der Ästhetischen Bildung der Differenz präsentiert, was jedoch nicht bedeutet, dass es etwa darum ginge, diese Begriffe nun *begriffslogisch* in Praxis zu übertragen. Sie beschreiben vielmehr ein spezifisches Profil, das bezogen auf die gegebene Vermittlungssituation differenziell entfaltbar ist. Insofern geht es in diesem Kapitel auch nicht darum, *Unterrichtsplanungen* vorzuschlagen, vielmehr dokumentieren die Praxisausschnitte Denkweisen und Handlungsformen im Zeichen der Differenzpädagogik. Sie sind keine Modelle, sondern verweisen auf Verhaltensweisen und Strukturen bzw. Methoden. Sie stammen aus unterschiedlichen Vermittlungssituationen, allesamt aus den neunziger Jahren.

I. Dividuelle Linien und Flecken

Wir haben bereits weiter oben festgestellt, dass jedes Subjekt über das Vermögen verfügt, differenzielle Zeichen hervorzubringen, was besagt, dass das Dividuelle in jede Linienführung eingeht. Die Handzeichnung ist deshalb von außerordentlicher Originalität und Differenziertheit; es gibt keine Zeichnungen, die miteinander identisch wären, alle sind einmalig. Dabei kommt das Wertproblem auf, denn man wird nicht behaupten können, dass alle Zeichnungen in gleichem Maße gelungen wären. Aber es gibt eine ästhetische Produktion, in der das Wertproblem von zweitrangiger Bedeutung ist, nämlich die Produktion der *dividuellen Zeichnungen*, der eigenen Linien und Flecken, die nur dem einen Wesen gehören, und die, auch wenn sie möglicherweise nicht dem ästhetischen Urteil anderer standhalten werden, spezifische Ausdrucksmittel sind, die in bestimmten Situationen unbewusst und geradezu automatisch eingesetzt werden. Die Linien im Schnee, im Sand, die Kritzeleien beim Telefonieren, die Einritzungen in Baumrinden, die Staubmalereien auf Monitoren etc. Meistens werden diese Zeichen in der Wiederholung differenziell aktualisiert, also entweder in einem neuen Kontext hervorgebracht oder durch die Aktualisierung in einem bekannten Kontext differenziert. Das Vermögen zur Zeichenbildung ist jedem menschlichen Wesen gegeben, die semiotische Dimension seiner Kognition korrespondiert mit seiner psychosozialen Entwicklung. Entschieden muss man sich Pestalozzis Auffassung entgegenstellen, der behauptete: „Die Natur gibt dem Kind keine Linien, sie gibt ihm nur Sachen, und die Linien müssen ihm nur darum gegeben werden, damit es die Sachen richtig anschaue, aber die Sachen müssen ihm nicht genommen werden, damit es die Linien allein sehe." [422]

Es ist der Begriff der Linie, der hier in die Irre führt, ein Begriff von Linie als Gerade, Begrenzung, Umriss. An diesem Zitat wird deutlich, wie sehr die abstrakte Malerei unser Weltbild verändert hat, denn eine Linie ist in unserem heutigen Verständnis nicht mehr an eine *Sache* gebunden. Sie kann für sich selbst stehen und einen ganz eigenen Ausdruck beanspruchen.

Die allgemeine Gabe des *dividuellen Zeichenvermögens* sollte bei Lehrenden die Aufmerksamkeit dafür aktivieren, dass – wie Frederic Vester im Sinne eines biokybernetischen Lernbegriffs schreibt – „ ... jeder sein eigener Lerntyp ist."[423] Dieses Vermögen zu stärken und sein Potenzial zu gewahren, ist eine basale Aufgabe von Ästhetischer Bildung. Der klassische Zeichenunterricht ist genau vom Gegenteil ausgegangen, nämlich von der zeichnerischen *Repräsentation* eines vorgegebenen Gegenstandes, dafür gibt es zahlreiche Dokumente. So führte z.B. Julius Honke im Jahre 1888 aus: „Die Schüler müssen die ein oder andere Zeichnung ›auswendig‹ zeichnen können. Ein vorgezeichnetes Muster sollen sie ohne viele Hilfe beschreiben, zeichnen oder verändern können. Einige Gegenstände, welche durch die gerade behandelten oder durch ähnliche Formen verziert sind, werden vorgeführt und besprochen; das Passende oder Unpassende der Verzierung wird nachgewiesen; manchmal wird auch eine Form abgezeichnet."[424]

In einem Wiener Lehrplanentwurf aus dem Jahre 1905 findet sich die konsequente Fortsetzung eines solchen, auf der Repräsentation der Objektität aufgebauten Zeichenunterrichtes: „Entwurf eines Lehrplanes für das Gedächtniszeichnen. II.Schuljahr. Bei Behandlung der Senkrechten: Spazierstock, Gartenzaun, Vogelkäfig.Bei Behandlung der Wagrechten: Rechenmaschine,

Ziegelmauer.Bei Behandlung von Senkrechten und Wagrechten: Zimmerfenster, Kellerfenster, Fensterladen, Bild. Bei Behandlung von Schrägen: Leiter, schräge Stange mit Warnungskreuz, Hundehütte, Schlitten. Bei Behandlung von Kreuzungen: Doppelleiter, Gartenzaun, Drahtgeflecht. Bei Behandlung der gebogenen Linie: Indianerbogen, Drachen, Mond.'[425]
Heute bezieht dieser Auszug seinen Witz aus den veränderten Konnotationen, die die geometrische Sortierung hervorruft; – dass sie in dieser Weise möglich war, verdankt sich einem spezifischen Verhältnis zwischen Symbol und Sache[426], welches sich *jetzt* anders darstellt. – An solchen Veränderungen ist die Kunst maßgeblich beteiligt. Es zeigt sich an dem Beispiel aber auch, dass der Kunstunterricht sich in seiner Geschichte die Präformation des Blickes zur Aufgabe gemacht hat[427], was in einer kunstpädagogischen Schrift aus dem Jahre 1921 zum Ausdruck kommt: „Zu dem Zwecke, die Hand unter die Herrschaft des Geistes zu bringen, ist es nützlich, öfter sog. Drillübungen zu veranstalten. Aus der großen Menge seien nur vorgeschlagen: Die vier Arten Spiralen (außenrechts, außenlinks, innenrechts, innenlinks) und Schnecken […], die acht Ellipsen, (einfach und gekreuzt), konzentrische Kreise (von außen und innen, rechts und links herum) und verschiedene Schlangenlinien (einfach und doppelt) mit ihren Anwendungen."[428]
In diesen historischen Beispielen gibt es immer das Ziel, eine Form per Repräsentation zu erreichen, wofür bestimmte Disziplinierungen des Körpers unterrichtlich vollzogen werden müssen. Das vorhandene Zeichenvermögen wird in keiner Weise einbezogen, es zählt nur das *zu erwerbende*, das zu *erziehende* zeichnerische Können. Dagegen ist Gustaf Britsch bereits um 1920 aufgefallen: „Das künstlerische Denken des Kindes, die Beurteilung der Gesichtssinneserlebnisse, ist die frühe Stufe künstlerischer Denkentwicklung. Sie darf nicht einfach beiseite geschoben werden durch die unsachliche Forderung sogenannter Richtigkeit der Zeichnung, die das Kind zwingt, seine künstlerisch logische Denkentwicklung aufzugeben und dafür einen bloßen Ersatz zu empfangen, die Möglichkeit, scheinbare künstlerische Leistungen auf unkünstlerischem Wege zu erreichen."[429]
Es ist seit der Verfassung dieser Positionen viel Zeit vergangen, doch das Problem der *Repräsentation* ist für den Kunstunterricht noch längst nicht abgeschlossen. Zur Zuspitzung gibt es eine *allgemeine* Aufgabe, die altersunabhängig und in beinahe jeder Vermittlungssituation produktiv bearbeitet werden kann: *Das*

platonische Quadrat. Dies ist eine jener Aufgaben, deren „Lösung" in einer Vergewisserung von Grundlagen – in diesem Fall der Differenzialität zeichnerischer Hervorbringungen – besteht. Wir können uns ein Quadrat absolut perfekt, ohne jegliche Abweichung und Verzerrung seiner Seiten vorstellen. Aber jede Aktualisierung der Idee des Quadrates wird differenziell, wenn wir sie mit dem Körper zeichnen.[430]

Es ist erstaunlich, wie unterschiedlich Quadrate trotz ähnlicher Abmessung werden. Die mit der Hand gezeichneten Ergebnisse einer solchen Aufgabe wecken die Sensibilität für das eigene Vermögen, Zeichen hervorzubringen, und gleichzeitig schärfen sie den Blick für die Differenzialität zeichnerischer Hervorbringungen, für den Facettenreichtum der Semiose unterschiedlicher Menschen.

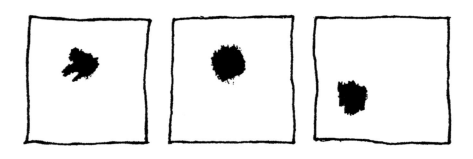

Abb. 11: Quadrate und Flecken

Daran schließt sich der *dividuelle Fleck* an, der auch als Punkt, im Ensemble oder als Serie thematisiert werden kann. Im Unterschied zum Quadrat gibt es eigentlich kein *Ideal* des Flecks. Er ist grundsätzlich differenziell, weil er keine fest umrissene Form markiert. Umso differenzieller fällt die Fleck-Produktion im Vermittlungsprozess aus. Geringe Haltungsunterschiede der den Pinsel haltenden Hand, Druckunterschiede des Farbauftrags oder Mengenvariationen der Farbhaftung des Pinsels ergeben völlig unterschiedliche Ergebnisse. Die dividuelle Motorik, die situative Verfassung, sowie die Raumtemperatur und der Zustand der Materialien sind weitere Variablen, die die Komplexität der Zeichenevokation anzeigen. Das, was, in ästhetischen Prozessen *Zufall*[431] genannt wird, ist in Wirklichkeit ein *Bündel komplexer Variablen*. Der Produzent, der mit diesem Bündel agiert, hat dabei seine Produktion nicht als

Gesamtheit in der Hand, sondern er steigt an einer bestimmten Stelle, bei einem bestimmten Problem in die Produktion ein, die sozusagen durch ihn hindurch verläuft[432]. Dies trifft auf den Künstler ebenso zu, wie auf das malende Kind. Immer ist es das dividuelle Vermögen zur Hervorbringung von Zeichen, das den ästhetischen Prozess evoziert. Die Flecken aktualisieren in der Ordnung von Differenz und Wiederholung stets unterschiedliche Ergebnisse: Es gibt keine identischen Flecken.

2. Sinn-Produktion: Alltagsgegenstand und Kunstobjekt

Der Begriff Ästhetische Erziehung verdankt sich wesentlich der Einschätzung, dass der Anteil ästhetischer Objekte, die keine Kunstwerke sind, stetig wächst und dass diese immer häufiger und dringlicher zum Gegenstand ästhetischer Vermittlung werden. So formuliert Otto in einer in mancher Hinsicht Grund legenden Publikation vor 20 Jahren: „[…] der Begriffsanteil ›ästhetisch‹ signalisiert die Erweiterung im inhaltlichen Bereich. Ästhetisch verweist auf generelle – nicht nur an Kunst, nicht an ›kulturelle‹ Werte gebundene – Wahrnehmungs-, Realisations- und Interpretationsprozesse … "[433]

Wenn dem so ist, dann ist gerade die Erfahrung des Spannungsverhältnisses zwischen Kunst- und Alltagsobjekten eine Aufgabe von Kunstunterricht.[434] In diesem Verhältnis artikuliert sich die gesellschaftliche Zuschreibung von Kunst, und die von Otto angesprochenen Wahrnehmungs-, Realisations- und Interpretationsprozesse lassen sich durch dieses Spannungsfeld besonders produktiv in Gang setzen, weil hier der Übergang des einen zum anderen erklärt und verstanden werden muss.

Tatsächlich kommt es gerade im Medienzeitalter einzig auf den Kontext an, damit ein Objekt zum Kunstwerk wird. Folgende Zeitungsmeldung steht dafür beispielhaft: „Ein ganz normaler Kleiderständer hätte beinahe einen Kunstpreis erhalten. Bei einem Wettbewerb für moderne Kunst in der alten Universitätsstadt Coimbra in Portugal stand das Stück aus Aluminium zufällig im Saal, in dem 500 Werke für einen Wettbewerb ausgestellt wurden. Ein Aufseher konnte in letzter Minute verhindern, dass auch der Ständer in die Preisverleihung einbezogen wurde."[435]

Abb. 12: Stencil, Bergen, Norwegen

Heute sind zahlreiche angewandte künstlerische Berufe – Tendenz steigend – damit beschäftigt, neben den funktionalen und ökonomischen Aspekten der Warenobjekte deren ästhetische Erscheinung konsumentenwirksam zu gestalten.[436] Mit ästhetischen Mitteln werden Dinge produziert, die zum Alltagsgebrauch bestimmt sind, und die Objekte benötigen oft nur noch den richtigen (Zuschreibungs-)Rahmen, um zum Kunstwerk zu mutieren. Andererseits ist der ästhetische Blick vieler Menschen bereits so weit entwickelt, dass Alltagsobjekte ihnen als Kunstwerk erscheinen: Verwechslungen in beide Richtungen bleiben nicht aus. Die bis zum Überdruss zitierte Ästhetisierung des Alltags[437] hat die klassische Trennung von Kunstgewerbe/angewandter Kunst und autonomer Kunst erschüttert. Diesbezüglich wies Arnold Hauser kulturhistorisch nach[438], dass diese Trennung eine Folge des Autonomisierungsprozesses der Kunst in der Neuzeit gewesen ist. In der Moderne ist der Effekt eingetreten, dass die industriell verfertigten Objekte ästhetisch gewissermaßen zurückschlugen und sich selbst in künstlerische Kontexte einpassten, um die ästhetische Autonomie noch gegenüber global ausdifferenzierten Produktionsweisen zu behaupten. Auf diesem Wege sind Alltagsgegenstände selbst zum Kunstwerk geworden[439]. Marcel Duchamps Arbeiten, die „Erfindung" der Ready-mades, sind in diesem Zusammenhang wegweisend gewesen, und die zeitgenössische Ästhetik zehrt von seinen Vorgaben, so dass ein Ausstellungsmacher über die heutige Künstlergeneration behaupten kann:

„Der poetisch-alchimistische Geist von Marcel Duchamp weht über dem Horizont dieser jungen Generation, die seit der Mitte der achtziger Jahre ins Licht der Öffentlichkeit tritt. Wir können beobachten, dass sich in diesem Jahrhundert immer wieder ein imaginäres Pendel zwischen zwei Polen bewegt: zwischen Picasso und Duchamp. Wenn 1981 die Stunde Picassos war, so ist es 1991 die Zeit von Duchamp."[440]

Duchamps Methode, Alltagsgegenstände aus ihrem funktionalen Kontext zu lösen, und ihnen einen neuen Seins-Modus zuzuweisen, ist angesichts der *Expansion der Warenwelt* in unserer Zeit hochaktuell geblieben. Auf diese Expansion und auf die neuen Formen der Warenzirkulation im Zeitalter von Pay-TV und Virtual Reality reagieren Gegenwartskünstler erneut mit der paradoxalen Strategie der Wiederholung des Warenobjekts als Kunstwerk.

In der künstlerischen Praxis sind in den achtziger und neunziger Jahren in jeder ästhetischen Disziplin Affirmationen der Warenästhetik[441] aufgefallen. Fixpunkte dieser Tendenz waren z.B. Filme wie *DIVA* von Jean-Jacques Beineix und *Blade Runner* von Ridley Scott, sowie die Arbeiten von Künstlern wie Haim Steinbach, Jeff Koons oder Guillaume Bijl.

Der Unterschied von Kunst und Nichtkunst wird in diesen Arbeiten immer schwieriger zu bestimmen, worin wiederum eine künstlerische Leistung besteht, da auch innerhalb der üblichen Kunst-Arrangements Verschiebungen stattfinden, und vertraute Wahrnehmungen überschritten bzw. gestört werden[442]. Auf der anderen Seite verändert sich die Betrachtungsweise von Kunstwerken grundlegend durch die Expansion von Designobjekten, die den Seins-Modus ästhetischer Objekte zum Flottieren bringen. Die Kunstpädagogik hat sich dieser Entwicklung in den letzten Jahrzehnten intensiv gewidmet, konsequenterweise Design und visuelle Medien immer stärker in die Unterrichtspraxis eingebunden und theoretische Arbeitsgrundlagen geschaffen[443]. Doch die Entwicklung radikalisiert sich weiter: So erzeugt z.B. die Verwendung von alltäglichen Konsumartikeln wie Zahnpastatuben, Schokoriegeln und Limonadenflaschen als

„Hauptdarsteller" in Werbefilmen eine „Metaphysik" im wörtlichen Sinne, die diesen Objekten einen völlig neuen Status verleiht, wenn sie überdimensional und hyperreal auf der Kinoleinwand erscheinen, was unsere Wahrnehmung mittlerweile ohne jeden Trotz als *Normalität* integriert. Die heutige Kunst ringt um die Differenz mit diesen (absolut künstlichen) Dingen, was den italienischen Kunstkritiker Achille Bonito Oliva zu folgender Überlegung bewegte: „In den neunziger Jahren, – dem Jahr 2000 nahe – scheint die Kunst, nun in ihrem Rahmen gefestigt, dazu zu tendieren, den phantasmatischen und abstrakten Kern der materiellen Produktion von Alltagsgegenständen hervorzuheben.[…] Aus diesem Grunde antworten der europäische und der amerikanische Künstler auf das Universum der Dinge, indem sie im Rahmen der Kunst das Simulacrum der Gebrauchsgegenstände und den Konsum selbst mit einbeziehen. Der Konsum wird hierdurch zum letztgültigen intersozialen Verbindungsakt zwischen Mensch und Realität."[444]

Letztlich ist das, was Schulze mit Begriffen wie „Erlebnismarkt", „Milieusegmentierung" und „Szene" zu fassen versucht, jeweils auf der Basis von konsumorientierten Handlungen entwickelt.[445] Das Simulakrum hingegen wird von Baudrillard mit der industriellen Produktionsweise selbst erklärt, bei der die ursprüngliche Referenz der Imitation zum Original durch die Ordnung der Serie aufgehoben wird.[446] Trotzdem bleibt der ontologische Unterschied zwischen einem aus ästhetischen Motiven produzierten Einzelobjekt und dem seriellen ästhetischen Objekt bestehen, wenn man die nicht-dingliche Seite des Kunstwerks im Auge behält. – Es ist die Beziehung zwischen den Modi der Objekte, die durch die industrielle Produktion erschüttert wird, und die Kunst thematisiert diese Erschütterung durch ihre *asynthetische* Angleichung an die Warenwelt, mit der die klassische Unterscheidung von *Sein und Schein* unter den Bedingungen der Ästhetisierung der gesellschaftlichen Produktions- und Kommunikationsverfahren problematisiert wird. Damit aber stellt sich die Beziehung zwischen Kunst- und Designobjekt als für das zeitgenössische ästhetische Denken konstitutiv heraus, Rüdiger Bubner betrachtet das Problem wie folgt: „Seitdem in der Moderne das Ästhetische eine Lebensmacht wurde, bildet die Grenzziehung zwischen Schein und Wahrheit ein Dauerthema, und im Zuge dieser Entwicklung verlieren gewohnte Einteilungen an Kraft. Vieles drängt darauf, die Grenzziehung aufzuheben oder ständig zur Disposition zu stellen. Mit den Avantgardebewegungen der letzten 150 Jahre stoßen die Künste mehr und mehr in die angestammten Bezirke außerästhetischer Realität vor, während umgekehrt die privaten und politischen Lebensordnungen sich planmäßig ästhetisieren."[447] Zu Beginn der modernen Ästhetik wird bereits das Verhältnis von industrieller Warenproduktion und ästhetischen Objekten reflektiert, namentlich Baudelaire entwirft in diesem Zusammenhang eine ambivalente Position, indem er einerseits mit dem Zur-Ware-Werden der Kunst kokettiert, andererseits aber an der Authentizität des durch originäre Kreativität erschaffenen Kunstwerks festhält[448] Die von Baudelaire vorempfundene Entwicklung ist heute als *Entgrenzung des Ästhetischen* verwirklicht. Wenn Karl-Heinz Bohrer dagegen eine klare Grenzziehung des Ästhetischen fordert[449], so lässt sich doch das Wechselspiel der Objekte und ihre zunehmende Immaterialisierung keinesfalls theoretisch versöhnen, im Gegenteil: Die Theorie verstärkt diese ambivalenten Züge, indem sie *Argumente* für die eingenommenen Positionen der Objekte liefert und damit ihr *Flottieren* ratifiziert. Nach Baudrillards Diagnose wird dieses *Floating* durch eine im 20. Jahrhundert sich stetig beschleunigende Zirkulation der Zeichen ausgelöst, weshalb er die These vertritt, dass die Kunst „als symbolischer Pakt" bereits verschwunden sei[450]. All diese Befunde bestätigen in ihrem Kern die zentrale Position der Frage nach dem Verhältnis von Kunst- und Alltagsobjekt für das Verständnis der heutigen Welt. Daraus lässt sich schließen, dass mit der Reflexion dieses Problems spezifische Orientierungen für eine durch vielfältig gestaltete visuelle Objekte charakterisierte Gesellschaft zu gewinnen sind. Diese Perspektive beinhaltet einen pädagogischen Auftrag, insbesondere für die Ästhetische Bildung.

Zur Wechselwirkung von Kunstobjekt und Alltagsgegenstand im Kunstunterricht

Hinsichtlich der unterrichtlichen Gestaltung des Verhältnisses von Kunstobjekt und Alltagsgegenstand sollten folgende Faktoren berücksichtigt werden:
  I. Die Wahrnehmung von Kindern und Jugendlichen wird heute durch mediale Praktiken (Video-Clips und -spiele, Computeranimationen, Handy) beeinflusst, die den „festen" Status von Objekten verflüssigen.

2. Da die Gegenwartskunst sich nachhaltig mit dem Verhältnis Alltagsgegenstand/Kunstwerk auseinandersetzt, wird die Thematik in den Sphären von Alltag und Kunst eröffnet.
3. Mit der unterrichtlichen Problematisierung lassen sich – aus 2. folgend – die Disziplinen Kunstpraxis, ästhetische Theorie und Kunstpädagogik verknüpfen.

Wenn man sich diese Faktoren vor Augen hält, dann ist bereits im Vorfeld der Behandlung des Themas im Unterricht klar, dass vieles implizit gelernt wird und manches nicht als unmittelbares Lernergebnis sichtbar werden kann, da es sich um ein Lernen an und mit der Wahrnehmung handelt. Dieses Wahrnehmungslernen stellt dabei – in Erweiterung der Terminologie von Wolfgang Schulz[451] – ein *heuristisches Richtziel* dar, was besagen soll, dass seine Lerneffekte nicht bereits im aktuellen Unterrichtszusammenhang eintreten, sondern hinsichtlich weiterführender Verknüpfungen von Belang sind, also nicht durch unmittelbare Operationalisierungen hervorzubringen sind. Vielmehr bewirkt die subjektinterne Verarbeitung des Wahrnehmungslernens Effekte, die gerade in ihrer Verlängerung und weiteren Verknüpfung bestehen und nicht an irgendeinem Punkt als fixes Resultat unterrichtstechnischer Inauguration verstanden werden können. Die Annahme, dass „Ziele" vorausbestimmbar, zu definierten Zeitpunkten kurzfristig erreichbar und überprüfbar seien, war der bis heute folgenreiche Fehlschluss der Lernzieleuphorie der 70er Jahre[452]. Etwas ganz anderes ist, sich über Handlungsrichtungen, -ziele und Absichten zu verständigen. Dem hier zur Darstellung kommenden Thema liegt ein Unterrichtskonzept zugrunde, das 1991 an einem Berliner Gymnasium[453] realisiert worden ist. Gemäß des transversalen Methodenverständnisses sind auf jeder Ebene der Unterrichtsplanung und -durchführung verschiedene methodische Ansätze eingebracht worden, so dass z.B. bei der Interpretation von Kunstwerken Ottos *Perceptbildung*[454] produktiv mit von Criegerns zeichentheoretisch gewendeter Ikonologie[455] koexistieren konnte.

Auf den Spuren von R.Mutt

Der Einstieg in die Unterrichtsreihe erfolgte über eine didaktische Provokation: Die Schülerinnen und Schüler wurden zu einer Exkursion zur Jungentoilette aufgefordert. Dort war vor Stundenbeginn ein Pissoir mit der gleichen Signatur versehen worden, mit der Marcel Duchamp im Jahre 1917 sein Werk *Fountain* zur Ausstellung der New Yorker „Society of Independent Artists" eingereicht hatte, nämlich *R.Mutt*, dem Namen einer Installationsfirma. Diese Verschiebung der Klassenzimmersituation bewirkte Befremden, Neugier, Aufmerksamkeit, Widerspruch: die Grundlage für Percepte. Zurück im Klassenzimmer, bekamen die Schülerinnen und Schüler fotokopierte Abbildungen der Duchamp-Werke *Ready-made* und *Fountain* ausgehändigt, dazu einen erläuternden Textauszug aus Molderings Duchamp-Monographie[456]. Jeder hatte nun die Gelegenheit, die persönliche Betrachtung des Objekts in der Toilette mit einer selektiven Aufnahme des Materials zu verbinden. Die drei verschiedenen Vorlagen sollten dabei der Differenzialität unterschiedlicher Lerntypen und Beobachtungen Rechnung tragen. Bereits während der Rezeption des Materials entzündete sich eine kontroverse Diskussion, die in Schüleräußerungen wie: „Die Kunst kommt herunter, wenn man einfach eine Toilette ausstellt" und „Es ist eine völlig andere Kunst als die Malerei" atmosphärisch wiedergegeben werden kann. Das Faktum, dass ein absolut banaler Gegenstand unter bestimmten Umständen zum Kunstwerk werden kann, löste bei den Schülerinnen und Schülern zum Teil heftige verbale Reaktionen aus und warf Probleme auf, die der Text Molderings erhellen konnte. In der folgenden Stunde schloss eine Erweiterung des Problemkreises an, Andy Warhols *100 Campbell's Soup Cans* wurden per Dia präsentiert, und in die Kontroverse eingebracht. Die Suppen werden mittlerweile nicht mehr hergestellt, ihr *Taste* überlebt aber in Warhols Werken. Bei diesem klassisch postmodernen Kunstwerk erwies sich, dass die Schülerinnen und Schüler mit der Bildsprache des Werkes durch dessen Affinität mit visuellen Objekten aus der Werbung vertraut gewesen sind: Warhols Suppendosen gehören mittlerweile zur *visuellen Lebenswelt* von Jugendlichen. Die Verbindung zwischen dem Gebrauchsartikel und dem Kunstgegenstand ließ sich von den Schülern rasch herstellen, wobei Unterschiede zu Duchamps Vorgehen auffielen, der seine Objekte im Gegensatz zu Warhol als Projektion einer Metarealität begriff, weshalb bei ihm die Werbung und das Flottieren der Zeichen keine wesentliche Rolle spielen, denn es gibt in

Duchamps Werk immer noch die *Transzendenz des Zeichens*, eine auf etwas anderes verweisende Referenzialität. Dagegen operiert Warhol mit der reinen Immanenz der mit sich selbst geladenen Zeichen. Dieser subtile und bedeutsame Unterschied konnte von den Schülerinnen und Schülern auf der Grundlage des *transversalen Betriebssystems* selbsttätig erarbeitet werden. – Hiermit ist diejenige *methodische Konfiguration* markiert, die mit der didaktischen Provokation einsetzt, die von einer Materialsichtung, -erarbeitung, -diskussion, -produktion gefolgt und schließlich von einem differenten Material, das *lebensweltlichen Bezug* aufweist, ergänzt und erweitert wird. Zunächst werden die Schülerinnen und Schüler mit dem *Fremden* konfrontiert, dann können sie einen vertrauteren Horizont mit diesem Fremden verknüpfen, eine Konfiguration, durch die Erkenntniseffekte ermöglicht werden.

Die nächste Doppelstunde fasste zu Beginn die Erfahrungen und Erlebnisse der vorausgegangenen zusammen, was zu der Lektüre einer Passage aus Benjamins *Das Kunstwerk im Zeitalter seiner technischen Reproduzierbarkeit* überleitete, die die Problematik durch das Aura-Theorem verschärfte. Diese Differenzierung und Vertiefung, mit der sich weitere *signifikante Referenzen* verknüpfen ließen, fand unmittelbar *vor* der praktischen Auseinandersetzung statt, für die die Jugendlichen ein selbst ausgesuchtes „Ready-made" mitgebracht hatten. Diese Objekte sollten im Sinne eines *Re-Designs* verändert werden. Allerlei Alltagsgegenstände kamen dafür zusammen, die einzeln vorgestellt wurden, so z.B. ein Bilderhalter, eine Tabaksdose, eine Kuchenform, ein Ringmagnet mit Nägeln, eine Blitzlichtleiste, ein Weihnachtsengel, ein Plastikbär, etc. Zur Veränderung der Objekte standen Metallic-Farben in verschiedenen Farbtönen zur Verfügung. Es wurde abgestimmt, dass die Objekte einen monochromen Anstrich bekommen sollten, um für die geplante Ausstellung im Schulfoyer möglichst *industriell vereinheitlicht* wirkende Gegenstände zu haben.

Diese vordergründig *unterfordernde* Aufgabe der Veränderung der Objekte per Farbauftrag bewirkte kommunikative Arbeitsformen, um Komplexität über *Arrangements* zu erreichen. Diese waren in der Unterrichtsplanung nicht intendiert, sondern sie entwickelten sich im Produktionsprozess. So stellten die Jugendlichen Ensembles von Objekten zusammen, die neue semantische Felder erzeugten (Entfaltung der autoipoietischen Sinn-Produktion) oder verfremdeten ihre Objekte durch Weitergabe an andere Produzenten, die ihnen etwas hinzufügten oder wegnahmen.

Der Unterricht wurde durch den Besuch der zu dieser Zeit laufenden Ausstellung METROPOLIS im Berliner Martin-Gropius-Bau ergänzt, die den Stand der neuen Objekt-Kunst zu Beginn der neunziger Jahre präsentierte.
Ein Text von Schmidt-Wulffen[457] fasste noch einmal wesentliche Positionen der Gegenwartskunst zusammen, die dann anhand des Steinbach-Werkes Untitled – elephant foot stools diskutiert wurden[458]. Die in ihm zum Ausdruck kommende Problematisierung von Fakt und Fiktion wird über die Verschränkung von Kunst- und Designobjekt darstellbar.
Ein Künstler wie Steinbach arbeitet mit Objekt-Arrangements, die den visuellen Lebenswelten junger Menschen entgegenkommen. Wir sind nicht mehr auf die ununterbrochene Re-Präsentation von Meisterwerken angewiesen, im Sinne eines nacheilenden Nachvollzugs genieästhetischer Protuberanzen, sondern wir konfigurieren in der zeitgenössischen Ästhetischen Bildung Objekte, die das Vermögen zur Sinn-Produktion bei den Lernenden[459] (und Lehrenden) auslösen. Abschließend wurde Jeff Koons' Arbeit Stacked diskutiert, eine bemalte, lebensgroße Holzschnitzarbeit, bei der Tiere, ähnlich den Bremer Stadtmusikanten, eine Pyramide bilden. Auch diese Arbeit konnte als Original in der Ausstellung betrachtet werden. Ebenso wie bei Steinbach erwies es sich, dass die Schülerinnen und Schüler das Spiel der Wechsel der Objektmodi (Märchenmotiv, Kitschobjekt, Holzschnitzerei, Kunstwerk) nahezu mühelos nachvollziehen und entwickeln konnten. Das Zitieren semantischer Ebenen ist ihnen – nicht zuletzt durch mediale Verfahren und Vorgänge – ein bekannter, ja vertrauter Vorgang. Ein zeitgenössischer Künstler wie Koons, der von sich selbst behauptet, jedes zur Verfügung stehende Medium zu verwenden, *um zu kommunizieren*, bietet den Jugendlichen Zugänge zur Gegenwartsästhetik[460].
Ein erfreuliches Ergebnis der Auswertung war, dass sie deutlich machte, dass die theoretische Auseinandersetzung von den Jugendlichen als zentral wichtig angesehen wurde, und dass sie die Texte als Werkzeuge zum Entschlüsseln und Auslegen von Kunstwerken ansahen. Damit war der Zugang zur Gegenwartsästhetik eröffnet, es gab sogar Äußerungen wie: „Endlich einmal Theorie. Wir konnten uns besser einbringen, sonst bekamen wir immer etwas vorgesetzt." Diese Äußerung halte ich für bedeutsam, weil sie zum Ausdruck bringt, dass die Jugendlichen bei der Aneignung und Anwendung von Theorieelementen deren Funktionswert erkennen. Zudem verliert das Kunstwerk den Charakter der uneinsehbaren, genialischen Schöpfung und

kann als eine ästhetische Setzung angesehen werden, die innerhalb eines eingerichteten Geltungsrahmens diskutabel ist. Sicherlich ist dies grundsätzlich ein Wunschergebnis von theoretischer Auseinandersetzung im Kunstunterricht. Hier soll aber unterscheidend dargelegt werden, dass das reflektierende Verhalten durch die transversale Methode – vermittelt über den *Designcharakter von Kunstwerken* – erreicht werden konnte. Dabei soll hervorgehoben werden, dass diese Methode kein einfaches Zusammenwerfen von verfügbaren, möglicherweise aktuell diskutierten oder verwendeten Methoden ist, sondern dass ihre Verknüpfungsleistung präzise und signifikant am spezifischen Problem ausgerichtet wird.

Die transversale Methode bedeutet keinesfalls einen methodischen Eklektizismus im Sinne eines *Anything goes*. Wenn Otto schreibt, dass die Methodenvorschläge im Unterrichtsalltag „ ... nicht selten von positiven Erfahrungen der Lehrerinnen und Lehrer, von Traditionen im Fach, von dem Zeitpunkt, zu dem man sich das letzte Mal mit Fachliteratur beschäftigt hat", abhängen, was letztlich zu den Mischformen führt, aus denen der durchschnittliche Kunstunterricht besteht, dann folgt das Memento: „Wie leichtfertig diese Form von Praxis ist, erkennt man wohl erst, wenn man sich klar macht, in welchem systematischen Zusammenhang Methodenentscheidungen stehen und inwiefern sie sowohl Unterricht ermöglichen, aber auch verhindern können".[461] Die transversale Methode reagiert gerade auf den systematischen Zusammenhang der unterrichtlich zu behandelnden Probleme. Darin besteht auch die *Leistung der Lehrenden*, die im Gegensatz zu den Lernenden den systematischen Kontext des Problems kennen und ihn vermitteln müssen. Das macht den Lehrerberuf auch im Computerzeitalter unabdingbar, zumal die Systematik keineswegs ausschließlich aus Informationen besteht. Das *Anything goes* ist gerade deshalb nicht stimmig, weil die Systematik aus spezifischen Problemen besteht, die eine jeweils besondere methodische Konstellation verlangen. Wenn das griechische *méthodos* im Sinne des *Nachgehens eines Weges zu etwas hin* zu verstehen ist, dann wird in diesem Verständnis des Begriffs *Methode* bereits impliziert, dass nicht alle Wege nach Rom führen. Interessanterweise hat der Präger der Formel *Anything goes*, Paul Feyerabend, dieselbe hinsichtlich des Methodenbegriffs relativiert: „*Anything goes* ist nicht das eine und einzige ›Prinzip‹ einer neuen von mir empfohlenen ›Methodologie‹, ganz im Gegenteil, ich betone, dass die Erfindung, Überprüfung, Anwendung methodologischer Regeln und Maßstäbe

die Sache der konkreten wissenschaftlichen Forschung und nicht des philosophischen Träumens ist. Philosophen haben in der Methodologie nichts zu suchen, außer sie nehmen an der wissenschaftlichen Forschung selbst teil."[462]
Die transversale Methode ist dagegen Zielangabe für Wege, die mit spezifisch konfigurierter Ausrüstung eingeschlagen werden. Die Varianzbreite für zielbezogene Umwege, Auswege und individuelle Ausgestaltungen bleibt methodisch offen. Durch die transversale Methodenvernetzung sind in dem dargestellten Unterricht folgende Ergebnisse ermöglicht worden:

1. Zugänge zum Verständnis aktueller Ästhetik;
2. Erkenntnisse zu visuellen Lebenswelten;
    neue Handlungsmethoden hinsichtlich der intersubjektiven
3. Produktion, Konfiguration und Konstellation ästhetischer Objekte.

Wenn Horst von Gizycki eine Urformel der ästhetischen Erziehung in dem Satz: „Ästhetisches Verhalten kann auch zum möglichen Übungsfeld der Gestaltung von Wirklichkeit werden"[463] handlungstheoretisch übersetzt, impliziert er damit Elemente, die sich in dem hier umrissenen Unterricht entwickelten: Die Jugendlichen erschlossen sich Zugänge zur aktuellen Kunst über signifikante Referenzen, sowie gemeinsame Produktionsverfahren, darüber hinaus erarbeiteten sie sich Wahrnehmungstechniken, die für sie auch in Zukunft von Bedeutung sein können. Damit wird eine der Vorgaben der *kritisch-konstruktiven Didaktik*[464] mit einem anderen „Betriebssystem" erfüllt, nämlich mit dem transversalen der *Ästhetischen Bildung der Differenz*. Die entstandene Sinn-Produktion leitete sich hier nicht von begrifflichen Setzungen ab, sondern sie bildete sich im Prozess der Auseinandersetzung mit der Wechselwirkung von Kunst- und Alltagsgegenstand. Gemäß der Definition des Konstruktivisten Ernst von Glasersfeld, wonach sich „Wissen auf die Art und Weise, wie wir unsere Erfahrungswelt organisieren"[465] bezieht, sind die entstandenen Konfigurationen von Wissen *viable* Lösungen[466], die die Erfahrungswelt der Lernenden und ihre visuellen Lebenswelten verändern können.

3. Strategien der Wiederholung

Wilhelm Hehlmann definiert den Begriff *Wiederholung* in seinem „Wörterbuch der Pädagogik" aus dem Jahre 1967 wie folgt:
„Wiederholung, Mittel des Lernens, insbesondere der Übung von Fertigkeiten, der Gewöhnung, und endlich des Kenntniserwerbs. Die Anzahl der notwendigen Wiederholungen richtet sich nach Begabung, innerer Anteilnahme, Aufmerksamkeitsgrad und Willen zum Behalten des Erlernten. Nach den Jostschen Regeln sollen Lernstoffe zuerst nach kürzeren, sodann in wachsenden Zeitabständen wiederholt werden, damit das Gelernte zum dauernden Besitz wird."[467]
Der hier vertretene Begriff von Wiederholung ist im Grunde ein quantitativer: Ein bestimmter Lernzuwachs soll durch die Wiederholung gewährleistet werden und dauerhaft in den Wissensfundus des Schülers eingehen. Dies ist die Wiederholung im Sinne der *Repräsentation*: Ein Wissen soll möglichst identisch in einem anderen Subjekt wiederholt werden, die Aneignung des Wissens soll durch Wiederholung ermöglicht werden. Im Fremdsprachenunterricht tritt diese Vorstellung besonders deutlich hervor, die entsprechende Methode dazu heißt *pattern drill* und nimmt sich wie folgt aus:
„*Phase 2*: Sprachverarbeitung in einer Übungsphase. Im Mittelpunkt dieser Phase stehen *pattern drills*. Sie können sowohl einsprachig als auch zweisprachig sein. Beispiel für einen zweisprachigen *pattern drill*:

Der Tee ist fertig.	Tea is ready.
Der Kaffee ist fertig.	Coffee is ready.
Das Essen ist fertig.	Dinner is ready.
Tom ist fertig.	Tom is ready.
Ist Pat auch fertig?	Is Pat ready, too?" [468]

In diesem Beispiel dient der durch die Wiederholung erzeugte Drill dazu, eine grammatikalische Struktur zu habitualisieren. Was bei dem Lernenden in die *Gewohnheit* eingehen soll, ist die Fähigkeit, die Struktur sozusagen ohne Nachzudenken selbst hervorbringen zu können. Wiederum geht es hierbei um die Repräsentation eines Wissens durch ein Subjekt, abermals ist das dahinter stehende didaktische Konzept eher quantitativer Natur, es richtet sich nach curricularen Vorgaben, die festsetzen, in einer bestimmten Jahrgangsstufe, in einer bestimmten Zeit eine bestimmte grammatikalische Struktur vermitteln, bzw. lernen zu müssen. Dieser mechanistische Begriff von Wiederholung, der sein Recht für bestimmte Lernsituationen und Aufgaben haben mag, ist jedoch nicht in der Lage, in die Tiefe der Qualität seiner selbst einzudringen, in die Tiefe, in der die Wiederholung sich selbst dramatisiert und ihre Qualitäten differenziert. Wenn wir den Begriff der *Repräsentation* verschieben und aus ihm ein sprachlich keineswegs gelungenes *Präsentations-Re* zur einmaligen Veranschaulichung künstlich formen, dann haben wir diejenige didaktische Strategie auf eine Kurzformel gebracht, die für das Lernen in der Zukunft Bedeutung haben wird. In ihr wird es nicht darum gehen, Wissenselemente zu repräsentieren, sondern darum, sie in ihrer Wiederholung zu differenzieren.

In der Ästhetischen Bildung kann dieses der Repräsentation abgezwungene *Re* in allen Disziplinen und Sachgebieten angewandt werden: *Re-Video, Re-Foto, Re-Design, Re-Architektur, Re-Collage* etc., aber vor allem auch: *Wiederauslegung, Wiederzeichnung, Wiederbetrachtung und Wiederbeugung* (Re-Flexion).

Wenn Baudrillard hinsichtlich der Gegenwartsästhetik das „Wuchern der Zeichen ins Unendliche" und das „Recycling vergangener und aktueller Formen"[469] beklagt, verkennt er den differenziellen Charakter, der durch das *Recycling* hervorgebracht wird. Die Dinge kehren als *andere* wieder, niemals identisch. Dieser Effekt der Wiederholung bildet ein heute ganz wesentliches Element der ästhetischen Produktion, und nicht nur der von Spezialisten. Die verschiedenen *Revivals*, die wir erleben, sind keineswegs nur von der Industrie gesteuerte Neuauflagen des Vergangenen oder leere nostalgische Reminiszenzen, sondern es sind auch Wiederholungen von Fragen und Problematisierungen aus einer anderen Epoche, die nun – z.B. per Design – symbolisch *wiederaufgeführt* werden. Mit der Verwendung der Symbole schließt man sich an Qualitäten aus einer anderen Zeit an, im produktiven Fall, um eine Differenz zu erzeugen, den Symbolwert durch seinen Import-Export zu verändern.

Das Recycling von Formen und Inhalten wird heute inner- und außerästhetisch in großem Ausmaß betrieben. Die Kraft, die in ihm steckt, ist die einer *ästhetischen Ökologie*, die die Frage eines anzustrebenden Gleichgewichts zwischen unterschiedlich legitimierten ästhetischen Feldern aufwirft.

Abb. 13: Kiss

Bilderfluten

Die spätestens seit den achtziger Jahren grassierende Debatte um die *Bilderflut*[470], hat für Kunstpädagogen und -pädagoginnen eine pragmatische Ambivalenz, weil mit jener Flut auch das mitfließt, was in nicht unwesentlichem Umfang vermittelt werden soll, nämlich Bilder[471]. Insofern stehen kunstpädagogische Veröffentlichungen zum Status des Bildes[472] zumeist nicht im Kontext jener seit Günther Anders' *Antiquiertheit des Menschen* in unseren Breiten gefärbten philosophisch-kulturkritischen Debatte um die Bildmedien, denen man häufig den fehlenden Gebrauch von Bildern anmerkt.

Das Bilder-Recycling ist ein solcher Gebrauch, der sich den Effekten der Bilderflut stellt, deren Haupteffekte die vertikale (in der quantitativen Menge) und die horizontale (in den Differenzierungen der Formen) Ausbreitung der Archive ist. In beinahe jedem Privathaushalt finden sich heute Bildersammlungen in der ein oder anderen Form, viele der dort lagernden Bilder werden selten oder überhaupt nicht benutzt bzw. nach einer gewissen Zeit ausgemustert. Hier kann z.B. das *Foto-Recycling* ansetzen. Bilder, die von den Eigentümern nicht mehr gewollt werden oder das Geschmacksurteil ihrer Urheber nicht mehr passieren können, werden für die Vermittlungssituation gesammelt. Mit dem *Sammeln* wird eine traditionsreiche kunstpädagogische Vorgehensweise[473] aufgerufen und in einem Gesamtprojekt Foto-Recycling-Foto[474] transversal verknüpft.

Durch die Bilderflut wachsen die Möglichkeiten und Aufgaben des Recyclings, und es wächst auch seine Notwendigkeit, da die teuer produzierte Ausschuss- bzw. Ausmusterware ein Rohstoff ist, der zur Weiterverarbeitung geeignet ist. Dabei handelt es sich nicht nur um einen materialen Rohstoff[475], sondern insbesondere um einen ästhetischen, der – angeschlossen an die dividuelle Zeichenproduktion – differenzielle Aktualisierungen ästhetischer Objekte als Potenzial in sich trägt. Das Material kann im Recycling so entfaltet werden, dass seine Phänomenalität vollständig verändert wird. Dies kann bereits bei Collagen der Fall sein, die die naheliegende und verbreitetste Form von Recycling sind, eine Form jedoch, in der der Recycling-Gedanke nicht im Vordergrund steht bzw. selbst explizit thematisiert wird, sondern der der bildnerischen Gestaltung unter den Aspekten der Einbindung ausgewählter Elemente[476] bzw. der Erweiterung des vorhandenen Zeichenvermögens. Hier soll es aber darum gehen, das *Recycling* als eigenständige Meta-Methode vorstellig werden zu lassen, die das Material selbst als ein *Bündel von Potenzialen* erfahrbar werden lässt[477], die im Prozess der Zeichenproduktion entfaltet werden.

Foto-Recycling

Das Foto-Recycling erfüllt wichtige Voraussetzungen für die erfolgreiche Durchführung eines Projektes: Die Materialien sind von allen Schülerinnen und Schülern zu beschaffen und bieten eine Vielzahl von Möglichkeiten des Recyclings, die mit klassischen kunstpädagogischen Methoden kombiniert werden können. Die Verbindung von medialen und traditionellen Techniken bietet sich hier an. So kann z.B. das Recycling eines fiktiven Fotoromans, dessen Bilder übermalt sind, später mit Video abgefilmt werden und als Foto-Film bearbeitet werden, so dass je nach Dauer des Projektes eine Vernetzung von Methoden zum Zuge kommt, in der die Schülerinnen und Schüler sich per Medientransfer Produktionsweisen aneignen können, die auf einer Mikroebene den Verfahren ähneln, die in der Welt außerhalb der Schule angewandt werden.
Die Beschaffung des Materials ist bereits ein wesentlicher Bestandteil des Foto-Recycling-Projekts, da hiermit Informationen über die Bilderquellen bzw. den Gebrauch der Bilder eingehen und man mit Fragen des gesellschaftlichen Geschmacksurteils konfrontiert wird. Otto schreibt: „Wer sammelt, realisiert das Verhältnis, das die ›Vorbesitzer‹ zu dem ›Sammelgut‹ haben."[478] Zumindest werden automatisch Vermutungen darüber angestellt, die man mit den eigenen Projektionen verquicken kann.
Das Besondere am Recycling ist, dass in ihm selbst die Dynamik von Designationsprozessen angelegt ist: Jedes Ergebnis ist wiederverwertbar, es gibt virtualiter kein absolut *letztes Bild* in der stets erweiterbaren Kette des Bilder-Recyclings. Man macht ein Bild, um ein anderes Bild zu machen, das Bild wird zum Mittel für ein anderes Bild. Damit wird das Potenzial eines Bildes, dessen Aktualisierungen in die unterschiedlichsten Richtungen weisen, enthüllt. Jede Fokussierung der Aufgabenstellung (wie z.B. die der *Gangarten einer nervösen Natter bei Vollmond*[479]) bringt eine jeweils andere Anknüpfung an dieses Potenzial hervor, und es bilden sich bei den kleinsten Differenzierungen in der Aufgabenstellung völlig differierende Aktualisierungen. Signifikantenketten

bilden sich in der Evokation signifikanter Referenzen, mit der Vorgabe der Aufgabenstellung initialisiert man die Bildung einer Signifikantenkette.

Jedes vorläufige Ergebnis kann gemäß dieser Operation sofort weiterverarbeitet werden, um die Ebene des Recyclings zu wechseln. Grundsätzlich steht man jetzt vor der Entscheidung, entweder mit traditionellen Techniken weiterzuarbeiten oder eine *Recyclingmaschine* einzusetzen. Im ersten Fall sind Methoden wie das Übermalen oder Überzeichnen angezeigt, was bedeutet, dass eine zusätzliche semiotische Ausdrucksebene eröffnet wird, die in das wiederverwertete Bild eingearbeitet wird. Das gibt Gelegenheit zur dividuellen zeichenhaften Kommentierung oder Erweiterung des Ergebnisses[480]. Im zweiten Fall wird ein technisches Medium benutzt, und die manuellen Methoden werden mit mechanisch-medialen verknüpft[481]. Der Fotokopierer, der das im Recycling transformierte Bild einer neuerlichen Veränderung unterzieht, dient als Schnittstelle für die nächste Arbeitsphase: So wird die durch den Ausdruck erwirkte Rasterung zur materialen Basis für die nächste Bearbeitung. Die Akzeptanz des Fotokopierers als *Werkzeug* im Kunstunterricht ist in den letzten Jahren deutlich gestiegen, mittlerweile gibt es eine Reihe ernstzunehmender Literatur zu diesem Thema[482], wenn auch etwas verspätet, da der Kopierer in der jetzigen Form wahrscheinlich bereits noch in diesem Jahrzehnt vom integrierten, kompakten Mediensystem verdrängt werden wird.

Um den metamethodischen Charakter des Recyclings herauszuheben, sei ein Projekt skizziert, das mit Studierenden für das Lehramt an Grund- und Hauptschulen im Sommersemester 1994 an der Uni Lüneburg veranstaltet wurde. Das Seminar, aus dem heraus das Projekt entstand, trug den Titel Foto-Recycling-Foto und war nach einer gleichnamigen Ausstellung, die 1982 in Kassel stattgefunden hatte, benannt worden. In den Anfangssitzungen wurde wie oben dargestellt vorgegangen: Materialsammlungen, erste Montagen/Collagen, Weiterverarbeitung per Fotokopierer, Einarbeitung von Handzeichnungen. Das Ziel des Seminars war jedoch, alle Ergebnisse in ein Foto-Dokumentar-Archiv einfließen zu lassen, das sich der Anregung einer Realisierung des Berliner Künstlers Wolfgang Müller und seiner Gruppe *Die Tödliche Doris*[483] verdankte. Dabei ging es darum, ausgesonderte, abgelehnte und beschädigte Fotos wieder dem Bilderkreislauf zuzuführen.

In Anlehnung an das *Berliner Foto-Dokumentar-Archiv* wurde eine Matrize erstellt, ein Formular zur Erfassung der einzelnen Fotos. Neben dem freien Platz für das Foto hat die Matrize verschiedene Rubriken: *Kategorie, Unterkategorie, Produzent/in Titel, Archivnummer, Quelle, Ort, Datum* und *Überarbeitung*. Bis zur *Archivnummer* erklärt die obere Leiste des Formulars die allgemeine Zuordnung. Die *Kategorie*, z.B. Tier, bezeichnet das allgemeine Sujet, das in der *Unterkategorie*, z.B. Maus, näher spezifiziert wird. *Produzent/in* meint die Autorenschaft der Matrize, *Archivnummer* den Index des Dokumentar-Archivs. Die untere Leiste bezieht sich ganz auf das recyclete Foto: *Quelle, Ort* und *Datum* sind Angaben zur Herkunft des Bildes, die Rubrik *Überarbeitung* weist dagegen nachträgliche Veränderungen, wie z.B. Übermalungen oder Rasterungen aus. Die Kategorien wurden kommunikativ bestimmt und präzisiert; im Anschluss daran integrierte man die Bilder aus der Sammlung in die einzelnen Kategorien, wobei das ästhetische Urteilsvermögen unablässig gefordert war. Kategorien waren z.B. *Mensch, Tier, Landschaft, Monument*, aber auch randständigere wie: *Flüchtige Bekanntschaften* oder *Kreativität*. Für die öffentliche Präsentation wurden die einzelnen Blätter in Klarsichthüllen gesteckt, so dass sie in einem Registerordner abheftbar sind. Dieser Ordner ist der Öffentlichkeit zugänglich, sein Inhalt kann durch Spenden und Eingaben ergänzt werden. Dies ist die permanente Form des Archivs. Die temporäre Form wurde in einer Ausstellung realisiert, bei der die Einzelblätter kategorial geordnet in Vitrinen gezeigt wurden. Die Ausstellung wurde von vielen Besuchern mit Arbeiten aus der Gegenwartskunst verglichen[484]. Es wird nicht der letzte Status dieser Bilder sein, *verglichen zu werden*.[485]

4. Semiotische Produktion und Neue Medien

Neue Medien werden in der pädagogischen Diskussion noch immer kontrovers diskutiert. Die Gespenster von Entsinnlichung und Isolation schweben über jeder technologischen Innovation, die von Kindern und Jugendlichen in ihre visuellen Lebenswelten integriert wird. Dementsprechend weit gehen die Befunde in der Fachdiskussion auseinander. Rainer K. Wick sieht in der Annäherung des Faches Kunst an die Computertechnologie die Gefahr des Identitätsverlustes: „Ohne die elektronischen Medien prinzipiell aus dem Kunstunterricht ausschließen zu wollen, kann das Fach nach meiner Überzeugung nur dann seine Identität bewahren, wenn es ihm gelingt, sich seiner

Umfunktionierung zu einem Ort der Spezialausbildung für computergenerierte Bilder mit aller Entschiedenheit zu widersetzen und sich auf seinen eigentlichen Auftrag, nämlich die ästhetische Erziehung in *all* ihren Aspekten, zu konzentrieren.'[486]

Insbesondere kritisiert Wick voreilige Modernisierungsversuche, die rein fachpolitisch argumentierten – im Sinne einer Legitimation von Kunstunterricht – und die fachdidaktische Notwendigkeit der Begründung des Einsatzes neuer Medien vernachlässigten[487]. Henning Freiberg, nahezu ein Pionier der Reflexion des Computereinsatzes im Kunstunterricht[488], sieht die Gefahren der neuen Medien deutlich, kommt aber trotzdem zu einem völlig anderen Ergebnis:

„Die Auseinandersetzung mit den Neuen Technologien als *Bildungsgegenstand, Medium und Werkzeug* in einem erweiterten Konzept Ästhetischer Bildung im Zeitalter der Neuen Technologien und elektronischen Medien ist dringend erforderlich." [489]

Angesichts der rasanten gesellschaftlichen Verbreitung neuer Technologien und ihres immer rascheren Einsickerns in die privaten Haushalte, stellt sich die Frage, ob der Streit nicht bereits durch die gesellschaftliche Praxis entschieden ist. Anton Friedt weist in einem Beitrag zur Kybernetik und Computerkunst darauf hin, dass die Industriegesellschaft sich im strukturellen Wandel zur Informationsgesellschaft befinde und dass in den USA der Anteil der im Informationssektor Beschäftigten bereits bei ca. 50% liege[490]. Die Ästhetische Bildung kann sich nicht aus kulturkritischen Motiven von einer solchen Entwicklung fernhalten, sondern sie muss die besonderen Chancen und Vorteile der neuen Technologien gewärtigen. Letztere hat Rolf Schulmeister – auf die Didaktik bezogen – wie folgt zusammengefasst:

„Welche didaktischen Vorteile durch solche Möglichkeiten für den Unterricht gegeben sind, liegt auf der Hand: – die Darstellungsmöglichkeiten des Computers (WYSIWYG, 24/32 Bit-Farbtiefe, zukünftig sogar mehr, Stereo-Sound, 32 Kanäle oder mehr, HDTV-Video) bedeuten eine enorme Qualitätsverbesserung für die heute noch recht armseligen Lehr- und Lernmaterialien (Spritmatrizen, schlechter Buchdruck, limitiertes Video); – Lerninhalte und Darstellungsweisen werden multimedial bereichert; – die neuen Funktionalitäten sind nicht nur technische Verbesserungen, sie öffnen andere kognitive Dimensionen. Ich rechne damit, dass das heuristische Verhalten angeregt, problemlösendes Denken stärker stimuliert, hypothetische Überlegungen viel eher motiviert werden." [491]

Die transversale Verknüpfung von traditionellen Techniken und neuen Technologien kann auch hier einen Weg weisen, wobei zunächst das Problem zu lösen ist, wie diese beiden Ebenen methodisch zu verknüpfen sind. Anhand von Unterricht, in dem ein *LED-Display* eingesetzt wurde, soll die transversale Symbiose von dividueller Zeichenproduktion und digitaler Technik veranschaulicht werden.

Das LED-Display als Zeichen-Quelle

Abstrakte Malweisen werden den Lernenden heute vornehmlich über den Zugang zur modernen Kunst erschlossen[492], wobei die Kunst als Übertragungsmedium genutzt wird. An dieser mittlerweile klassischen Methode wird in der kunstpädagogischen Literatur weiter gefeilt[493]. In der Systematik haben Reinhard Pfennig und Gunter Otto[494] die entscheidenden Beiträge zur Fundierung dieses Ansatzes für die kunstpädagogische Praxis geleistet, eines Ansatzes, der in der modernen Kunst eine Erziehungsfunktion entfaltet und Kunst und Pädagogik miteinander auf wissenschaftlicher Grundlage zu verschränken sucht. Das von Pfennig und Otto entwickelte Verständnis richtete sich gegen die wissenschaftsferne, intuitionistische Vorstellung von Kreativität, welche die *Musische Erziehung* in ihren Entwürfen ausstrahlte, und deren Restlicht man heute noch in verschiedenen kunstpädagogischen Strömungen von den Waldorfschulen bis zu den Zeremonienmeistern des Sinnenreichs ausmachen kann. Trotz der tiefgreifenden Unterschiede geht es den hier grob skizzierten Positionen, die in der Praxis stets parallel existier(t)en und auf der jeweils eigenen Grundlage auch erfolgreich Unterricht produzier(t)en, gemeinsam um die *Repräsentation von Sinn*: – Eines Sinnes, der über den materialen Akt des Zeichnens oder Malens hinausgeht, und der durch die auf ihn ausgerichteten Praxen erreicht werden soll. Und die jeweilige Praxis des Malens oder Zeichnens steht für die Erlangung dieses Sinns, der entweder der Sinn hinter der modernen Malerei ist (bzw. ihre hintersinnige *Theorie*) oder das nebulöse Kreative, das in den jungen Wesen schlummert und das altersgemäß zu erwecken ist, so wie es z.B. von Gustav Friedrich Hartlaub[495] in einer anderen Epoche projektiert worden ist. Nimmt man diese Faktoren zusammen, wird klar, dass das abstrakte Malen und Zeichnen von Kindern und Jugendlichen inhaltlichen Hypotheken ausgesetzt ist, die im Produktionsprozess verzinst werden.

These ist, dass die *Repräsentation des Sinns, um die dividuelle semiotische Produktion zu entfalten, unterlaufen werden muss,* z.B. durch mediale Mittel. Nur dann ist es möglich, die praktisch-produktiven Vorgänge *material* zu entwickeln. Der Sinn ist dann nämlich nicht der hinter dem Produktionsprozess angesiedelte *Begriff,* sondern das Zeichen (bzw. seine Verbindung), das im Prozess gebildet wird. Der Bezug zur Kunst kann *nach* der entfalteten Aktivität hergestellt werden, auf der Grundlage der materialen Inskription wird er nachhaltiger *eingesehen*: Bevor man sich z.B. über den abstrakten Expressionismus ins Bild setzt, hat man bereits selbst – ohne seinen Sinn zu kennen – ihm analoge Zeichen hervorgebracht.

LED-Displays werden heutzutage in unterschiedlichen Größen und Ausführungen verwendet. In Reinigungen, Reisebüros, Pizzerien oder öffentlichen Verkehrsmitteln werden sie für die rasche Informationsaufnahme en passant eingesetzt. Aber es gibt auch Nutzungen jenseits der reinen Funktionalität: So führt das Berliner Szene-Lokal *Kumpelnest 2000* ein legendäres LED-Display, das Vogelnamen enzyklopädisch auflistet. Das weist darauf hin, dass es eine *ästhetische Nutzung* von LED-Displays gibt, und in der Bildenden Kunst finden sich zahlreiche Beispiele, es seien hier nur Jochen Gerz und Jenny Holzer genannt, die sprachliche Gestaltungen über verschiedenförmige LED-Displays im öffentlichen Raum präsentierten bzw. installierten.

Das in dem Unterricht verwendete Gerät ist eines, das für den Einsatz im Einzelhandel vorgesehen ist. Es verfügt über eine Speicherkapazität von ca. 1800 Zeichen und kann verschiedene Funktionen ausführen, so ist es z.B. möglich, im Rahmen der gegebenen, groben Aufteilung in Bildpunkte auch selbst konstruierte grafische Zeichen einzugeben. Die Zeichen können in unterschiedlichen Geschwindigkeiten im Display erscheinen und verschwinden, aber auch umgedreht, einzeln zusammengesetzt werden, etc. Auf dem Display stehen die Zeichen nicht fest. Sofern man sie nicht – was möglich ist – anhält, verschwinden sie in Sekundenschnelle. Aber sie kehren wieder, denn sie laufen in einer Art elektronischer Endlosschleife. Es ist vermutlich die Umkehrung des Freudschen Fort!-Da!-Spiels[496], des die Repräsentanz formierenden Spiels, bei dem das Kind seinen Lustgewinn aus dem Wegwerfen und Wieder-Holen von Dingen erzielt[497], die dabei so sehr fasziniert. In diesem Fall ist es ein Da!-Fort!-Spiel: Zeichen, die auf dem Display erscheinen, verschwinden; andere Zeichen, die auch aus leuchtenden Bildpunkten bestehen, tauchen auf und treten ab. Im

Grunde zeigt das Display visuelle Figuren, es ist eine elektronische Kleinbühne. Der Zeitfaktor des Unterschieds von Auftauchen und Verschwinden erwirkt die Lust am Wiederholen der Zeichen oder an ihrem Festhalten. Man kann sie festzuhalten versuchen, indem man sie kommentiert, womit die eigene Fähigkeit, Zeichen hervorzubringen, aufgerufen und mit den Zeichen des Displays verbunden wird. Zwischen dem Auftauchen und dem Verschwinden entsteht ein *Inter-esse*.

Der Unterricht fand in einer Lüneburger Hauptschule statt, die im sozialen Brennpunktbereich der Stadt liegt, die Lerngruppe bestand aus 20 Schülern der Klassen 7-9, die sich anlässlich des Kunsttags der Schule für das ausgeschriebene Projekt ZEIT-ZEICHEN entschieden hatten.

Das Bildmaterial, die Programmierung des Displays, war vorher eingerichtet worden: einzelne Satzzeichen oder Buchstaben, auseinandergezogen oder zusammengeballt, gelegentlich ein durchlaufender Punkt oder ein sich verlängernder Strich. Die Schüler bekamen die Aufgabe, die auf dem Display erscheinenden Zeichen *zum Anlass ihres eigenen Zeichnens* zu nehmen, mit dem einschränkenden Hinweis, möglichst keine abbildlichen Zeichen zu produzieren; – dies war die einzige Einschränkung.

Im ersten Versuch zeichneten die Schüler mit Filzstiften oder Kugelschreibern auf weiße Postkarten. Der Programmdurchlauf, der sich mit dem Satz „ACHTUNG, IN WENIGEN MINUTEN STARTET DAS ZEITZEICHEN-PROGRAMM" ankündigte, dauerte rund 5 Minuten und bestand aus über 300 verschiedenen Zeichen, Kombinationen eingerechnet. Für den ersten Zeichenversuch waren 4 Programmdurchläufe vorgesehen. Danach wurde das Programm gestoppt, neues Material ausgegeben und der nächste Zeichendurchgang unternommen, bei dem sich bereits eine wesentlich freiere Gestaltung der Formen abzeichnete. Der erste Versuch war noch stark von der Identifizierung und Übertragung der Zeichen bestimmt, beim zweiten Durchgang dominierten bereits die selbst hervorgebrachten Zeichen gegenüber den vorgegebenen.

Diese Tendenz verstärkte sich im dritten Durchgang deutlich, in dem zusätzlich größere Formate und andere Malmaterialien (Dispersionsfarben, Pinsel) eingebracht wurden. In dieser Phase lösten sich die Schüler völlig von den Formen der vorgegebenen Zeichen, sie nahmen sie lediglich noch zum Anlass, ihre eigenen Zeichen zu produzieren, die jetzt stark gegenüber denen des Displays abwichen. Der 4. und letzte Versuch, bei dem das Papierformat erneut verdoppelt wurde (DIN-A-2) bestätigte die Entwicklung und brachte erstaunliche Ergebnisse an den Tag, die angesichts der Kürze der Unterrichtseinheit (eine Doppelstunde) nicht zu erwarten gewesen waren.

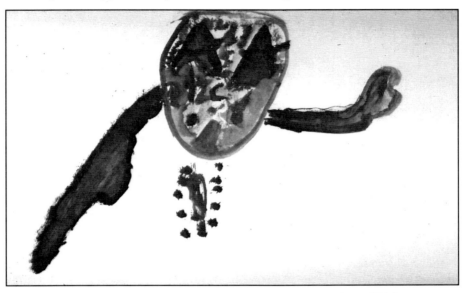

Abb. 14: Schülerarbeit nach LED -Zeichen-Display, 4. Klasse (1994)

Digitales Potenzial

Die an dem Kunsttag beteiligten Lehrenden waren überrascht von den Ergebnissen der Unterrichtseinheit, die an die unterschiedlichsten Stile der abstrakten Malerei unseres Jahrhunderts erinnerten. Sie waren von Schülern produziert worden, die diese Kunstformen in der Regel nicht kannten, von Schülern, die sich bislang auch nicht durch hervorragende Leistungen im Kunstunterricht hervorgetan hatten. – Die meisten hatten sich aufgrund des Wortes DISPLAY für das Vorhaben eingetragen. Das LED-Display gibt keinen Sinn vor, der repräsentiert werden müsste. Alles, was es sagt, ist das, was es zeigt: *Zeichen*. Es kann anonyme, namenlose Anregungen zum Malen und Zeichnen bieten, die die

Schüler nicht der Kontrolle einer wie auch immer gearteten Sinnproduktion jenseits des Zeichenfindungsprozesses unterstellen. Dass die Zeichen verschwinden werden, ist klar, dass sie wiederkehren werden, ebenfalls: *Ich suche den Zeitpunkt des Zeichens für mein eigenes Zeichen aus.* Die semiotische Differenz, das Vermögen der unverwechselbaren Besonderheit der Zeichenbildung durch die spezifische Körperlichkeit, wird dabei durch keine personalisierende Instanz behindert. Es werden nur die Anlässe präsentiert, zu denen etwas gezeichnet werden könnte, nicht der Inhalt eines solchen Anlasses. Diese Form von *Anonymität* beinhaltet eine Chance zur Autonomie. Anhand des Materials können die Schüler ihr Vermögen der Zeichenbildung entfalten, ohne einen Begriff repräsentieren zu sollen. Dass dieses Verfahren in der Praxis funktioniert, verdankt sich auch dem Umstand, dass die zeitgenössischen Wahrnehmungsverhältnisse an medialen Perzeptionen ausgerichtet sind[498].

Die transversale Verknüpfung von basalen nostalgischen Verfahren mit Hi-Tech ist funktionabel. Nicht die Technologie allein entscheidet in erster Linie über das Gelingen von Unterrichtsprozessen, sondern die Art und Weise, wie in diesen Prozessen die Meta-Intention des Sinns von den teilnehmenden Subjekten konfiguriert und mit der dividuellen semiotischen Produktion verknüpft wird. Die *Zeit-Zeichen* stellen darüber hinaus eine kunstpädagogische Praxis dar, die sich von der „Raumfixierung" löst und mit der Anschauungsform der Zeit arbeitet. In der Ästhetik wird dieser Wechsel seit längerer Zeit eingeklagt, so z.B. von Ulrich Sonnemann[499] und Dietmar Kamper. Letzterer führt aus:
„Bei der notwendig gewordenen Ablösung der Raumfixierung der Imagination fällt deshalb einer solchen Bestimmung der Zeit die größte Aufgabe zu. Die Transformation der Ästhetik von der Anschauung der Räume zur Wahrnehmung der Zeit besteht zunächst darin, die Augen zu entwaffnen und den ›Sinn‹ für die Zeichen als Narben zu stärken." [500]

5. Ästhetische Operationen

Was meint überhaupt dieser etwas merkwürdige, an *kosmetische Chirurgie* erinnernde Begriff? Zunächst sollen beim Ansatz „Ästhetische Operationen" die Wortbedeutungen von „Operation" als *chirurgischer Eingriff, Verrichtung, Arbeitsvorgang, Prozedur Unternehmung* und *zielgerichtete Bewegung eines*

Heeresverbandes eingebracht werden. Eine Operation beinhaltet all das: Sie ist Eingriff, Prozedur, Unternehmung etc. Sie hat aber nichts mit der „didaktischen Operationalisierung" gemein, deren Ziel es ist, künstlerische Gehalte für Unterrichtszwecke „herunterzubrechen".

In dieser – im Grunde technischen – Operationalisierung wird die Kunst zu einem Instrument für bestimmte Zwecke zugerichtet und zum „Gegenstand" verkürzt. An diesem Gegenstand kann man dann beispielsweise lernen, welche Farbrelationen vorliegen oder welche Art der Perspektive vom Künstler angewandt wurde. Da ist nicht unwichtig, und es das sind Fakten, die man im Unterricht später abfragen oder „hinterfragen" kann. Doch das, was den *Gegenstand* zur Kunst macht, ist damit nur an der Oberfläche berührt. Die Hinwendung zu diesen Oberflächen ist folglich das Ergebnis eines ungünstigen Umfeldes. Deshalb sollte man sie nicht als letztgültige Weisheit ansehen, wie ja so vieles, was didaktisch ausprobiert wurde, nur eine sehr kurze Halbwertszeit hatte.

Was schwerer wiegt: In dem so zugerichteten Umgang mit der Kunst, in der diese nur noch Objekt für einen operational nachvollziehbaren und planbaren Lehr-Lern-Vorgang ist, kann sich nicht die *Offenheit* ereignen, die durch Kunst erfahrbar ist.

Ästhetische Operationen richten sich gegen jede unterrichtstechnisch verstandene Operationalisierung. Mit ihnen wird das Risiko des Offenen nicht zugunsten portionierter Vermittlungsschritte aufgegeben und *das Kunsthafte von Vermittlung als Vermittlung* unternommen. Diese Operationen *orientieren* sich dabei an Verfahren, die in der Kunst oder in angewandten ästhetischen Disziplinen bzw. ästhetischen Alltagspraxen angewandt worden sind. Sie gehen über bereits bestehende Verfahren jedoch insofern hinaus, als sie eine Ebene – die sowohl das Konzept als auch die Ausführung bzw. beides betreffen kann – entweder hinzufügen oder auslassen. Immer geht es dabei um die Mentalität, um den „geistigen Gehalt" von Kunst bzw. ästhetischer Arbeit.

Der Begriff *Operation* wird hier anders, aber nicht entgegengesetzt zum systemtheoretischen Operationsbegriff verwendet. Unter einer Operation versteht man in der Systemtheorie Luhmannscher Prägung die Reproduktion eines Elements eines autopoietischen Systems mit Hilfe der Elemente des selben Systems. Es gibt kein System ohne eine für das System spezifische Operationsweise, aber andererseits gibt es keine Operation ohne ein System, dem sie zugehört. Nach der Theorie der Autopoiesis muss alles, was existiert, auf die Operationen eines Systems zurückgeführt werden. Jedes mögliche Objekt existiert nur, weil ein System es als Einheit konstituiert. Auf der Ebene der Autopoiesis ist das Problem des Systems vor allem seine Reproduktion, die die Fähigkeit verlangt, an jede Operation eine neue Operation desselben Systems anzuschließen und dadurch die operationale Schließung aufrecht zu erhalten.[501] Der Begriff der Operation in dem von mir vorgeschlagenen Verständnis geht hingegen auf den italienischen Kunstkritiker Achille Bonito Oliva zurück. Dieser schlägt in seinem flamboyanten Band „Eingebildete Dialoge"[502] z.B. die *Operation Duchamp*, die *Operation Warhol*, die *Operation Maradona* und die *Operation Hl. Ignatius v. Loyola* vor. Mit der Aufführung der Namen wird bereits deutlich, worum es geht: Man „bedient" sich einer Operation, z.B. der eines bekannten Künstlers wie Warhol, dessen wichtigste Operation wohl im „Seriellen" bestand, um einen *ästhetischen Prozess* auszulösen, der unter Umständen jedoch in eine völlig andere Richtung führen kann als die Kunst Andy Warhols.

Dabei wird rasch deutlich, dass es „so etwas" wie eine *Operation Warhol* oder eine *Operation Maradona* gibt. Im Grunde geht es um das operative Schema einer bestimmten künstlerischen bzw. ästhetischen Arbeitsweise. Es gibt immer einen Nucleus einer Arbeitsweise und eine mentale Disposition, die zu einer spezifischen Arbeitsweise geführt hat. Dies gilt es herauszufinden. Dabei ist vorteilhaft, wenn der Begriff der Operation mehrere Bedeutungen mit sich führt. Die 5 – 7 Definitionen, die man in den Lexika findet, sollten gleichermaßen Verwendung finden können. Mittels Ästhetischer Operationen lassen sich Kunstwerke auch interpretieren, nämlich indem das operative Schema, das in einer Arbeit eingehüllt ist, erschlossen wird.

Bei einer ästhetischen Operation handelt es nicht nur um *eine* Methode, sondern sie besteht aus einem Bündel von Methoden, Verfahren und Techniken. Jeder Künstler, jede Künstlerin verwendet mindestens eine charakteristische ästhetische Operation. Bei der Ästhetischen Operation geht es grundsätzlich um die Fragestellung: Welche Mentalität steckt hinter welcher Arbeitsweise? Deshalb ist eine Operation mehr als eine Unterrichtsmethode. Wenn man ästhetische Operationen vermitteln will, dann sollte diese Vermittlung selbst Teil einer ästhetischen Operation werden. Die Vermittlung selbst muss folglich einen kunsthaften Charakter aufweisen. Allein diese Perspektive ist dazu geeignet, Kunstpädagogik von ihrer Basis aus anders zu betreiben. Kunstvermittlung kann heute weder von der Kunstpädagogik noch vom Kunstsystem die Hilfe erwarten, die sie möglicherweise benötigt. Aber sowohl Kunstpädagogik und Kunstsystem benötigen die Hilfe einer Kunstvermittlung im eben ausgeführten Sinn zu ihrer Selbst-Reproduktion. Diese Hilfe ohne Selbstaufgabe zu leisten, stellt unsere bleibende Aufgabe dar.

Schlusswort

Das Fach Kunst ist umstritten, weil es in ihm um das Erlernen von *Perspektiven der Wahrnehmung* geht, die philosophische Fragen, Fragen des *Blickes* und des *Weltbildes* einschließen. Deshalb kann z.B. der alleinige Rekurs auf die bildenden Elemente des Sinnlichen keinesfalls eine Fachperspektive für die Zukunft darstellen, denn immer geht es auch um Begriffe, Kategorien und Ordnungen, die in den Zeichenprozess, der ein Kognitionsprozess ist, eingehen. Holm Tetens bringt es auf den Punkt: „Ohne Gehirn erleben wir nichts."[503] – *Kognitionen* werden in der Ästhetischen Bildung mit vielfältigen ästhetischen Objekten und Materialien ausgelöst und entfaltet, stets werfen diese Objekte und Materialien Probleme auf, die die Vernetzung des Wissens im Modus von Frage und Antwort vorantreiben und neue bildende Zusammenhänge erschließen.

Die Verbindung von ästhetischen Fragestellungen mit pädagogischen und philosophischen birgt für das Fach eine Herausforderung, die von fachübergreifender Bedeutung ist, da Formen von Wahrnehmung gelehrt und gelernt werden können, die in einer ausdifferenzierten Gesellschaft Orientierungen ermöglichen; insofern verweist das Fach Kunst *institutionell* auf die Relevanz Ästhetischer Bildung. Im Zuge eines zunehmenden *vernetzten Lernens* sind die vielfältigen Dimensionen ästhetischen Lernens – ästhetische Alltagspraxen ebenso wie institutionelle Ästhetische Bildung – in ihrer Vielfältigkeit parallel zu legitimieren. Ihre unterschiedliche Verteilung in aufgespaltenen Disziplinen erfordert auf diese Disziplinen abgestimmte Bildungsstrategien.

Die Auseinandersetzung, die hier geführt wurde, diente dem Nachweis, dass die Ästhetische Bildung von der Differenz her ausgesagt werden kann, und dass sich gemäß dieser Aussage eine Version von „Kunstpädagogik" entwerfen läßt, die in ihrer transversalen Ausrichtung bereits auf produktive Ergebnisse verweisen kann. Basis einer in diesem Sinne verstandenen Ästhetischen Bildung ist die Erkenntnis: *Das Differenzielle ist in den vorfindlichen Praxen und Diskursen eingehüllt und harrt seiner Entfaltung*. Die Herausforderung, diese Entfaltung zu bewerkstelligen, beginnt mit der Gewahrung der Vielheiten. Es sind indes Vielheiten, die nicht voneinander losgelöst sind, wie es u.a. William James ausgedrückt hat: „Unser ›Multiversum‹ macht immer noch ein Universum aus: denn jeder Teil ist, wenn auch nicht in tatsächlicher oder unmittelbarer Verbindung, so doch in einer möglichen oder mittelbaren Verbindung mit jedem anderen noch so entfernten Teile verbunden, und zwar dank der Tatsache, dass jeder Teil mit seinem nächsten Nachbarn in unauflöslicher gegenseitiger Vermischung zusammenhängt. Es muss zugegeben werden, dass der Verbindungstypus hier verschieden ist von dem monistischen Verbindungstypus der Alleinheit. In dem pluralistischen Typus sind die Dinge nicht zu einer sich gegenseitig bedingenden Einheit zusammengefügt; sie sind nur aneinandergereiht und den Typus ihrer Verbindung kann man als Typus der Kontinuität, der Kontiguität oder der Verkettung bezeichnen."[504]

Affirmiert man die Vielheiten, verliert die Repräsentation des Einen und die Verwaltung seines Mangels durch Substitutionen an Bedeutung. In den Blick rückt hingegen der Überschuss der Sinn-Produktion differenzieller Aktualisierungen. Mit der Aussage der Ästhetischen Bildung der Differenz können Praxen und Diskurse sichtbar gemacht werden, die bislang ausgegrenzt waren. Das Mikrologische, das Periphere und das Parallele rücken in den Blick von Bildung und bewirken Konsequenzen für Vermittlungssituationen innerhalb und außerhalb von Institutionen.

Das Fach Kunst entgrenzt sich mit der Konfiguration der differenziellen Bildungselemente, es perspektiviert sich zu einer gesellschaftlichen Einrichtung, z.B. als „Testfeld" für Wahrnehmungen, in dem die Begegnung mit dem Anderen auf der Grundlage der eigenen Differenz und der Erfahrung der dividuellen Semiose entfaltet und reflexiv werden kann. Dabei macht das Fach sich verschiedene Rationalitätsmodi zu eigen; die Differenzen verschachteln sich auf jeder Ebene:

„Die ästhetisch-dekonstruktive Wahrnehmung, die eingreifen soll, muss ihre Differenz zur Alltagswahrnehmung wahren, um ihre ästhetisch-rationale Wirkung entfalten zu können." [505]

Die Explikation der unterschiedlichen Modi von Rationalität wird durch die technologischen Entwicklungen forciert, die die Potenziale neuer Wahrnehmungsweisen und kreativer Anwendungen sowohl für die Bildung, als auch für die Ästhetik in sich tragen. Sie werden in ihrer Innovationskraft produktiv verwendet und mit traditionellen Techniken transversal vernetzt. Der differenzpädagogische Ansatz vernachlässigt dabei weder basale subjektive Ausdrucksformen noch nostalgische Techniken. Es geht in ihm nicht um eine technologische Überwindung des Realen, sondern um die Entfaltung der Potenziale verschiedenartiger ästhetischer Dimensionen und Wissensformationen. Dies kann heute nicht an den neuen Technologien vorbeigehen, aber ebenso wenig anthropologisch relevante Elemente der Zeichenproduktion ignorieren. So erscheint Bildung als die differenzielle Konfiguration von Wissen, die auf der Grundlage dividueller Kognitionen erfolgt und dessen Produktion die Öffnung für das Andere ermöglicht.

Gerade im Hinblick auf die Notwendigkeit, plural verfasste Mentalitäten und Lebensstile zu ihrem Recht kommen zu lassen, was immer auch bedeutet, aufmerksam gegenüber dem Recht des Anderen während der Inanspruchnahme des eigenen Rechts *zu sein*, kann der von der *Ästhetischen Bildung der Differenz* eingeschlagene Weg produktive Impulse liefern. In dieser Schrift ist angedeutet worden, in welche Richtungen es gehen könnte; von hier aus kann jedoch nicht beurteilt werden, zu welchen Linien und Verzweigungen diese Richtungen führen mögen. Wenn nun zum Schluss ein Wunsch geäußert wird, der sich durch keine logische Ableitung hinlänglich begründen lässt, dann ist es der, dass die Implikationen einer *Aufmerksamkeit für das Offene und für das Außen unter der Bedingung von Reflexivität*, so wie sie ein für alle Mal durch Rilkes Anfang der achten Duineser Elegie in die Welt geschrieben worden sind, für das Lernen in der Zukunft unüberhörbar bleiben werden:

> Mit allen Augen sieht die Kreatur
> das Offene. Nur unsre Augen sind
> wie umgekehrt und ganz um sie gestellt
> als Fallen, rings um ihren freien Ausgang.
> Was draußen *ist*, wir wissens aus des Tiers
> Antlitz allein; denn schon das frühe Kind
> wenden wir um und zwingens, dass es rückwärts
> Gestaltung sehe, nicht das Offne, das
> im Tiergesicht so tief ist. Frei von Tod.
> *Ihn* sehen wir allein; das freie Tier
> hat seinen Untergang stets hinter sich
> und vor sich Gott, und wenn es geht, so gehts
> in Ewigkeit, so wie die Brunnen gehen.

Abb. 15, Tier

Register

1 Spinoza, Baruch de: Die Ethik, Hamburg 1989, S.51.

2 Kant, Immanuel: Kritik der Urteilskraft, Hamburg 1974, S.171.

3 Adorno, Theodor W.: Ästhetische Theorie, Frankfurt/Main 1973, S.10.

4 Baudrillard, Jean: Towards the vanishing point of art, in: F. Rötzer/S. Rogenhofer (Hg.): KUNST MACHEN ?, München 1990, S.201ff.

5 Luhmann, Niklas: System und Absicht der Erziehung, in: N. Luhmann/E. Schorr (Hg.): Zwischen Absicht und Person – Fragen an die Pädagogik, Frankfurt/Main 1992, S. 114.

6 Ein Berliner Rahmenplan für die Gymnasiale Oberstufe legt als allgemeine Ziele für die kunstpädagogische Oberstufenarbeit fest: „ Steigerung des gestalterischen Artikulationsvermögens; Förderung der Erlebnisfähigkeit durch Ausbildung differenzierter affektiver Verhaltensmöglichkeiten; Erweiterung und Differenzierung kognitiver Leistungen, insbesondere de sachbezogenen Urteils- und Kritikfähigkeit; Intensivierung kreativer Verhaltensweisen in Verbindung mit Transferleistungen." In: Vorläufiger Rahmenplan für Unterricht und Erziehung in der Berliner Schule, Hg.: Senator für Schulwesen, Jugend und Sport, Berlin 1978, S.1. Die Komplexität dieses Zielkatalogs wird erkennbar, wenn man sich vor Augen hält, dass hinter jedem Substantiv eine pädagogische Programmatik mitsamt einer Lerntheorie steht. Die hessischen Rahmenrichtlinien gehen in der Entwurfsfassung von 1978 in ihrer Zielsetzung noch über den Berliner Rahmenplan hinaus: „Unterricht im Fach Kunst ist ästhetische Erziehung im visuellen Bereich und hat seinen Schwerpunkt in der Auseinandersetzung mit Problemen und Prozessen der Wahrnehmung, Gestaltung, Vermittlung und Wertung. Wesentliche Aufgabe des Kunstunterrichts ist ästhetische Erziehung als Ausbildung der Wahrnehmungs- und Erlebnisfähigkeit, als Befähigung zu kreativem und sozialem Verhalten sowie als Erziehung zur Kommunikations- und Kritikfähigkeit. [...] Der wissenschaftspropädeutischen Zielsetzung der Oberstufe entspricht die Einbeziehung von Aussagen, Modellen und Methoden aus Wissenschaftsbereichen wie Kunstgeschichte, Kunsttheorie, Kunstsoziologie, Kulturgeschichte, Zeichen- und Kommunikationstheorie sowie Wahrnehmungspsychologie." In: Kursstruktur-Pläne/Gymnasiale Oberstufe, Hg.: Hessischer Kultusminister, Wiesbaden 1978, S.1. Dieser

fragmentarische Einblick in administrative Leitlinien für den Kunstunterricht bezeugt die komplexe Konstruktion des Faches. Es ist dies eine Komplexität, die die einzelnen Anspruchselemente nur selten gleichgewichtig einlösen kann: Defizite sind vorprogrammiert.

7   Lichtwark, Alfred: Die Kunst in der Schule, zitiert nach H. Lorenzen (Hg.): Die Kunsterziehungsbewegung, Bad Heilbrunn 1965, S.52.

8   Otto, Gunter: ›Kunst als Struktur‹ und ›Kunst als sozialer Prozeß‹: zwei Aspekte des Kunstunterrichts, in: Breyer, Herbert/Otto, Gunter/Wienecke, Günter: Kunstunterricht – Planung bildnerischer Denkprozesse, Düsseldorf 1973, S.30f.

9   Cf. Groys, Boris: Über das Neue – Versuch einer Kulturökonomie, München/Wien 1992.

10 Cf. Adorno, Theodor W.: Op.cit., S.32f.

11 So haben z.B. die „Neuen Wilden" das Textildesign der achtziger Jahre nachhaltig beeinflußt, und sie selbst sind durch Visualisierungen der Punk- und New-Wave-Musik nachhaltig geprägt worden.

12 Otto, Gunter: Op.cit., S.34.

13 Cf. Marcuse, Herbert: Die Permanenz der Kunst, München 1977.

14 Heidegger, Martin: Der Ursprung des Kunstwerkes, Stuttgart 1960, S.34.

15 Darüber ist das Zur-Kunst-Werden des Kunstwerks in gesellschaftlichen Kontexten nicht zu vergessen: Das Kunstwerk ist ein ästhetisches Objekt, dem der Kunstgehalt durch diskursive und strategische Übereinkünfte zugeschrieben wird. Dieses Verständnis wird von Arthur C. Danto gestützt, cf. derselbe: The Transfiguration of the Commonplace, Cambridge/Mass. 1981.

16 Tugendhat, Ernst: Heidegger und Bergson über die Zeit, in: Das Argument, Nr.94/1992, S.583.

17 Cf. Selle, Gert: Gebrauch der Sinne, Hamburg 1988.

18 Cf. R.W. Gerard/J.W. Duyff (Hg.): Information Processing in the Nervous System, Amsterdam 1962, und: Maturana, Humberto R.: Neuro-

physiology of Cognition, in: P.L. Garvin (Hg.): Cognition: A Multiple View, New York 1970.

19   Benjamin, Walter: Das Kunstwerk im Zeitalter seiner technischen Reproduzierbarkeit, Frankfurt/Main 1963, S.14.

20   Cf. Leroi-Gourhan, André: Hand und Wort – Die Evolution von Technik, Sprache und Kunst, Frankfurt/Main 1984, siehe insbesondere S.387ff.

21   Kamper, Dietmar: Das Auge – Anthropodizee/Theodizee, Narziß/Echo, in: FILMFAUST, Nr.74/1989, S.19.

22   Bergson, Henri: Materie und Gedächtnis, Hamburg 1991, S.9.

23   Merleau-Ponty, Maurice: Phänomenologie der Wahrnehmung, Berlin 1966, S.376.

24   Otto, Gunter: Didaktik der Ästhetischen Erziehung, Braunschweig 1974, S.83.

25   Otto, Gunter: Das erneute Interesse der Kunstpädagogik an der Wahrnehmungstheorie, in: KUNST + UNTERRICHT, Heft 40, Dezember 1976, S.32ff.

26   Bergius, Rudolf: Psychologie des Lernens, Stuttgart 1971, S.61.

27   Cf. Sarris, Viktor: Methodologische Grundlagen der Experimentalpsychologie, Bd.2, München/Basel 1992, S.16ff. Sarris spricht von der Vermaschung biologisch-sensorischer und kognitiv-sozialer Determinanten der Perzeption, die durch die in den Einzeldeterminanten wirkenden Differenzfaktoren unvermeidlich sei.

28   von Foerster, Heinz: Wahrnehmen wahrnehmen, in: K. Barck/P. Gente/H. Paris/S. Richter (Hg.): Aisthesis – Wahrnehmung heute oder Perspektiven einer anderen Ästhetik, Leipzig 1990, S.440.

29   Kant, Immanuel: Kritik der reinen Vernunft, Hamburg 1990, S.225.

30   Laing, Ronald D.: Phänomenologie der Erfahrung, Frankfurt/Main 1969.

31   Handke, Peter: Die Lehre der Saint- Victoire, Frankfurt/Main 1984, cf. S.50ff.

32 Virilio, Paul: Ästhetik des Verschwindens, Berlin 1986, S.55f.

33 Das wird bei der Virtual Reality besonders deutlich, die keine Referenz mehr zur materialen Realität hat. Das Wahrnehmungssystem, das mit ihr konfrontiert wird, muss sich der absoluten Immanenz einer intelligiblen, digitalen Welt aussetzen.

34 Cf. Anders, Günther: Die Antiquiertheit des Menschen, München 1956.

35 Lingner, Michael: Auftakt, in: KUNST + UNTERRICHT, Heft 151, April 1991, S.13.

36 Bachmair, Ben: Mobilität und Medienförmigkeit – Kulturhistorische Skizze zur Erziehung im Medien- und Konsumnetz, in: Vierteljahresschrift für wissenschaftliche Pädagogik, Heft 2/90, Münster/Bochum 1990, S.213.

37 Cameron, Dan: Die Kunst und ihre Wiederholung, in: V. Bohn (Hg.): Bildlichkeit, Frankfurt/Main 1990, S.269ff.

38 Cf. Pazzini, Karl-Josef: Bilder und Bildung, Münster/Hamburg 1992. In dieser Arbeit wird der Einfluss der Zentralperspektive als spezifische Wahrnehmungsform auf andere zentralistische Konstruktionen untersucht.

39 Guattari, Félix: Psychotherapie, Politik und die Aufgaben der institutionellen Analyse, Frankfurt/Main 1976, S.48.

40 Ebenda, S.49.

41 Welsch, Wolfgang: Unsere postmoderne Moderne, Weinheim 1991, S.295.

42 Ebenda, S.296.

43 Cf. Kant, Immanuel: Kritik der reinen Vernunft, Hamburg 1990, S.358ff.

44 Cf. Platon, Der Staat, Stuttgart 1973, 4. Buch, II-III, S.117: „Der Zweck dieser Bestimmung war, alle, auch die anderen Bürger zu einem einzigen, und zwar dem ihrer Natur entsprechenden Beruf anzuhalten und dadurch jeden zu einem einheitlichen Menschen zu machen, nicht zu einem vielfachen; dadurch sollte auch der gesamte Staat einheitlich

werden, nicht eine Summe von vielen Staaten. [...] Und wenn ein Staat einmal auf gutem Wege ist, geht es im Kreislauf mit ihm vorwärts. Die Erziehung und Lehre, die rein erhalten wird, bringt entsprechend veranlagte Nachkommen hervor, und diese Nachkommen werden, da sie die gleiche Erziehung genießen, noch wiederum tüchtiger als ihre Vorfahren; namentlich zeugen sie noch tüchtigere Kinder, ähnlich wie bei den übrigen Lebewesen."

45   Welsch, Wolfgang: Op.cit., S.299.

46   Ebenda, S.300.

47   Koch, Martina: Die Konstellation der Rationalitäten im interrationalen Bildungsprozeß, Weinheim 1993, S.32.

48   Cf. Prigogine, Ilya: Vom Sein zum Werden, München 1982. Außerdem: Changeux, Pierre: Neuronal Man: The Biology of Mind, New York 1985; Hunt, Morton: The Universe Within: A New Science Explors the Human Mind, New York 1982; Maturana, Humberto R.: Erkennen. Die Organisation und Verkörperung von Wirklichkeit. Ausgewählte Arbeiten zur biologischen Epistemologie, Braunschweig/Wiesbaden 1982.

49   Welsch, Wolfgang: Op.cit., S.307f.

50   Otto, Gunter: Kunst als Prozess im Unterricht, Braunschweig 1964, S. 129.

51   Ebenda.

52   Heimann, Paul: Didaktik als Theorie und Lehre (1962), in: K. Reich/H. Thomas (Hg.): Paul Heimann – Didaktik als Unterrichtswissenschaft, Stuttgart 1976, S.149.

53   Ebenda, S.150.

54   Cf. Mollenhauer, Klaus: Ästhetische Bildung zwischen Kritik und Selbstgewißheit, in: Zeitschrift für Pädagogik, 36. Jg., Nr.4/1990, S.481ff. Mollenhauer zweifelt die Möglichkeit der Ästhetischen Bildung in der Schule an, da er die Authentizität der ästhetischen Erfahrung mit Hofmannsthals Metapher „ ... sicher zu schweben im Sturze des Daseins" identifiziert. Dass eine so hoch angelegte Messlatte zur Erklärung der Unmöglichkeit von Ästhetischer Bildung in der Schule führen muss, wo z.B.

Grenzerfahrungen nur sehr selten gemacht werden können, liegt auf der Hand. Ebenso wenig kann man etwa die exzessive künstlerische Lebensweise eines Rimbaud oder eines Artaud Jugendlichen (oder Pädagoginnen und Pädagogen) als Maßstab empfehlen. Man kann aber deren Werken in der Schule begegnen, wobei ästhetische Erfahrungen mit ihnen und anhand von ihnen keineswegs ausgeschlossen werden können.

55 Legler, Wolfgang: Ästhetische Bildung zwischen Allgemeiner Erziehungswissenschaft und Fachdidaktik, in: KUNST + UNTERRICHT, Heft 165, September 1992, S.15. Legler bezieht sich auf die Schriften von Rudolf zur Lippe: Sinnenbewußtsein. Grundlegung einer anthropologischen Ästhetik, Hamburg 1987, und Gernot Böhme: Für eine ökologische Naturästhetik, Frankfurt/Main 1989.

56 Seel, Martin: Die Kunst der Entzweiung – Zum Begriff der ästhetischen Rationalität, Frankfurt/Main 1985, S.315.

57 Ebenda, S.317.

58 Bourdieu, Pierre: Die feinen Unterschiede – Kritik der gesellschaftlichen Urteilskraft, Frankfurt/Main 1987, S.59.

59 Helmer, Karl: Komplementarität, Anschlußfähigkeit und transversale Vernunft. Orientierungen für den schulischen Unterricht?, in: Pädagogische Rundschau, Nr.3, Mai/Juni 1992, S.325.

60 Ebenda, S.323.

61 Strauß, Botho: Beginnlosigkeit – Reflexionen über Fleck und Linie, München/ Wien 1992, S.39.

62 Foucault, Michel: Die Ordnung des Diskurses, Frankfurt/Main 1991, S.35.

63 Bochenski, I.M.: Die zeitgenössischen Denkmethoden, Tübingen 1986.

64 Um hier nur einen kleinen Ausschnitt der oben angesprochenen unterschiedlichen Wissenschaftsdisziplinen und Diskussionsfelder wiederzugeben, die sich mit einer Neueinschätzung des Subjektes befassen, seien folgende wichtige Werke erwähnt: John Elster (Hg.): The Multiple Self, Cambridge/Mass. 1987; Luhmann, Niklas: Gesellschaftsstruktur und

Semantik, Frankfurt/Main 1993; Churchland, Patricia, Neurophilosophy: Towards a Unified Science of the Mind Brain, Cambridge/Mass. 1986; J.L. Mc Clelland/D.E. Rumelhardt (Hg.): Parallel Distributed Processing: Explorations in The Microstructure of Cognition, Vol. 2: Psychological and Biological Models, Cambridge/Mass. 1986; Meyer-Drawe, Käthe: Illusionen von Autonomie, Kirchheim 1990; Deleuze, Gilles: Logik des Sinns, Frankfurt/Main 1993; Schulze, Gerhard: Die Erlebnisgesellschaft – Kultursoziologie der Gegenwart, Frankfurt/New York 1992.

65 Cf. Kant, Immanuel: Kritik der reinen Vernunft, Elementarlehre, 1.Teil, Transzendentale Ästhetik, Hamburg 1990, S.66ff.

66 Ebenda, S.66.

67 Ebenda, S.70f.

68 Ebenda, S.80.

69 Ebenda, S.90.

70 Cf. Lacan, Jacques: Das Spiegelstadium als Bildner der Ichfunktion, in: Schriften I, Weinheim 1991, S.61-70.

71 Deleuze, Gilles: Differenz und Wiederholung, München 1992, S.119.

72 Kant, Immanuel: Op.cit., S.431ff.

73 Deleuze, Gilles: Op.cit., S.119.

74 Deleuze, Gilles: Kants kritische Philosophie, Berlin 1990, S.11.

75 Wie z.B. denen von Käthe Meyer-Drawe (1990) und Karl-Josef Pazzini (1992).

76 Ein Beispiel für eine einseitige Auslegung der klassischen Bildungstheorien und eine Unterschlagung der Kantischen Subjektbestimmung liefert, obwohl er sich dezidiert auf Kant beruft, der Erziehungswissenschaftler Wolfgang Klafki. Unter der programmatischen Überschrift Bildung als Befähigung zu vernünftiger Selbstbestimmung zieht er sein Fazit aus der Lektüre klassischer Bildungstheorien: „Das erste Moment von Bildung wird in den grundlegenden Texten durch folgende Begriffe umschrieben: Selbstbestimmung, Freiheit, Emanzipation, Autonomie, Mündigkeit,

Vernunft, Selbsttätigkeit." Cf. Klafki, Wolfgang: Neue Studien zur Bildungstheorie und Didaktik, Weinheim/Basel 1991, S.19. Damit ersetzt er wesentliche Problematisierungen – wie die weiter oben dargestellten Kants, die eine vorgängige Subjektkonstitution betreffen – mit einem bildungspolitischen Zielkatalog.

77 R. Zoll/H. Bents/J. Flieger/E. Neumann/M. Oechsle: „Nicht so wie unsre Eltern!": Ein neues kulturelles Modell?, Opladen 1989, S.237.

78 Cf. Georg, Werner: Die Skala Jugendzentrismus im Zeitreihen- und Kulturvergleich, in: A. Fischer/J. Zinnecker (Hg.): Jugend ,92 – Lebenslagen, Orientierungen und Entwicklungsperspektiven im vereinigten Deutschland, Bd.4: Methodenberichte-Tabellen-Fragebogen. Herausgegeben vom Jugendwerk der Deutschen Shell, Opladen 1992, S.15ff.

79 Hanusch, Rolf: Kulturelle Fragmente und Identität, in: deutsche jugend, Jg. 34 (1986), Heft 7/8, S.318f.

80 Lenk, Hans: Prometheisches Philosophieren zwischen Praxis und Paradox, Stuttgart 1991, S.12.

81 Schulze, Gerhard: Die Erlebnisgesellschaft – Kultursoziologie der Gegenwart, Frankfurt/New York 1992, S.45.

82 Churchland, Patricia: Neurophilosophy – Toward a Unified Science of the Mind-Brain, Cambridge/Mass. 1986, cf. General Introduction, S.1ff.

83 Büchner, Georg: Leonce und Lena, in: Gesammelte Werke (Hg. K. Edschmidt), München 1948, S.197.

84 Habermas, Jürgen, gemeinsam mit Döbert, Rainer und Nunner-Winkler, Gertrud: Zur Einführung, in: R. Döbert (Hg.): Entwicklung des Ichs, Königstein 1980, S.9f.

85 Habermas, Jürgen: Theorie des kommunikativen Handelns, Bd.2, Frankfurt/Main 1988, S.150.

86 Ein Schriftsteller wie Thomas Bernhard kann uns seine eigentümliche Bergwelt zwischen Tragik und Komik nur deshalb so glaubwürdig und authentisch vermitteln, weil er die tragikomische Ambivalenz selbst verkörpert hatte. Das wird bei aller Fiktionalität seiner Texte – und gerade mit ihr – deutlich. Seine autobiographische Prosa in Ein Kind oder Der

Atem macht die hybriden Züge ihres Autors deutlich. – In einem Werk wie Frost versucht er, die Entwicklung einer solchen Persönlichkeit, die oft widerspüchlich und sprunghaft handelt, minutiös zu rekonstruieren; in Gehen schließlich wird dieses Selbstverhältnis radikalisiert und die dargestellten Figuren verschieben sich durch die Virtualität ihrer Gedanken. Der spektakuläre Anfang dieses Werkes konfrontiert die Leser sogleich mit einer unübersichtlichen Personenkonstellation. Das, was sich in den Figuren abspielt, ist auch in ihrer objektiven Konstellation gegeben: „Während ich, bevor Karrer verrückt geworden ist, nur am Mittwoch mit Oehler gegangen bin, gehe ich jetzt, nachdem Karrer verrückt geworden ist, auch am Montag mit Oehler. Weil Karrer am Montag mit mir gegangen ist, gehen Sie, nachdem Karrer am Montag nicht mehr mit mir geht, auch am Montag mit mir, sagt Oehler, nachdem Karrer verrückt und sofort nach Steinhof hinaufgekommen ist." In: Bernhard, Thomas: Gehen, Frankfurt/Main 1971, S.7.

87 Habermas, Jürgen: Op.cit., S.150f.

88 Reiter, Ludwig: Identität aus systemtheoretischer Sicht, in: Praxis Kinderpsychologie und Kinderpsychiatrie, Nr. 39/1990, Göttingen 1990, S.224.

89 Luhmann, Niklas: Gesellschaftsstruktur und Semantik – Studien zur Wissenssoziologie der modernen Gesellschaft, Band 3, Frankfurt/Main 1993, S.158f.

90 Lenk, Hans: Op.cit., S.13.

91 Peukert, Helmut: Bildung – Reflexionen zu einem uneingelösten Versprechen, in: Friedrich Jahresheft VI: Bildung – Die Menschen stärken, die Sachen klären, Seelze 1988, S.13.

92 Schiller, Friedrich von: Über die ästhetische Erziehung des Menschen – In einer Reihe von Briefen, Stuttgart 1991, S.20f.

93 Strauß, Botho: Beginnlosigkeit – Reflexionen über Fleck und Linie, München/ Wien 1992, S.11f.

94 In der vorliegenden Arbeit können die Unterschiede zwischen den einzelnen Ansätzen nicht detailliert diskutiert werden.

95 Roth, Gerhard: Erkenntnis und Realität: Das reale Gehirn und seine

Wirklichkeit, in: S.J. Schmidt (Hg.): Der Diskurs des Radikalen Konstruktivismus, Frankfurt/ Main 1987, S.253.

96 Ebenda, S.249.

97 Ebenda, S.250.

98 Cf. Paul Hirst/Penny Woolley: Social Relations and Human Attributes, London 1982.

99 Bruder, Klaus-Jürgen: Subjektivität und Postmoderne, Frankfurt/Main 1993, S.82f.

100 Luther, Henning: Subjektwerdung zwischen Schwere und Leichtigkeit – (Auch) eine ästhetische Aufgabe?, in: D. Neuhaus (Hg.): Von der Schwere Gottes und der Leichtigkeit des Seins, Arnoldshainer Protokolle 4/92, Evangelische Akademie Arnoldshain 1992, S.46.

101 Hervorzuheben ist das bekannte Werk von Ulrich Beck: Risikogesellschaft, Frankfurt/Main 1986.

102 König, Peter: Wir Vodookinder, in: Kursbuch, Heft 113: Deutsche Jugend, Berlin 1993, S.1.

103 Diederichsen, Diedrich: Wie ich unter die Designer fiel oder warum ich nicht an allem schuld bin, in: B. Brock/H.U. Reck (Hg.): Stilwandel – als Kulturtechnik, Kampfprinzip, Lebensform oder Systemstrategie in Werbung, Design, Architektur, Mode, Köln/Berlin 1986, S.268.

104 Zu dieser Traditionslinie gehören Gruppen der 70er Jahre wie Kraftwerk, Can und Tangerine Dream, sowie solche der achtziger Jahre wie PIE, Deutsch Amerikanische Feundschaft oder Liaison Dangereux.

105 Der Film ist eine Dokumentation des Festivals TRANSMUSICALES, das im Jahr 1992 in der bretonischen Stadt Rennes stattfand. Er wurde am 16.9.1993 von dem internationalen Kultursender arte ausgestrahlt.

106 Hegel, Georg Wilhelm Friedrich: Nürnberger und Heidelberger Schriften, Gesammelte Werke, Bd.4, Frankfurt 1986, S.321.

107 Cf. Hegel, G.W.F.: Phänomenologie des Geistes, Hamburg 1952, S.347-422.

108   Gadamer, Hans Georg: Wahrheit und Methode, Tübingen 1990, S.19. Die von Gadamer zitierten Textstellen Hegels finden sich in den „Nürnberger und Heidelberger Schriften", Gesammelte Werke, Bd.4, Frankfurt/Main 1986, S.321f.

109   Cf. zur Vertiefung der Problematik meinen Aufsatz: Die Kunstpädagogik, das Fremde und die Differenz, in: G. Olias (Hg.): Musiklernen – Aneignung des Unbekannten, Essen 1994, S.110ff.

110   Hegel, G.W.F.: Nürnberger und Heidelberger Schriften, a.a.O.

111   Hegel, G.W.F.: Phänomenologie des Geistes, Hamburg 1952, S.351.

112   Adorno, Theodor W.: Ästhetische Theorie, Frankfurt/Main 1073, S.167.

113   Cf. Luhmann, Niklas: Das Kunstwerk und die Selbstproduktion der Kunst, in: Delfin III, Rheda-Wiedenbrück 1984, S.51ff.

114   Adorno, Theodor W.: Op.cit., S.476.

115   Cf. Lyotard, Jean-François: So etwas wie Kommunikation … ohne Kommunikation, in: Derselbe: Das Inhumane – Plaudereien über die Zeit, Wien 1989, S.189-222.

116   Cf. Danto, Arthur C.: Die philosophische Entmündigung der Kunst, München 1993, S.24ff.

117   Lingner, Michael: Theorie als Praxisform, in: KUNST + UNTERRICHT, Heft 176, Oktober 1993, S.24.

118   Rorty, Richard: Der Spiegel der Natur – Eine Kritik der Philosophie, Frankfurt/Main 1985, S.400f.

119   Cf. Langer, Susanne K.: Philosophie auf neuem Wege, Frankfurt 1965. Der Begriff „präsentatives Symbol" erscheint mir auch bezüglich jugendkultureller ästhetischer Praxen als erhellend: „Symbole sind nicht Stellvertretung ihrer Gegenstände, sondern Vehikel für die Vorstellung von Gegenständen." (Ebenda, S.68). In diesem Sinne werden in den ästhetischen Praxen Symbole produziert, mit denen Vorstellungen der Konstitution (von Individuen, aber auch von Gruppen), der Kommunikation oder der Imagination verbunden werden.

120 Diese Beziehung fasst Empedokles in eine Figur von Mikro-/Makrokosmos:„Gleichwie Maler, geschickte, die wohl auf die Kunst sich verstehen, wenn sie bunte Gemälde zu Weihegeschenken entwerfen, Mancherlei Farben verwenden, da mehr, dort weniger nehmend, um aus harmonischer Mischung das fertige Bild zu gestalten, allem möglichen ähnlich erschaffen sie da die Figuren: Bäume stellen sie hin und Menschen, Männer und Frauen, allerlei Tiere, Gevögel und wasserbewohnende Fische, Götter sogar, langlebend auch, die herrlich an Ehren, so sind die Stoffe der Quell der unzähligen irdischen Dinge, die wir erschaun." Zitiert in: J. Krueger (Hg.): Ästhetik der Antike, Berlin/Weimar 1989, S.15.

121 Adorno, Theodor W.: Ästhetische Theorie, Frankfurt 1973, S.488.

122 Cf. Etymologie-Duden, Ausgabe 1989, S.743.

123 Maturana, Humberto R./Varela, Francisco J.: Der Baum der Erkenntnis – Die biologischen Wurzeln des menschlichen Erkennens, München 1992, S.32.

124 Plotin, Ausgewählte Schriften, Stuttgart 1973, S.40f.

125 Cf. Klafki, Wolfgang: Neue Studien zur Bildungstheorie und Didaktik, Weinheim/Basel 1991 S.155f. Die Auseinandersetzung mit Klafkis Begriff des Exemplarischen ist im Kapitel IV unter der Überschrift „Vom Exemplarischen zur signifikanten Referenz" zu finden.

126 Cf. Otto, Gunter/Otto, Maria: Auslegen – Ästhetische Erziehung als Praxis des Auslegens in Bildern und des Auslegens von Bildern, Seelze 1987, S.51ff. – Die verschiedenen Ebenen der Bildauslegung legen nahe, dass das Potenzial eines Bildes aus unterschiedlichen Perspektiven entfaltet werden soll. Es geht hierbei pädagogisch nicht um die Repräsentation des beispielhaften Exempels, sondern darum, ein ästhetisches Objekt für produktive Subjektprozesse zu konfigurieren.

127 Rötzer, Florian: Wissenschaft und Ästhetik, in: KUNSTFORUM, Bd.124, Nov./Dez. 1993, S.81.

128 Enzyklopädie Erziehungswissenschaft – Handbuch und Lexikon der Erziehung in 11 Bänden, Bd.1: Theorien und Grundbegriffe der Erziehung und Bildung, hrsg. von Dieter Lenzen und Klaus Mollenhauer, Stuttgart 1983, S.485. Der Verweis bezieht sich auf: R. Künzli: Begründung und

Rechtfertigung in Curriculumplanung und -entwicklung, in: Derselbe (Hg.): Curriculumentwicklung, Begründung und Legitimation, München 1975.

129 In der Enzyklopädie Erziehungswissenschaft (a.a.O., S.487) wird die von Meyer 1975 erarbeitete Kategorisierung von Legitimationsmodi in normative Legitimation (die vernünftige Rechtfertigung normativer Sätze), Verfahrenslegitimation (die zweckrationale Erzeugung kollektiver Verbindlichkeiten) und diskursive Legitimation (die Rechtfertigung durch konsensuelle Verfahren) aufgeführt. Cf. H.L. Meyer: Skizze des Legitimationsproblems von Lernzielen und Lerninhalten, in: K. Frey: Curriculum-Handbuch, Bd.2, München 1975, S.426ff.

130 Habermas, Jürgen: Legitimationsprobleme im Spätkapitalismus, Frankfurt/Main 1973, S.100f.

131 Cf. Hartwig, Helmut: Sehen lernen – Kritik und Weiterarbeit am Konzept Visuelle Kommunikation, Köln 1978. In diesem Versuch einer Reformulierung des Ansatzes werden kennzeichnende Elemente der ursprünglichen Fassung der Visuellen Kommunikation – wie z.B. das Mißtrauen gegenüber der Kunst, der Medienoptimismus und die negative Haltung gegenüber der bildnerischen Praxis – theoretisch relativiert. Die recht lieblose Präsentation des Bildmaterials in diesem Band, das im Gegensatz zu den sorgfältig formulierten Aufsätzen wie ein Anhängsel wirkt, spiegelt dagegen abermals die Defizite des Konzepts im gestalterisch-materialen Bereich wider.

132 Fischer, Wolfgang/Ruhloff, Jörg: Das Ende der Kunsterziehung, Telgte 1976.

133 An diesem Gespräch nahmen teil: Herwig Blankertz, Wolfgang Born, Wolfgang Fischer, Gunter Otto und Jörg Ruhloff. Unter dem Titel „Die Legitimation der Ästhetischen Erziehung" ist es 1978 in folgendem Band publiziert worden: W. Born/G. Otto (Hg.): Didaktische Trends – Dialoge mit Allgemeindidaktikern und Fachdidaktikern, München/Wien/Baltimore 1978.

134 H. Blankertz/W. Born/W. Fischer/G. Otto: Die Legitimation der Ästhetischen Erziehung, in: W. Born/G. Otto: Op.cit., S.433.

135 Cf. hierzu meinen Artikel: Aufgaben der Ästhetischen Erziehung, in: KUNST + UNTERRICHT, Heft 160, März 1992, S.8f.

136 Lyotard, Jean-François: Postmoderne für Kinder, Wien 1987, S.32f.

137 W. Born/G. Otto: Op.cit., S.435f.

138 Ebenda, S.436.

139 Bei Ferdinand de Saussure heißt es: „Beliebigkeit und Verschiedenheit sind zwei korrelative Eigenschaften." (In: Grundfragen der allgemeinen Sprachwissenschaft, Berlin 1967, S.141). Die Etymologie des Wortes weist den Bezug zum Geschmacksurteil nach: Im 17. Jahrhundert verwandelte sich das Verb „belieben" zum substantivierten „Belieben", dessen Bedeutung mit „Neigung/Gefallen" wiederzugeben ist.

140 W. Born/G. Otto:Op.cit., S.442.

141 Welsch, Wolfgang: Ästhetisches Denken, Stuttgart 1990, S.57.

142 Strauß, Botho: Beginnlosigkeit, München/Wien 1992, S.49. In diesem Zitat mag man einen weiteren Fehltritt eines umstrittenen Autors sehen. Tatsache ist aber, dass man die sozioökonomischen Probleme unserer Zeit nicht ohne eine sanfte industrielle Hoch-Technologie, die ästhetisch organisiert ist, lösen können wird.

143 Cf. Molderings, Herbert, Marcel Duchamp, Frankfurt/Main 1983, S.99f.

144 Carmagnola, Fulvio/Senaldi, Arco: Factory Twins, in: tecnotest – Real Factory in the world of art, Beilage zu: Flash Art, Nr. 163, March/April 1992.

145 Cf. KUNSTFORUM, Betriebssystem Kunst, Bd. 125, Januar/Februar 1994. Der die Arbeiten von McCollum erläuternde Artikel von Anne Rorimer trägt den auf das Problemzentrum verweisenden Titel: Allan McCollum: Systeme ästhetischer und (Massen-)Produktion, a.a.O., S.136ff.

146 So verfehlt Manfred Behr in seiner Positionsbestimmung des Faches Kunst diesen relevanten Aspekt, weil er Rationalisierung nicht auch produktiv denkt und Entwicklungen, die im System der Kunst längst stattgefunden haben, von der Kunstpädagogik fernhalten will. Cf. Behr, Manfred: Das Fach Kunst in der Bildungsreformdebatte. Mängeldiagnose – Positionsbestimmung – Perspektiven, in: BDK-MITTEILUNGEN, Heft 4/93, Verlagsbeilage, Hannover 1993.

147 Bergmann, Wolfgang: Leben in einer artifiziellen Welt, in: Deutsche Lehrerzeitung, Nr. 52/93, S.9.

148 Cf. Maset, Pierangelo: Alltagsgegenstand und Kunstobjekt – Fragen an die Wechselwirkung von Kunst-Objekt und Design-Objekt im Kunstunterricht der Oberstufe, in: KUNST + UNTERRICHT, Heft 164, Juli 1992, S.49ff. Siehe außerdem Kapitel V dieser Arbeit.

149 Cf. Eisenstein, Sergei: Über mich und meine Filme, Berlin 1975, S.17.

150 Deleuze, Gilles: Das Bewegungs-Bild – Kino 1, Frankfurt/Main 1989, S.85.

151 Ebenda.

152 Prokop, Dieter: Medien-Wirkungen, Frankfurt/Main 1981, S.21.

153 Cf. Truffaut, Francois: La Nuit Américaine, Cinéma 2000, Filmtext, Paris 1974.

154 Derselbe, in: P.W. Jansen/W. Schütte (Hg.): Francois Truffaut – Reihe Film 1, München 1974, S.136.

155 Pfennig, Reinhard: Gegenwart der bildenden Kunst – Erziehung zum bildnerischen Denken, Oldenburg 1974, S.9f.

156 Ebenda, S.11f.

157 Hauser, Arnold: Sozialgeschichte der Kunst und Literatur, München 1975, S. 944.

158 Pfennig, Reinhard: Op.cit., S.15.

159 Ebenda, S.118.

160 Ebenda, S.120.

161 Ebenda, S.118.

162 Staguhn, Kurt: Didaktik der Kunsterziehung, Stuttgart 1967, S.XIV.

163 Ebenda.

164	Cf. ebenda, S.31ff.
165	Ebenda, S.25.
166	Ebenda.
167	von Foerster, Heinz: Kybernetik und Erkenntnistheorie, in: Derselbe: Wissen und Gewissen, Frankfurt/Main 1993, S.56f.
168	Staguhn, Kurt: Op.cit., S.26.
169	Ebenda, S.27.
170	Ebenda, S.32.
171	Otto, Gunter: Didaktik der Ästhetischen Erziehung, Braunschweig 1974, S.72. Der Verweis bezieht sich auf den Text von Graumann, Carl-Friedrich: Nicht-sinnliche Bedingungen des Wahrnehmens, in: W. Metzger (Hg.): Handbuch der Psychologie, Bd.1, Göttingen 1966, S.1031-1096.
172	Otto, Gunter: Didaktik der Ästhetischen Erziehung, S.81.
173	Ebenda, S.113.
174	Otto, Gunter/Otto, Maria: Auslegen – Ästhetische Erziehung als Praxis des Auslegens in Bildern und des Auslegens von Bildern, Seelze 1987, S.51.
175	Otto, Gunter: Über Wahrnehmung und Erfahrung. Didaktik, Ästhetik, Kunst. In: KUNST + UNTERRICHT, Heft 171, April 1993, S.16.
176	Selle, Gert: Gebrauch der Sinne – Eine kunstpädagogische Praxis, Hamburg 1988, S.27.
177	Ebenda.
178	Ebenda, S.27f. Der Verweis Selles bezieht sich auf das Werk von Straus, Erwin: Vom Sinn der Sinne – Ein Beitrag zur Grundlegung der Psychologie, Berlin/Heidelberg/New York 1978.
179	Selle, Gert: Gebrauch der Sinne, S.28.
180	Ebenda.

181   Ebenda, S.29.

182   Cf. Mayrhofer, Hans/Zacharias, Wolfgang: Ästhetische Erziehung – Lernorte für aktive Wahrnehmung und soziale Kreativität, Hamburg 1976.

183   Cf. Holzkamp, Klaus: Sinnliche Erkenntnis, Frankfurt/Main 1973.

184   Maturana, Humberto R./Varela, Francisco J.: Der Baum der Erkenntnis – Die biologischen Wurzeln des menschlichen Erkennens, Bern/München 1987, S.185.

185   Marotzki, Winfried: Über einige Annahmen des Verständnisses menschlicher Lern- und Bildungsprozesse aus konstruktivistischer Sicht, in: W. Marotzki/H. Sünker: Kritische Erziehungswissenschaft – Moderne – Postmoderne, Weinheim 1993, S.61.

186   von Foerster, Heinz: Zukunft der Wahrnehmung: Wahrnehmung der Zukunft, in: derselbe: Wissen und Gewissen, Frankfurt/Main 1993, S. 195.

187   Merleau-Ponty, Maurice: Phänomenologie der Wahrnehmung, Berlin 1966, S.244.

188   Cf. Otto, Gunter: Didaktik der Ästhetischen Erziehung, Braunschweig 1974, S.73.

189   Devereux, Georges: Angst und Methode in den Verhaltenswissenschaften, Frankfurt/Main 1984, S.17f.

190   Cf. Bourdieu, Pierre: Die feinen Unterschiede – Kritik der gesellschaftlichen Urteilskraft, Frankfurt/Main 1987, S.100.

192   Cf. Bourdieu, Pierre/Darbel, Alain: Les museés d'art européens et leur public, Paris 1969.

192   Bourdieu, Pierre: Zur Soziologie der symbolischen Formen, Frankfurt/Main 1974, S.181.

193   Ebenda, S.173f.

194   Cf. Bourdieu, Pierre/Jean Claude Passeron: Die Illusion der Chancengleichheit, Stuttgart 1971.

195 Das mittlerweile zurückstellte Weltraum- Laserwaffenprojekt der USA, SDI (Strategic Defense Initiative) war die Erhebung dieser Strategie zum kosmischen Maßstab.

196 Eder, Klaus (Hg.): Klassentheorie als Gesellschaftstheorie, in: Derselbe: Klassenlage, Lebensstil und kulturelle Praxis – theoretische und empirische Beiträge zur Auseinandersetzung mit Pierre Bourdieus Klassentheorie, Frankfurt/Main 1989, S.24.

197 Krais, Beate: Soziales Feld, Macht und kulturelle Praxis, in: Eder, Klaus (Hg.), a.a.O., S.50.

198 Bürger, Peter: Theorie der Avantgarde, Frankfurt/Main 1974, S.68.

199 Ebenda, S.78.

200 Cf. Brock, Bazon: Bazon Brock, was machen Sie jetzt so?, Darmstadt 1969.

201 Cf. zu diesem Paradigma: Luhmann, Niklas: Die Evolution des Kunstsystems, in: KUNSTFORUM, Das neue Bild der Welt – Wissenschaft und Ästhetik, Bd. 124, November/Dezember 1993, S.221ff und Lingner, Michael: Die Krise der ›Ausstellung‹ im System der Kunst, in: KUNSTFORUM, Betriebssystem Kunst, Band 125, Januar/Februar 1994, S.182ff.

202 Bourdieu, Pierre: Die historische Genese einer reinen Ästhetik, in: MERKUR, Heft 11, 46. Jahrgang, November 1992, S.975.

203 Ebenda, S.977.

204 Bourdieu, Pierre: Die feinen Unterschiede, Frankfurt/Main 1987, S.91f.

205 Bourdieu, Pierre: Sozialer Raum und ›Klassen‹, Frankfurt/Main 1985, S.23.

206 Cf. zur Ausdifferenzierung und Ablösung formaler Paradigmen in der bildenden Kunst: Cameron, Dan: Die Kunst und ihre Wiederholung, in: V. Bohn (Hg.): Bildlichkeit, Frankfurt/Main 1990, S.269ff.

207 Kamper, Dietmar: Zwischen der Logik des Selben und der Wahrnehmung des Anderen, in: KUNST + UNTERRICHT, Heft 176, Oktober 1993, S.44.

208 Cf. Steiner, George: Von realer Gegenwart, München 1990; Lévinas, Emmanuel: Die Spur des Anderen – Untersuchungen zur Phänomenologe und Sozialphilosophie, Freiburg/München 1992; Luther, Henning: Religion und Alltag – Bausteine zu einer praktischen Theologie des Subjekts, Stuttgart 1992.

209 Adorno, Theodor W.: Ästhetische Theorie, Frankfurt/Main 1973, S.274.

210 Ebenda, S.248.

211 Durkheim, Emile: Der Unterricht des Menschen, in: Derselbe: Die Entwicklung der Pädagogik – Zur Geschichte und Soziologie des gelehrten Unterrichts in Frankreich (Orig. L'Évolution pédagogique en France, Paris 1969), Weinheim/Basel 1977, S.301.

212 Ebenda, S.302.

213 Ebenda, S.303f.

214 Derrida, Jacques: Randgänge der Philosophie, Wien 1988, S.14.

215 Varela, Francisco J.: Kognitionswissenschaft – Kognitionstechnik, Frankfurt/Main 1990, S.111.

216 Garaudy, Roger: Der entwaffnete Prophet, in: Münster, Arno: Pariser philosophisches Journal, Frankfurt/Main 1987, S.71.

217 Cf. Welsch, Wolfgang: Ästhetisches Denken, Stuttgart 1990, S.101f.

218 Sonderborg, K.R.H.: Phänotypen, Stuttgart 1993.

219 Cf. Münster, Arno: Die Differänz und die Spur – Jacques Derridas Dekonstruktion des Logozentrismus in der abendländischen Metaphysik, in: Derselbe: Pariser philosophisches Journal, Frankfurt/Main 1987, S.123ff.

220 Derrida, Jacques: Randgänge der Philosophie, Wien 1988. S.51.

221 Ebenda.

222 Ebenda, S. 29.

223 Ebenda, S.29f.

224 Ebenda, S.32.

225 Ebenda, S.33.

226 Ebenda, S.32.

227 Ebenda, S.30.

228 Ebenda, S.31.

229 Ebenda.

230 Ebenda.

231 Cf. Heidegger, Martin: Sein und Zeit, Tübingen 1977, § 4, Der ontische Vorrang der Seinsfrage, S.11-15.

232 Derrida, Op.cit., S.33f.

233 Heidegger, Martin: Op.cit., S. 323.

234 Derrida, Jacques: Randgänge der Philosophie, S.34.

235 Ebenda, S.35.

236 Ebenda.

237 Ebenda.

238 Ebenda, S.35f.

239 Ebenda, S.37.

240 Derrida, Jacques: Die Schrift und die Differenz, Frankfurt/Main 1976, S.312.

241 Cf. Allmann, William F.: Menschliches Denken/Künstliche Intelligenz – Von der Gehirnforschung zur nächsten Computer-Generation, München 1993, S.111ff.

242 Derrida, Jacques: Randgänge der Philosophie, S.39.

243 Cf. Derrida, Jacques: Randgänge der Philosophie, S.44-46, sowie: Derselbe: Freud und der Schauplatz der Schrift, in: Die Schrift und die Differenz, S.302-350.

244 Bennington, Geoffrey/Derrida, Jacques: Jacques Derrida – Ein Portrait, Franfurt/Main 1994, S.83.

245 Derrida, Jacques: Grammatologie, Franfurt/Main 1974, S.116.

246 Trotzdem darf Derridas Theorie keinesfalls als eine Psychoanalyse des Textes verstanden werden, cf.: Die Schrift und die Differenz, S.302: „Wider allem Anschein ist die Dekonstruktion des Logozentrismus keine Psychoanalyse der Philosophie."

247 Derrida, Jacques: Randgänge der Philosophie, S.44.

248 Cf. Husserl, Edmund: Vorlesungen zur Phänomenologie des inneren Zeitbewußtseins (Hg.: M. Heidegger), Zweiter Abschnitt – Analyse des Zeitbewußtseins, S.382ff, Tübingen 1980.

249 Derrida. Jacques: Die Stimme und das Phänomen, Frankfurt/Main 1979, S.142.

250 Habermas, Jürgen: Der philosophische Diskurs der Moderne, Frankfurt/Main 1988, S.205f.

251 Descombes, Vincent: Das Selbe und das Andere – Fünfundvierzig Jahre Philosophie in Frankreich 1933-1978, Frankfurt/Main 1981, S.180.

252 Angesichts der Permanenz der informellen Malerei lassen sich Zweifel am Fortschritt der Kunst weiter nähren, denn auch in unserer Epoche ist die Wiederkehr informeller Malweisen zu beobachten. Ich verweise auf die Aufsätze von Dieter Ronte: Helmut Schober – Von der Performance zur Malerei, und Heinz-Norbert Jocks: K.O Götz – „Ich fordere den Zufall heraus, wobei die Schnelligkeit als Mittel zur Überraschung dient", beide in: KUNSTFORUM, Bd. 126, Große Gefühle, März/Juni 1994, (S.266ff und 222ff), die die These bestätigen, dass das Informel kein Stil ist, sondern eine Gattung.

253 Deleuze, Gilles: Différence et Répétition, Paris 1968. 1986 erschien die 6. Auflage.

254 Derselbe: Differenz und Wiederholung, München 1992. Der Übersetzer Joseph Vogl wurde für seine Arbeit mit dem deutsch-französischen Übersetzerpreis ausgezeichnet.

255   Cf. die engagierten Rezensionen von Ott, Michaela: n – 1. Denken, die Gegenausführung, in: die tageszeitung, 7.5.1992, LITERATAZ, S.VIII, und: Frank, Manfred: Wörter, Wörter, Wörter, in: DIE ZEIT, Nr.38, 11.9.1992, S.74f, sowie: Bürger, Peter: Schwarze Philosophie, in: DIE ZEIT, Nr. 45, 30.10.1992, S.83.

256   Cf. Deleuze, Gilles/Guattari Félix: L'Anti-Oedipe, Paris 1972, dt. Erstauflage: Anti-Ödipus, Frankfurt/Main 1977.

257   Cf. Deleuze, Gilles/Guattari, Félix: Tausend Plateaus, Berlin 1992.

258   Cf. Foucault, Michel: Der „Anti-Ödipus" – Eine Einführung in eine neue Lebenskunst, in: Dispositive der Macht – Über Sexualität, Wissen und Wahrheit, Berlin 1978, S.228.

259   Cf. Deleuze, Gilles: Das Bewegungs-Bild, Kino 1, Frankfurt/Main 1989, und: Das Zeit-Bild, Kino 2, Frankfurt/Main 1991.

260   Deleuze, Gilles: Differenz und Wiederholung, S.12.

261   Cf. Adorno, Theodor W.: Negative Dialektik, Frankfurt/Main 1975, S.9: „Die Formulierung Negative Dialektik verstößt gegen die Überlieferung. Dialektik will bereits bei Platon, dass durch Denkmittel der Negation ein Positives sich herstelle; die Figur einer Negation der Negation benannte das später prägnant. Das Buch möchte Dialektik von derlei affirmativem Wesen befreien, ohne an Bestimmtheit etwas nachzulassen." – In diesem Werk entfaltet Adorno die konsequente Loslösung von jedem affirmativen Moment.

262   Deleuze, Gilles: Op.cit., S.11.

263   Cf. Klossowski, Pierre: Die Gesetze der Gastfreundschaft, Hamburg 1987. Die aus drei Teilen bestehende Trilogie (Der Widerruf des Edikts von Nantes – Heute Abend, Roberte – Der Souffleur) befaßt sich mit der Verstreuung und Maskierung der menschlicher Identitäten unter dem Zeichen des Simulakrums. Auch die Malerei des Philosophen, Schriftstellers und Künstlers Klossowski, die international auf Ausstellungen wie z.B. der documenta 7 gezeigt wurde, befaßt sich wesentlich mit dieser Thematik.

264   Wie Derrida thematisiert auch Deleuze den Begriff der ontisch-ontologischen Differenz bei Heidegger (cf. Differenz und Wiederholung: An-

merkung zu Heideggers Philosophie der Differenz, S.93f). Für Deleuze, der jeden negativen Begriff von Differenz zurückweist, der aus Heideggers Satz: „Die ontologische Differenz ist das Nicht zwischen Seiendem und Sein" (cf. Heidegger, Martin: Was ist Metaphysik?, Frankfurt/Main 1949, S.41) abgeleitet werden kann, so wie es z.B.Sartre zu Beginn von Das Sein und das Nichts unternimmt (cf. Sartre, Jean-Paul: Das Sein und das Nichts, Hamburg 1980), ist es höchst relevant, das Nicht als Falte und nicht als ein Loch zu denken, in welches das Sein hinabstürzt. Die Differenz an sich selbst besteht für ihn nicht als Unterschied zwischen zwei Identitäten, sondern sie ist in den Identitäten eingehüllt. Diesen Gedanken bringt Deleuze an der Seite von Heidegger und Merleau-Ponty voran. Die Differenz, die für den Unterschied verantwortlich ist, ist die begriffliche. Das wird auch bei den sorgfältigen Konstruktionen von Martin Seel manifest, in dessen Die Kunst der Entzweiung das Unterkapitel Situation und Differenz sich mit der begrifflichen Differenz in der Erfahrung des Kunstwerks auseinandersetzt, ohne dass jedoch diese Erfahrung von der Differenz an sich gefaßt werden würde (cf. Seel, Martin: Op.cit, S.277ff).

265   Deleuze, Gilles: Differenz und Wiederholung, S.50.

266   4 „Erfahrungsgemäß beobachten wir selbst eine Vielheit in der einfachen Substanz, sobald wir finden, dass der geringste Gedanke, dessen wir uns bewußt werden, eine Mannigfaltigkeit in seinem Gegenstande einschließt." – Solche Sätze Leibniz' (aus: Monadologie, in: Leibniz, Gottfried Wilhelm: Philosophische Schriften (Hg. H.H. Holz), Darmstadt 1965, S.445) machen die Aktualität dieses Philosophen klar, dessen Denken dem Werk Deleuzes entscheidende Impulse gegeben hat.

267   Kant, Immanuel: Kritik der reinen Vernunft, §8, Allgemeine Anmerkungen zur transzendentalen Ästhetik, Hamburg 1990, S.83f.

268   Deleuze, Gilles: Kants kritische Philosophie, Berlin 1990, S.31f.

269   Cf. Descombes, Vincent: Das Selbe und das Andere – Fünfundvierzig Jahre Philosophie in Frankreich1933-1978, Frankfurt/Main 1981, S.183 und 184 oben.

270   Deleuze, Gilles: Differenz und Wiederholung, S.262.

271   Derselbe: Kants kritische Philosophie, S.32.

272 Derselbe: Differenz und Wiederholung, S.84.

273 Auch an dieser Stelle wird ein Unterschied zu Derridas Konzeption deutlich, der nachdrücklich betont, das die différance weder zum Sinnlichen moch zum Intelligblen zu rechnen sei und einen enormen Aufwand betreibt, dies nachzuweisen, cf. Derrida, Jacques: Randgänge der Philosophie, S.31. Derrida muss, um seine Kritik der Präsenz zu entfalten, die différance außerhalb der dialektischen Opposition sinnlich-intelligibel ansiedeln und betreibt eine Dekonstruktion der Onto-Theologie, Deleuze unternimmt hingegen einen Versuch zur Rekonstruktion des transzendentalen Empirismus unter dem Vorzeichen der Enthüllung einer (nicht-begrifflichen) Dimension zwischen den Termen sinnlich und intelligibel.

274 Deleuze, Gilles: Differenz und Wiederholung, S.97.

275 Derselbe: Logik des Sinns, Frankfurt/Main 1993, S.318.

276 In aktuellen ästhetischen Theorien wird diese Dualität nach wie vor theoretisiert: „Die moderne Reflexion auf die ästhetische Erfahrung ist durch eine unaufgelöste Ambivalenz bestimmt. Sie manifestiert sich in den beiden Traditionslinien, die seit ihrem Beginn die moderne Ästhetik prägen. Während die eine die ästhetische Erfahrung als Moment neben anderen Erfahrungsweisen und Diskursen in die ausdifferenzierte Vernunft der Moderne einträgt, spricht ihr die zweite ein die Vernunft der nicht-ästhetischen Diskurse überschreitendes Potenzial zu." In: Menke, Christoph: Die Souveränität der Kunst – Ästhetische Erfahrung nach Adorno und Derrida, Frankfurt/Main 1991, S.9.

277 Deleuze, Gilles: Differenz und Wiederholung, S.97.

278 Cf. Eco, Umberto: Das offene Kunstwerk, Frankfurt/Main 1977. Darin die Kapitel: Die Poetik des offenen Kunstwerks, S.27ff, und: Das offene Kunstwerk in den visuellen Künsten, S.154ff, sowie: Offenheit, Information, Kommunikation, S.90ff.

279 Deleuze, Gilles: Differenz und Wiederholung, S.95.

280 Die Entgrenzung des politischen Aspektes des Simulakrums verdankt Deleuze dem Werk Klossowskis, dessen Einfluß auf das Werk Deleuzens bedeutend ist. Klossowski verkörpert eine Kontiguität verschiedendster intellektueller Richtungen dieses Jahrhunderts. Er kann Rilke

und Gide als seine persönlichen Ziehväter nennen, sein Bruder Balthus ist ein bedeutender postsurrealistischer Maler. In der Philosophie ist Klossowski, der Scholastik studierte, nur am Rande aufgetreten, als Romanschriftsteller und Maler ist er in unseren Breiten bekannter. Sein Denken beeinflußte Autoren wie Blanchot, Butor, Lyotard, Foucault und Deleuze wesentlich. „Das Werk Pierre Klossowskis scheint uns eines der bedeutendsten, der schönsten unserer Zeit zu sein." In: Deleuze, Gilles: Pierre Klossowski oder Die Sprache des Körpers, in: Klossowski, Pierre/Bataille,Georges: Sprachen des Körpers, Berlin 1979, S.39).

281 Deleuze, Gilles: Logik des Sinns, S.321.

282 Cf. Joyce, James: Finnegan's Wake, London 1950.

283 Deleuze, Gilles: Logik des Sinns, S.324.

284 Deleuze, Gilles: Differenz und Wiederholung, S.346.

285 Dies ist auch anhand kunstwissenschaftlicher Verfahren zu untermauern. Nimmt man z.B. eine klassische Methode wie Erwin Panofskys Ikonographie, so wird deutlich, dass in den grundlegenden Deskriptionsmodi Bilder auf Bilder verweisen. Sein klassisches Beispiel des Bekannten, der ihn auf der Straße durch das Hutziehen begrüßt, hat den Verweisungscharakter der Bilder für deren Analyse zur Bedingung, nämlich in Panofskys Begriffen: 1. Primäres oder natürliches Sujet (er differenziert in „ausdruckshaft" und „tatsachenhaft"; 2. Sekundäres oder konventionelles Sujet; 3. Eigentliche Bedeutung oder Gehalt. Auf der ersten Stufe erfaßt man die Bilder nach Formen, Linien, Farbe und deren Konfigurationen, man muss also die Differenz des aktuell Wahrgenommenen in bezug zu den bekannten internen und externen Bildersystemen verarbeiten. Auf der zweiten Stufe werden Bilderthemen und -konzepte nachgewiesen und verglichen, der Verweisungsrahmen vergrößert sich und nimmt eine kunstgeschichtliche Dimension ein. Die dritte Stufe bringt dann eine synthetische Verortung, die die semantische Dimension der Bilder mit einer historisch-philosophischen Perspektive verbinden soll. Auch hier verweisen Bilder auf Bilder, weil die Überzeugungen und Einstellungen, die in der Analyse die Ermittlung des Gehalts gewähren sollen, in den Objekten der Analyse sedimentiert sind. Cf.: Panofsky, Erwin: Sinn und Deutung in der bildenden Kunst, Köln 1978, S.36ff.

286 Deleuze, Gilles: Das Bewegungs-Bild, Kino I, Frankfurt/Main 1989.

287 Ebenda, S.182.

288 Kierkegaard löste die Wiederholung von ihrer negativen Bestimmung und sah ihre Relevanz für die Philosophie der Moderne: „Man sage darüber, was man will, es wird eine sehr wichtige Rolle in der neueren Philosophie spielen; denn Wiederholung ist der entscheidende Ausdruck für das, was bei den Griechen ›Erinnerung‹ war. So wie diese damals lehrten, dass alles Erkennen ein Erinnern ist, so will die neue Philosophie lehren, dass das ganze Leben eine Wiederholung ist. Der einzige neuere Philosoph, der hiervon eine Ahnung hatte, ist Leibniz. Wiederholung und Erinnerung sind dieselbe Bewegung, nur in entgegengesetzter Richtung. Denn was da erinnert wird, ist gewesen, wird nach rückwärts wiederholt, wohingegen die eigentliche Wiederholung nach vorwärts erinnert. Deshalb macht die Wiederholung, wenn sie möglich ist, einen Menschen glücklich, während die Erinnerung ihn unglücklich macht ... [...]" In: Kierkegaard, Sören: Die Wiederholung/Die Krise, Frankfurt/Main 1984, S.7ff.

289 Eine Vorstellung, die sich auch bei John Dewey finden läßt: „Ästhetische Wiederkehr ist lebendig, physiologisch und funktional. Es handelt sich dabei eigentlich um Beziehungen und nicht um Elemente, die wiederkehren, und zwar wiederholen sie sich in verschiedenen Zusammenhängen und mit verschiedenen Konsequenzen, so dass jede Wiederkehr den Charakter der Innovation wie auch den einer Erinnerung trägt." In: Dewey, John: Kunst als Erfahrung, Frankfurt/Main 1980, S.196.

290 Deleuze, Gilles: Op.cit., S.182. Anhand dieses Zitates wird auch die Differenzierung von Urbild und Original deutlich: Natürlich gibt es Originale und Modelle, die aber in Deleuzes Verständnis keine Urbilder oder Urformen sind, sondern die ihrerseits von anderen Bildern oder Formen abgeleitet sind, nämlich in dem Sinn, in dem z.B. jede Plastik aus einer gegebenen Form oder einer Vorstellung erarbeitet, abgeleitet ist.

291 In der deutschen Sprache wird diese Differenz bereits durch die Polysemie von wieder-holen und wiederholen ausgedrückt.

292 Deleuze, Gilles: Differenz und Wiederholung, S.42.

293 Cf. Briggs, John/Peat, David F.: Die Entdeckung des Chaos – Eine Reise durch die Chaos-Theorie, München/Wien 1990, S.151ff. Auch Deleuzes Begriff des Chaosmos ist den Forschungsgegenständen der Chaos-Theorie nahe.

294 Kierkegaard, Sören: Op.cit., S.8.

295　Deleuze, Gilles: Differenz und Wiederholung, S.99.

296　Ebenda, S.100.

297　Ebenda, S.101.

298　Ebenda, S.102.

299　Ebenda, S.103.

300　Ebenda.

301　Ebenda, S.104 schreibt Deleuze: „Betrachten heißt entlocken."

302　Cf. Butler, Samuel: Life and Habit, London 1878.

303　Cf. Plotin, Ausgewählte Schriften, darin: Die Natur, die Betrachtung und das Eine, Stuttgart 1973, S.41: „Es steht um mich nicht anders als um meine Mutter und meine Erzeuger; auch sie entstammen einer Betrachtung, und so ging auch meine Geburt vonstatten, ohne dass jene irgend handelten, sondern da sie höhere Formkräfte sind und sich selber betrachten, dadurch bin ich erzeugt worden."

304　Cf. Deleuze, Gilles: Kants kritische Philosophie, S.7ff und derselbe: Differenz und Wiederholung, S.118ff.

305　Deleuze, Gilles: Differenz und Wiederholung, S.106.

306　Ebenda.

307　Ebenda, S.109.

308　Deleuze, der von Nietzsches Konzeption der Ewigen Wiederkehr inspiriert ist, verweist darauf, dass Nietzsche sich gegen das zyklische Verständnis von Wiederkehr ausgesprochen hat. Cf.: Nietzsche, Friedrich: Schriften und Entwürfe aus den Jahren 1881-1885, in: Werke, Band 12, Leipzig 1901, § 106.

309　Es würde den Rahmen dieser Arbeit sprengen, auf die drei Formen der Wiederholung einzugehen, die Deleuze an die zeitlichen Synthesen bindet. Cf. hierzu: Differenz und Wiederholung, Anmerkung zu den drei Wiederholungen, S.125-127.

310   Deleuze, Gilles: Differenz und Wiederholung, S.106.

311   Ebenda, S.360.

312   Insbesondere die Leibniz-Rezeption Deleuzes, sein Verständnis einer dynamischen Werde-Welt und sein Begriff des Chaosmos lassen z.B. Verbindungen zu den Arbeiten Ilya Prigogines herstellen, cf. Prigogine, Ilya/Stengers, Isabelle: Das Paradox der Zeit, München/Zürich 1993, darin: Die Möglichkeiten der Weltbeschreibung, S.73ff. Außerdem: Deleuze, Gilles:: Über Leibniz, in: Unterhandlungen/1972-1990, Frankfurt/Main 1993. S.227ff.

313   Logik des Sinns erschien deshalb auch nicht zufällig in seiner deutschen Übersetzung in der von Karl-Heinz Bohrer herausgegebenen Reihe *Aesthetica*.

314   Cf. Pfennig, Reinhard: Gegenwart der Bildenden Kunst – Erziehung zum bildnerischen Denken, S.129: „Soweit es ihm irgend möglich ist, bemüht sich das Kind, durch unaufhörliches Wiederholen, seine erfundenen und entdeckten Zeichen in Besitz zu bekommen, um über sie frei verfügen zu können, um sie gebrauchen zu können."

315   Cf. Warhol, Andy: From A to B and Back Again – The Philosophy of Andy Warhol, London 1976, S.158: „A:You take some chocolate ... and you take two pieces of bread ... and you put the candy in the middle and you make a sandwich of it. And that would be cake."

316   Cf. den Katalog zur Ausstellung: X-POSITION – Junge Kunst in Berlin, (Hg.: Akademie der Künste/R. Banerjee/A. Brinkmann, Berlin 1994), insbesondere die maltechnisch hochgradig ausdifferenzierten Ruinen-Wiederholungen Stefan Hoenerlohs, die transformierten Wiederholungen der Alltagsobjekte bei Betty Stürmer und die Wiederkehr des Mythologischen und Ornamentalen bei Antje Fels.

317   Cf. Fleck, Robert: New French Aesthetics, in: Flash Art, No.156, January/February 1991, S.87: „Deleuze has, more recently, given a clearer form to his ›ethical and aesthetic nomadisms‹ most notably in his book on baroque (The Fold: Leibniz & Baroque, Minuit, 1988). On the one hand, the book outlines a general aesthetic of the modern age, while on the other hand, it provides an original commentary on contemporary art."

318   Deleuze, Gilles: Differenz und Wiederholung, S.84.

319   Im zeitgenösssichen bildungstheoretischen Diskurs wird z.B. von Martin Lenz-Johanns „Fremdheit als Grundlage für produktive Wahrnehmungsprozesse" angesehen. Cf. Lenz-Johanns, Martin: Überlegungen und Beispiele zum Verhältnis von Aneignung und Fremdheit, in: H.-H. Groppe/F. Jürgensen (Hg.): Gegenstände der Fremdheit – Museale Grenzgänge, Hamburg 1988, S.142.

320   Die komplexe Situation der Pädagogik resultiert gerade aus den Heterogenitäten, mit denen sie konfrontiert ist. Wilhelm Dehn folgert daraus in einem Artikel mit dem Titel ›Heterogen‹ – (k)ein Negativbegriff?: „Die Pädagogenperson läßt schon aus Gründen der Selbstachtung die Differenzen gelten und läßt sich auf sie ein. Sich aber von der Vielfalt unmittelbar erfahrener und als virulent wahrgenommener Individualität beansprucht zu sehen, bringt sie in ihrer eigenen fast unausweichlich in Bedrängnis. Denn das Individuelle der Kinder und jungen Leute verlautbart sich, zumal wo es erklärtermaßen zugelassen ist, platzgreifend, und es erschöpft oft rasch die Spielräume der LehrerInnenseele in Forderung und Überforderung." In: Der Deutschunterricht, Nr.2/1993, S.7. Dieses In-Bedrängnis-Geraten durch die Differenz der Anderen ist kennzeichnend für pädagogische Berufe.

321   Deleuze, Gilles: Differenz und Wiederholung, S.41.

322   Ebenda, S.41f.

323   Ebenda, S.41.

324   Ebenda, S.92.

325   Ebenda, S.244.

326   Zur Problematisierung eines solchen Verständnisses cf. Goodman, Nelson: Vom Denken und anderen Dingen, Frankfurt/Main 1987, S.283: „Und was beträchtlich zum verbreiteten Mißverständnis über das Wesen sowohl der Kunst wie der Wissenschaft beigetragen hat, ist die Vorstellung, dass sie auf dem Hintergrund praktischer Resultate gerechtfertigt werden müssen."

327   Selle, Gert: Soll man von ästhetischer Intelligenz reden? – Ein ketzerischer Entwurf, in: BDK-MITTEILUNGEN, Heft 2/94, S.4.

328   Selle, Gert: Das ästhetische Projekt – Plädoyer für eine kunstnahe Praxis in Weiterbildung und Schule, Unna 1992, S.10.

329 Cf. Peukert, Helmut: Wissenschaftstheorie/Handlungstheorie/Fundamentale Theologie – Analysen zu Ansatz und Status theologischer Theoriebildung, Frankfurt/Main 1978, S.324: Das Verhalten und die Verkündigung Jesu: „Innerhalb der neutestamentalischen Forschung dürfte Einigkeit darüber bestehen, dass methodisch die Verkündigung Jesu nur in Korrespondenz zu seinem Verhalten rekonstruiert werden kann. Verkündigung und Verhalten interpretieren sich gegenseitig und sind nicht zu trennen."

330 Bereits Ende der siebziger Jahre konstatiert Hans Giffhorn in: Kritik der Kunstpädagogik – Chancen und Gefahren ästhetischer Erziehung, Köln 1979, S.20: „Das Fach bietet zur Zeit ein allzu schillerndes Bild mit diversen Entwicklungssträngen und Tendenzen, die zum Teil scheinbar nichts miteinander zu tun haben."

331 Cf. Adorno, Theodor W.: Erziehung zur Mündigkeit, Frankfurt/Main 1971.

332 So wie dies auch in der letzten größeren Allgemeinen Pädagogik, nämlich der von Dietrich Benner der Fall ist, die der modernen gesellschaftlichen Ausdifferenzierung lediglich mit einer historisch-hermeneutischen Perspektive begegnet. Cf. Benner, Dietrich: Allgemeine Pädagogik – Eine systematisch-problemgeschichtliche Einführung in die Grundstruktur pädagogischen Denkens und Handelns, Weinheim/München 1987.

333 Mollenhauer, Klaus: Die vergessene Dimension des Ästhetischen in der Erziehungs- und Bildungstheorie, in: D. Lenzen (Hg.): Kunst und Pädagogik – Erziehungswissenschaft auf dem Weg zur Ästhetik?, Darmstadt 1990, S.11: „Wenn es denn also eine ästhetische Dimension von Erziehungs- und Bildungsvorgängen samt ihrer Theorie geben sollte, dann bestünde die Aufgabe für eine nachdenkliche kunstpädagogische Praxis zunächst einmal darin, die nachwachsende Generation mit den Lesbarkeiten der ästhetischen Objektivationen unserer Kultur vertraut zu machen." – Sicherlich ist dies eine wesentliche Aufgabe, die Reduktion auf „unsere Kultur" und das Fehlen eines performativen Aspekts sind jedoch problematisch.

334 Otto Gunter: Das Ästhetische ist ›Das Andere der Vernunft‹ – Der Lernbereich Ästhetische Erziehung, in: FRIEDRICH JAHRESHEFT XII, Seelze 1994, S.56.

335 Ebenda.

336   Frege, Gottlob: Über Sinn und Bedeutung, in: Derselbe: Funktion, Begriff, Bedeutung, Göttingen 1994, S.42.

337   Ebenda, S.41. Insofern der Planet Venus die Bedeutung des Zeichens ist, ist diese identisch. Der Sinn, als die Art und Weise, wie der Gegenstand vom Geist aufgefaßt wird, ist jedoch als Abend- bzw. Morgenstern different.

338   Ebenda, S.43.

339   Wittgenstein. Ludwig: Philosophische Untersuchungen, in: Werkausgabe Band 1, Frankfurt/Main 1984, S.262.

340   Schleiermacher, Friedrich D.E.: Hermeneutik und Kritik (Hg.: Manfred Frank), Frankfurt/Main 1977, S.80.

341   Ebenda, S.81.

342   Bréal, Maurice: Essai de sémantique. Science des significations, Paris 1904.

343   Bréal, Maurice, zitiert in: Schaff, Adam: Einführung in die Semantik, Hamburg 1973, S.11.

344   Cf. KUNSTFORUM, Das Neue Bild der Welt – Wissenschaft und Ästhetik, Bd.124, November/Dezember 1993.

345   Schaff, Adam: Einführung in die Semantik, Hamburg 1973, S.196.

346   Ebenda, S.199.

347   Humberto R. Maturana/Varela, Francisco J.: Der Baum der Erkenntnis – Die biologischen Wurzeln des menschlichen Erkennens, München 1992, S.228.

348   Husserl, Edmund: Ideen zu einer reinen Phänomenologie und phänomenologischen Philosophie, Tübingen 1993, S.258.

349   Deleuze, Gilles: Logik des Sinns, Frankfurt/Main 1993, S.40.

350   Ebenda, S.41.

351   Luhmann, Niklas: Soziale Systeme, Frankfurt/Main 1987, S.93.

352 Ebenda, S.101.

353 Kamper, Dietmar: Die Schonung – Plädoyer für eine Ästhetik der Blöße, in: D. Kamper/Ch. Wulf (Hg.): Der Schein des Schönen, Göttingen 1989, S.538.

354 Holzkamp, Klaus: Lernen – Subjektwissenschaftliche Grundlegung, Frankfurt/New York 1993, S.21.

355 Heimann Paul: Didaktik als Theorie und Lehre (1962), in: K. Reich/H. Thomas (Hg.): Paul Heimann – Didaktik als Unterrichtswissenschaft, Stuttgart 1976, S.150.

356 Ebenda.

357 Klafki, Wolfgang: Neue Studien zur Bildungstheorie und Didaktik – Zeitgemäße Allgemeinbildung und kritisch-konstruktive Didaktik, Weinheim/ Basel 1985, S.143f.

358 Cf. ebenda, S.273ff.

359 Ebenda, S.275.

360 In seinem klassischen Text über Edgar Allan Poes The purloined letter anthropologisiert Jacques Lacan die Metonymie: „Da es sich aber um die Wirkung des Unbewußten in dem genauen Sinn handelt, wonach wir lehren, dass das Unbewußte, will heißen: dass der Mensch vom Signifikanten bewohnt wird – wie könnte man dafür ein schöneres Bilden finden, als das, welches Poe schmiedet, um uns die Leistung Dupins verständlich zu machen." (In: Lacan, Jacques: Das Seminar über E.A.Poes ›Der entwendete Brief‹, in: Derselbe: Schriften I, Weinheim/ Berlin, 1991, S.35. Zum Vorrang des Signifikanten gegenüber dem Signifikat cf. ebenda, S.28. Der in diesem Seminar analysierte Text: Poe, Edgar Allan: The purloined letter, in: Derselbe: Tales, Poems, Essays, (Hg. L. Meynell), London/Glasgow 1981 S.400ff. Hans-Christoph Koller hat eine bildungstheoretische Reflexion der Metonymie auf der Grundlage der Theorie Lacans geliefert: ›Ein Wahnsinnsgebäude, wo alles ineinander faßt‹ – Über metaphorische und metonymische Tendenzen in einem narrativen Interview, in: W. Marotzki/R. Kokemohr (Hg.): Biographien in komplexen Institutionen, Weinheim 1990, S.177ff.

361 Meung, Jean de: Le Roman de la Rose, Paris 1983.

362 Bei Meike Aissen-Crewett heißt es: „Am Anfang jeder zeichnerischen, malerischen oder sonstigen bildnerischen Tätigkeit steht das Kritzel. Jeder von uns hat damit begonnen ... [...] Das Kritzeln ist so geläufig, dass seine Bedeutung für die Entwicklung der zeichnerischen Sprache kaum erkannt wird. Kritzel sind jedoch das Ausgangs- und Grundmaterial jeder zeichnerischen Sprache." In: Aissen-Crewett, Meike: Kinderzeichnungen verstehen – Von der Kritzelphase bis zum Grundschulalter, München 1988, S.21.

363 Diese Dramatisierungen versucht Luitgard Brem-Gräser z.B. anhand von Tierzeichnungen, in denen Kindern familiäre Situationen ausdrükken, nachzuweisen, wozu ihr auch quantitative Verfahren dienen. Cf. Brem-Gräser, Luitgard: Familie in Tieren – Die Familiensituation im Spiegel der Kinderzeichnung, München/Basel 1980.

364 Cf. Chatwin, Bruce: The Songlines, London 1987, S.81f: „The Ancients sang their way all over the world. They sang the rivers and ranges, salt-pants and sand dunes. They hunted, ate, made love, danced, killed: wherever their tracks led they left a trail of music."

365 Zur Frage der Vorgängigkeit des Semiotischen gegenüber der symbolischen Ordnung siehe Kristeva, Julia: Die Revolution der poetischen Sprache, Frankfurt/Main 1978, S.71ff.

366 In: Erk, Wolfgang (Hg.): Briefe von Brodwolf, Stuttgart 1992, S.125.

367 Wichelhaus, Barbara: Zeichentheorie und Bildsprache – mit Lehrplananalysen und Unterrichtsmodellen, Hanstein 1979.

368 Kerner, Günter/Duroy, Rolf: Bildsprache 1 – Lehrbuch für den Fachbereich Bildende Kunst/Visuelle Kommunikation in der Sekundarstufe II, München 1992.

369 Max Bense hat die Bedeutung der Zeichentheorie für die Pädagogik stets betont: „Um konkreter zu werden, wäre zunächst zu sagen, dass es primär zwei Eigenschaften sind, die die Semiotik in einem allgemeinen Sinne als Theorie der Zeichen für die schulischen Belange überhaupt wesentlich macht. Erstens entwickelt die Semiotik nicht nur die Denkfähigkeit, sondern auch die Wahrnehmungs- und Beobachtungsfähigkeit, und zwar auf der Ebene der Sinnesempfindung; zweitens ermöglicht und betrifft sie als eine allgemeine (d.h. in allen gesellschaftlichen, wissenschaftlichen und künstlerischen Ausdrucks- und Verhaltensberei-

chen gültige) Medien- und Kommunikationstheorie das Stadium und die konstruktive oder applikative Weiterbildung der fundamentalen (intersensualen und interlingualen) Repräsentations-, Transformations- und Kommunikationsschemata." In: Bense, Max: Die Unwahrscheinlichkeit des Ästhetischen – und die semiotische Konzeption der Kunst, Baden-Baden 1979, S.33f.

370 Kerner, Günter/Duroy, Rolf: Op.cit., S.11.

371 Bense, Max: Über ›tiefste‹ semiotische Fundierungen, in: SEMIOSIS 33 – Internationale Zeitschrift für Semiotik und Ästhetik, 9.Jg., Heft 1, Baden-Baden 1984, S.5.

372 Bense bringt zwar die Unterscheidung eines hegelschen und eines galileischen Typus von Ästhetik, wobei ersterer „kein objektives, selbständiges ›Sein‹ besitzt, das ›feststellbar‹ wäre", doch wird bei ihm der galileische Typus, der die Merkmale eines ästhetischen Zustands oder einer ästhetischen Realität erlangt und damit zeichentheoretische Relevanz bekommt, selbst wieder zu einer universalistisch gewendeten Reduktion, von der aus die formelhaften Analysen durchzuführen sind, deren Ziel die letztendliche Fixierung des Sinnes ist. Cf: Bense, Max: Zusammenfassende Grundlegung moderner Ästhetik, in: Derselbe, AESTHETICA, Baden-Baden 1985, S.317ff.

373 Peirce, Charles S.: Naturordnung und Zeichenprozeß – Schriften über Semiotik und Naturphilosophie, Aachen 1988, S.125.

374 Cf. Franke, Herbert W.: Informationstheorie und Ästhetik, in: KUNSTFORUM, Bd.124, November/Dezember 1993, S.234: „So ergibt sich die merkwürdige und einzigartige Situation, dass die Grundlage einer ästhetischen Theorie dieselbe ist wie jene des Mediums, des Computers, der sich mehr und mehr als universell anwendbares Kunstinstrument erweist. Es deutet also alles darauf hin, dass die lange Zeit vergessenen Gedanken von Max Bense und seinen Schülern wieder aufgegriffen werden und diesmal einen festen Platz in der Praxis finden."

375 Cf. Baudelaire, Charles: Neue Anmerkungen zu Edgar Poe, in: Derselbe: Der Künstler und das moderne Leben, Leipzig 1990, S.165ff.

376 Poe, Edgar Allan: The Poetic Principle, in: Derselbe: Tales, Poems, Essays, (Hg.: L. Meynell), London 1981, S.488f.

377   Ebenda, S.60ff.

378   Morris, Charles William: Grundlagen der Zeichentheorie – Ästhetik der Zeichentheorie, Frankfurt/Main 1988, S.101.

379   Cf. Peirce, Charles S.: Nomenklatur und Unterteilung der Triadischen Relationen, in: Derselbe: Phänomen und Logik der Zeichen, Frankfurt/Main 1983, S.121ff.

380   Eco, Umberto: Zeichen – Einführung in einen Begriff und seine Geschichte, Frankfurt/Main 1977, S.59.

381   Bense, Max: Makroästhetik und Mikroästhetik, in: Derselbe: AESTHETICA, Baden-Baden 1985, S.142.

382   Ebenda.

383   Ebenda.

384   Cf. Heisenberg, Werner: Der Teil und das Ganze – Gespräche im Umkreis der Atomphysik, München 1973, S.283f: „Der Grund für solche Gegensätze liegt wohl allgemein darin, dass die meisten Biologen zwar durchaus bereit sind zuzugeben, dass die Existenz der Atome und Moleküle nur mit der Quantentheorie verstanden werden könne, dass sie aber sonst den Wunsch haben, die Bausteine der Chemiker und Biologen, nämlich Atome und Moleküle, als Gegenstände der klassischen Physik zu betrachten, also mit ihnen umzugehen wie mit Steinen oder Sandkörnern. Ein solches Verfahren mag zwar oft zu richtigen Resultaten führen; aber wenn man es genauer nehmen muss, ist die begriffliche Struktur der Quantentheorie doch sehr anders, als die der klassischen Physik. Man kann also gelegentlich zu ganz falschen Ergebnissen kommen, wenn man in den Begriffen der klassischen Physik denkt."

385   Die bekannte Sammlung Adornos mit dem Titel *Ohne Leitbild* trägt diesen Untertitel. Adornos Methode könnte man als systematische Nichtsystematik bezeichnen, in dem Band befasst er sich mit so unterschiedlichen Themen wie: Chaplin, Kunstsoziologie, Jeu de Paume, Sils Maria, Barock, Funktionalismus. etc., Begriffe, die facettenreiche Assoziationen auslösen, Wege bahnen, die in eine nichtlineare Systematik führen. Auch in seiner Ästhetischen Theorie hat Adorno diese Form beibehalten, sie ist keineswegs ein System, folgt aber der besonderen Linie der Parva Aesthetica, für die auch die Phänomene am Rande zentrale Bedeu-

tung haben. Cf. Adorno, Theodor W.: Ohne Leitbild – Parva Aesthetica, Frankfurt/Main 1973.

386 Adorno, Theodor W.: Prismen, Frankfurt/Main 1963, S.245.

387 Derselbe: Negative Dialektik, Frankfurt/Main 1975, S.400.

388 Cf. Bartels, Daghild: Die Kunst im Griff – Galerien, Sammler, Aussteller, in: Kursbuch, Heft 99, Berlin 1990, S.59ff, sowie: Michel, Karl Markus: Heiliger Lukas! – Kritik der Kunstkritik, a.a.O., S.129ff.

389 Shusterman Richard: KUNST LEBEN – Die Ästhetik des Pragmatismus, Frankfurt/ Main 1994, S.107.

390 Cf. Wulffen, Thomas: Betriebssystem Kunst – Eine Retrospektive, in: KUNSTFORUM. Bd.125, Januar/Februar 1994, S.49ff.

391 Nach Baudrillard wird das Virale in unserer Zeit deshalb so mächtig, weil die Maschinen immer zerebraler werden, was mit einer Hygienisierung des Körpers einhergeht. – In Analogie dazu führt das Betriebssystem Kunst zu einer Hygienisierung der Ästhetik, die sie keimfrei, aber gleichzeitig äußerst immunschwach macht. Cf. Baudrillard, Jean: Prophylaxe und Virulenz, in: Derselbe: Transparenz des Bösen – Ein Essay über extreme Phänomene, Berlin 1992, S.70ff.

392 Cf. Pries, Christine (Hg.): Das Erhabene – zwischen Grenzerfahrung und Größenwahn, Weinheim 1989.

393 Cf. Lyotard, Jean-François: Das Erhabene und die Avantgarde, in: Derselbe: Das Inhumane – Plaudereien über die Zeit, Wien 1989, S.159ff.

394 Eine umfassende Werkschau präsentierte das Saarländische Künstlerhaus Saarbrücken 1993. Siehe dazu den Katalog: Saarländisches Künstlerhaus Saarbrücken (Hg.): Jörg Weyrich: Faustrecht der Kunst, Saarbrücken 1993.

395 Die Bezeichnung geht auf die short story „The Balloon Hoax" von Edgar Allen Poe zurück. Webster's Encyclopedic Unabridged Dictionary of the English Language, New York 1989, definiert den Begriff hoax wie folgt: „1. a mischievous or humourous deception, esp. a practical joke. 2. something intended to deceive or defraud.[…]"

396 Cf. Bachmair, Ben: Mobilität und Medienförmigkeit, Kulturhistorische Skizzen zur Erziehung im Medien- und Konsumnetz, in: Vierteljahresschrift für wissenschaftliche Pädagogik, Heft 2/90, Münster/Bochum 1990, S.224.

397 Cf. den instruktiven Band von W. Boettcher/G. Otto/H. Sitta/H.J. Tymister: Lehrer und Schüler machen Unterricht, München/Wien/Baltimore 1980.

398 Rumpf, Horst: Didaktische Interpretationen, Weinheim/Basel 1991, S.7.

399 Sicherlich ist Hilbert Meyer einer der profiliertesten Autoren, die sich mit schülerorientiertem Unterricht auseinandergesetzt haben. Er leitet sein Verständnis desselben aus Sigurd Bernfelds Sisyphos oder die Grenzen der Erziehung (Leipzig/Wien/Zürich, 1925) ab, und formuliert auf der Grundlage dieser Schrift die Prämisse: „Das Konzept schülerorientierter Unterrichtsvorbereitung muss auf der Folie einer Theorie entfremdeten schulischen Lernens entfaltet werden." Daraus ergeben sich die folgenden Bestimmungen: „ – Schülerorientierte Didaktik ist die Theorie der Analyse und Konstruktion von Lehr-/Lernprozessen im Interesse der Lernenden.[…] -Schülerorientierte Didaktik geht von einer Dialektik von Form und Inhalt aus, es handelt sich also um eine Zuspitzung der lerntheoretischen These vom Implikationszusammenhang.[…] – Schülerorientierte Didaktik geht davon aus, dass in der gesellschaftlich verfaßten Schule grundsätzlich entfremdetes Lernen stattfindet, das nur ansatzweise und widersprüchlich zu selbstbestimmtem Lernen umgewandelt werden kann." (Meyer, Hilbert: Schülerorientierung – Feiertagsdidaktik oder konkrete Utopie?, in: G.-B. Reiner (Hg.): Praxishandbuch Unterricht, Hamburg 1980, S.175f. Es wird sehr deutlich, dass es hierbei gar nicht darum geht, die Differenz der Lernenden in den Unterricht einzubringen, sondern darum, dass man ihre Interessen verfolgt, was zwangsläufig zu dem Paradox des verordneten Rahmens: Ihre Interessen führt. Die einfache Dialektik dieses Konzeptes führt immer wieder zum Versöhnungsmodell: Schüler und Lehrer, Form und Inhalt, Schule und Gesellschaft sollen miteinander versöhnt werden. Es soll das versöhnt werden, was nicht zu versöhnen ist. Ein Lehrer bildet immer eine Differenz zu seinen Schülern, und er muss diese auch bilden, wenn er pädagogisch wirken will, man lernt immer nur durch diese – reziproke – Differenz. Der andere schwerwiegende Einwand gegen diese Konzeption von schülerorientiertem Unterricht ist der, dass hier jeder Lernprozess unter dem negativen Zeichen der Entfrem-

dung gesehen wird. Wiederum stellt sich die Frage: Wer entscheidet, was ein entfremdeter Lernprozess ist, und was nicht? Dagegen ist zu behaupten: Ein Lernprozess, der diesen Namen verdient, ist niemals ein entfremdeter, er setzt aber bei der Entfremdung an und zersetzt diese pädagogisch.

400 Zur Durchdringung anderer sozialer Bereiche durch technologische Innovationen cf.: Knodt, Reinhard: Ästhetische Korrespondenzen – Denken im technischen Raum, Stuttgart 1994.

401 Microsoft Home Journal, Ausgabe 1/1994, Unterschleißheim 1994, S.6.

402 Ebenda: Knobloch, Jörg: Wir stehen erst am Anfang – Die Möglichkeiten von Computern in der Schule, S.14.

403 Wobbe, Werner: Menschen und Chips – Arbeitspolitik und Arbeitsgestaltung in der Fabrik der Zukunft, Göttingen 1986, S.19.

404 von Haeften, Jan: Das Neue wagen, in: G. Becker/O. Seydel (Hg.): Neues Lernen – Die wechselseitigen Erwartungen von Schule und Wirtschaft, Frankfurt/New York 1993, S.9.

405 Kurzweil, Raymond: KI – Das Zeitalter der Künstlichen Intelligenz, München/Wien 1993, S.429f.

406 Flusser, Vilém: Kunst und Computer, in: Derselbe: Lob der Oberflächlichkeit – Für eine Phänomenologie der Medien, Bensheim/Düsseldorf 1993, S.264.

407 Ebenda.

408 Lyotard, Jean-François: Ob man ohne Körper denken kann, in: Derselbe: Das Inhumane – Plaudereien über die Zeit, Wien 1989, S.31.

409 Cf. Derselbe: Immaterialität und Postmoderne, Berlin 1985, S. 9ff.

410 Claus, Jürgen: Elektronisches Gestalten in Kunst und Design, Hamburg 1991, S.11f.

411 Glogauer, Werner: Die neuen Medien verändern die Kindheit: Nutzung und Auswirkungen des Fernsehens, der Videospiele, Videofilme u.a. bei 6- 10jährigen Kindern und Jugendlichen, Weinheim 1993, S.5.

412 Cf. Taschner, Wolfgang: Computer im Unterricht – Praxis und Programme für Lehrer, Hamburg 1993. In diesem Buch findet sich eine Diskette für die schulische Alltagspraxis von Lehrenden, sie enthält u.a. einen Stundenplangenerator und eine Sitzordnungsvorlage für „schwierige" Klassen.

413 Die von William S. Burroughs in der Literatur entwickelte Cut-Up-Methode ist der Sampling-Technologie vom Ansatz her verwandt, ebenso wie die Collage und die Bricolage. Der entscheidende Unterschied liegt darin, dass mit dem digitalisierten Sampling das gesampelte Material unbegrenzt wiederholbar und weiterverwertbar ist.

414 Auf die Frage: „Why do you use sampling as opposed to having a group of instrument players?" antwortet Kurt Harland, Mitglied der Elektronik-Band Information Society: „ ... since nobody really understood how to use keyboards for performance, we had to make some of them ourselves. So we made some percussion pads. We made some weird keyboards and stuff and then a few years later we started hearing about samplers and wished we could have one.[...] Finally, when we eventually managed to obtain access to samplers, I don't know, it wasn't an intentional thing, it was just the obvious next step in the progression of what we were using to do our music and when you acquire new instruments it changes your sound." Aus: Clement, Tracy Ann: Peace, Love and Ink, in: CYBER CULTURE, 1st issue, Aug./Sep. 1993, Arlington (U.S.A.) 1993.

415 Franke, Herbert W.: Leonardo 2000 – Kunst im Zeitalter des Computers, Frankfurt/Main 1987, S.12.

416 Gemeint ist der Übergang von der industriellen zur kybernetischen Gesellschaft. Das, was im Übergang übergeht, ist die Verknüpfung von „alten" und „neuen" Paradigmen. Diese Verknüpfung muss – insbesondere auch von der Ästhetischen Bildung – hergestellt werden können, um gesellschaftliche Kohärenzmomente zu erhalten, ohne welche auch die „neuen" Maßstäbe keine Geltung hätten: „Die Wirksamkeit synthetischer Betrachtungsweisen wie der kybernetischen oder der evolutionistischen beruht also darauf, dass ein ›neuer‹ Maßstab konstruiert und mit diesem Maßstab die Welt gemessen wird. Von den entdeckten Beziehungen mag die eine oder andere bereits auf Grund älterer Untersuchungen mit anderen Maßstäben bekanntgeworden sein, aber damals war sie noch nicht Bestandteil eines allgemeinen ›Weltbildes‹.

Die Sprungstellen des wissenschaftlichen Fortschritts liegen dort, wo beziehungslose Einsichten miteinander verknüpft und zu einem neuen Modell von der Wirklichkeit zusammengefügt werden." In: Wieser, Wolfgang: Genom und Gehirn – Information und Kommunikation in der Biologie, München 1970, S.66.

417 Cf. Frank, Helmar G./Meder, Brigitte S.: Einführung in die kybernetische Pädagogik, München 1971, S.22: „Gibt es pädagogische (und damit geistige) Arbeit, die sich maschinentechnisch objektivieren ließe, die also eine Kalkülisierung der Pädagogik rechtfertigen und somit eine Erneuerung der Pädagogik durch die Kybernetik wünschenswert machen könnte? Diese Frage ist zu bejahen: zumindest die Arbeit des Lehrens ist, wie gleich gezeigt werden soll, wenigstens teilweise objektivierbar, und Lehren ist als unmittelbares Bewirken von Lernprozessen ein Hauptgegenstand der Pädagogik." – Mit objektivierbar wird hier die Kompatibilitätsrate zu kybernetischen Regelsystemen verstanden. Der in dieser Weise konzipierte Lernprozess wäre dann nicht statisch gedacht, wenn man das Unvorhersehbare als grundlegend für Lernprozesse ansähe. Das Re-reading von Texten der kybernetischen Pädagogik ist heute beinahe ein Muss, taucht in ihr doch der Begriff der Komponente in Verbindung mit den Heimannschen Unterrichtsstrukturelementen auf (cf. op.cit., S.28f.). Denkbar ist ein Anknüpfen der zukünftigen Cybercation (Cyber-Education) an die frühen Grundlegungen der kybernetischen Pädagogik, die deren undifferenziellen Grundzug überwindet. Unterdessen steht fest, dass komplexe Programmierungen Unvorhersehbares hervorbringen. Der Kalkulierbarkeit sind in unserem Universum enge Grenzen gesetzt, gerade die Kalkulkierbarkeit ist nicht kalkulierbar: Die Differenz wirkt differenziell.

418 Den Begriff Tool verwende ich auf Lernprozesse bezogen im Sinne von Werkzeug. Tools können z.B. Medien, Maschinen oder – allgemein gefasst – die Unterrichtsmaterialien sein.

419 Jank, Werner/Meyer, Hilbert: Didaktische Modelle, Frankfurt/Main, 1991, S.81.

420 Cf: Schulz, Wolfgang: Unterricht – Analyse und Planung, in: Heimann, Paul/Otto, Gunter/Schulz, Wolfgang: Unterricht – Analyse und Planung, Hannover 1965.

421 Schulz, Wolfgang: Unterrichtsplanung, München/Wien/Baltimore, 1980, S.102.

422 Pestalozzi, Johann Heinrich: Wie Gertrud ihre Kinder lehrt (Hg. F. Pfeffer), Paderborn 1961, S.94.

423 Vester, Frederic: Leitmotiv vernetztes Denken, München 1988, S.54.

424 Honke, Julius: Der Zeichenunterricht auf der Unterstufe – Dargestellt in zehn Präparationen nach den formalen Stufen, Langensalza 1888, S.12.

425 Grimme, Theodor: Freiarmübungen und Gedächtniszeichnen – Ein Wegweiser für den Zeichenunterricht in den Elementarschulen, Wien 1905, S.20.

426 Das berühmte Vorwort von Foucaults Die Ordnung der Dinge erklärt das Projekt des Buches aus einem Lachen, das sich der Lektüre von Jorge Louis Borges' Die analytische Sprache John Wilkins' (in: J.L. Borges: Das Eine und die Vielen. Essays zur Literatur, München 1966, S.212) verdankt. Es geht dort um eine chinesische Enzyklopädie, die die Tierwelt in Kategorien wie z.B. einbalsamierte Tiere, Fabeltiere oder solche, die mit einem ganz feinen Pinsel aus Kamelhaar gezeichnet sind, einteilt. Foucault meint, dass das Lachen über eine solche Einteilung „unsere tausendjährige Handhabung des Gleichen und des Anderen schwanken läßt und in Unruhe versetzt." Cf. Foucault, Michel: Die Ordnung der Dinge, Frankfurt/Main 1971, S.17.

427 Cf. Strauß, Botho: Beginnlosigkeit, S.90: „Man sieht gar nichts; man mischt sich etwas zurecht, wenn man die Augen öffnet. Wir blicken in ein ersonnenes Sehen."

428 Seinig, Otto: Praxis des verändernden Gedächtniszeichnens (Typenzeichnen), Leipzig 1921, S.23.

429 Britsch, Gustaf: Zur Neugestaltung des Zeichenunterrichtswesens an Volksschulen und höheren Lehranstalten (1920), in: Derselbe: Schriften – Fragmente zur Kunsttheorie des frühen 20. Jahrhunderts, Berlin/Mannheim 1981, S. 103.

430 Je nachdem, welche Mikroskope man verwendet, kann man auch maschinengefertigte Quadrate als voneinander verschieden ansehen. Das identische Quadrat existiert ausschließlich in der Idee.

431 Cf. Schulz, Frank: Kunst und Zufall, in: KUNST + UNTERRICHT, Heft 179, Januar 1994, S.22ff.

432 Pazzini arbeitet am Beispiel Jackson Pollocks aus, wie die Malerei, die sich nicht mehr in der Ordnung der Repräsentation befindet, ein flüssiges Verhältnis zum Material entwickelt. Cf. Pazzini, Karl-Josef: Bilder und Bildung, Münster/Hamburg 1992, S.241f. Dieses „flüssige" Verhältnis realisiert sich in einer höheren Komplexitätsordnung, nämlich der des „Zufalls".

433 Otto, Gunter: Didaktik der Ästhetischen Erziehung, Braunschweig 1974, S.17.

434 So plädierte Hermann K. Ehmer für die „Hinwendung ästhetischer Erziehung zur kulturellen Alltagspraxis", in: Ehmer, Herrmann K. (Hg.): Ästhetische Erziehung und Alltag, Lahn-Gießen 1979, S.13.

435 In: Der Tagesspiegel, 9.4.1991.

436 Zur Vertiefung cf. Eucker, Johannes: Design im Unterricht: Selbstreflexion, Gesellschaftskritik oder schöner leben lernen?, in: KUNST + UNTERRICHT, Heft 156, Oktober 1991, S.14ff.

437 Cf. Welsch, Wolfgang: Ästhetik und Anästhetik, in: Derselbe: Ästhetisches Denken, Stuttgart 1990, S.9ff.

438 Cf. Hauser, Arnold: Sozialgeschichte der Kunst und Literatur, München 1975, S.320: „ ... das (die Gleichartigkeit von Kunst und Kunstgewerbe, Anm.d.Verf.) ändert sich erst, nachdem die Autonomie der hohen, zweck- und nutzlosen Kunst erkannt und der mechanischen Wesensart des Handwerks gegenübergestellt wird." Und ebenda, S.337: „In dem Maße, wie der Künstlerberuf sich vom Handwerkertum löst, verändern sich allmählich sämtliche in den Werkverträgen festgesetzten Bedingungen."

439 Die postmoderne Version dieser Strategie besteht in der Tautologisierung der anästhetisierenden Effekte ästhetischer Objekte. Die Ausstellung Post Human, die zwischen 1992 und 1993 in Lausanne, Athen, Turin und Hamburg stattfand, bot dazu ein breites Spektrum an Arbeiten. Künstlerinnen und Künstler wie Sylvie Fleurie, Suzan Etkin, Ashley Bickerton, Daniel Oates oder Charles Ray thematisieren implizit die Übergänge der Waren- zur Kunstwelt und vice versa. Cf.: Deitch, Jeffrey (Hg.): Post Human – Neue Formen der Figuration in der zeitgenössischen Kunst, Lausanne/Turin/ Athen/ Hamburg 1992.

440   Joachimides, Christos M.: Das Auge tief am Horizont, in: C.M. Joachimides/N. Rosenthal (Hg.): METROPOLIS, Ausstellungskatalog, Berlin 1991, S.11.

441   Woran sich eine Veränderung ästhetischer Strategien ausmachen läßt, da deutlich wurde, dass die Kritik der Warenwelt ihre phantasmatische Kraft nicht gänzlich erfassen kann. Wenn diese Kraft aber stets als Deformation ausgelegt wird, negiert man die produktive Dimension des Scheins und der Verführung. Ein Klassiker der Kritik der Warenwelt ist: Haug, Wolfgang Fritz: Kritik der Warenästhetik, Frankfurt/Main 1977. Den Versuch, Schein und Verführung als produktiv zu denken, unternimmt: Baudrillard, Jean: Laßt euch nicht verführen, Berlin 1983.

442   Mark Kostabi hat es hierbei auf die Spitze getrieben. Er versteht sich selbst als Ausbeuter seines Publikums und sieht seine Werke, die er zum festen Stundenlohn von New Yorker Kunststudenten malen läßt, als völlig gehaltlos an. Seine Ziel ist, zur absoluten, weil völlig wertlosen Ware zu werden. Seine Werke bringen ihm mittlerweile so viel ein, dass er sich auf die Titelseiten internationaler Kunstzeitschriften einkaufen kann und eigene, weltweite Malwettbewerbe ausschreibt. Cf. Politi, Giancarlo: Mark Kostabi – I'm producing art in the manner of Rubens, Rembrandt and Raphael, in: Flash Art, Nr.153, Summer 1990, S.99ff.

443   Herausheben möchte ich die folgenden Titel, die an zahlreichen Schulen als Unterrichtsmaterialien Verwendung fanden/finden: Löbach, Bernd: INDUSTRIAL DESIGN – Grundlagen der Industrieproduktgestaltung, München 1979; Niggemeier, Friedhelm: Medien und visuelle Kommunikation, Hannover 1982; Hellmann, Ulrich/Honke, Dagmar: Industrial Design, Hannover 1983.

444   Oliva, Achille Bonito: Ars Metropolis, in: C.M. Joachimides/N. Rosenthal (Hg.): METROPOLIS, Berlin 1991, S.26.

445   Cf. Schulze, Gerhard: Die Erlebnisgesellschaft, S.417ff.

446   Cf. Baudrillard, Jean: Der symbolische Tausch und der Tod, München 1982, S.87.

447   Bubner, Rüdiger: Ästhetische Erfahrung, Frankfurt/Main 1989, S.99.

448   Cf. Baudelaire, Charles: Die Weltausstellung 1855. Die schönen Künste, in: Derselbe: Der Künstler und das moderne Leben – Essays, ›Salons‹,

intime Tagebücher, Leipzig 1990, S.138ff.

449   Cf. Bohrer, Karl-Heinz: Die Grenzen des Ästhetischen, in: Welsch, W. (Hg.):Die Aktualität des Ästhetischen, München 1993, S.48ff.

450   Cf. Baudrillard, Jean: Transparenz des Bösen – Ein Essay über extreme Phänomene, Berlin 1992, S.21ff.

451   Cf. die von Wolfgang Schulz konzipierte Matrix zur Entwicklung von Richtzielen, in: Schulz, Wolfgang: Unterrichtsplanung, München/Wien 1980, S.83.

452   Cf. Mager, Robert F.: Lernziele und programmierter Unterricht, Weinheim 1965.

453   Es handelt sich um die Friedrich-Engels-Oberschule (Berlin-Reinickendorf). Die Lerngruppe war ein Grundkurs Kunst (Jahrgangsstufe 12).

454   Cf. Otto, Gunter/Otto, Maria: Auslegen. Ästhetische Praxis als Praxis des Auslegens in Bildern und des Auslegens von Bildern, Seelze 1987, S.51f.

455   Cf. von Criegern, Axel: Fotodidaktik als Bildlehre, Berlin 1976.

456   Molderings, Herbert: Marcel Duchamp, Frankfurt/Main 1983.

457   Schmidt-Wulffen, Stephan: Auf der Suche nach einer neuen Öffentlichkeit – Anmerkungen zur Kunst am Beginn der neunziger Jahre, in: DER TAGESSPIEGEL, 8.5.1991.

458   Cf. Lingner, Michael: Haim Steinbach – Strategien ästhetischen Handelns/Imaginärer Gebrauch, in: KUNST + UNTERRICHT, Heft 153, Juni 1991, S.14ff.

459   Ein Unterrichtsbeispiel, das das hier vorgestellte Thema tangiert und aus einer 4.Grundschulklasse stammt, findet sich bei: Steven-Humborg, Ursula: Ein Bleistift ... ist ein Bleistift ... ist ein Bleistift ... ist ein Bleistift ... oder mehr? – Ein Alltagsgegenstand und seine Bedeutung für Kinder. Bemerkungen zu einer Unterrichtsreihe in einer 4. Grundschulklasse, in: KUNST + UNTERRICHT, Heft Nr.134, August 1989, S.18f.

460   Cf. Muthesius, Angelika (Hg.): JEFF KOONS, Köln 1992.

461   Otto, Gunter: Das Methodenlabyrinth – Über die Methodendiskussion in der Ästhetischen Erziehung, in: KUNST + UNTERRICHT, Heft 155, September 1991, S.14.

462   Feyerabend, Paul: Erkenntnis für freie Menschen, Frankfurt/Main 1979, S.83.

463   Gizycki, Horst von: Arche Noah '84, Frankfurt/Main 1983, S.121.

464   Klafki fasst seine Exponierung der Gegenwarts- und Zukunftsbedeutung in eine historische Linie ein: „Wenn jede Entwicklungsstufe des Menschen ihren Wert an sich selber trägt und zugleich notwendige Bedingung der Erfüllung der jeweils folgenden ist (Rousseau), so gilt grundsätzlich Schleiermachers Prinzip, dass die Gegenwart des jungen Menschen und die Ansprüche der Zukunft stets zugleich befriedigt werden müssen." In: Klafki, Wolfgang: Neue Studien zur Bildungstheorie und Didaktik, S.88.

465   Glasersfeld, Ernst von: Aspekte des Konstruktivismus – Vico, Berkeley, Piaget, in: Rusch, Gebhard/Schmidt, Siegfried J.: Konstruktivismus: Geschichte und Anwendung (DELFIN 1992), Frankfurt/Main 1992, S.30.

466   Ebenda, S.31.

467   Hehlmann, Wilhelm: Wörterbuch der Pädagogik, Stuttgart 1967, S.574.

468   Mindt, Dieter: Unterrichtsplanung Englisch für die Sekundarstufe I, Stuttgart 1983, S.78.

469   Baudrillard, Jean: Transparenz des Bösen, S.21.

470   Cf. Bolz, Norbert: Eine kurze Geschichte des Scheins, München 1991, S.99: „Menschen sind bildbedürftig, weil sie Welt überhaupt nicht anders haben können als im Medium ihrer Projektionen." – Auch der 1987 in Hamburg veranstaltete INSEA-Kongress setzte sich mit diesem Thema unter dem Titel Bild der Welt – Welt der Bilder auseinander.

471   Jürgen Hasse hat einige bedenkenswerte Zeilen zur Bilderflut aus pädagogischer Sicht geschrieben: „Der Autor eines Bildes (das ist jeder, der ein Bild denkt) ist in einem semiotischen Taumel der Bilder einem Grat ausgesetzt. Entweder er vermag nicht standzuhalten und verschwindet

mit all seiner geglaubten Kreativität in einem Strudel des Sinns. Oder er hält die Spannung aus, den Bildern noch ein Rätsel zu lassen und sich zugleich an dessen Entschlüsselung abzuarbeiten. Der Lohn kann schließlich die Entdeckung sein, dass die Spannung der Bilder zurückweist auf die eigenen Sehschlitze der Welt." Cf. Hasse, Jürgen: Bilder verheddern sich biographisch – Über Medien im Geographieunterricht, in: FRIEDRICH JAHRESHEFT XI, Seelze 1993, S.49.

472 Cf. Hartwig, Helmut: Die Grausamkeit der Bilder – Horror und Faszination in alten und neuen Medien, Weinheim/Berlin 1986; sowie Pazzini, Karl-Josef: Bilder und Bildung, Münster/Hamburg 1992.

473 Cf. Otto, Gunter: Sammeln als Produktionsprozess in der Bildenden Kunst, in: KUNST + UNTERRICHT, Heft 128, Dezember 1988, S.12: „Sammeln steht als Prozedur zwischen Bilder machen und Bilder verstehen.[...] So wie das Bildermachen als Teil jenes einheitlichen Zusammenhanges begriffen werden kann, der oft als Einheit von Produktion und Reflexion bezeichnet wird, läßt sich Sammeln gleichermaßen mit Reflexionsprozessen wie mit Produktionsprozessen verbinden ... "

474 Cf. Neusüss, Floris M.: Photo recycling photo – Ein Bermuda-Dreieck für die Fotografie, Kassel 1982.

475 Bereits das Recycling des materialen Rohstoffs ist eine transversale Verknüpfung von Wahrnehmungs- und Handlungsebenen, die Bewusstsein durch Handeln bildet und nicht von der begriffslogischen Thematisierung eines sogenannten „globalen Aspekts" ausgeht, der sich symbolisch zumeist in der beschwörenden Aneinanderreihung von Abbildern der Erde aus der Luft oder von Globen, die mit verbrauchten Symbolen garniert werden, niederschlägt, so wie es z.B. in dem Themenheft von KUNST + UNTERRICHT mit dem Titel KUNST UND ÖKOLOGIE II der Fall ist. Siehe unter diesem Aspekt insbesondere den Beitrag von Lebus, Klaus-Jürgen/Zülch, Martin: Der globale Aspekt, in: K+U, Heft 180, März 1994, S. 22.

476 In der Vermittlungspraxis wird dabei gern der Unterschied zwischen Collage und Frottage anhand von Werken des Künstlers Max Ernst thematisiert. Auch in aktuellen Lehrbüchern kommt es dabei zu solch unglücklichen Definitionen wie der folgenden: „Max Ernst arbeitete auch oft mit der Technik der Collage, die der der Frottage insofern verwandt ist, als sie ebenfalls von bereits vorhandenem Material ausgeht. Dazu

eignen sich gedruckte oder gezeichnete Bilder, Schriftzeichen, Texte, Tapeten oder allgemein alle Stoffe, die man auf Papier oder einem anderen Träger zusammenkleben (collagieren) kann." Büchner, Rainer, in: Grundsteine Kunst 2 – Schülerarbeitsbuch für den Kunstunterricht der Klassen 7 und 8 an allgemeinbildenden Schulen, Stuttgart 1994, S.39.

477 In der Gegenwartskunst fällt insbesondere Christian Boltanski durch ein solches Verständnis auf, cf. Schneede, Uwe M.: Christian Boltanski. Inventar, Ausstellungskatalog, Hamburg 1991.

478 Otto, Gunter: Op.cit., S.15.

479 Cf. Sonnemann, Ulrich: Gangarten einer nervösen Natter bei Vollmond – Volten und Weiterungen, Frankfurt/Main 1988.

480 Beispielsweise nach der Methode Arnulf Rainer, cf. O. Sandner (Hg.): Arnulf Rainer: Enzyklopädie und Revolution, Wien/München 1990.

481 Wolfgang Kehr weist darauf hin, dass das kunstpädagogische Verständnis von Collage wesentlich von Johannes Ittens Bauhaus-Vorkursen beeinflusst worden ist, in denen z.B. die Technik der Fotomontage intensiv betrieben wurde. Cf. Kehr, Wolfgang: Zum enzyklopädischen Stichwort ›Didaktik der fotografischen Medien im Kunstunterricht‹, in: Handbuch der Kunst- und Werkerziehung – Foto/Film/Fernsehen, Berlin 1979, S.15f.

482 Cf. Wichelhaus, Barbara: Von der Fotokopie zur Copy-art – Anfänge und Entwicklung der Fotokopie, in: KUNST + UNTERRICHT, Heft 177 (Heftthema: COPY-ART), November 1993, S.35ff. – Dieser instruktive Aufsatz führt uns in die Geschichte der Fotokopie unter dem Aspekt ihres ästhetischen Gebrauchs ein.

483 Cf. W. Müller/M. Schmitz (Hg.): Die Tödliche Doris – Vorträge, Memoiren, Essays, Hörspiel, Postwurfsendungen, Stücke, Flugblatt, Dichtung, Kassel 1991.

484 Aufgrund der Inventarisierung als Methode zur Spurensicherung fiel der Name Boltanski, siehe hierzu auch den Beitrag Christian Boltanski – Inventare der Kindheit von: Metken, Günter: Spurensicherung – Kunst als Anthropologie und Selbsterforschung. Fiktive Wissenschaften in der heutigen Kunst, Köln 1977, S.21ff.

485 „Wie kommt es zu dieser Sucht, vergleichen zu müssen? (Und ich nenne das eine Sucht). – Kommt es vorweg dazu nicht wegen der Unfähigkeit, erst einmal Einzelheiten zu unterscheiden? – Und wie kommt es dazu, dass man, indem man vergleicht, zugleich auch jedesmal bewerten will? Ist es nicht so, dass man deswegen bewertet, weil man unfähig ist, den durch den Vergleich abgewerteten Gegenstand überhaupt erst wahrzunehmen?" In: Handke, Peter; Ich bin ein Bewohner des Elfenbeinturms, Frankfurt/Main 1972, S.65f.

486 Wick, Rainer K.: Computer im Kunstunterricht – Skeptisches zum Gebrauch in der Schule, in: KUNST + UNTERRICHT, Heft 153, Juni 1991, S.21.

487 Ebenda, S.20.

488 Cf. Freiberg, Henning: Das Bild aus dem Computer. Zur Didaktik eines neuen Bildmediums, in: KUNST + UNTERRICHT, Heft 116, Oktober 1987, S.15ff.

489 Derselbe: Neue Technologien, Neues Denken, Neue Ästhetische Bildung? – Zur Ästhetischen Bildung in einer durch Neue Technologien und Medien geprägten Zeit, in: W. Zacharias (Hg.):KALEIDOSKOP KUNST- UND KULTURPÄDAGOGIK – Ein Reader über Ästhetische Bildung in einer technisch-medialen Zeit, München 1992, S.98.

490 Friedt, Anton: Kybernetik, Informationsästhetik und Computerkunst, in: BDK-MITTEILUNGEN, Nr.3/94, Hannover 1994, S.18.

491 Schulmeister, Rolf: Die Perspektive des Computers, in: UNTERRICHTSMEDIEN, FRIEDRICH JAHRESHEFT XI, Seelze 1993, S.133.

492 Cf. Otto, Gunter: Von der ersten Reaktion zur Deutung des Bildes – am Beispiel einer Lithographie von Antoni Tàpies aus dem Jahre 1967, in: KUNST + UNTERRICHT, Heft 145, September 1990, S.29ff.

493 Cf. Schulz, Frank: Kunst und Zufall, in: KUNST + UNTERRICHT (Heftthema: ZUFALL), Heft Nr.179, Januar 1994, S.22ff. Außerdem die folgenden Beiträge im selben Heft: Seumel, Ines: Dem Zufall auf die Sprünge helfen – Ein Beispiel aus der Freizeitarbeit am Leipziger Kindermuseum „Black Box", a.a.O., S.48ff, sowie: Servatius, Joachim: Der Zufall hat einen Sinn erhalten – Ein Unterrichtsbeispiel aus dem 11.Jg. eines Gymnasims, a.a.O., S.42ff.

494   Pfennigs Gegenwart der bildenden Kunst und Ottos Kunst als Prozess im Unterricht, in dem bereits die farbige Abbildung von Jackson Pollocks Composition Nr.1 zu finden ist, sind wegweisend für die Erarbeitung von Zugängen zur abstrakten Malerei gewesen.

495   Cf. Hartlaub, Gustav Friedrich: Der Genius im Kinde, Breslau 1922.

496   Zur Relevanz dieses Motivs für die Ästhetische Bildung cf. Pazzini, Karl-Josef: Das Fort-Da-Spiel. Ein Grundmotiv von Bildung? Ein Anstoß für die Kunst? oder: Aus Freud wird Ernst – der Rest ist Kunst!, in: W. Zacharias (Hg.): KALEIDOSKOP KUNST- UND KULTURPÄDAGOGIK – Ein Reader über Ästhetische Bildung in einer technisch-medialen Zeit, München 1992, S.47ff.

497   Cf. Freud, Sigmund: Jenseits des Lustprinzips, in: Das Ich und das Es – Metapsychologische Schriften, Frankfurt/Main 1992, S.193ff.

498   All die wie in Dali-Uhren geschmolzenen Stunden am GAMEBOY könnten doch zu etwas nütze gewesen sein.

499   Cf. Sonnemann, Ulrich: Zeit ist Anhörungsform. Über Wesen und Wirken einer kantischen Verkennung des Ohrs, in: D. Kamper/Ch. Wulf (Hg.): Die sterbende Zeit – Zwanzig Diagnosen, Darmstadt 1987.

500   Kamper, Dietmar: Zur Soziologie der Imagination, München 1986, S.164.

501   Vgl. Baraldi, Claudio/ Corsi, Giancarlo/ Esposito, Elena (Hg.): GLU. Glossar zu Niklas Luhmanns Theorie sozialer Systeme, Frankfurt/ Main 1997, S. 123f.

502   Oliva, Achille Bonito: Eingebildete Dialoge, Berlin 1992, S.29f.

503   Tetens, Holm: Geist, Gehirn, Maschine – Philosophische Versuche über ihren Zusammenhang, Stuttgart 1994, S.21.

504   James, William: Das pluralistische Universum – Vorlesungen über die gegenwärtige Lage der Philosophie, Darmstadt 1994, S.211.

505   Koch, Martina: Gibt es eine ästhetische Rationalität? – Zwei Antworten auf eine beunruhigende Frage, in: KUNST + UNTERRICHT, Heft 173, Juni 1993, S.19.

Literaturverzeichnis

Adorno, Theodor W.: Ästhetische Theorie, Frankfurt/Main 1973.
Adorno, Theodor W.: Erziehung zur Mündigkeit, Frankfurt/Main 1971.
Adorno, Theodor W.: Negative Dialektik, Frankfurt/Main 1975.
Adorno, Theodor W.: Ohne Leitbild – Parva Aesthetica, Frankfurt/Main 1973.
Adorno, Theodor W.: Prismen, Frankfurt/Main 1963.
Aissen-Crewett, Meike: Kinderzeichnungen verstehen – Von der Kritzelphase bis zum Grundschulalter, München 1988.
Akademie der Künste/R. Banerjee/A. Brinkmann (Hg.): X-POSITION – Junge Kunst in Berlin, Berlin 1994.
Allmann, William F.: Menschliches Denken/Künstliche Intelligenz – Von der Gehirnforschung zur nächsten Computer-Generation, München 1993.
Anders, Günther: Die Antiquiertheit des Menschen, München 1956.
Bachmair, Ben: Mobilität und Medienförmigkeit – Kulturhistorische Skizzen zur Erziehung im Medien- und Konsumnetz, in: Vierteljahresschrift für wissenschaftliche Pädagogik, Heft 2/90, Münster/Bochum 1990.
Baraldi, Claudio/ Corsi, Giancarlo/ Esposito, Elena (Hg.): GLU. Glossar zu Niklas Luhmanns Theorie sozialer Systeme, Frankfurt/ Main 1997.
Barck, Karlheinz/Gente, Peter/Paris, Heidi/Richter, Stefan (Hg.) : Aisthesis – Wahrnehmung heute oder Perspektiven einer anderen Ästhetik, Leipzig 1990.
Bartels, Daghild: Die Kunst im Griff – Galerien, Sammler, Aussteller, in: Kursbuch, Heft 99, Kunst-Betrieb, Berlin 1990.
Baudelaire, Charles: Der Künstler und das moderne Leben, Leipzig 1990.
Baudrillard, Jean: Der symbolische Tausch und der Tod, München 1982.
Baudrillard, Jean: Laßt euch nicht verführen, Berlin 1983.
Baudrillard, Jean: Towards the vanishing point oft art, in: F. Rötzer/S. Rogenhofer (Hg.): KUNST MACHEN?, München 1990.
Baudrillard, Jean: Transparenz des Bösen – Ein Essay über extreme Phänomene, Berlin 1992.
Beck, Ulrich: Risikogesellschaft, Frankfurt/Main 1986.

Becker, Gerd/Seydel, Otto (Hg.): Neues Lernen – Die wechselseitigen Erwartungen von Schule und Wirtschaft, Frankfurt/New York 1993.

Behr, Manfred: Das Fach Kunst in der Bildungsreformdebatte. Mängeldiagnose – Positionsbestimmung – Perspektiven, in: BDK-MITTEILUNGEN, Heft 4/1993.

Benjamin, Walter: Das Kunstwerk im Zeitalter seiner technischen Reproduzierbarkeit, Frankfurt/Main, 1963.

Benner, Dietrich: Allgemeine Pädagogik – Eine systematisch-problemgeschichtliche Einführung in die Grundstruktur pädagogischen Denkens und Handelns, Weinheim/München 1987.

Bennington, Geoffrey/Derrida, Jacques: Jacques Derrida – Ein Portrait, Frankfurt/Main 1994.

Bense, Max: AESTHETICA, Baden-Baden 1985.

Bense, Max: Die Unwahrscheinlichkeit des Ästhetischen – und die semiotische Konzeption der Kunst, Baden-Baden 1979.

Bense, Max: Über ›tiefste‹ semiotische Fundierungen, in: SEMIOSIS 33 – internationale Zeitschrift für Semiotik und Ästhetik, Baden-Baden 1984.

Bergius, Rudolf: Psychologie des Lernens, Stuttgart 1971.

Bergmann, Wolfgang: Leben in einer artifiziellen Welt, in: Deutsche Lehrerzeitung, Nr. 52/1993.

Bergson, Henri: Materie und Gedächtnis, Hamburg 1991.

Bernfeld, Sigurd: Sisyphos oder die Grenzen der Erziehung, Leipzig/Wien/Zürich 1925.

Bernhard, Thomas: Der Atem – Eine Entscheidung, München 1981.

Bernhard, Thomas: Ein Kind, München 1985.

Bernhard, Thomas: Frost, Frankfurt/Main 1972.

Bernhard Thomas: Gehen, Frankfurt/Main 1971.

Bochenski, I.M.: Die zeitgenössischen Denkmethoden, Tübingen 1986.

Boettcher, Wolfgang/Otto, Gunter/Sitta, Horst/Tymister, Hans Josef: Lehrer und Schüler machen Unterricht, München/Wien/Baltimore 1980.

Böhme, Gernot: Für eine ökologische Naturästhetik, Frankfurt/Main 1989.

Bohn, Volker (Hg.): Bildlichkeit, Frankfurt/Main 1990.

Bohrer, Karl-Heinz: Die Grenzen des Ästhetischen, in: W.Welsch (Hg.): Die Aktualität des Ästhetischen, München 1993.

Bolz, Norbert: Eine kurze Geschichte des Scheins, München 1991.

Borges, Jorge Luis: Die analytische Sprache John Wilkins', in: Derselbe: Das Eine und die Vielen. Essays zur Literatur, München 1966.

Born, Wolfgang/Otto, Gunter: Didaktische Trends – Dialoge mit Allgemeindidaktikern und Fachdidaktikern, München/Wien/Baltimore 1978.

Bourdieu, Pierre: Die feinen Unterschiede – Kritik der gesellschaftlichen Urteilskraft, Frankfurt/Main 1987.

Bourdieu, Pierre: Die historische Genese einer reinen Ästhetik, in: MERKUR, Heft 11, 46.Jg., Nov.1992.

Bourdieu, Pierre: Sozialer Raum und ›Klassen‹, Frankfurt/Main 1985.

Bourdieu, Pierre: Zur Soziologie der symbolischen Formen, Frankfurt/Main 1974.

Bourdieu, Pierre/Darbel, Alain: Les museés d'art europeéns et leur public, Paris 1969.

Bourdieu, Pierre/Passeron, J.C.: Die Illusion der Chancengleichheit, Stuttgart 1971.

Bréal, Maurice: Essai de sémantique – Science des significations, Paris 1904.

Brem-Gräser, Luitgard: Familie in Tieren – Die Familiensituation im Spiegel der Kinderzeichnung, München/Basel 1980.

Breyer, Herbert/Otto, Gunter/Wienecke, Günter: KUNSTUNTERRICHT – Planung bildnerischer Denkprozesse, Düsseldorf 1973.

Briggs, John/Peat, David F.: Die Entdeckung des Chaos – Eine Reise durch die Chaos-Theorie, München/Wien 1990.

Britsch, Gustaf: Zur Neugestaltung des Zeichenunterrichtswesens an Volksschulen und höheren Lehranstalten (1920), in: Derselbe: Schriften – Fragmente zur Kunsttheorie des frühen 20. Jahrhunderts, Berlin/Mannheim 1981.

Brock, Bazon: Bazon Brock, was machen Sie jetzt so?, Darmstadt 1969.

Brock, B./Reck, H.U. (Hg.): Stilwandel – als Kulturtechnik, Kampfprinzip,

Lebensform oder Systemstrategie in Werbung, Design, Architektur, Mode. Köln/Berlin 1986.

Bruder, Klaus-Jürgen: Subjektivität und Postmoderne, Frankfurt/Main 1993.

Bubner, Rüdiger: Ästhetische Erfahrung, Frankfurt/Main 1989.

Butler, Samuel: Life and Habit, London 1878.

Büchner, Georg: Leonce und Lena, in: Gesammelte Werke (Hg. K. Edschmidt), München 1948.

Büchner, Rainer: Grafik, in: Grundsteine Kunst 2 – Schülerarbeitsbuch für den Kunstunterricht der Klassen 7 und 8 an allgemeinbildenden Schulen, Stuttgart 1994.

Bürger, Peter: Schwarze Philosophie, in: DIE ZEIT, Nr.45, 30.10.1992, Hamburg 1992.

Bürger, Peter: Theorie der Avantgarde, Frankfurt/Main 1974.

Cameron, Dan: Die Kunst und ihre Wiederholung, in: V. Bohn (Hg.) : Bildlichkeit, Frankfurt/Main 1990.

Carmagnola, Fulvio/Senaldi, Arco: Factory Twins, in: Flash Art, Nr.163, March/April 1992.

Changeux, Pierre: Neuronal Man: The Biology of Mind, New York 1985.

Chatwin, Bruce: The Songlines, London 1987.

Churchland, Patricia: Neurophilosophy: Towards a Unified Science of the Mind Brain, Cambridge/Mass. 1986.

Claus, Jürgen: Elektronisches Gestalten in Kunst und Design, Hamburg 1991.

Criegern, Axel v.: Fotodidaktik als Bildlehre, Berlin 1976.

Danto, Arthur C.: Die philosophische Entmündigung der Kunst, München 1993.

Danto, Arthur C.: The Transfiguration of the Commomplace, Cambridge/Mass. 1981.

Diederichsen, Diedrich: Wie ich unter die Designer fiel oder warum ich nicht an allem schuld bin, in: B. Brock/H.U. Reck (Hg.): Stilwandel, Köln/Berlin 1986.

Dehn, Wilhelm: „Heterogen" – (k)ein Negativbegriff?, in: Der Deutschunterricht, Nr.2/1993.

Deitch, Jeffrey (Hg.): Post Human – Neue Formen der Figuration in der zeitgenössischen Kunst, Lausanne/Turin/Athen/Hamburg 1992.

Deleuze, Gilles: Das Bewegungs-Bild, Kino 1, Frankfurt/Main 1989.
Deleuze, Gilles: Das Zeit-Bild, Kino 2, Frankfurt/Main 1991.
Deleuze, Gilles: Differenz und Wiederholung, München 1992.
Deleuze, Gilles: Kants kritische Philosophie, Berlin 1990.
Deleuze, Gilles: Logik des Sinns, Frankfurt/Main 1993.
Deleuze, Gilles: Unterhandlungen 1972-1990, Frankfurt/Main 1993.
Deleuze, Gilles/Guattari, Félix: Anti-Ödipus, Frankfurt/Main 1977.
Deleuze, Gilles/Guattari, Félix: Tausend Plateaus, Berlin 1992.
Derrida, Jacques: Grammatologie, Frankfurt/Main 1974.
Derrida, Jacques: Die Schrift und die Differenz, Frankfurt/Main 1976.
Derrida, Jacques: Die Stimme und das Phänomen, Frankfurt/Main 1979.
Derrida, Jacques: Randgänge der Philosophie, Wien 1988.
Descombes, Vincent: Das Selbe und das Andere – Fünfundvierzig Jahre Philosophie in Frankreich 1933-1978, Frankfurt/Main 1981.
Devereux, Georges: Angst und Methode in den Verhaltenswissenschaften, Frankfurt/Main 1984, S.17f.
Dewey, John: Kunst als Erfahrung, Frankfurt/Main 1980, S.196.
Durkheim, Emile: Die Entwicklung der Pädagogik – Zur Geschichte und Soziologie des gelehrten Unterrichts in Frankreich, Weinheim/Basel 1977.
Eco, Umberto: Das offene Kunstwerk, Frankfurt/Main 1977.
Eco, Umberto: Zeichen – Einführung in einen Begriff und seine Geschichte, Frankfurt/Main 1977.
Eder, Klaus (Hg.): Klassenlage, Lebensstil und kulturelle Praxis – theoretische und empirische Beiträge zur Auseinandersetzung mit Pierre Bourdieus Klassentheorie, Frankfurt/Main 1989.
Ehmer, Herrmann K. (Hg.): Ästhetische Erziehung und Alltag, Lahn-Gießen 1979.
Eisenstein, Sergei: Über mich und meine Filme, Berlin 1975.
Elster, John (Hg.): The Multiple Self, Cambridge/Mass. 1987.
Erk, Wolfgang (Hg.): Briefe von Brodwolf, Stuttgart 1992.
Eucker, Johannes: Design im Kunstunterricht: Selbstreflexion, Gesellschaftskritik oder schöner leben lernen?, in: KUNST + UNTERRICHT, Heft 156, Oktober 1991.

Feyerabend, Paul: Erkenntnis für freie Menschen, Frankfurt/ Main 1979.
Fischer, Arthur/Zinnecker, Jürgen: Jugend '92 – Lebenslagen, Orientierungen und Entwicklungsperspektiven im vereinigten Deutschland. Herausgegeben vom Jugendwerk der Deutschen Shell, 4 Bände, Opladen 1992.
Fischer, Wolfgang/Ruhloff, Jörg: Das Ende der Kunsterziehung, Telgte 1976.
Flaubert, Gustave: Bouvard und Pécuchet, Frankfurt/Main 1979.
Fleck, Robert: New French Aesthetics, in: Flash Art, No.156, Jan./Feb. 1991.
Flusser, Vilém: Lob der Oberflächlichkeit – Für eine Phänomenologie der Medien, Bensheim/Düsseldorf 1993.
Foerster, Heinz v.: Wissen und Gewissen, Frankfurt/Main 1993.
Foerster, Heinz v.: Wahrnehmen wahrnehmen, in: K. Barck/P. Gente/H. Paris/S. Richter (Hg.): Aisthesis – Wahrnehmung heute oder Perspektiven einer anderen Ästhetik, Leipzig 1990.
Foldi, Augusto/Hommet, Fabien/Steins, Herman: LOCALITA – Die „Mythische Biographie" als Kunstwerk, Paris 1993.
Foucault, Michel: Die Ordnung der Dinge, Frankfurt/Main 1971.
Foucault, Michel: Die Ordnung des Diskurses, Frankfurt/Main 1991.
Foucault, Michel: Dispositive der Macht – Über Sexualität, Wissen und Wahrheit, Berlin 1978.
Frank, Manfred: Wörter, Wörter, Wörter, in: DIE ZEIT, Nr.38 11.9.1992, Hamburg 1992.
Franke, Herbert W.: Informationstheorie und Ästhetik, in: KUNSTFORUM, Bd.124, Nov./Dez. 1993.
Franke, Herbert W.: Leonardo 2000 – Kunst im Zeitalter des Computers, Frankfurt/Main 1987.
Frege, Gottlob: Funktion. Begriff, Bedeutung, Göttingen 1994.
Freiberg, Henning: Das Bild aus dem Computer. Zur Didaktik eines neuen Bildmediums, in: KUNST + UNTERRICHT, Heft 116, Oktober 1987.
Freiberg, Henning: Neue Technologien, Neues Denken, Neue Ästhetische Bildung? – Zur Ästhetischen Bildung in einer durch Neue Technologien und Medien geprägten Zeit, in: W. Zacharias (Hg.): KALEIDOSKOP KUNST- UND KULTURPÄDAGOGIK, München 1992.

Freud, Sigmund: Jenseits des Lustprinzips, in: Das Ich und das
    Es – Metapsychologische Schriften, Frankfurt/Main 1992.
Frey, K. (Hg.): Curriculum-Handbuch, Bd.2, München 1975.
Friedt, Anton: Kybernetik, Informationsästhetik und Computerkunst, in: BDK-
    MITTEILUNGEN, Nr.3/1994.
Gadamer, Hans Georg: Wahrheit und Methode, Tübingen 1990.
Garaudy, Roger: Der entwaffnete Prophet, in: Münster, Arno: Pariser
    philosophisches Journal, Frankfurt/Main 1987.
Gerard, R.W./Duyff, W. (Hg.): Information Processing in the Nervous System,
    Amsterdam 1962.
Georg, Werner: Die Skala Jugendzentrismus im Zeitreihen- und
    Kulturvergleich, in: A. Fischer/J. Zinnecker (Hg.): Jugend '92, Bd.4,
    Opladen 1992.
Giffhorn, Hans: Kritik der Kunstpädagogik – Chancen und Gefahren
    ästhetischer Erziehung, Köln 1979.
Gizycki, Horst v.: Arche Noah '84, Frankfurt/Main 1983.
Glasersfeld, Ernst v.: Aspekte des Konstruktivismus – Vico, Berkeley, Piaget.
    In: G. Rusch/S.J. Schmidt (Hg.): Konstruktivismus – Geschichte und
    Anwendung (DELFIN 1992), Frankfurt/Main 1992.
Glogauer, Werner: Die neuen Medien verändern die Kindheit: Nutzung und
    Auswirkungen des Fernsehens, der Videospiele, Videofilme u.a. bei
    6-10jährigen Kindern und Jugendlichen, Weinheim 1993.
Goodman, Nelson: Vom Denken und anderen Dingen, Frankfurt/Main 1987.
Graumann, Carl-Friedrich: Nicht-sinnliche Bedingungen des Wahrnehmens, in:
    W. Metzger (Hg.): Handbuch der Psychologie, Bd.1, Göttingen 1966.
Grimme, Theodor: Freiarmübungen und Gedächtniszeichnen – Ein Wegweiser
    für den Zeichenunterricht in den Elementarschulen, Wien 1905.
Groppe, Hans-Herrmann/Jürgensen, Frank (Hg.): Gegenstände der
    Fremdheit – Museale Grenzgänge, Hamburg 1988.
Groys, Boris: Über das Neue – Versuch einer Kulturökonomie, München/Wien
    1992.
Guattari, Félix: Psychotherapie, Politik und die Aufgaben der institutionellen
    Analyse, Frankfurt/Main 1976.

Habermas, Jürgen: Der philosophische Diskurs der Moderne, Frankfurt/Main 1988.
Habermas, Jürgen: Legitimationsprobleme im Spätkapitalismus, Frankfurt/Main 1973.
Habermas, Jürgen: Theorie des kommunikativen Handelns, Frankfurt/Main 1988.
Habermas, Jürgen/Döbert, Rainer/Nunner-Winkler, Gertrud: Zur Einführung, in: Döbert, R. (Hg.): Entwicklung des Ichs, Königstein 1980.
Hage, Volker: Das Ende vom Anfang – Botho Strauß' aufregender Versuch über ›Beginnlosigkeit‹, seine ›Reflexionen über Fleck und Linie‹, in: DIE ZEIT, Nr.16, 10.4.1992.
Handke, Peter: Die Lehre der Saint-Victoire, Frankfurt/Main 1984.
Handke, Peter: Ich bin ein Bewohner des Elfenbeinturms, Frankfurt/Main 1972.
Haug, Wolfgang Fritz: Kritik der Warenästhetik, Frankfurt/Main 1977.
Hauser: Arnold: Sozialgeschichte der Kunst und Literatur, München 1975.
Hanusch, Rolf: Kulturelle Fragmente und Identität, in: deutsche jugend, Jg.34 (1986), Heft 7/8.
Hartlaub, Gustav Friedrich: Der Genius im Kinde, Breslau 1922.
Hartwig, Helmut: Die Grausamkeit der Bilder – Horror und Faszination in alten und neuen Medien, Weinheim/Berlin 1986.
Hartwig, Helmut (Hg.): Sehen lernen – Kritik und Weiterarbeit am Konzept Visuelle Kommunikation, Köln 1978.
Hasse, Jürgen: Bilder verheddern sich biographisch – Über Medien im Geographieunterricht, in: FRIEDRICH JAHRESHEFT XI, Seelze 1993.
Hegel, Georg Wilhelm Friedrich: Nürnberger und Heidelberger Schriften, in: Derselbe: Gesammelte Werke, Bd.4, Frankfurt/Main 1986.
Hegel, Georg Wilhelm Friedrich: Phänomenologie des Geistes, Hamburg 1952.
Hehlmann, Wilhelm: Wörterbuch der Pädagogik, Stuttgart 1967.
Heidegger, Martin: *Die Herkunft der Kunst und die Bestimmung des Denkens, in: Denkerfahrungen 1910-1976, Frankfurt/M. 1983.*
Heidegger, Martin: Der Ursprung des Kunstwerkes, Stuttgart 1960.
Heidegger, Martin: Sein und Zeit, Tübingen 1977.
Heidegger, Martin: Was ist Metaphysik?, Frankfurt/Main 1949.

Heimann Paul: Didaktik als Theorie und Lehre (1962), in: K. Reich/H. Thomas (Hg.): Paul Heimann – Didaktik als Unterrichtswissenschaft, Stuttgart 1976.

Heimann, Paul/Otto, Gunter/Schulz, Wolfgang: Unterricht – Analyse und Planung, Hannover 1965.

Heisenberg, Werner: Der Teil und das Ganze – Gespräche im Umkreis der Atomphysik, München 1973.

Hellmann, Ulrich/Honke, Dagmar: Industrial Design, Hannover 1983.

Helmer, Karl: Komplementarität, Anschlußfähigkeit und transversale Vernunft. Orientierungen für den schulischen Unterricht?, in: Pädagogische Rundschau, Nr. 3, Mai/Juni 1992.

Hirst, Paul/Woolley, Penny: Social Relations and Human Attributes, London 1982.

Holzkamp, Klaus: Lernen – Subjektwissenschaftliche Grundlegung, Frankfurt/New York 1993.

Holzkamp, Klaus: Sinnliche Erkenntnis, Frankfurt/Main 1973.

Honke, Julius: Der Zeichenunterricht auf der Unterstufe – Dargestellt in zehn Präparationen nach den formalen Stufen, Langensalza 1888.

Hunt, Morton: The Universe Within: A New Science Explors the Human Mind, New York 1982.

Husserl, Edmund: Ideen zu einer reinen Phänomenologie und phänomenologischen Philosophie, Tübingen 1993.

Husserl, Edmund: Vorlesungen zur Phänomenologie des inneren Zeitbewußtseins, Tübingen 1980.

James, William: Das pluralistische Universum – Vorlesungen über die gegenwärtige Lage der Philosophie, Darmstadt 1994.

Jantra, Helmut: Rosen – Auswahl/Pflege/Gestaltung, Niedernhausen 1991.

Jank, Werner/Meyer, Hilbert: Didaktische Modelle, Frankfurt/Main 1991.

Jansen, P.W./Schütte, W.: Francois Truffaut – Reihe Film 1, München 1974.

Joachimides, Christos M./Rosenthal, Norman (Hg.): METROPOLIS, Berlin 1991.

Jocks, Heinz-Norbert: K.O. Götz – „Ich fordere den Zufall heraus, wobei die Schnelligkeit als Mittel zur Überraschung dient", in: KUNSTFORUM, Bd. 126, Juni 1994.

Joyce, James: Finnegan's Wake, London 1950.
Kamper, Dietmar: Das Auge – Anthropodizee/Theodizee, Narziß/Echo, in FILMFAUST, Nr. 74/1989.
Kamper, Dietmar: Zur Soziologie der Imagination, München 1986.
Kamper, Dietmar: Zwischen der Logik des Selben und der Wahrnehmung des Anderen, in: KUNST + UNTERRICHT, Nr. 176, Oktober 1993.
Kamper, Dietmar/Wulf, Christoph (Hg.): Der Schein des Schönen, Göttingen 1989.
Kamper, Dietmar/Wulf, Christoph (Hg.) Die sterbende Zeit – Zwanzig Diagnosen, Darmstadt 1987.
Kant, Immanuel: Kritik der reinen Vernunft, Hamburg 1990.
Kant, Immanuel: Kritik der Urteilskraft, Hamburg 1974.
Kehr, Wolfgang: Zum enzyklopädischen Stichwort ›Didaktik der fotografischen Medien im Kunstunterricht‹, in: Handbuch der Kunst- und Werkerziehung – Foto/Film/Fernsehen, Berlin 1979.
Kerner, Günter/Duroy, Rolf: Bildsprache 1 – Lehrbuch für den Fachbereich Bildende Kunst/Visuelle Kommunikation in der Sekundarstufe II, München 1992.
Kierkegaard, Sören: Die Wiederholung/Die Krise, Frankfurt/Main 1984.
Klafki, Wolfgang: Neue Studien zur Bildungstheorie und Didaktik, Weinheim/Basel 1991.
Klossowski, Pierre: Die Gesetze der Gastfreundschaft, Hamburg 1987.
Klossowski, Pierre/Bataille, Georges: Sprachen des Körpers, Berlin 1979.
Knobloch, Jörg: Wir stehen erst am Anfang – Die Möglichkeiten von Computern in der Schule, in: Microsoft Home Journal, Ausgabe 1/1994.
Knodt, Reinhard: Ästhetische Korrespondenzen – Denken im technischen Raum, Stuttgart 1994.
Koch, Martina: Die Konstellation der Rationalitäten im interrationalen Bildungsprozeß, Weinheim 1993.
Koch, Martina: Gibt es eine ästhetische Rationalität? – Zwei Antworten auf eine beunruhigende Frage, in: KUNST + UNTERRICHT, Heft 173, Juni 1993.
Koller, Hans-Christoph: ›Ein Wahnsinnsgebäude, wo alles ineinander

faßt‹ – Über metaphorische und metonymische Tendenzen in einem narrativen Interview, in: W. Marotzki/R. Kokemohr (Hg.): Biographien in komplexen Situationen, Weinheim 1990.

König, Peter: Wir Voodookinder, in: Kursbuch, Heft 113: Deutsche Jugend, Berlin 1993.

Krais, Beate: Soziales Feld, Macht und kulturelle Praxis, in: Eder, Klaus: Klassenlage, Lebensstil und kulturelle Praxis, Frankfurt/Main 1989.

Kristeva, Julia: Die Revolution der poetischen Sprache, Frankfurt/Main 1978.

Krueger, Joachim (Hg.): Ästhetik der Antike, Berlin/Weimar 1989.

Kurzweil, Raymond: KI – Das Zeitalter der Künstlichen Intelligenz, München/Wien 1993.

Künzli, R. (Hg.): Curriculumentwicklung, Begründung und Legitimation, München 1975.

Lacan, Jacques: Schriften (I und II), Weinheim/Berlin 1991 und 1986.

Laing, Ronald D.: Phänomenologie der Erfahrung, Frankfurt/Main 1969.

Langer, Susanne K.: Philosophie auf neuem Wege, Frankfurt/Main 1965.

Lebus, Klaus-Jürgen/Zülch, Martin: Der globale Aspekt, in: KUNST + UNTERRICHT, Heft 180, März 1994.

Legler, Wolfgang: Ästhetische Bildung zwischen Allgemeiner Erziehungswissenschaft und Fachdidaktik, in: Kunst + UNTERRICHT, Nr. 165, September 1992.

Leibniz, Gottfried Wilhelm: Philosophische Schriften, Darmstadt 1965.

Lenk, Hans: Prometheisches Philosophieren zwischen Praxis und Paradox, Stuttgart 1991.

Lenzen, Dieter (Hg.): Kunst und Pädagogik – Erziehungswissenschaft auf dem Weg zur Ästhetik?, Darmstadt 1990.

Lenzen, Dieter/Mollenhauer, Klaus (Hg.): Enzyklopädie Erziehungswissenschaft – Handbuch und Lexikon der Erziehung in 11 Bänden, Bd. 1: Theorien und Grundbegriffe der Erziehung und Bildung, Stuttgart 1983.

Lenz-Johanns, Martin: Überlegungen und Beispiele zum Verhältnis von Aneignung und Fremdheit, in: H.-H. Groppe/F. Jürgensen (Hg.): Gegenstände der Fremdheit – Museale Grenzgänge, Hamburg 1988.

Leroi-Gourhan, André: Hand und Wort – Die Evolution von Technik, Sprache und Kunst, Frankfurt/Main 1984.

Lévinas, Emmanuel: Die Spur des Anderen – Untersuchungen zur Phänomenologie und Sozialphilosophie, Freiburg/München 1992.

Lichtwark, Alfred: Die Kunst in der Schule, in: H. Lorenzen (Hg.): Die Kunsterziehungsbewegung, Bad Heilbrunn 1965

Lingner, Michael: Auftakt, in: KUNST + UNTERRICHT, Nr.151, April 1991.

Lingner, Michael: Die Krise der ›Ausstellung‹ im System der Kunst, in: KUNSTFORUM, Bd.125, Jan./Feb. 1994.

Lingner, Michael: Haim Steinbach: Strategien ästhetischen Handelns – Imaginärer Gebrauch, in: KUNST + UNTERRICHT, Heft 153, Juni 1991.

Lingner, Michael: Theorie als Praxisform, in: KUNST +UNTERRICHT, Nr.176, Oktober 1993.

Löbach, Bernd: INDUSTRIAL DESIGN – Grundlagen der Industrieproduktgestaltung, München 1979.

Lorenzen, Hermann: Die Kunsterziehungsbewegung, Bad Heilbrunn 1965.

Luhmann, Niklas: Das Kunstwerk und die Selbstreproduktion der Kunst, in: Delfin III, Rheda-Wiedenbrück 1984.

Luhmann, Niklas: Die Evolution des Kunstsystems, in: KUNSTFORUM, Bd.124, November/Dezember 1993.

Luhmann, Niklas: Gesellschaftsstruktur und Semantik – Studien zur Wissenssoziologie der modernen Gesellschaft, Bd.3, Frankfurt/Main 1993.

Luhmann, Niklas: Soziale Systeme, Frankfurt/Main 1987.

Luhmann, Niklas/Schorr, Eberhard (Hg.): Zwischen Absicht und Person – Fragen an die Pädagogik, Frankfurt/Main 1992.

Luther, Henning: Religion und Alltag – Bausteine zu einer praktischen Theologie des Subjekts, Stuttgart 1992.

Luther, Henning: Subjektwerdung zwischen Schwere und Leichtigkeit – (Auch) eine ästhetische Aufgabe?, in: D. Neuhaus (Hg.): Von der Schwere Gottes und der Leichtigkeit des Seins, Arnoldshainer Protokolle 4/92, Arnoldshain 1992.

Lyotard, Jean-François: Das Inhumane – Plaudereien über die Zeit, Wien 1989.
Lyotard, Jean-François: Immaterialität und Postmoderne, Berlin 1985.
Lyotard, Jean-François: Postmoderne für Kinder, Wien 1987.
Mager, Robert F.: Lernziele und programmierter Unterricht, Weinheim 1965.
Marcuse, Herbert: Die Permanenz der Kunst, München 1977.
Marotzki, Winfried: Über einige Annahmen des Verständnisses menschlicher Lern- und Bildungsprozesse aus konstruktivistischer Sicht, in: W. Marotzki/H. Sünker (Hg.): Kritische Erziehungswissenschaft – Moderne – Postmoderne, Weinheim 1993.
Marotzki, Winfried/Kokemohr, Rainer (Hg.): Biographien in komplexen Institutionen, Weinheim 1990.
Maset, Pierangelo: Alltagsgegenstand und Kunstobjekt – Fragen an die Wechselwirkung von Kunst-Objekt und Design-Objekt im Kunstunterricht der Oberstufe, in: KUNST + UNTERRICHT, Nr. 164, Juli 1992.
Maset, Pierangelo: Aufgaben der Ästhetischen Erziehung, in: KUNST + UNTERRICHT, Nr. 160, März 1992.
Maset, Pierangelo: Die Kunstpädagogik, das Fremde und die Differenz, in: G. Olias (Hg.): Musiklernen – Aneignung des Unbekannten, Essen 1994.
Maturana, Humberto R.: Erkennen. Die Organisation und Verkörperung von Wirklichkeit. Ausgewählte Arbeiten zur biologischen Epistemologie, Braunschweig/Wiesbaden 1982.
Maturana, Humberto R.: Neurophysiology of Cognition, in: Garvin, P.L.: Cognition: A Multiple View, New York 1970.
Maturana, Humberto R./Varela, Francisco J.: Der Baum der Erkenntnis – Die biologischen Wurzeln des menschlichen Erkennens, München 1992.
Mayrhofer, Hans/Zacharias, Wolfgang: Ästhetische Erziehung – Lernorte für aktive Wahrnehmung und soziale Kreativität, Hamburg 1976.
Mc Clelland, J.L./Rumelhardt, D.E. (Hg.): Parallel Distributed Processing: Explorations in the Microstructrure of Cognition, Vol.2: Psychological and Biological Models, Cambridge/Mass., 1986.
Menke, Christoph: Die Souveränität der Kunst – Ästhetische Erfahrung nach Adorno und Derrida, Frankfurt/Main 1991.

Merleau-Ponty, Maurice: Phänomenologie der Wahrnehmung, Berlin 1966.
Metken, Günter: Spurensicherung – Kunst als Anthropologie und Selbsterforschung, Fiktive Wissenschaften in der heutigen Kunst, Köln 1977.
Meung, Jean de: Le Roman de la Rose, Paris 1983.
Meyer, Hilbert: Schülerorientierung – Feiertagsdidaktik oder konkrete Utopie?, in: G.-B. Reiner (Hg.): Praxishandbuch Unterricht, Hamburg 1980.
Meyer-Drawe, Käthe: Illusionen von Autonomie, Kirchheim 1990.
Michel, Karl Markus: Heiliger Lukas! – Kritik der Kunstkritik, in: Kursbuch, Heft 99: Kunst-Betrieb, Berlin 1990.
Mindt, Dieter: Unterrichtsplanung Englisch für die Sekundarstufe I, Stuttgart 1983.
Molderings, Herbert: Marcel Duchamp, Frankfurt/Main 1983.
Mollenhauer, Klaus: Ästhetische Bildung zwischen Kritik und Selbstgewißheit, in: Zeitschrift für Pädagogik, 36.Jg., Nr.4/1990.
Mollenhauer, Klaus: Die vergessene Dimension des Ästhetischen in der Erziehungs- und Bildungstheorie, in: D. Lenzen (Hg.): Kunst und Pädagogik – Erziehungswissenschaft auf dem Weg zur Ästhetik?, Darmstadt 1990.
Möller, Heino: Gegen den Kunstunterricht, Ravensburg 1970.
Morris, Charles William: Grundlagen der Zeichentheorie – Ästhetik der Zeichentheorie, Frankfurt/Main 1988.
Müller, W./Schmitz, M. (Hg.): Die Tödliche Doris – Vorträge, Memoiren, Essays, Hörspiel, Potwurfsendungen, Stücke, Flugblatt, Dichtung. Kassel 1991.
Münster, Arno: Pariser philosophisches Journal, Frankfurt/Main 1987.
Muthesius, Angelika (Hg.): Jeff Koons, Köln 1992.
Neusüss, Floris M. (Hg.): Photo recycling Photo – Ein Bermuda-Dreieck für die Fotografie, Kassel 1982.
Nietzsche, Friedrich: Schriften und Entwürfe aus den Jahren 1881-1885, in: Werke, Bd.12, Leipzig 1901.
Niggemeier, Friedhelm: Medien und visuelle Kommunikation, Hannover 1982.
Olias, Günter (Hg.): Musiklernen – Aneignung des Unbekannten, Essen 1994.
Oliva, Achille Bonito: Ars Metropolis, in: C.M. Joachimides/N. Rosenthal (Hg.): METROPOLIS, Berlin 1991.

Oliva, Achille Bonito: Eingebildete Dialoge, Berlin 1992.
Ott, Michaela: n-1. Denken – die Gegenausführung, in: die tageszeitung, 7.5.1992.
Otto, Gunter: Das Ästhetische ist ›Das Andere der Vernunft‹ – Der Lernbereich Ästhetische Erziehung, in: FRIEDRICH JAHRESHEFT XII, Seelze 1994.
Otto, Gunter: Das erneute Interesse der Kunstpädagogik an der Wahrnehmungstheorie, in: KUNST + UNTERRICHT, Nr. 40, Dezember 1976.
Otto, Gunter: Das Methodenlabyrinth – Über die Methodendiskussion in der Ästhetischen Erziehung, in: KUNST + UNTERRICHT, Heft 155, September 1991.
Otto, Gunter: Didaktik der Ästhetischen Erziehung, Braunschweig 1974.
Otto, Gunter: Kunst als Prozess im Unterricht, Braunschweig 1964.
Otto, Gunter: ›Kunst als Struktur‹ und ›Kunst als sozialer Prozeß‹: zwei Aspekte des Kunstunterrichts, in: H. Breyer/G. Otto/G. Wienecke: Kunstunterricht – Planung bildnerischer Denkprozesse, Düsseldorf 1973.
Otto, Gunter: Sammeln als Produktionsprozess in der Bildenden Kunst, in: KUNST + UNTERRICHT, Heft 128, Dezember 1988.
Otto, Gunter: Von der ersten Reaktion zur Deutung des Bildes – am Beispiel einer Lithografie von Antoni Tàpies aus dem Jahre 1967, in: KUNST + UNTERRICHT, Heft 145, September 1990.
Otto, Gunter: Über Wahrnehmung und Erfahrung. Didaktik, Ästhetik, Kunst. In: KUNST UND UNTERRICHT, Nr. 171, April 1993.
Otto, Gunter/Otto, Maria: Auslegen – Ästhetische Erziehung als Praxis des Auslegens in Bildern und des Auslegens von Bildern, Seelze 1987.
Panofsky, Erwin: Sinn und Deutung in der bildenden Kunst, Köln 1978.
Pazzini, Karl-Josef: Bilder und Bildung, Münster/Hamburg 1992.
Pazzini, Karl-Josef: Das Fort-Da-Spiel. Ein Grundmotiv von Bildung? Ein Anstoß für die Kunst? oder: Aus Freud wird Ernst, der Rest ist Kunst!, in: W. Zacharias (Hg.): KALEIDOSKOP KUNST- UND KULTURPÄDAGOGIK, München 1992.

Peirce, Charles Sanders: Naturordnung und Zeichenprozeß – Schriften über Semiotik und Naturphilosophie, Aachen 1988.
Peirce, Charles Sanders: Phänomen und Logik der Zeichen, Frankfurt/Main 1983.
Pestalozzi, Johann Heinrich: Wie Gertrud ihre Kinder lehrt (Hg. F. Pfeiffer), Paderborn 1961.
Peukert, Helmut: Bildung – Reflexionen zu einem uneingelösten Versprechen, in: FRIEDRICH JAHRESHEFT VI, Seelze 1988.
Peukert, Helmut: Wissenschaftstheorie/Handlungstheorie/Fundamentale Theologie – Analysen zu Ansatz und Status theologischer Theoriebildung, Frankfurt/Main 1978.
Pfennig, Reinhard: Gegenwart der bildenden Kunst – Erziehung zum bildnerischen Denken, Oldenburg 1974.
Platon: Der Staat, Stuttgart 1973.
Plotin: Ausgewählte Schriften, Stuttgart 1973.
Poe, Edgar Allen: Tales, Poems, Essays (Hg. L. Meynell), London/Glasgow 1981.
Politi, Giancarlo: Mark Kostabi – I'm producing art in the manner of Rubens, Rembrandt and Raphael, in: Flash Art, Nr. 153, Summer 1990.
Prigogine, Ilya: Vom Sein zum Werden, München 1982.
Prigogine, Ilya/Stengers, Isabelle: Das Paradox der Zeit, München/Zürich 1993.
Pries, Christine (Hg.): Das Erhabene – zwischen Grenzerfahrung und Größenwahn, Weinheim 1989.
Prokop, Dieter: Medien-Wirkungen, Frankfurt/Main 1981.
Reiner, Gerd Bodo (Hg.): Praxishandbuch Unterricht, Hamburg 1980.
Reiter, Ludwig: Identität aus systemtheoretischer Sicht, in: Praxis Kinderpsychologie und Kinderpsychiatrie, Nr. 39, Göttingen 1990.
Rilke, Rainer Maria: Duineser Elegien, Frankfurt/Main 1974.
Rimbaud, Arthur: Seher-Briefe, Mainz 1990.
Ronte, Dieter: Helmut Schober – Von der Performance zur Malerei, in: KUNSTFORUM, Bd. 126, Juni 1994.
Rorimer, Anne: Allan McCollum: Systeme ästhetischer und (Massen-)Produktion, in: KUNSTFORUM, Bd. 125, Januar/Februar 1994.
Rorty, Richard: Der Spiegel der Natur – Eine Kritik der Philosophie, Frankfurt/Main 1985.

Roth, Gerhard: Erkenntnis und Realität: Das reale Gehirn und seine Wirklichkeit, in: S.J. Schmidt (Hg.): Der Diskurs des Radikalen Konstruktivismus, Frankfurt/Main 1987.
Rötzer, Florian: Wissenschaft und Ästhetik, in: KUNSTFORUM, Bd.124, Nov./Dez. 1993.
Rötzer, F./Rogenhofer, S. (Hg.): KUNST MACHEN?, München 1990.
Rumpf, Horst: Didaktische Interpretationen, Weinheim/Basel 1991.
Rusch, Gebhard/Schmidt, Siegfried J. (Hg.): Konstruktivismus: Geschichte und Anwendung (DELFIN 1992), Frankfurt/Main 1992.
Saarländisches Künstlerhaus Saarbrücken (Hg.): Jörg Weyrich – Faustrecht der Kunst, Saarbrücken 1993.
Sandner, Oscar (Hg.): Arnulf-Rainer: Enzyklopädie und Revolution, Wien/München 1990.
Sarris, Viktor: Methodologische Grundlagen der Experimentalpsychologie, Bd. 2, München 1992.
Sartre, Jean Paul: Das Sein und das Nichts, Hamburg 1980.
Saussure, Ferdinand de: Grundfragen der allgemeinen Sprachwissenschaft, Berlin 1967.
Schaff, Adam: Einführung in die Semantik, Hamburg 1973.
Schiller, Friedrich von: Über die ästhetische Erziehung des Menschen – In einer Reihe von Briefen, Stuttgart 1991.
Schleiermacher, Friedrich D. E.: Hermeneutik und Kritik (Hg.: M. Frank), Frankfurt/Main 1977.
Schneede, Uwe M.: Christian Boltanski. Inventar, Ausstellungskatalog, Hamburg 1991.
Schmidt, Siegfried J. (Hg.): Der Diskurs des Radikalen Konstruktivismus, Frankfurt/Main 1987.
Schmidt-Wulffen, Stephan: Auf der Suche nach einer neuen Öffentlichkeit – Anmerkungen zur Kunst am Beginn der neunziger Jahre, in: DER TAGESSPIEGEL, 8.5.1991.
Schulmeister, Rolf: Die Perspektive des Computers, in: FRIEDRICH JAHRESHEFT XI, Seelze 1993.
Schulz, Frank: Kunst und Zufall, in: KUNST + UNTERRICHT, Heft 179, Januar 1994.
Schulz, Wolfgang: Unterrichtsplanung, München/Wien/Baltimore 1980.

Schulze, Gerhard: Die Erlebnisgesellschaft – Kultursoziologie der Gegenwart, Frankfurt/New York 1992.
Seel, Martin: Die Kunst der Entzweiung – Zum Begriff der ästhetischen Rationalität, Frankfurt/Main 1985.
Seinig, Otto: Praxis des verändernden Gedächtniszeichnens (Typenzeichnen), Leipzig 1921.
Selle, Gert: Das ästhetische Projekt, Unna 1992.
Selle, Gert: Gebrauch der Sinne – Eine kunstpädagogische Praxis, Hamburg 1988.
Selle, Gert: Soll man von ästhetischer Intelligenz reden? – Ein ketzerischer Entwurf, in: BDK-MITTEILUNGEN, Heft 2/94.
Servatius, Joachim: Der Zufall hat einen Sinn erhalten – Ein Unterrichtsbeispiel aus dem 11.Jg. eines Gymnasiums, in: KUNST + UNTERRICHT, Heft 179, Januar 1994.
Seumel, Ines: Dem Zufall auf die Sprünge helfen – Ein Beispiel aus der Freizeitarbeit am Leipziger Kindermuseum ›Black Box‹, in: KUNST + UNTERRICHT, Heft 179, Januar 1994.
Shusterman, Richard: KUNST LEBEN – Die Ästhetik des Pragmatismus, Frankfurt/Main 1994.
Sonderborg, K.R.H.: Phänotypen, Stuttgart 1993.
Sonnemann, Ulrich: Gangarten einer nervösen Natter bei Vollmond – Volten und Weiterungen, Frankfurt/Main 1988.
Sonnemann, Ulrich: Zeit ist Anhörungsform. Über Wesen und Wirken einer kantischen Verkennung, in: D. Kamper/Ch. Wulf (Hg.): Die sterbende Zeit, Darmstadt 1987.
Spinoza, Baruch de: Die Ethik, Hamburg 1989.
Staguhn, Kurt: Didaktik der Kunsterziehung, Stuttgart 1967.
Stehr, Werner/Kirschenmann, Johannes (Hg.): Materialien zur DOCUMENTA IX, Stuttgart 1992.
Steiner, George: Von realer Gegenwart, München 1990.
Steven-Humborg, Ursula: Ein Bleistift ... ist ein Bleistift ... ist ein Bleistift ... ist ein Bleistift ... oder mehr? – Ein Alltagsgegenstand und seine Bedeutung für Kinder. Bemerkungen zu einer Unterrichtsreihe in einer 4.Grundschulklasse, in: KUNST + UNTERRICHT, Heft 134, August 1989.

Straus, Erwin: Vom Sinn der Sinne – Ein Beitrag zur Grundlegung der Psychologie, Berlin/Heidelberg/New York 1978.
Strauß, Botho: Beginnlosigkeit – Reflexionen über Fleck und Linie, München 1992.
Taschner, Wolfgang: Computer im Unterricht – Praxis und Programme für Lehrer, Hamburg 1993.
Tiqqun: *Kybernetik und Revolte*, Berlin 2007.
Tetens, Holm: Geist, Gehirn, Maschine – Philosophische Versuche über ihren Zusammenhang, Stuttgart 1994.
Tugendhat, Ernst: Heidegger und Bergson über die Zeit, in: Das Argument, Nr. 94, Hamburg 1992.
Varela, Francisco J.: Kognitionswissenschaft – Kognitionstechnik, Frankfurt/Main 1990.
Vester, Frederic: Leitmotiv vernetztes Denken, München 1988.
Virilio, Paul: Ästhetik des Verschwindens, Berlin 1986.
Warhol, Andy: From A to B and Back Again – The Philosophy of Andy Warhol, London 1976.
Webster's Unabridged Dictionary of the English Language, New York 1989.
Welsch, Wolfgang: Ästhetisches Denken, Stuttgart 1990.
Welsch, Wolfgang: Unsere postmoderne Moderne, Weinheim 1991.
Welsch, Wolfgang (Hg.): Die Aktualität des Ästhetischen, München 1993.
Wichelhaus, Barbara: Von der Fotokopie zur Copy-art – Anfänge und Entwicklung der Fotokopie, in: KUNST + UNTERRICHT, Heft 177, November 1993.
Wichelhaus, Barbara: Zeichentheorie und Bildsprache – mit Lehrplananalysen und Unterrichtsmodellen, Hanstein 1979.
Wick, Rainer K.: Computer im Kunstunterricht – Skeptisches zum Gebrauch in der Schule, in: KUNST + UNTERRICHT, Heft 153, Juni 1991.
Wieser, Wolfgang: Genom und Gehirn – Information und Kommunikation in der Biologie, München 1970.
Wittgenstein Ludwig: Philosophische Untersuchungen, in: Derselbe: Werkausgabe, Bd. 1, Frankfurt/Main 1984.
Wobbe, Werner: Menschen und Chips – Arbeitspolitik und Arbeitsgestaltung in der Fabrik der Zukunft, Göttingen 1986.

Wulffen, Thomas: Betriebssystem Kunst – Eine Retrospektive, in: KUNSTFORUM, Bd. 125, Jan./Feb. 1994.

Zacharias, Wolfgang: KALEIDOSKOP KUNST- UND KULTURPÄDAGOGIK – Ein Reader über Ästhetische Bildung in einer technisch-medialen Zeit, München 1992.

Zoll, R./Bents, H./Flieger, J./Neumann, E./Oechsle, M. (Hg.): ›Nicht so wie unsere Eltern!‹: Ein neues kulturelles Modell?, Opladen 1989.

Zur Lippe, Rudolf: Sinnenbewußtsein. Grundlegung einer anthropologischen Ästhetik, Hamburg 1987.

Abbildungen

Abb. 1: Tag, Reykjavik, Island 2011, Foto: PM.
Abb. 2: Faksimile I einer Korrektur von Gunter Otto, Archiv PM.
Abb. 3: Faksimile II einer Korrektur von Gunter Otto, Archiv PM.
Abb. 4: Faksimile III einer Korrektur von Gunter Otto, Archiv PM.
Abb. 5: Faksimile IV einer Korrektur von Gunter Otto, Archiv PM.
Abb. 6: Faksimile V einer Korrektur von Gunter Otto, Archiv PM.
Abb. 7: Kontiguitätsschema, Archiv PM.
Abb. 8: Informelle Nacktschneckenspuren, Foto PM.
Abb. 9: Mikroästhetik, Archiv HYDE KARTELL, Berlin.
Abb. 10: Komponenten, Tools und Module, Archiv PM.
Abb. 11: Quadrate und Flecken, Archiv PM.
Abb. 12: Stencil, Bergen, Norwegen 2009, Foto: PM.
Abb. 13, Kiss, Archiv PM.
Abb. 14, Schülerarbeit nach LED-Zeichen-Display, 4. Klasse, 1994, Archiv PM.
Abb. 15, Tier, Foto: Bill Masuch.

Editorische Notizen

Inga Eremjan, *1986, Lehramtsstudium in den Fächern Mathematik und Bildende Kunst. Ihre Masterarbeit verfasste sie zum Thema „Tendenzen der zeitgenössischen Kunstvermittlung". Sie ist Stipendiatin der Hans-Böckler-Stiftung und derzeit Doktorandin am Institut für Kunst, Musik und ihre Vermittlung an der Leuphana Universität Lüneburg.

Christina Griebel, *1973, Dr. phil., Professorin für Kunst und Ihre Didaktik an der Pädagogischen Hochschule Heidelberg; derzeit abgeordnet an die Universität der Künste Berlin. Seit 2001 literarische Veröffentlichungen, z.B. „Wenn es regnet, dann regnet es immer gleich auf den Kopf" (S. Fischer-Verlag, Frankfurt/Main 2003). Ihre Dissertation „Kreative Akte. Fallstudien zur ästhetischen Praxis vor der Kunst" erschien 2006 im Münchner Kopäd-Verlag.

Florian Schaper *1981, Studium der Kunstpädagogik in Lüneburg. Absolviert derzeit an einer Hauptschule in Niedersachsen das Referendariat in den Fächern Kunst und Deutsch. Seine Dissertation „Bildkompetenz: Kunstvermittlung im Spannungsfeld analoger und digitaler Bilder" erscheint im Oktober 2012 im Bielefelder Transcript-Verlag.

Ulrich Schötker, *1971, Kunstpädagoge / Kunstvermittler. Derzeit als Kunstpädagoge an der Erich-Kästner-Schule in Hamburg-Farmsen tätig. Dort ist er seit 4 Jahren als Klassenlehrer innerhalb eines Pilotprojektes zur Schulentwicklung eingebunden. Auf der documenta 12 leitete er 2007 die Abteilung Vermittlung und war insbesondere für jene organisatorische Umsetzung zuständig, die sich durch eine neue Auffassung von Kunstvermittlung ergab. 2012 konzeptualisiert und realisiert er für die Ausstellung „Garden of Learning" der Busan Biennale in Korea die Kunstvermittlung.

Für die freundliche Genehmigung zum Abdruck der Faksimiles von Korrekturen Gunter Ottos sei Cornelia Schiemann, Berlin, an dieser Stelle herzlich gedankt.

Dem Stuttgarter Radius-Verlag und insbesondere dessen Verleger Wolfgang Erk danke ich herzlich für die Rückgabe der gesamten Rechte an „Ästhetische Bildung der Differenz".